語彙論と文法論と

ひつじ研究叢書〈言語編〉

第 133 巻	発話行為から見た日本語授受表現の歴史的研究	森勇太 著
第 134 巻	法生活空間におけるスペイン語の用法研究	堀田英夫 編
第 135 巻	ソシュール言語学の意味論的再検討	松中完二 著
第 136 巻	インタラクションと学習	柳町智治・岡田みさを 編
第 137 巻	日韓対照研究によるハとガと無助詞	金智賢 著
第 138 巻	判断のモダリティに関する日中対照研究	王其莉 著
第 139 巻	語構成の文法的側面についての研究	斎藤倫明 著
第 140 巻	現代日本語の使役文	早津恵美子 著
第 141 巻	韓国語 cita と北海道方言ラサルと日本語ラレルの研究	円山拓子 著
第 142 巻	日本語史叙述の方法	大木一夫・多門靖容 編
第 143 巻	相互行為における指示表現	須賀あゆみ 著
第 144 巻	文論序説	大木一夫 著
第 145 巻	日本語歴史統語論序説	青木博史 著
第 146 巻	明治期における日本語文法研究史	服部隆 著
第 147 巻	所有表現と文法化	今村泰也 著
第 148 巻	場面と主体性・主観性	澤田治美・仁田義雄・山梨正明 編
第 149 巻	現代日本語の視点の研究	古賀悠太郎 著
第 150 巻	現代日本語と韓国語における条件表現の対照研究	金智賢 著
第 151 巻	多人数会話におけるジェスチャーの同期	城綾実 著
第 152 巻	日本語語彙的複合動詞の意味と体系	陳奕廷・松本曜 著
第 153 巻	現代日本語における分析的な構造をもつ派生動詞	迫田幸栄 著
第 154 巻	「主題 – 解説」構造から見た韓国語 -n kes-ita と日本語ノダ	李英蘭 著
第 155 巻	接続表現の多義性に関する日韓対照研究	池玟京 著
第 156 巻	語彙論と文法論と	村木新次郎 著
第 157 巻	日本語指示表現の文脈指示用法の研究	庵功雄 著
第 158 巻	広東語文末助詞の言語横断的研究	飯田真紀 著

ひつじ研究叢書
〈言語編〉
第156巻

語彙論と文法論と

村木新次郎 著

ひつじ書房

まえがき

　前著『日本語の品詞体系とその周辺』につづいて、『語彙論と文法論と』を刊行するにいたったことは、わたしにとって、このうえないよろこびである。この本には、前著の刊行後に発表した数編の論文とあわせて、それ以前に発表したものが多くふくまれている。わたしの言語研究の経緯と総括といえるかなと勝手な位置づけをしたい。かねてから、若いときにとりくんだ語彙論に関する論文をまとめたいという思いがあり、また、言語にとって語彙と文法は車の両輪のごとく、きりはなせない関係であると確信して研究生活をつづけてきたわたしは、この本の書名に『語彙論と文法論と』をえらんだ。『語彙論と文法論』とどうちがうのかと問われたことがあるので、ぜひともふれておきたいのだが、「語彙」と「文法」を単にならべるのではなく（「わたしとコーヒー」のように）、言語の単位として、かなめとなる「単語」が両者をつなぐものとして存在することを鮮明にしたいからであった。

　日本語では、単語をめぐって、いくつもの見解が競合していて共通の理解がえられていない。わたしは、いわゆる「助詞」と「助動詞」の多くを単語の部分とみる立場をえらびとってきた。よく知られている学校文法での「文節」にあたるものが「単語」に相当し（ちなみに、学校文法では、文は文節からなり、文節は単語からなるとみている）、この単語が、語彙と文法をつなぐ、日本語の基本単位であるとみてきた。そして、単語は、発話の単位である文と相互に他を前提とする、言語の基本単位であると定位する。

　言語の体系における記号としての単語は、形式と意味との統一体である。つまり、単語は、意味的な単位であると同時に、物質的な単位でもあるという二つの側面がある。この二つの側面の各々は、それ自身、単純とはいえず、きわめて多様である。単語が社会的に

v

所与のものとして安定していると必ずしもいえない側面もあり、その時その場で臨時的にうまれる単語が存在する。単語は、一般的に、名づけ的な機能を有するという語彙的な側面と、他の単語とくみあわさって（ときに、単独で）文を構成し、伝達的な機能をみたすという文法的な側面とをあわせもつ単位である。単語という単位は、こうして、名づけの機能と、文を構成する伝達機能をあわせもつ、言語の基本単位なのである。名づけ自身には、ときに、言語外的世界をさししめすという側面だけでなく、伝達における語彙体系の認識の過程の側面でもある。

　今日、展開されている日本語研究の多くが、語彙論と文法論との統合という視点に欠けているとわたしにはみえる。単語よりも形態素に関心がむけられ、文を基本とし、それが形態素の構成によってなりたち、語彙的な形態素と文法的な形態素の意味を追求するといった姿勢に傾斜している。そこには、日本語は、語彙的な要素に文法的な要素がつづくという膠着性にこだわりすぎているやにみえる。たとえば、「うぐいすが鳴いている。」という文は、「うぐいす」と「鳴い」は語彙的意味を、「が」と「ている」は文法的意味になっているという見方である。そのような見方でなく、「うぐいすが」「鳴いて　いる」は、どちらも語彙的意味をもち、かつ、文法的意味をそなえているとみる基本にかえる必要があるのではないか。「が」が動作の主体をあらわすとか、「ている」が動きの継続をあらわすとかいっても、それが「うぐいす」や「鳴く」という語彙的な意味から遊離して存在するものではない。単語の実態（＝語彙的意味）をはなれたところで、文法的な関係をとりだすのはあやまりである。文法的な特徴づけは、語彙的な意味に相関してふるまうのが当然であろう。

　本書でのべたかったことは、「単語と文の関係」「語彙の体系性」「伝統文法・日本語教育文法の問題点」などである。ここに収めたものには、内容の重なりや用語の不整合があり、一冊の本として刊行するには不適切な部分がある。調整がいたらなかったことを読者におわびしたい。

目　次

まえがき　　　　　　　　　　　　　　　　　　　　V

I　語彙論と文法論とをめぐる諸問題

第1章　語彙と文法　　　　　　　　　　　　　003

1. 単語の位置―語彙と文法との接点―　　　　003
2. 単語の認定　　　　　　　　　　　　　　　004
3. 単語の語彙的な特徴　　　　　　　　　　　006
   - 3.1　語彙の体系性　　　　　　　　　　　006
4. 単語の語彙的意味　　　　　　　　　　　　008
5. 単語の文法的な特徴―統語論的な特徴と形態論的な特徴―　009
   - 5.1　単語の統語論的な特徴　　　　　　　010
   - 5.2　単語の形態論的な特徴　　　　　　　010
6. 品詞と文の部分　　　　　　　　　　　　　012
7. 単語間の統語的関係　　　　　　　　　　　015
   - 7.1　単語の依存関係　　　　　　　　　　016
   - 7.2　並列関係　　　　　　　　　　　　　021
8. 語彙の分類から文法体系へ　　　　　　　　023
   - 8.1　形容詞の位置と範囲　　　　　　　　023
   - 8.2　動的なシソーラスの可能性　　　　　026

第2章　日本語の品詞をめぐって　　　　　　029

1. 品詞とはなにか　　　　　　　　　　　　　029
2. 単語の位置―語彙と文法との接点―　　　　031
3. 単語の認定　　　　　　　　　　　　　　　032
4. 日本語の品詞体系　　　　　　　　　　　　034
5. 形容詞の範囲の拡大　　　　　　　　　　　036
   - 5.1　規定用法のみをもつ形容詞　　　　　038
   - 5.2　述語用法のみをもつ形容詞　　　　　038

VII

6.	後置詞	038
7.	従属接続詞	041
8.	まとめ	043
	Regarding Parts of Speech in Modern Japanese	045

第3章 単語の意味と文法現象 　047

1. 単語の内容と形式 　047
2. 統語構造・カテゴリカルな意味 　048
3. 語形・統語的機能 　050
4. 慣用句・機能動詞結合 　053
5. 「成功をみる」「採決をみる」という言い方 　054
6. まとめにかえて 　058

第4章 語彙と文法との境界 　061

第5章 「―ながら」の諸用法 　067

1. 問題の所在 　067
2. 関与する要因 　068
3. 単語を構成する「―ながら」 　069
4. 名詞述語＋ながら 　073
5. 形容詞述語＋ながら 　074
6. 動詞述語＋ながら 　076
   6.1 「Pながら、Q」の時間性―同時性と継起性― 　079
   6.2 順接と逆接―逆接の条件― 　085
7. まとめ 　090

第6章 言語の対照記述をめぐって 　093

1. はじめに 　093
2. 語彙の量的構造の比較 　093
3. 語彙の体系性の比較 　096
4. 比較のための文法範疇 　099

第7章 祝う・祈る・呪うの現代的用法 　103

1. 祝う 　104
2. 祈る 　111
3. 呪う 　114
4. 結び 　117

II 語彙の体系性をめぐる諸問題

第1章 意味の体系 121

1. 単語の性質 121
2. 語彙的な意味 122
3. 語彙の体系性 124
4. 単語の範列的な関係 125
    - 4.1 等質性 単語（A）≡ 単語（B） 126
    - 4.2 類似性 単語（A）≒ 単語（B） 127
    - 4.3 階層性 単語（A）⊃ 単語（B）・単語（C）・単語（D）、(C)、

        (D)…… 129
    - 4.4 対義性（両極性）単語（X）⊃ 単語（A）：単語（B） 130
5. シソーラス 130
6. 二項分類と対義語 133
    - 6.1 対義語の諸タイプ 134
    - 6.2 対義性のなりたつ条件 137
    - 6.3 対義語と有標性 139
    - 6.4 対義語の非対称性 140
    - 6.5 対立の融合と中和 144

第2章 語彙研究のために 151

1. ふたつの接近─命名論と意味論─ 151
2. 語彙の体系性 154
3. 語彙の単位 156

第3章 対義語の輪郭とその条件 159

1. 対義語の輪郭 159
2. 対義語の条件 167
3. 対義語と品詞 169
4. 対義語と語種 170
5. 対義語と文体的特徴 171
6. 対義語と語形 172
7. まとめ 175

第4章 運動の強調表現─合成動詞の場合─ 179

1. 問題の所在 179
2. 強調表現の言語上の手つづき 181
    - 2.1 音声上の手つづき 181

IX

2.2 表記上の手つづき	182
2.3 語彙的な手つづき	182
2.4 文法的手つづき	183
3. 合成動詞の構造と合成動詞のなかの強調	185
3.1 前要素による強調	186
3.2 後要素による強調	188
3.3 重複による強調	203

第5章 現代語辞典の輪郭　　207

1. 辞書とは何か	207
2. 辞書の分類	208
2.1 辞典と事典と字典	208
2.2 共時的な辞典と通時的な辞典	209
2.3 文献学的な辞典と言語学的な辞典	209
2.4 標準語辞典と方言辞典	210
2.5 日常語辞典と専門語辞典	210
2.6 語彙の全体をあつかった辞典と特定の語彙だけあつかった辞典	210
2.7 記述的な辞典と規範的な辞典	213
3. 辞書の構成	214
3.1 見出し	214
3.2 形態	215
3.3 意味の記述	215
3.4 用例	216

第6章 語彙教育　　219

1. 語彙の諸相	219
2. 専門語のあつかい	220
3. 語彙研究の成果と日本語教育の応用	221
4. 語彙体系と指導法	222

III　対照語彙論をめぐる諸問題

第1章 日本語の語彙と日本文化　　227

1. 文化の反映としての語彙	227
2. 日本語の語彙の特徴	230

第2章 言語間の意味分野別語彙量の比較―日本語・中国語・
　　　ドイツ語の場合―　　　239
　　1. 調査の対象と目的　　239
　　2. 調査の性質と問題　　240
　　3. 調査の結果と分析　　244

第3章 巨視的対照語彙論のこころみ―ドイツ語と日本語を
　　　例として―　　　255
　　1. 基本語彙とその対照をめぐる諸問題　　255
　　2. 概念別辞書―比較の第三項―　　257
　　3. 日独両言語の意味分野別語彙量の比較　　259
　　4. まとめ　　271

第4章 日本語とドイツ語の「基本語彙」をくらべる　　277
　　1. はじめに　　277
　　2. 単位　　277
　　3. 概念別辞書　　278
　　4. 語彙の分類―方法と結果―　　279
　　5. 語彙量に影響を及ぼす言語的諸条件　　283

第5章 日独両言語の自然現象の表現をめぐって　　291
　　1. 気象　　293
　　　1.1 気象にかかわる言語形式　　293
　　　1.2 動詞依存のドイツ語と名詞依存の日本語　　295
　　　1.3 所有構文のドイツ語と存在構文の日本語　　296
　　2. 一日・季節のうつりかわり　　298
　　　2.1 非人称構文の有無　　298
　　　2.2 類似する季節のうつりかわりの表現　　299
　　3. 光　　300
　　4. 火・煙　　301
　　　4.1 動詞依存のドイツ語とオノマトペ依存の日本語　　301
　　　4.2 炎や煙の存否　　303
　　5. 音　　303
　　　5.1 動詞依存のドイツ語とオノマトペ依存の日本語　　303
　　　5.2 ドイツ語の形式言語と日本語の形式述語　　304
　　　5.3 音に関する形容詞　　306

6. におい	306
6.1 においと快不快	306
6.2 日本語の「においがする」	306
7. 味	307
8. まとめ	308

IV 文法論をめぐる諸問題

第1章 単語・品詞・動詞の活用をめぐって	313
1. 単語の認定とその分類（品詞論）	313
1.1 「テニヲハ」とその功罪	313
1.2 ロドリゲス	314
1.3 冨士谷成章	314
1.4 鈴木朖	315
1.5 鶴峯戊申	315
1.6 田中義廉	316
1.7 大槻文彦	316
1.8 山田孝雄と松下大三郎	317
1.9 橋本進吉	319
2. 動詞とその形態論	320
2.1 ロドリゲス	321
2.2 チャンブレン	322
2.3 田丸卓郎	323
2.4 芳賀矢一	324
2.5 佐久間鼎	326
2.6 ブロック	327
2.7 宮田幸一	328
2.8 三上章	329
2.9 芳賀綏	330
2.10 鈴木重幸	331
2.11 陳信徳	331
3. 寺村秀夫と鈴木重幸の活用論	333

第2章 日本語教育文法の問題点	341
1. 日本語教育文法の問題点	341
2. 体系性の欠如―動詞を例に―	343
3. 語彙的な部分と文法的な部分との分離―名詞を例に―	347

4.	形式重視の文法―形容詞を例に―	351
5.	むすび	352

第3章 日本語の文のタイプ・節のタイプ　355

1.	文と単語	355
2.	文のタイプ	358
	2.1　述語の存否による文のタイプ	358
	2.2　述語の種類による文のタイプ	360
	2.3　主題の存否による文のタイプ	361
	2.4　主語の存否による文のタイプ	362
	2.5　文のモダリティによるタイプ	363
	2.6　文らしさの段階	364
3.	節のタイプ	366
	3.1　連体節	367
	3.2　連用節	372

第4章 現代日本語における分析的表現　377

1.	名詞が後置詞をしたがえる表現	377
	1.1　名詞の文のなかでの存在形式	377
	1.2　後置詞による表現	379
2.	名詞が形式動詞をしたがえる表現	383

第5章 日本語の形容詞は少ないか　389

1.	日本語形容詞少数説	389
2.	形容詞の範囲	391
	2.1　いわゆる「形容動詞」のあつかい	391
	2.2　第三形容詞の存在	392
	2.3　第四形容詞の可能性	396
	2.4　「～ある」の形容詞性	396
	2.5　意味分類体の辞書	397
3.	派生形容詞の存在	398

第6章 ヴォイスのカテゴリーと文構造のレベル　403

1.	ヴォイスの定義	403
2.	文構造のレベル	405
3.	ヴォイスのサブカテゴリー	407
	3.1　受動文	407

3.2	間接受動文	422
3.3	使役文	423
3.4	他動詞文と自動詞文	425
3.5	相互文	427
3.6	再帰文	428
3.7	可能文・自発文・希望文	429
3.8	授受文	431
3.9	「してある」文	432
4.	むすび	433

第7章 迂言的な受け身表現　435

1. 序　435
2. 総合的な形式と迂言的な形式　436
3. はたらきかけとうけみ　441
　　3.1 はたらきかけとうけみの対立の欠如　443
　　3.2 語彙的なうけみと迂言的なうけみ　448
4. はたらきかけ―うけみと他の文法的カテゴリー―　462

第8章 機能動詞の記述―日本語とドイツ語を例として―　477

1. 機能動詞の定義　477
2. 語彙的な派生と統語的な派生　478
3. 機能動詞表現の文法的特徴　483

第9章 外来語と機能動詞―「クレームをつける」「プレッシャーをかける」などの表現をめぐって―　495

1. 機能動詞とはなにか　495
2. 日本語の中の外来語の位置　497
3. 動作名詞をめぐって　502
4. 動作名詞の諸相　503
5. 道具名詞をめぐって　504
6. まとめ　507

第10章 連用形の範囲とその問題点　511

1. 連用形とはなにか―連用形の位置とその範囲―　511
2. 連用用法の下位分類とその問題点　513
　　2.1 名詞の場合　513
　　2.2 動詞の場合　514

2.3　形容詞の場合　　　　　　　　　　　　　　516

第11章　日本語の後置詞をめぐって　　　　519

第12章　日本語文法への疑問—活用・ヴォイス・形容詞—　　533
　　1.　活用は何のためにあるのか　　　　　　　533
　　2.　ヴォイス　　　　　　　　　　　　　　　538
　　3.　第三形容詞論を進めたところに何が見えるか　　544
　　　　3.1　日本語の形容詞は少ないか　　　　　544
　　　　3.2　第三形容詞の存在　　　　　　　　　545
　　　　3.3　品詞論のみなおし　　　　　　　　　547

　　V　書評4編

第1章　森岡健二著『日本文法体系論』　　　553

第2章　八亀裕美著『日本語形容詞の記述的研究—類型論的視点から—』　　563

第3章　山橋幸子著『品詞論再考—名詞と動詞の区別への疑問—』　　573

第4章　宮岡伯人著『「語」とはなにか・再考—日本語文法と「文字の陥穽」—』　　585

　　あとがき　　　　　　　　　　　　　　　　595

I

語彙論と文法論とをめぐる諸問題

第1章

語彙と文法

1. 単語の位置—語彙と文法との接点—

　語彙は単語の総体である。語彙論は、その要素である単語を対象にして、その意味の特徴を中心に、さまざまな語彙体系を抽出しようとする。一方、文法は、単語と文をつなぐ規則の総体である。名づけ（命名）の単位である単語をそれよりも大きな単位へと展開して、通達の単位である文をつくる過程の規則が文法である。われわれ人間が所有する言語は、ある事態を非分割的にそのままひとつの記号としてあらわしているのではなく、事態を構成する対象や運動や属性などのある側面を一般的にうつしとった単語という名づけの単位をもち、その単語をくみあわせることによって文を構成し、文がその事態をあらわすというしくみをそなえている。ある事態が人間の見方と目的にしたがっていくつかの特徴（＝意味）に分割され、それらの特徴に一定の音声（＝形式）が付与され、その特徴と音声の統一体が単語なのである。そうだとすれば、単語は、一方で、名づけの単位として、語彙の構成要素であり、他方で、通達の単位である文をつくる構成要素でもあり、語彙と文法をつなぐ言語のもっとも基本的な単位であるといえる。単語という単位は、このように語彙と文法のふたつの側面にかかわり、それらの接点となる位置をしめるのである。語彙的な側面の単語（＝語彙素）は、語彙的な意味をそなえているという側面をにない、語彙項目として辞書に登録されるという性質をもつ。文法的な単語（＝文法的単語形式＝語形）は文の部分として文法的な側面をにない、発話にあらわれる具体的な実現形である。単語は、人間が想像したこともふくめて、現実の世界のものごとの断片を一般的にうつしとっているという語彙的な単位であるとともに、ふつう文の中にあって、文をくみたてる

材料としての文法的な単位でもある。単語は、言語体系の中で、外界との関係をもちつつ、他の単語と依存関係や位置関係をもちながら、文法的な機能をはたす。位置関係とは単語間の前後関係をいう。たとえば、同じ単語から構成される、「太郎が　たべた　パンを　……」「パンを　たべた　太郎が　……」「太郎が　パンを　たべた。」は、共通する部分はあるものの、全体としては異なる統語構造をもつ。また、主要な品詞（とくに、名詞・動詞・形容詞）に属する単語にあっては、特定の文法形式をとり、文法的な機能をはたす。こうして、単語は語彙と文法との双方の側面をあわせもち、両者の橋渡しをするかなめの位置にあり、語彙的かつ文法的な単位として、言語の諸単位の中でもっとも基本的な単位なのである。

2.　単語の認定

　前章で、単語が言語の基本単位であることを確認したのだが、このような単語のとらえ方が一般に支持されているわけではない。日本語の単語をどのように認定するかをめぐって、さまざまな見解がある。単語の認定をめぐって、研究者の間で共通の理解があるとはいえない状況である。「単語」というものをどのように認定するか研究者によってさまざまである。ここで、日本語の単語の設定に関する、以下の3つの立場があることを確認しておきたい。

　日本語の単語をめぐって、およそ、以下のような3つの立場がある。例は、矢崎節夫『ななつの　ほし』（株式会社チャイルド本社、1996年）をもちいる。以下の用例のスペースは、単語のきれめをしめすものであるとする。

　　そんな　ある　よるの　こと。　ひとりの　おんなのこが、
　ひしゃくを　もって　いえを　でました。（原文）

（1）そんな　ある　よる　の　こと。　ひとり　の　おんな
　　の　こ　が　ひしゃく　を　もって　いえ　を　でま
　　し　た。

004　Ⅰ　語彙論と文法論とをめぐる諸問題

（2）そんな　ある　よる　の　こと。　ひとり　の　おんなの
　　　こ　が　ひしゃく　を　もって　いえ　を　でました。

（3）そんな　ある　よるの　こと。　ひとりの　おんなのこが、
　　　ひしゃくを　もっていえを　でました。

（1）の見方は、学校文法に代表されるものであり、「の」「を」
「が」「（もっ）て」などを助詞とし、「まし」「た」を助動詞
とするものである。官許の学をきずいた大槻文彦（1987）
や橋本進吉（1938）は、「助詞」や「助動詞」を単語（付属
語）とみなした。

（2）の見方は、今日、標準化しつつある日本語教育文法にみら
れるもので、学校文法の助動詞の多くは、単語の部分であ
るとし、助詞を単語とみなしている。山田孝雄（1908）、渡
辺実（1971）、三上章（1953）、寺村秀夫（1982）らは、
おおむねこれを支持している。

（3）の見方は「助詞」も「助動詞」も単語の部分であるとする。
古くは、松下大三郎（1901、1926）によって「詞」という
用語のもとにとらえられた単位であり、のちに、奥田靖雄
（1985）、鈴木重幸（1972）、高橋太郎（ほか（2005））ら
によって説かれた単語である。そこでの単語は、橋本進吉
がとなえた文節と外延のうえで一致する。橋本による文節
は単語から構成され、文は文節から構成される。それに対
して、（3）の文法論では、文は基本的に単語から構成され
るとする。ちなみに、（3）は、原文と同じである。

　筆者は、単語の認定にあたって、（3）の立場を支持する。単語
は、基本的に、語彙的な意味と文法的な形式・機能との統一体であ
ると考えるからである。そこでは、単語の形態素に対する優位性が
みとめられる。伝統的な日本語文法の世界では、単語と形態素の区
別があいまいであり、形態素を単語あつかいする傾向があった。形
態素とは、発話連鎖の中で意味とむすびつく最小の形式である。単

語は、1つ、あるいは2つ以上の形態素からなる、相対的に前後の形式から独立して、他の単語と一定の関係をもって、文の中にあらわれる。

　例文の「（よる）の」「（ひとり）の」「（おんなのこ）が」「（ひしゃく）を」「（いえ）を」は、いずれも名詞の格をつくる助辞であり、「（で）まし」は、動詞性の接尾辞であり、「（もっ）て」「（でまし）た」は、動詞の語尾である。助辞も接辞も語尾も単語の資格を欠き、単語を構成する形態素であるとみるのが正当である（鈴木重幸（1972）、村木新次郎（1991）など）。

3. 単語の語彙的な特徴

3.1 語彙の体系性

　語彙とは単語の集合のことである。単語には、さまざまな性質がそなわっているが、一定の意味と一定の音声との統一体というのが単語であることの基本条件である。この両者の関係は、意味されるもの（意味）と意味するもの（音声）といいかえることができる。単語の意味をあつかう意味論は、ある単語が語彙体系の中でどのような意味をになっているかということと、ある特定の文脈や場面のもとでどのような意味になるかという二点を問題にする。そして、その意味がどのような場面で他の単語と区別され、どのような特徴で他の単語と一致し、まとめあげられるかということを明らかにしようとする。

　われわれの使用する単語は、どれをとっても孤立した存在ではなく、それをとりまく周辺の単語群と関係しながら語彙体系の中に位置をしめている。たとえば、「スリッパ」は〈室内用〉という点で、「靴」や「サンダル」や「げた」などから区別され、〈はきもの〉という点で共通し、統一される。単語の意味は、他の単語と、となりあったり、むかいあったり、相互にふくむ・ふくまれるなどの関係を成立させてグループをつくっている。語彙は単なる単語のよせあつめではなく、たがいにはりあうかたちの関係をもった一定の体系である。「父」は「母」と〈性〉という特徴でむかいあい、「親」の

意味を二分し、「息子」と〈男性〉という意味を共有するが、〈世代〉という特徴で対立する。対立はつねに二項的とはかぎらない。「山がみえる」というときに「山」の対立項はぼやけているが、「山」という単語自身は「丘」ととなりあう関係をなし、また、「森」や「谷」や「川」や「海」といった地形上の特徴を名づけた一連の単語群と意味的なつながりを有していることはたしかである。

　合成語には、その語形のうえに生じる、語彙の体系性がみてとれることがある。たとえば、「子犬—親犬、山犬—里犬、飼い犬—野良犬、……」には、合成語の後要素が2つの単語の共通性をあらわし、前要素が相違性をあらわすことによって、両者の対義性がよみとれる。また、「犬ころ、犬たで、犬むぎ、犬侍、犬死に、犬くぐり、犬かき」における、「犬—」による負の評価を付加するという、意味特徴がみとめられる。「みあう、みあげる、みおくる、みかける、みかわす、……」や「うちみる、のぞきみる、あおぎみる、ゆめみる、かいまみる、……」は、「みる」の下位語として、なんらかの特徴をそなえた「みる」として、語彙論上の体系性に関与することをいう。合成語は、このように語彙を体系化することに寄与しうるのである。

　語彙を構成する要素は、このように意味だけではなく、形式（とりわけ合成語）や文法的な機能によって、相互にはりあっている動的な体系なのである。しかし、語彙体系は、その構成要素が多いことや時間とともに変化しやすい側面があることを理由に、言語の他の側面である音韻や文法にくらべて、はるかに複雑であり、その全容をとらえることは困難をきわめる。語彙体系は、閉じた体系というよりは、開いた、そして、いくぶん不安定な体系であるといわざるをえない。

　つとに、国立国語研究所から刊行された『分類語彙表』（1964、2004）は、そうした単語の体系性を、数字によってしめそうとした、すぐれた語彙表である。単語の意味の類義関係、対義関係、上位・下位・同位関係を考慮した語彙表であり、さらに、大分類では、〈名詞の仲間〉、〈動詞の仲間〉、〈形容詞の仲間〉、〈その他〉となっている。〈形容詞の仲間〉には、形容動詞や連体詞、それに副詞の

ほとんどがふくまれ、〈その他〉には、接続詞、感動詞、陳述副詞などがおさめられている。

　この語彙表には、さらに中小の分類がほどこしてあり、単語の語彙的意味だけではなく、単語の文法的な側面をも考慮した、利用価値の高い著作である。あらかじめ、意味（あるいは概念）の世界を分類し、その分類項目に個々の単語を配当してある。著者の林大は、この語彙表の役割として、次の４点をあげている。

（１）表現辞典としての役割。会話や文章作成の際、より適切な表現を選びとるため。
（２）方言の分布や命名の変遷を知る手がかりとしての役割。
（３）ある個人やある社会の言語体系や言語作品について、表現上の特色を見る物差しとしての役割。
（４）日本語の基本語彙を設定するための基礎データとしての役割。

　この『分類語彙表』を利用した研究は、数多くある。なかでも、宮島達夫ほか（2014）は貴重なものである。

4.　単語の語彙的意味

　単語には、名づけ的な意味をもつものと、それをもたないものとがある。名づけとは、われわれ人間をとりまく、言語外の森羅万象の断片をきりとって、それを一般的に言語化することを意味する。そこに言語外的なものごとと言語とのあいだに名づけという関係がうまれる。名づけ的な意味として、対象・動き・属性・様子・時空間などがある。名詞・動詞・形容詞、副詞に所属する単語は一般に名づけ的な意味をもち、固有の語彙的意味をそなえているといえる。たとえば、「山」「のぼる」「高い」「ゆっくり」「夏」「公園」といった単語である。しかし、「（高い）こと」のような形式名詞や「（のぼって）いる」のような補助動詞、「（高く）ない」のような補助形容詞は、語彙的な意味は希薄で、もっぱら文法的な機能をはたす。

　単語の中には、「ここ」「あそこ」「きのう」「あす」「いま」「わたし」「あなた」のような談話の状況や文脈に依存するものもある。

このような単語は、談話や文脈をはなれて、特定の指示的な意味はもてない。この種の単語は固定された外延が存在しない。一般の多くの単語は、談話や文章から独立しても、なんらかの名づけ的な意味をもっている。

しかし、単語のすべてが名づけ的な意味をそなえているわけではない。「おそらく」「けっして」「ろくに」のような陳述詞、「それで」「しかし」「または」のような接続詞、「やあ。」「よいしょ。」「あら。」のような感動詞に所属するものは、名づけ的な意味をもたない。これらの単語は、名づけ的な意味をもたないかわりに、言語主体による事態に対するかかわりや、聞き手とのかかわりをあらわす。さらに、名詞の分析的な形式をつくる「日本の　ために」「日本に　とって」における「ために」や「とって」のような形式（後置詞）、「読む　はずだ」「読んだ　ところだ」「読むに　ちがいない」における「はずだ」「ところだ」「ちがいない」のような動詞をはじめ、述語の文法的意味を特徴づける形式（補助述語詞）なども、名詞や動詞などの文法化の結果、語彙的意味をうしない、もっぱら文法的な単語として機能する。

5．単語の文法的な特徴—統語論的な特徴と形態論的な特徴—

一般に、単語には語彙的な意味にくわえて、文法的な性質がそなわっている。命名（名づけ）の単位である単語は、通達の単位である文を構成する基本的なメンバーになる。単語が命名の単位であるということは、単語の語彙的な側面である。また、単語が文を構成する基本的な要素であるということは単語の文法的な側面である。単語の文法的な特徴とは、個々の単語が他のどのような単語とむすびあって、文の中でどのような機能をはたすかという統語論的な特徴と、どのような語形変化のシステムをもっているかという形態論的な特徴とからなる。

5.1　単語の統語論的な特徴

　単語の統語論的な特徴はすべての単語がそなえている。言語は、その要素が時間の軸にそってならぶという線条的な性質をそなえている。単語の統語論的な特徴とは、単語間の syntagmatic な関係をいう。単語にとって統語論的な特徴は必須である。われわれ人間は複数の単語を同時に発することはできず、時間の軸にそって継起的にならべるしかない。単語の統語論的な特徴とは、文の中で、どのようなはたらきをするかということである。述語文の骨格となる述語、補語（主語は、補語のひとつとみておく）や、文の骨格を構成する述語を拡大する修飾成分、文中の名詞を拡大する規定成分、述語と補語などからなる事象全体をとりまく外的状況（時間・空間・原因・目的など）を拡大する状況成分、文のあらわすくみたてにはかかわらず、述語とともに文の述べ方をあらわす陳述成分、単語と単語、あるいは文と文をつなぐ接続成分などが文の部分として考えられる（鈴木重幸（1972）、高橋太郎ほか（2005））。以上は、主として述語を有する述語文における文の部分である。文には述語を有しない独立語文も存在する。感動詞は、単語すなわち文という単語と文とが未分化であるという特徴をもち、独立語文をつくる。単語は、こうして、文の中で、それぞれの統語的な機能をになわされる要素として出現するという特徴をもつ。

5.2　単語の形態論的な特徴

　一方、単語の形態論的な特徴というのは、すべての単語がそなえているわけではない。日本語の中心的な品詞である名詞と動詞と形容詞は、統語論的にだけではなく、形態論的にもかたちづけられている。単語の形態論的な特徴とは、単語内部の paradigmatic な関係である。伝統的な日本語の文法では、一部の例外はあるものの、この形態論的な特徴が無視、もしくは軽視されてきたといえる。日本語の名詞は曲用（格変化）のシステムを、また、動詞と形容詞は活用のシステムをそなえていて、形態論的にも特徴づけられている。名詞は、補語になることを主たる使命とする単語群であり、「山ーφ」「山が」「山を」「山に」「山から」「山へ」「山と」「山で」と

いった連用格と「山の」「山からの」「山への」「山との」「山での」といった連体格をもち、当該の名詞と動詞、形容詞、他の名詞との、かたられる事態を反映する意味的関係を表示する。また、動詞は、述語になることを主たる使命とする単語群で、終止して文をしめくくるとき、〈テンス（みる：みた）〉〈対事的ムード（みる：みるだろう）〉〈対人的ムード（みる：みよう：みよ）〉〈肯定否定（みる：みない）〉〈丁寧さ（みる：みます）といった形態論的なカテゴリーをそなえている。なお、すべての動詞にではないが、〈アスペクト（みる：みて　いる）〉は、ほとんどの動詞がそなえているし、〈ヴォイス（みる：みられる）〉は、多くの動詞にみられる。これらは動詞固有の形態論的なカテゴリーであり、形容詞述語や名詞述語にはみられないものである。形態論的なカテゴリーとは、すくなくとも二つ以上の文法的な意味や機能の点で対立する語形をかかえこんでいて、そうした対立の中からとりだされるものである（鈴木重幸（1983））。たとえば、動詞の「みる」と「みた」は、前者が（非過去）を、後者が（過去）を特徴づけるという点で対立し、どちらも〈テンス〉というカテゴリーで統一される。「みる」と「みた」は（非過去）と（過去）という対立をもち、〈テンス〉というカテゴリーで統一される。同様に、「みる」と「みるだろう」は、前者が（断定）を、後者が（推量（＝断定びかえ））を特徴づけるという点で対立し、どちらも〈対事的ムード〉という点で統一される。動詞が述語として機能するものの、そこで終止せず、他の形式に接続する場合には、こうした形態論的なカテゴリーは制限される。たとえば、動詞が名詞につづく規定成分としてもちいられるときは、〈テンス〉のカテゴリーは保持されるが〈対事的／対人的ムード〉はなくなる。形容詞は、述語となるはたらきに応じて、〈テンス〉〈対事的ムード〉〈肯定否定〉〈丁寧さ〉のカテゴリーをそなえている。形容詞には、〈対人的ムード〉〈アスペクト〉〈ヴォイス〉のカテゴリーが存在しない。また、接続に応じた語形のシステムをもっている。なお、名詞も、述語になるとき、コピュラの補助によって、形容詞と同じような形態論的なカテゴリーをもっている。副詞は、典型的には語形変化をしない単語群とされるが、例外が多い。状態副

詞の多くは、形容詞に近い文法的なふるまいをする。これらの単語群を形容詞に所属させる研究者もいる。陳述詞、接続詞、感動詞に所属する単語は一般に、語形変化しない不変化詞であり、形態論的な特徴づけをうけていない。しかし、接続詞の中には、「したがって／したがいまして」のように、また、感動詞の中には、「おはよう／おはようございます」「ごめん／ごめんなさい」のように丁寧さのカテゴリーによって語形変化のシステムをもつものも一部に存在する。

このように、文法は、単語を基本におき、単語をそれより大きな単位に展開する統語論と単語内部の形態論的カテゴリーを問題にする形態論とからなるが、統語論はすべての単語にかかわるが、形態論は語形変化のシステムをもつ単語にかかわり、名詞・動詞・形容詞に所属する単語には存在するが、語形変化のシステムをもたない単語は形態論的にかたちづけられてはいない。そして、語形変化のシステムをもつ単語の形態論は、統語論的な機能に照応している。名詞の格のシステムは、名詞が補語になることと対応しているし、動詞のテンス・ムード・アスペクトなどのカテゴリーは、動詞が述語になることとかかわって発達しているものである。そのことによって、形態論は統語論に従属しているということができる。文法論における統語論の形態論に対する優位性はうたがいのないところである。もっとも、統語論と形態論がきれいに二分されるものではなく、両者が交差して、形態統語論としてあつかわなければならない言語現象も存在することはたしかである。たとえば、「（大阪のおばさん）風」「（詳細が　わかり）次第」のように接辞が単語のむすびつきである句につく例がある。

6. 品詞と文の部分

品詞は単語の語彙＝文法的な分類である。単語の語彙的な意味は、その単語がどの品詞に所属するかをささえるものである。「もの」をあらわす単語は、かならず「名詞」に属する。しかし、単語の語

彙的意味は、つねに、当該の単語の品詞への所属を決定づけるものではない。うごきをあらわす単語は、典型的には「動詞」に所属するが、動作名詞として「名詞」になることもある。動詞の多くは、うごきをあらわすが、「ある」「似る」「すぐれる」のように、うごきをあらわさない「動詞」も存在する。様子や状態をあらわす単語は、典型的には形容詞であるが、状態動詞として動詞に所属したり、状態名詞として名詞に所属したりすることもある。品詞には、その単語の統語論的な特徴を問う必要がある。前述したように、すべての単語が統語論的な特徴をもつからであり、単語の形態論的な特徴は、統語論的な特徴に照応していて、統語論的な特徴の優位性をみとめることができる。

　では、文の部分と品詞との関係はどのようなものであろうか。文の部分は、個々の単語の具体的な文の中で、になっている役割を問うものである。これに対して、品詞は、当該の単語が文の中でどのような機能をはたしうるかという潜在的な能力を問うものである（村木新次郎（2010））。すなわち、文の部分は単語の具体的なアクチュアルな特徴をあつかうのに対して、品詞は単語の抽象的一般的なポテンシャルな特徴をあつかう。

　文の部分と品詞とは密接な関係をもつ。各品詞と文の中での機能は以下のとおりである。主要な品詞に所属するものは、機能が単一ではなく、主たる機能と副次的な機能とをそなえていて、相対的に分類されるという性格をもっている。

　日本語の品詞には、中心的な品詞と周辺的な品詞とがある。中心的な品詞に属する単語は、基本的に語彙的意味と文法的機能との統一体として文の中に存在する。中心的な品詞には、名詞、動詞、形容詞、副詞がある。中心的な品詞に所属するものは、機能が単一ではなく、主要な機能と副次的な機能とをそなえていて、相対的に分類される。すなわち、名詞は補語になることを、動詞は述語になることを、形容詞は規定成分になることを（さらに、感情形容詞の類は述語になることを）主たるはたらきとする品詞である。中心的な品詞の中で、副詞は修飾成分となることを旨とするものであるが、副詞には例外が多い。

一方、周辺的な品詞には、語彙的意味が欠如しているか、それが稀薄で、もっぱら文法的な機能をうけもつ単語として文の中に存在する。周辺的な品詞には、それ自体で文の成分になれる、自立的な接続詞、陳述詞（いわゆる陳述副詞を副詞と区別して、独立させる）、感動詞と、それ自体で文の成分にはなりえず、主要な単語や句や節に後置して、分析的な語形をつくることで、はじめて文の成分となる後置詞、補助述語詞、従属接続詞とがある。

　後置詞は、「彼と　ともに」「あなたの　おかげで」、「日本に　ついて」「津波に　よって」のように、名詞の格のかたちとくみあわさって、その名詞の他の単語に対する関係をあらわすための補助的な単語であり、補助述語詞は、「（わかる）はず／もの／つもり（だ）」「（わかるに）ちがいない／すぎない」のように、動詞を典型とする述語とくみあわさって、その述語のムードやアスペクトなどの文法的意味にかかわる単語のことである。従属接続詞は、「星の群が　目へ　近づいて　来るに　つれて、……」の「つれて」や「山風が　木々を　煽った　拍子に、……」の「拍子に」のように、先行の節をうけて、後続の節につながるという働きをする単語である。「つれて」は動詞の文法化によって、「拍子に」は名詞の文法化によってうまれた単語であって、ふたつの節をつなげるという統語的な機能をはたしている。

　なお、品詞間の関係は絶対的排他的ではない。ある単語が複数の品詞を兼務することもあるし、ある品詞に所属する単語が、特定の機能でもちいられるときに、その品詞とは異なる性質を発揮することもある。品詞間の関係は、閉じたものではなく、開いた関係であるといえる。また、接辞の添加によって品詞をかえることもある。たとえば、「―的」は名詞から形容詞に、「―がる」は（感情）形容詞を動詞に、「―さ」は形容詞を名詞に変更する。

　中心的な品詞に属する単語は数多く、あたらしい単語がつくられているという開いた単語群であるのに対して、周辺的な品詞に属する単語は相対的にすくなく、新しい単語の誕生が制限されている閉じた単語群である。

以上、のべたことをまとめると以下のようになる。中心的な品詞
である名詞、動詞、形容詞は、主要な機能と副次的な機能をあわせ
もつ。中心的な品詞の中で副詞だけは単一機能で、不変化詞である
（ただし、例外がある）。周辺的な品詞は、すべて単一の機能である。
後置詞は、ときに名詞を補助して、補語や述語となることがある。

品詞		機能	主要な機能	副次的な機能
中心的な品詞		名詞	主語や補語になる（曲用する）	述語・修飾成分・規定成分・状況成分・独立成分になる
		動詞	述語になる（活用する）	修飾成分・規定成分・状況成分・（主語・補語）になる
		形容詞	規定成分／述語になる（活用する）	修飾成分・（主語・補語）になる
		副詞	修飾成分になる	（規定成分・述語）になる
周辺的な品詞	自立的	陳述詞	陳述成分になる	
		接続詞	接続成分になる	
		感動詞	独立成分になる	
	補助的	後置詞	名詞とくみあわさって、状況成分・規定成分	補語・述語になる
		補助述語詞	述語の本体とくみあわさって、述語の文法的意味にかかわる	
		従属接続詞	節をうけて状況成分になる	

7. 単語間の統語的関係

　単語の語彙的な側面は、個々の単語が固有の語彙的意味をもつこ
とにみとめられる。また、単語の文法的な側面は、他の単語とむす
びついて単語よりも大きな単位に展開していくという点にある。単
語よりも大きな単位として、句や節もあるが、もっとも重要な単位
は、通達の単位である文である。単語の語彙的意味と文法的な特性
とはたがいに関連しあっている。自立的な単語の間には、依存関係

第1章　語彙と文法　015

と並列関係とがある。依存関係とは、「桜を　みる」、「庭の　桜」、「きれいな　桜」、「きれいに　咲く」などのように、後続の単語にかかる先行の単語（依存語）と、先行の単語をうける後続の単語（支配語）とのあいだに、かかりうけの関係が成立するものである。「花が　咲く。」のような主語と述語に関係は、おたがいに他を前提とする関係とみて、相互依存の関係とみなすことができる。すなわち、主語の「花が」は述語の「咲く」を前提として存在し、かつ、述語の「咲く」は主語の「桜が」を前提として存在すると認められる。それに対して、「桜を　みる」や「庭の／うつくしい　桜」は、依存語（＝被支配語）と支配語の関係で、一方依存として、主語・述語を構成する相互依存と区別される。一方、並列関係とは、「都会と　田舎（と）」「京都や　奈良」、「歌ったり　踊ったり」「疲れるやら　しんどいやら」、「痛いだの　かゆいだの」「かっこいいとか　かっこわるいとか」などの先行の単語と後続の単語が対等の関係を成立させるものである。

7.1　単語の依存関係

動詞・形容詞・名詞のような中心的な品詞に属する自立的な単語には、他の自立的な単語とむすびつく潜在的な能力がそなわっている。たとえば、「紹介する」という動詞には、「Aが（Aから）」「Bを」「Cに」という名詞とむすびつく。「紹介する」という動作の意味が、「紹介するヒト」と「紹介されるヒト」「紹介されるヒト／モノ／コト」を潜在的に要求している。動詞の語彙的意味が、いくつかのヒトやモノやコトなどを要求するのである。そこに単語の意味と他の単語との結合性（文法性）の関係が成立する。そうした性質を、動詞「紹介する」の名詞に対する格支配、あるいは結合能力（valence、結合価）という。「支配する」は支配語であり、「Aが」「Bを」「Cに」は従属語（被支配語）である。これらの従属語を補語という。日本語では、依存語（被支配語）が支配語に先行するという統語法則がつらぬかれている。このうち、「Aが」を主語としてみれば、述語にあたる「紹介する」とのあいだに、たがいに他を前提とする相互依存の関係とみることができる。主語は、のべられ

るもの、述語は、のべるものとして、相互に規定される関係にある。「Bを」と「Cに」の「紹介する」に対するかかわりは、一方依存として、主語と述語の相互依存と区別される。そのとき、AとCは、普通「ヒト」をあらわす補語がくること、Bは、「ヒト」「モノ」「コト（たとえば、情報）」など、さまざまな補語がくることといった意味的な制限もある。「ヒト」「モノ」「コト」などは、個々の単語に共通する性質のもので、これをカテゴリカルな意味とよぶことがある。カテゴリカルな意味とは、個々の単語の語彙的意味とは異なり、いくつかの単語に共通する包括的な意味をあらわし、語彙と文法をつなぐ性質をもっている。

7.1.1　3つの補語をとる動詞

「紹介する」と同じように、3つの項をとる動詞には、以下のようなタイプがあり、それらにいくつかの動詞が存在する。

　　Ⅰ類「Aが／から　Bを　Cに」のタイプ
　あげる　やる　さしあげる　わたす　あたえる　ゆずる　さずける　おくる　みつぐ　ささげる　おしえる　しらせる　つたえる　尋ねる　　献上する　献納する　進呈する　譲渡する　委譲する　付与する　伝授する　寄付する　贈与する　寄贈する　贈呈する　奉納する　教授する　通知する
　　Ⅱ類「Aが　Bを　Cから／に」のタイプ
　もらう　いただく　さずかる　たまわる　おそわる　ならう　聞く　　頂戴する

　Ⅰ類とⅡ類は、いずれもAは動作の主体〈動作主〉を、Bは動作の客体〈対象〉を、Cは動作の相手〈相手〉をあらわす点で共通する。Ⅰ類の動詞もⅡ類の動詞も、ともに3つの項（名詞）を必要とする。とりわけ、〈相手〉を必要とするという点において、一般の他動詞から区別される。一方で、Ⅰ類では、BがAからCにむかうのに対して、Ⅱ類では、BがCからAにむかうという点で異なる。Ⅰ類に所属する動詞は、Ⅱ類よりも数が多い。Ⅰ類の動詞は、「わ

たされる」「あたえられる」「ゆずられる」といった受動の形式でつかわれることもあるが、Ⅱ類の動詞は、「聞かれる」の例はあるが、一般に受動形をもたない。Ⅰ類の動詞が受動のかたちをとると、Ⅱ類のタイプになる。動詞の語彙的意味と名詞と動詞との結合関係が相関しているといえる。

　なお、以下のタイプは、Ⅱ類と類似するが、Cの存在をめぐって、いくらか性質がことなる。Ⅱ類の動詞にとって、Cの存在は義務的であるのに対して、以下の動詞は、それが任意的である。

　「Aが　Bを　Cから」のタイプ
　　とる　ぬすむ　うばう　うけとる　かう　しいれる　あつめる
　　える　　獲得する

7.1.2　ヲ格の補語をとる動詞とニ格の補語をとる動詞

　人間の精神活動をあらわす動詞には、ヲ格の名詞をとるものとニ格の名詞をとるものがある。

　「～を　愛する／おそれる／いとう／いとしむ／うらやむ／かなしむ／くいる／なげく／なつかしむ／ねたむ／のぞむ／ほこる／はじる／よろこぶ」

　「～に　ほれる／おびえる／あきる／あこがれる／うろたえる／おどろく／くるしむ／こいする」

　「～を」とむすびつく動詞には、主体の積極的・発動的な姿勢を感じさせるのに対して、「～に」とむすびつく動詞には、主体の消極的・受動的な姿勢を感じさせるという対立がみてとれそうである。前者には、「いとわしい」「うらやましい」「うらやましい」といった形容詞と対応しているものが多いという特徴もある。後者にも「くるしい」のような形容詞が存在するが、それは例外的である。また、ヲ格の名詞とむすびつく動詞は、「しろ／して　やる／してみる」のような意志とかかわる文法的な語形となじむが、ニ格の名詞とむすびつく動詞は、意志とのかかわりはなく、上記のような語形をとりにくい。これらは、動詞の語彙的な意味の特徴と名詞の格（ヲ格とニ格）との関係の相違をしめしているといえよう。

7.1.3　ヲ格の名詞と動詞のくみあわせの諸相

　名詞の格には、意味役割と形式という2つの側面がそなわっている。両者の関係は1対1ではない。形式上の同一は、意味上の同一性を保証するものではない（詳細は、村木新次郎（1993）参照）。「橋を　こわす」と「橋を　わたる」は、ヲ格の名詞をもつが、前者は「こわす」という動作の対象をあらわすが、後者は「わたる」という移動動作の移動空間をあらわす。「こわす」は対象を必要とする物理的な動作であり、後者は対象を必要とはせず、移動動作の移動空間がヲ格の名詞であらわされる。

　ヲ格の名詞は、動作の対象をあらわすのが典型であろう。しかし、対象といっても、そこにはさまざまな変異体がある。たとえば、変化するものには変化する前のもの（状態）や変化したあとのもの（状態）であったり、対象と、対象のありかや対象へのはたらきけにかかわる道具であったりする。それらの関係が名詞のヲ格をめぐって対立したり、他の名詞の格と交替したりする現象がみられる。以下は、それらの現象を素描したものである。

　N1（対象の起点）　　vs　　N2（対象の着点）
　動作が対象に変化をもたらす対象変化動詞におこるもので、N1は変化前の対象をあらわし、N2は変化後の対象をあらわす。「N1を　N2に　V」あるいは「N1から　N2を　V」といえる。
　　　卵を　かえす　　ひなを　かえす
　　　苗を　そだてる　　花を　そだてる
　　　水を　わかす　　お湯を　わかす

　N1（材料）　　vs　　N2（生産物）
　動作が対象に変化をもたらす対象変化動詞の中の生産動詞におこるもので、N1はN2の材料をあらわし、N2はN1の生産物をあらわす。「N1を　N2に　V」あるいは「N1で　N2を　V」といえる。
　　　毛糸を　あむ　　セーターを　あむ
　　　丸太を　くむ　　やぐらを　くむ

いろがみを　おる　　　鶴を　おる

　N1（対象）　　　vs　　　N2（道具）
　動作が対象にむけられ、なんらかの道具が使用されるとき、対象が明示されずに、道具がヲ格にたつことがある。「N2で　N1を　V」といえる。
　　鹿を　うつ　　　鉄砲を　うつ
　　ドアを　あける　　鍵を　あける
　　髪を　とかす　　くしを　とかす

　N1（道具）　　　vs　　　N2（生産物）
　動作が、道具をつかって、なんらかの生産物をつくるという生産動詞に、ヲ格の名詞とのあいだに、道具的なむすびつきと生産的なむすびつきが競合する。「リズム」や「火」は生産物とはいっても、現象である。「N1で　N2を　V」といえる。
　　ピアノを　ひく　　　ソナタを　ひく
　　たいこを　うつ　　　リズムを　うつ
　　ライターを　つける　　　火を　つける

　N1（対象）　　　vs　　　N2（対象の存在する空間）
　動作があるものをみつけるという意味をもつ動詞に、動作の対象と、対象の存在する場所をヲ格の名詞でいうことがある。なお、「部屋を　さがす」の疑問形は「どこを」であるが、「辞書を　ひく」の疑問形は「なにを」である。「辞書で（意味のわからない）単語を　ひく」というむすびつきでは、「辞書で　ひく」は、道具的なむすびつきであろう。なお、「単語を／辞書を　ひく」は慣用性がつよい。
　　財布を　さがす　　　部屋を　さがす
　　単語を　ひく　　　辞書を　ひく

　N1（対象）　　　vs　　　N2（対象の存在する空間）
　動作があるものに付着している対象をそこからとりのぞくという

意味をもつとき、以下のような競合関係が成立する。「N2から N1を　V」といえる。その場合、「ぬぐいとる」「はらいとる」「けしさる」のような合成動詞になることもある。

　　汗を　ぬぐう　　　　ひたいを　ぬぐう
　　ほこりを　はらう　　　机を　はらう
　　字を　けす　　　黒板を　けす

　N1（対象の部分）　　　vs　　　N2（対象の全体）
　動作がある対象にむけられるときに、特定の限定された対象をあらわす場合と対象の全体をいう場合とがある。「N2の　N1を　V」といえる。

　　（梨の）皮を　むく　　梨を　むく
　　（自転車の）ペダルを　こぐ　　　自転車を　こぐ
　　（冷蔵庫の）ドアを　あける　　　冷蔵庫を　あける

　このような単語のむすびつきは、おなじ構造によって、多様な意味的な関係をあらわすことができるという言語のしなやかさといえる。移動動詞の「はしる」は、以下のようにさまざまなヲ格の名詞とむすびつき、性質の異なる関係をむすぶことができる。

　　鴨川ぞいを　はしる　〈空間〉
　　10キロを　はしる　〈空間―距離〉
　　マラソンを　はしる　〈作品（移動の結果）〉
　　（マラソンの）トップを　はしる　〈作品（移動の結果）の相対的位置〉
　　雨の中を　はしる　〈状況＝時空間〉

7.2　並列関係

　並列関係は、一般に「Aα　B（α）（C（α））」という統語構造をもつ。A、B、Cは名詞・動詞・形容詞に属する単語であり、それらが支配語となり、従属語をしたがえていることもある。αは、「と」「や」「だの」「やら」「とも」などの助辞や「たり」「ても」のような動詞の語尾であったりする。「ブダペスト、プラハ、ウイー

第1章　語彙と文法　　021

ンの順によかった。」のように、名詞のはだか格によって、並列関係をあらわすこともある。並列構造をもつ統語的現象とそれの構成要素である、A、B（、C）などの語彙的な特徴とは無関係ではない。並列関係は、以下のような同位語としてあらわれることがある。

- 梅と　桜が　咲いた。（梅、桜）
- 野菜は　煮るか　揚げるか　ゆでるか　炒めるか　して　食べる。（煮る、揚げる、ゆでる、炒める）
- チョコレートなら　だいたい　甘い　ことには　間違いなかろうが、　本の　味は　千差万別、酸いも　甘いも　しょっぱいも　辛いも　ある。（酸い、甘い、しょっぱい、辛い）
- 痛いだの　かゆいだのと　うるさい。（痛い、かゆい）

同位語の下位グループである類義語であることもある。以下のような例である。

- 自分以外の　ものに　ふれたり　さわったり　する　癖が　ある。（ふれる、さわる）
- わたしは、　それに　関して　知らぬ　存ぜずの　お役御免と　なって　います。（知る、存ずる）

また、同位語の下位グループである対義語であることもある。以下のような例である。対義語は原則として、2項対立からなる。

- 独自性が　あろうが　なかろうが　たいした　意味は　ない。
- 貿易とは　別の　国と　物を　売ったり　買ったり　する　ことだ。
- お金に　むかう　自分の　態度や　考え方に　よって　自信は　生まれたり　亡くなったり　する。
- 文章は　長いか　短いかに　よって　使い分ければ　よい。
- 森林が　育つには　暑からず　寒からず　多湿で　いい。

語彙的な対義語の対立が文法的な肯定否定の対立と対応することもある。以下のような例である。

- しばらく　学校に　行ったり　休んだりの　日が　続いた。

（学校に 行ったり 行かなかったりの 日が 続いた）
・実験には 成功する ことも 失敗する ことも ある。
（成功する ことも 成功しない ことも ある。）
・あのひとは 男か 女か わからない。
（男か そうで ないのか わからない。）

　以下の例は、「薬」の使用のあり方を並列構造によってあらわし
たものである。すなわち、「のむ」「ぬる」「はる」「さす」は異質な
動作ではあるが、「薬」を媒体とすることによって、このような並
列構造がなりたつのである。この並列構造では、動詞の語彙的意味
ではなく、非支配語の名詞の「薬」が主導権をになっている。
　・多くの薬の最終目的は体の状態をもとに戻し、正常化すること
　　にあり、のんだり、ぬったり、はったり、さしたりするのはそ
　　の目的の実現に向かって一歩ふみだすにすぎません。

8. 語彙の分類から文法体系へ

8.1 形容詞の位置と範囲

　日本語の形容詞は、すくないといわれてきた。はたしてそうであ
ろうか。学校文法では「あかい」や「すばらしい」を形容詞とし、
「まっかな」や「優秀な」は、形容動詞として、両者は異なる品詞
に所属するとされてきた。外国人に対する日本語教育文法では、前
者をイ形容詞（第一形容詞とも）、後者をナ形容詞（第二形容詞と
も）として、どちらも形容詞とみなしている。筆者は、「まっかな」
や「優秀な」を形容詞とすることを支持し、さらに、「真紅の」や
「抜群の」も形容詞（第三形容詞）とみるべきであると主張してき
た（村木新次郎（2002））。これらは、主語や補語になることもで
きず、規定成分になることもないので、名詞ではない。規定成分に
なることを本命とする単語に属し、形容詞とするのが妥当である。
　単語の意味を分類した『分類語彙表』は、つとに、相の類（形容
詞・副詞）にこうした単語を位置づけている。単語の意味にもとづ
く整理が、実は、文法的にも単語を正当に分類していると判断でき

第1章　語彙と文法　023

るのである。

　ここでは、形を特徴づける単語群（分類番号3.1820）をとりあげる。形容詞の主たる機能である規定用法の形式をしめす（リストの中には、「ぐでんぐでんに　酔う」のような、もっぱら修飾成分ともちいられるものもある）。「まるい」「まんまるな」「まんまるの」「まるまるとした」は、類似の意味をもつ。そして「まるい／まんまるな／まんまるの／まるまるとした　つぼ」というふうに、名詞「つぼ」を属性規定するという機能をはたす。同様に、「ひらたい／たいらな／ぺちゃんこの／のっぺりとした　屋根」のような単語のむすびつきの例もある。「〜の」は名詞の規定用法と形式上、一致するが、名詞による関係規定と形容詞による属性規定という意味・機能上の相違がみられる。また、「〜した」という形式は動詞の一語形と一致するが、「まるまるとした」「のっぺりとした」のような単語は、変化の意味をもたず、単語の意味と機能からみれば、形容詞にひとしい。これらの単語は、アスペクトのカテゴリーをもたない。「ちぎれた」「やぶれた」「まがった」のような単語は、動詞本来の時間軸にそった変化の意味をもつこともあり、動詞としてもふるまう。しかし、時間的な局面といっさいかかわることがなく、ものごとの形状を特徴づける場合もある。形容詞は、語形によって、以下の4種類にわけることができる。

　【第一】まるい　まんまるい　四角い　角い　ほそながい　かどかどしい　するどい　ひらたい　ひらべったい　すべっこい　あらい　こわい　ゆるい　けわしい

　【第二】まんまるな　まどかな　つぶらな　まろやかな　四角な　鋭利な　尖鋭な　シャープな　扁平な　たいらな　たいらかな　平板な　ぺちゃんこな　フラットな　低平な　　ずんべらぼうな　あらけずりな　ラフな　まっすぐな　水平な　垂直な　平行な　なだらかな　険峻な　険阻な　おんぼろな　スリムな

　【第三】まんまるの　うなぎのねどこの　ぺちゃんこの　でこぼこの　すべすべの　つるつるの　無きずの　のっぺらぼうの　ずんべらぼうの　ぎざぎざの　あらけずりの　ざらざらの　ごわごわのじゃりじゃりの　ぶつぶつの　まっすぐの　まっしぐらの　ひとす

024　　I　語彙論と文法論とをめぐる諸問題

じの　ま一文字の　一直線の　まがりなりの　くるくるの　ぐるぐ
るの　ぐるりの　水平の　垂直の　鉛直の　平行の　ななめの　は
すの　はすかいの　緩傾斜の　急傾斜の　中空の　からっぽの　だ
ぶだぶの　ぶかぶかの　ふかふかの　くりくりの　こりこりの　び
らびらの　くしゃくしゃの　くちゃくちゃの　ぐしゃぐしゃの　し
わくちゃの　しわしわの　よれよれの　ぼろぼろの　おんぼろの
ひょろひょろの　ぐにゃぐにゃの　へなへなの　ぐでんぐでんの

　【第四】まるまるとした　はちのひらいた　とがった　とんがっ
た　かどのある　かどばった　かどのとれた　まるくなった　まる
みのある　でこぼこのある　ぎくしゃく（と）した　あなのあいた
きずのある　きずついた　やぶれた　ちぎれた　きれた　のっぺり
（と）した　ざらざら（と）した　ごわごわ（と）した　ぬめぬめ
（と）した　じゃりじゃり（と）した　ぶつぶつ（と）した　ぶち
ぶち（と）した　ぼつぼつ（と）した　まがった　ゆがんだ　そっ
た　ジグザグ（と）した　くねくね（と）した　うねうね（と）し
た　羊腸たる　くるくる（と）した　えんえんとした　バイアスの
かかった　だらだら（と）した　突兀たる　峨峨たる・とした　巍
巍たる・とした　がらんとした　ぽかんとした　ぶくぶく（と）し
た　ふっくら（と）した　ふっくり（と）した　くりくり（と）し
た　こりこり（と）した　しこしこした　ごりごりした　ごつごつ
（と）した　びらびらした　ぐしゃりとした　しゃんとした
しゃっきり（と）した　すらりとした　すんなり（と）した　ほっ
そり（と）した　ぎすぎすした　ひょろりとした　ひょろひょろ
（と）した　ぐったり（と）した　ぐにゃりとした　ぐんにゃりし
た　ぐにゃぐにゃ（と）した　へなへな（と）した

　このリストからみるかぎり、第一のタイプの形容詞は少数である。
第二のタイプが、その不足をおぎない、さらに、第三、第四のタイ
プの形容詞が数多く存在することがわかる。第三、第四のタイプに
は、オノマトペによるものもおおい。
　このあつかいは、単語のかたちにとらわれず、意味による分類を
基本としたものであろう。単語のかたちではなく、意味から出発し

第1章　語彙と文法　025

た単語の整理の結果が、実は、文法的にも正当に単語を分類しているのではないかと筆者は評価する。語彙と文法は乖離するのではなく、統一されるのがのぞましいすがたではなかろうか。

8.2　動的なシソーラスの可能性

　単語を意味によって分類したものはシソーラスとよばれる。『分類語彙表』は、日本語のシソーラスのひとつである。シソーラスを単語のむすびつきにまでひろげることはできないかという提案をしたことがある（村木新次郎（2005））。従来の静的なシソーラスに対して、動的なシソーラスといえないだろうか。以下に、「声」にかかる形容詞類をしめす。

　「声」とむすびつく形容詞類

　（**質**）大きな／高い／甲高い／太い／野太い／か細い／深い／短い／重い／軽やかな／強い／明るい／黄色い／硬い／／暖かい／涼しい／暑苦しい／冷やかな／甘い／渋い／乾いた／くもった／かすれた／しわがれた／／するどい／鈍い／丸っこい／冷たい／うつろな／／金属的な／力強い／はりのある／つやのある／きびきびした／はずんだ／弱弱しい／うつろな／／若い／幼い

　（**心**）心地よい／やさしい／さわやかな／にぎやかな／悲しい／恐ろしい／重苦しい／苦悶の

　（**言語**）歯切れのよい／批評がましい／よどみのない／舌足らずな

　（**態度**）きびしい／おしつけがましい／がさつな／威厳たっぷりな／／頓狂な／素っ頓狂な／遠慮の無い／傍若無人な／とりみだした／押し殺した／丁寧な／控えめな／おちついた

　今日、各種のデータベースが拡充している。そうしたデータベースを活用して、このような、単語のむすびつきの可能性を豊かにしめすことができるはずである。自立的な単語のむすびつきをあつかうコロケーションの世界は、語彙と文法とをつなぐ言語の中核をなす領域である。

026　Ⅰ　語彙論と文法論とをめぐる諸問題

参考文献

大槻文彦（1897）『広日本文典』『同別記』吉川平七

奥田靖雄（1985）『ことばの研究・序説』むぎ書房

国立国語研究所編（1964）『分類語彙表（国立国語研究所資料集6)』秀英出版

国立国語研究所編（2004）『分類語彙表―増補改訂版（国立国語研究所資料集
　　14)』大日本図書

鈴木重幸（1972）『日本語文法・形態論』むぎ書房

鈴木重幸（1983）「形態論的カテゴリーについて」『教育国語』72 むぎ書房

高橋太郎ほか（2005）『日本語の文法』ひつじ書房

寺村秀夫（1982）『日本語のシンタクスと意味Ⅰ』くろしお出版

橋本進吉（1934）『国語法要説』明治書院

松下大三郎（1901）『日本俗語文典』誠之堂

松下大三郎（1926）『改撰標準日本文法』紀元社

三上章（1953）『現代語法序説―シンタクスの試み―』刀江書院

宮島達夫ほか（2014）『日本古典対照分類語彙表』笠間書院

村木新次郎（1991）『日本語動詞の諸相』ひつじ書房

村木新次郎（1993）「格」『国文学　解釈と鑑賞』58–1 至文堂

村木新次郎（2002）「第三形容詞とその形態論」佐藤喜代治編『国語研究　10
　　現代日本語の文法研究』明治書院

村木新次郎（2005）「シソーラスの役割」『平成17年度国立国語研究所公開研
　　究発表会資料』

村木新次郎（2010）「文の部分と品詞」『国文学　解釈と鑑賞』75–7 ぎょうせ
　　い

山田孝雄（1908）『日本文法論』宝文館

渡辺実（1971）『国語構文論』塙書房

第2章
日本語の品詞をめぐって

要旨

　品詞とは、単語の語彙・文法的な分類である。単語を語彙的な意味と文法的な形式・機能の統一体とみる立場から、いわゆる「助詞」「助動詞」を単語の部分とみる。単語の品詞分類には、単語の統語的な機能が優先される。形容詞の範囲を拡大することを提言した。「抜群」「真紅」は、主語や補語になれず、名詞ではなく、形容詞である。「抜群の（成績）」は、形容詞による属性規定とみなすべきである。このタイプの形容詞は、漢語や合成語に多く、少数ではない。規定用法のみの形容詞（いわゆる「連体詞」）も数多く存在する。「（彼と）ともに」「（日本に）対して」などは、後置詞とみるべきである。後置詞の中には、文法化がすすんだものもあれば、後置詞化の過程の中にあるものもある。また、「（年をとるに）したがって」「（居酒屋を営む）かたわら」などは、従属接続詞とみるべきである。これらも文法化の結果、もとの動詞や名詞の意味をうしない、後続の節につなぐ働きをしている。

キーワード

　品詞、形容詞のみなおし、後置詞、従属接続詞

1.　品詞とはなにか

品詞とは、単語の語彙・文法的な分類である。
一般に、品詞分類の基準として、以下の3つが問題にされる。

（1）単語の語彙的な意味

（2）単語の文法的な形態

（3）単語の統語的な機能

　当該の単語が「素材表示をするか、否か」「ものをあらわすか、運動をあらわすか、状態をあらわすか」という問いは意味的な基準によるものである。また、語形変化（たとえば、活用）があるか、否か」「命令形をもつか、否か」という問いは形態的な基準によるものである。さらに、「主語になるか、否か」「名詞を修飾するか、動詞を修飾するか」「独立成分になるか、否か」という問いは、統語的な基準によるものである。

　単語の語彙的意味は、その単語の品詞への所属をささえるものではあるが、それを決定づけるものではない。「腰に　痛みが　ある。」「昨夜から　腰が　痛い／痛む。」は、同一の感覚をあらわすが、それらの意味は、品詞を区別するものではない。運動をあらわす単語は、典型的には「動詞」に所属するが、動作名詞として「名詞」にも所属する。また、「ある」「相当する」「矛盾する」のような動詞は、運動をあらわさず、存在や関係をあらわす。

　単語の形態的な特徴は、動詞や形容詞のように語形変化の体系をもつものについては有効であるが、多くの副詞や接続詞のような不変化詞については、分類の決め手にはならない。動詞や形容詞の活用や名詞の曲用*1のようなシステムは、単語の統語的な機能に対応して発達している。すなわち、名詞は主語・補語*2をあらわしわけるために格の範疇をもち、動詞は文の末尾に位置し、述語として文をまとめたり（終止用法）、文の途中で述語としての機能をはたしながら、後続の形式に接続したり（接続用法（非終止用法）＝連用／連体用法）するという機能をはたすために、また、〈テンス〉や〈ムード〉などの文法的な意味をあらわしわけるために語形変化の体系を発達させているのである。すなわち、単語の形態論的な体系は、その単語の所属するグループ（品詞）がになう統語的な機能に照応している。単語の形態論的なシステムは、単語の統語的なシステムに従属している。

単語の統語的な特徴は、すべての単語がそなえている。単語の統語的な特徴とは、文中でのはたらきを意味し、感動詞を例外として（感動詞は、単語すなわち文であって、単語と文が未分化な特殊な単語である）、どの単語も、文の中で何らかの統語的機能をになっている。単語の品詞分類にあたって、統語的特徴が意味的特徴や形態的特徴にたちまさって、優位にある。

　中心的な品詞である名詞、動詞、形容詞はその統語的機能が単一ではなく、複数の機能をもつので、主要な機能と副次的な機能との関係で相対的に分類される。すなわち、名詞は主語・補語になることを、動詞は述語になることを主要な機能とする品詞である。形容詞は、基本的には規定成分を主要な機能とするが、述語となる機能も主要な機能に準ずる（いわゆる感情形容詞の類は述語になることを主要な機能とする）ものとみなす。

2.　単語の位置—語彙と文法との接点—

　語彙は単語の総体である。語彙論は、その要素である単語を対象にして、その意味の特徴を中心に、さまざまな語彙体系を抽出しようとする。一方、文法は、単語と文をつなぐ規則の総体である。名づけ（命名）の単位である単語をそれよりも大きな単位へと展開して、通達の単位である文をつくる過程の規則が文法である。われわれ人間が所有する言語は、ある事態を非分割的にそのままひとつの記号としてあらわしているのではなく、事態を構成する対象や運動や属性などのある側面を一般的にうつしとった単語という名づけの単位をもち、その単語をくみあわせることによって文を構成し、文がその事態をあらわすというしくみをそなえている。ある事態が人間の見方と目的にしたがっていくつかの特徴（＝意味）に分割され、それらの特徴に一定の音声（＝形式）が付与され、その特徴と音声の統一体が単語なのである。そうだとすれば、単語は、一方で、名づけの単位として、語彙の構成要素であり、他方で、通達の単位である文をつくる構成要素でもあり、語彙と文法をつなぐ言語のもっとも基本的な単位であるといえる。単語という単位は、このように

第2章　日本語の品詞をめぐって　031

語彙と文法のふたつの側面にかかわり、それらの接点となる位置をしめるのである。語彙的な側面の単語（＝語彙素）は、語彙的な意味をそなえているという側面をにない、語彙項目として辞書に登録されるという性質をもつ。文法的な単語（＝文法的単語形式＝語形）は文の部分として文法的な側面をにない、発話にあらわれる具体的な実現形である。単語は、人間が想像したこともふくめて、現実の世界のものごとの断片を一般的にうつしとっているという語彙的な単位であるとともに、ふつう文の中にあって、文をくみたてる材料としての文法的な単位でもある。単語は、言語体系の中で、外界との関係をもちつつ、他の単語と依存関係や位置関係をもちながら、中心的な品詞に属する単語にあっては、特定の文法形式をとり、文法的な機能をはたす。こうして、単語は語彙と文法との双方の側面をあわせもち、両者の橋渡しをするかなめの位置にあり、語彙的かつ文法的な単位として、言語の諸単位の中でもっとも基本的な単位なのである。

3. 単語の認定

　前章で、単語が言語の基本単位であることを確認したのだが、このような単語のとらえ方が一般に支持されているわけではない。日本語の単語をどのように認定するかをめぐって、さまざまな見解がある。研究者の間で共通の理解があるとはいえない状況である。「単語」というものをどのように認定するか研究者によってまちまちで、一定していない。ここで、日本語の単語の設定に関する、3つの立場があることを確認しておきたい。

　日本語の単語をめぐって、おおむね、以下のような3つの異なる立場がある。例は、矢崎節夫『ななつの　ほし』（株式会社チャイルド本社、1996年）をもちいる。以下の用例のスペースは、単語のきれめをしめすものであるとする。

　　そんな　ある　よるの　こと。　ひとりの　おんなのこが、ひ
　　しゃくを　もって　いえを　でました。（矢崎節夫『ななつの

ほし』株式会社チャイルド本社、1996年)

（a）そんな　ある　よる　の　こと。　ひとり　の　おんな　の
こ　が　ひしゃく　を　もっ　て　いえ　を　で　ました。
（b）そんな　ある　よる　の　こと。　ひとり　の　おんなの
こ　が　ひしゃく　を　もって　いえ　を　でました。
（c）そんな　ある　よるの　こと。　ひとりの　おんなのこが、
ひしゃくを　もって　いえを　でました。

　（a）は、学校文法に代表されるものであり、「の」「を」「が」
「（もっ）て」などを助詞とし、「まし」「た」を助動詞とするもので
ある。官許の学をきずいた大槻文彦や橋本進吉は、「助詞」や「助
動詞」を単語（付属語）とみなした。

　（b）は、学校文法の助動詞の多くを単語の部分であるとし、助
詞を単語であるとみなすもので、山田孝雄（1908）、渡辺実
（1971）、三上章（1953）、寺村秀夫（1982）らは、おおむね、こ
の立場といえる。今日、標準化しつつある日本語教育文法もここに
はいる。

　（c）は、「助詞」も「助動詞」も単語の部分であって、単語は、
語彙的な意味と文法的な形式との統一体であるとみる。古くは、松
下大三郎（1928）の、のちに、鈴木重幸（1972）、高橋太郎ほか
（2005）らの説く文法である。そこでの単語は、橋本進吉がとなえ
た文節と外延のうえで一致する。橋本による文節は単語から構成さ
れ、文は文節から構成される。それに対して、（c）の文法論では、
文は基本的に単語から構成されるとする。ちなみに、（c）は、原文
と同じである。

　筆者は、単語の認定にあたって、（c）の立場を支持する。単語は、
基本的に、語彙的な意味と文法的な形式との統一体であると考える
からである。そこでは、単語の形態素に対する優位性がみとめられ
る。伝統的な国文法の世界では、単語と形態素の区別があいまいで
あり、形態素を単語あつかいする傾向があった。形態素とは、発話
連鎖の中で意味とむすびつく最小の形式である。単語は、1つ、あ

るいは2つ以上の形態素からなる、相対的に前後の形式から独立して、他の単語と一定の関係をもって、文の中にあらわれる。

例文の「（よる）の」「（ひとり）の」「（おんなのこ）が」「（ひしゃく）を」「（いえ）を」は、いずれも名詞の格をつくる助辞であり、「（で）まし」は、動詞性の接尾辞であり、「（もっ）て」「（でまし）た」は、動詞の語尾である。助辞も接辞も語尾も単語の資格を欠き、単語を構成する形態素であるとみるのが正当である。

4. 日本語の品詞体系

筆者の考える日本語の品詞体系は、以下のとおりである（おおむね、鈴木重幸（1970、1994）にしたがうものである）。単語は、その統語的な機能として、文の部分になるという特徴をもつ。文の部分とは、当該の単語が個々の具体的な文の中でどのような機能をはたしているかを問うものである。それに対して、品詞は、当該の単語が文の中でどのような機能をはたしうるかという潜在的な統語的機能を問うものである。つまり、文の部分はアクチュアルな特徴を問題にするのに対して、品詞はポテンシャルな特徴を問題にする（村木新次郎、2010）。

単語の統語論的な特徴とは、文の中で、どのようなはたらきをするかということである。述語をもつ文において、述語と主語と補語は、文の骨格を構成する成分である。さらに、述語を拡大する修飾成分、文中の名詞を拡大する規定成分、述語と主語・補語からなる事象全体をとりまく外的状況（時間・空間・原因・目的など）を拡大する状況成分、文のあらわすくみたてにはかかわらず、述語とともに文の述べ方をあらわす陳述成分、単語と単語、あるいは文と文をつなぐ接続成分などが文の部分として存在する（文の部分についての詳細は、工藤真由美（2002）、村木新次郎（2010）を参照）。以上は、述語を有する述語文における文の部分である。文には述語を有しない独立語文も存在する。

日本語の品詞には、中心的な品詞と周辺的な品詞とがある。中心的な品詞に属する単語は、基本的に語彙的意味と文法的機能との統

034　I　語彙論と文法論とをめぐる諸問題

一体として文の中に存在する。中心的な品詞には、名詞・動詞・形容詞・副詞がある。前述したように、中心的な品詞に所属するものは、機能が単一ではなく、主要な機能と副次的な機能とをそなえていて、相対的に分類される。中心的な品詞の中で副詞だけは単一機能で、不変化詞である（ただし、副詞には例外が多い）。

　一方、周辺的な品詞は、語彙的意味が欠如しているか、それが稀薄で、もっぱら文法的な機能をはたす単語として文の中に存在する。周辺的な品詞には、それ自体で文の成分になれる自立的な接続詞・陳述詞・感動詞と、単語や節とくみあわさってはじめて文の成分になれる非自立的な後置詞・補助述語詞・従属接続詞とがある。後置詞・補助述語詞・従属接続詞は、単独で文の成分になれない補助的な品詞である。周辺的な品詞に所属する単語の多くは、名詞や動詞などの主要な品詞に属する単語の文法化によってうまれたものである。文法化とは、もとの単語の意味をうしない、語形が固定化し、統語的な機能が別のはたらきに移行する現象をいう。その文法化の度合いにより、もとの品詞の特徴を部分的にとどめているものもある。

　文の部分と品詞とは密接な関係をもつ。各品詞と文の中での機能との関係は以下のとおりである。周辺的な品詞は、すべて単一の機能である。ただし、後置詞は、ときに名詞を補助して、補語や述語となることがある。

品詞 ＼ 機能		主要な機能	副次的な機能
中心的な品詞	名詞	主語や補語になる	述語・修飾成分・規定成分・状況成分・独立成分になる
	動詞	述語になる	修飾成分・規定成分・状況成分・（主語・補語）になる
	形容詞	規定成分／述語になる	修飾成分・（主語・補語）になる
	副詞	修飾成分になる	（規定成分・述語）になる
周辺的な品詞	自立的 陳述詞	陳述成分になる	
	自立的 接続詞	接続成分になる	
	自立的 感動詞	独立成分になる	
	補助的 後置詞	名詞とくみあわさって、状況成分・規定成分	補語・述語になる
	補助的 補助述語詞	述語の本体とくみあわさって、述語の文法的意味にかかわる	
	補助的 従属接続詞	節をうけて状況成分になる	

　本稿では、以下に、形容詞の範囲の拡大、後置詞と従属接続詞の設定について述べる。

5．形容詞の範囲の拡大

　「優秀-な」「真っ赤-な」のような単語は、学校文法では「形容動詞」として独立の品詞あつかいをしているが、今日、これらは「形容詞」の一部（ナ形容詞や第二形容詞）とみなされる傾向が強くなっている。「すばらし-い」「赤-い」などの狭義形容詞とこれらの違いは語形だけであり、統語論的にも意味論的にも両者は共通している。両者の違いは、動詞における五段動詞と一段動詞の違いに相当するものである。「優秀-な」も「すばらし-い」も形容詞とみるのが正当である。さらに、日本語の形容詞には、「抜群-の」「真紅-の」といった「ノ形容詞」あるいは「第三形容詞」と呼んでよいタ

036　I　語彙論と文法論とをめぐる諸問題

イプがたくさん存在することがあきらかになった。（村木新次郎（2000、2002））。「抜群」「真紅」などは、従来は、名詞とされていた。これらの単語は、①主語・補語にならない、②連体修飾を受けない、③後続の名詞を属性規定する、④述語として用いられる、⑤後続の動詞（ときに形容詞）を修飾する修飾成分として用いられる、といった特徴をもつ。①と②は、これらが名詞でないことを意味する。③④⑤は形容詞の特徴である（ただし、形容詞に属するすべての単語が、3つの特徴をそなえているわけではない）。「抜群」「真紅」は形容詞としなければならない。

（1）内藤の足はさほど速くはなかったが、吉村のスピードを殺す 抜群の 技術を持っていた。
（2）小さな店だが、フランス料理の味は 抜群だった 。
（3）真央ちゃんは軸の取り方が 抜群に うまい。

　このタイプの形容詞は少数ではない。「一般−」「一流−」「永遠−」「永久−」「互角−」「極上−」「屈指−」「広義−」など漢語に多い、また「すし詰め−」「丸腰−」「底なし−」「汗まみれ−」「血みどろ−」「家族ぐるみ−」「ひとりよがり−」「見ず知らず−」などのように合成語にめだつ。これらが名詞とされてきたのは、「−の」を介して後続の名詞につながるという形式に依拠しての結果であろう。形式を見て、その機能に注目しなかったわけである。「彼の／パソコン操作の技術」は、関係規定であり、「抜群の　技術」は属性規定という点で違いがみてとれる。疑問詞「だれの／何の／…」に対応する関係規定は主として名詞によるものであり、疑問詞「どんな」に対応する属性規定は形容詞によるものである。両者には、後続の名詞「技術」の規定成分であるという点で共通するものの、どのような規定成分かという点で相違するのである。単語の品詞性を問うとき、その単語の文中でのはたらきを問うことが重要である。「彼の」と「パソコン操作の」の「−の」が名詞の格語尾（曲用語尾）であり、「抜群の」の「−の」は形容詞の活用語尾で、両者の性質はことなるのである。「すばらし−い」「優秀−な」「抜群−の」は、どれも形容詞

第2章　日本語の品詞をめぐって　037

に属し、同様の統語的機能をはたしているのである（それぞれの単語のハイフンは、形容詞における語幹と語尾の切れ目をしめしている）。「XのN（名詞）」のXは名詞であると決めつけてはいけないのである。このようなタイプの形容詞をとりだせなかったのは、「Xの」という形式を絶対視して、その機能を問わなかったからである。

第三形容詞には、第二形容詞と兼務する単語がある。規定用法で、「～な」と「～の」の語形をもつもので、たとえば、「哀切-」「悪質-」「悪趣味-」「わずか-」などである*3。

5.1　規定用法のみをもつ形容詞

規定用法のみをもつ不完全形容詞も多い。いわゆる連体詞である。「暗黙の」「一縷の」「画一の」「遠来の」「在来の」「ひとかどの」「不眠不休の」などである。「暗黙」や「一縷」は格範疇をもたないので、名詞ではない。「この」や「どの」と同じように、「暗黙の」「一縷の」全体で1語であり、名詞の連体格ではない。筆者は、不完全形容詞と位置づける。一般に連体詞は少ないとされているが、実はそうではない。規定用法のみをもつ不完全形容詞に所属する単語はけっこう多いのである（村木新次郎、2002）。

5.2　述語用法のみをもつ形容詞

また、数はそれほど多くはないが、「やまやま-」「御の字-」「おてあげ-」「あがったり-」のような単語は、もっぱら述語としてもちいられる。これらは述語専用の形容詞と位置づけられよう。

（4）行ってお吉に会いたいのは やまやまだが 、行く勇気がない。
（5）「きみがいてくれたら 御の字だ 。」

6.　後置詞

後置詞とは「単独では文の部分とならず、名詞の格の形（およびその他の単語の名詞相当の形式）とくみあわさって、その名詞の他

の単語に対する関係をあらわすために発達した補助的な単語」(鈴木重幸 (1972)) である。後置詞は、それが支配する名詞とともに後置詞句を作り、全体で文の部分として機能する。英語や中国語に前置詞があるように、日本語には後置詞がある。述語が目的語に先行する英語や中国語には名詞に前置する機能語が、述語が目的語よりあとにくる日本語では名詞に後置する機能語が存在し、その性質は基本的に同じである。

　ところが、伝統的な日本語文法では名詞に格の存在しない中国語との関係からか、格助辞は、名詞から切り離され、「助詞」という単語と認識されてきた。つまり、日本語の名詞は中国語の名詞と同じように無格のようにとらえられているのである。「を」や「に」は格の接辞で、「彼を」や「彼に」が名詞の語幹と格語尾からなるというふうにはみとめられなかった。それの延長として「(彼) とともに」「(東京) において」といった形式は、最近の日本語研究では「複合格助詞」や「複合辞」と位置づけられることが多い。今日にいたっても、日本にとっての第一の他言語は英語であり、この英語(現代英語)は中国語と同様に名詞の格をもたない言語である。そのことが「(彼) とともに」「(東京) において」といったとらえ方を助長しているように思われる。日本語の名詞は、中国語や現代英語と違って、無格ではなく、格のカテゴリーをもっているのである。このようなあつかいは、伝統的な国文法における語彙的なものと文法的なものをきりはなすという負の側面を継承するものであると筆者はみる。

　つとに、松下大三郎は、「を」「に」などは客語を統率するものではなく、それ自身が客語の一部であると説いている。「彼と　ともに」は英語の with him に対応し、「と」は him に属すると見た。つまり、今日広く見られるような「彼　とともに」(名詞+複合辞)のようなとらえ方ではなく、「彼と　ともに」(「と格」の名詞+後置詞)ととらえたのである。英語において with が前置詞で、him が客語であるように、日本語においては「彼と」が客語で、「ともに」は後置詞(帰着副詞とも)であると考えた(松下大三郎 (1901、1926))。ちなみに、音声上の切れ目についても、「彼　と

ともに」は不自然であり、この句のあいだにポーズをおくなら、「彼と　ともに」とならなければならない。これらの句の間のスペースが単語の切れ目だとすると、「彼と」と「ともに」の2単語からなる名詞句であると理解するのが自然で、常識的である。松下のあつかいは、一般言語学からみて、正当であった。名詞に格範疇をもつロシア語やドイツ語の、前置詞にみられる名詞の格支配の現象を考えあわせるなら、このことはいっそうわかりやすい。「と」や「に」は、語彙的意味をもたず、自立できる形式でもないので、単語性は稀薄で、広義の接辞とみたほうがよい。ちなみに、中国語における"対他"の日本語との対応関係は「彼　に対して」ではなくて、「彼に　対して」なのであり、"対"に相当するのは「対して」であり、"他"は「彼に」という形式に相当する。"対"も「対して」も隣接する名詞の文法的な存在形式にくわわる側置詞（adposition）であり、「-に」は名詞「彼-」に帰属し、名詞の一部ととらえなければならない。

　後置詞の多くは、名詞や動詞を起源にもち、文法化の結果、「名詞の格の形とくみあわさって、その名詞の他の単語との関係をあらわすために発達した補助的な単語」である。文法化とは、もとの語彙的意味が稀薄化・形骸化し、統語的な機能に変化が生じ、語形が固定化していく現象を意味する。そこには、文法化がより進んで、後置詞になりきった典型的な単語もあれば、文法化が進みつつある（あるいは、進みだした）後置詞候補の単語もある。

　典型的な後置詞としては、動詞から派生した「対して」「よって」「とって」「ついて／つき」などがある。これらは、語彙的意味を失い、統語的な特性として、名詞を格支配するという動詞の特徴を一部とどめてはいるけれども、その語形は「〜て」に固定し、動詞がもつ肯定否定・アスペクト・テンス・ムードなどの形態範疇を欠いている。

　一方、名詞を起源にもつ後置詞には、構造からみて、大きくふたつのタイプがある。ひとつは「Nの {ため（に）／おかげで／せいで}」のような名詞の連体格を支配するものであり、他のひとつは「Nを {前に／頼りに／承知で／先途と}」「Nと {ともに／一

緒に｝のような名詞の連用格を支配するものである。これらの単語は、語形が固定化していて格の体系をもたないこと、規定成分を義務的にうけることなど、名詞の特徴をうしなっている。先行する名詞の文中での存在形式をつくるための補助的な単語であることを意味するものである。このタイプの後置詞は名詞と兼務することが多い。文法化がすすみ、後置詞化したものとみるか、名詞の特殊な用法とみるべきか、さらなる検討を要する。単語の品詞分類には、各品詞の独立性とあわせて、品詞間の連続性をも考慮する必要がある。

7. 従属接続詞

　従属接続詞とは「節や句をまとめる述語（動詞・形容詞・名詞＋コピュラ）とくみあわさって、その節や句の後続の主節に対する関係をあらわすために発達した補助的な単語」と定義できる（高橋太郎ほか（2005））の文言を若干修正した）。従属接続詞についても、後置詞と同様、動詞や名詞を起源にもち、それが文法化した結果、節や句をまとめる述語とくみあわさって、先行する節や句を後続の節につなぐものとして発達したものであるといえる。

　動詞起源の従属接続詞としては、「したがって」「つれて」「あたって」「ともなって」、「したがい」「つれ」「あたり」「ともない」などがある。これらが、従属接続詞として用いられるとき、もとの語彙的意味をうしない、また統語的な特性としての格支配の特徴を一部とどめているけれども、その語形は「〜て」に固定し、さらに動詞がもつ肯定否定・アスペクト・テンス・ムードなどの形態範疇を欠いている。

　以下の例文（6）の「したがって」、例文（7）の「つれて」がそうである。これらの「したがって」や「つれて」はいずれも動詞を起源とし、動詞の１語形（中止形）と共通するが、動詞のもつ文法範疇をうしなうかわりに、下線部の連用節（正しくは擬似連用節か？）をうけ、後続の主節に接続するという機能を獲得している。

　（6）向う岸もまた黒いいろの崖が川の岸を下流に下るに　した

がって だんだん高くなって行くのでした。

（7）星の群が目へ近づいて来るに つれて 、空はいよいよ遠く夜
　　 の色を深めた。

　音声上の切れ目については、「下る　にしたがって」は不自然で、
途中でポーズをおくなら、「下るに　したがって」である。この組
み合わせも、前置詞と同様、スペースが単語の切れ目だとすると
「下るに」と「したがって」の2単語からなる動詞句あるいは動詞
節であると理解するのが自然である。
　また、連体節（正しくは擬似連体節）をうけ、接続詞に相当する
機能をはたしている単語が少なからず存在する。たとえば、以下の
例文（8）「かたわら」や例文（9）の「拍子に」がそれである。

（8）彼は、居酒屋を営む かたわら 、小説を書いている。
（9）山風が木々を煽った 拍子に 、椿の葉が二枚こぼれて来た。

　例文（8）における「かたわら」は、〈そば／わき〉という空間
をさししめす意味ではなく、〈あることをしながら、（さらに他のこ
とをする）〉といった時間的かつ文脈的な意味をになっている。ま
た、例文（9）における「拍子に」は〈リズム〉ではなく、〈ある
ことが成立する直後に、（それがきっかけとなって別のことがおこ
る）〉といった時間的かつ文脈的な意味をになっている。さらに、
例文（8）の「かたわら」は、「かたわら＋φ」という形式、すなわ
ち格語尾をとらないという形態上の特徴がみとめられる。例文
（9）の「拍子に」も、「拍子に」という語形の固定化がみとめられ
る。そして、双方とも、例文（8）（9）における下線部の節や句を
うけ、あとにつづく主節にかかっていくという接続の機能をはたし
ている。つまり、「かたわら」も「拍子に」も名詞の格機能を喪失
していて、先行する節を後続の節につなぐ機能をはたしているので
ある。
　このように、これらの単語は、意味的にはもとの意味をうしない、
文法的には名詞の格機能をうしない、その語形が固定化し、名詞ば

なれをおこしている。名詞の性質をうしなうかわりに、先行する文相当の形式をうけ、あとに続く主節に接続するという従属接続詞としての機能を獲得しているのである。「かたわら」も「拍子」も、自立的な単語で中心的な品詞である名詞から、非自立的な単語で周辺的な品詞である従属接続詞に変化した単語の例といえる*4。

　これらの単語は以下のような性質をもっている。連体修飾をうけるという点で名詞性をもつが、名詞にとって本命ともいうべき格機能をもたない。だから、これらはもはや名詞ではない。連用的にかかる成分を構成するという点で副詞性をもっている。しかし、連体修飾をうけるという点で副詞の特徴を欠いている。このように、これらの形式は名詞や副詞のはたらきと部分的に類似した特徴をもつが、その統語的な機能は、「先行する節を後続の節につなげる」ことである。この「先行する節を後続の節につなげる」という統語的な機能が文法上、もっとも重要であるととらえて、筆者は、これらを「従属接続詞」として位置づける（村木新次郎（2005））。

　「かたわら」「拍子（に）」のような擬似連体節をうける従属接続詞は相当数みとめられる。後続の節に対して、どのような統語意味的な成分になるかという点で整理すると以下のようになる。

　〈時間〉をあらわす従属接続詞：とき（に）、おり（に）、際（に）、あいだ（に）、ころ（に）、ついでに、場合（に）、たび（に）、最中に、拍子に、途端（に）、はずみに、やさき（に）、うえ（で）、すえ（に）、かたわら、そばから、……

　〈条件〉をあらわす従属接続詞：とき、場合、かぎり、あかつきに、たび（に）、まえ（に）、ところが、ところで、……

　〈原因・理由〉をあらわす従属接続詞：あと、すえ、うえは、結果、ゆえ（に）、ため（に）、おかげで、せいで、あまり（に）、かぎり（は）、以上（は）、くせに、手前、……

　〈目的〉をあらわす従属接続詞：ため（に）

8. まとめ

本稿では、品詞とはなにか、単語とはなにかを問い、日本語の品

詞をめぐって、形容詞の範囲のみなおし、もっぱら文法的なはたら
きをする機能語として「後置詞」と「従属接続詞」が存在すること
を提言した。後置詞は、実質的な単語である名詞に後置する補助的
な単語で、その名詞と後続の動詞・形容詞・名詞とを関係づける役
割をはたす機能語である。また、従属接続詞は、文相当（節）に後
置する補助的な単語で、その節と後続の節とを関係づける役割をは
たす機能語である。

　なお、機能語のひとつである補助述語詞、品詞の兼務、分詞につ
いてなど論ずべき課題は多いが、本稿では保留される。

＊1　筆者は、日本語の名詞にも、ドイツ語やロシア語と同じように、曲用のシ
ステムがあるとみなす。
＊2　ここでいう補語とは、述語があらわす属性に必要な対象をおぎなう文の部
分である。主語と補語とは、つねにはっきりと区別されるわけではない。補語
に、主語になりうる直接補語と、主語になりえない間接補語とを区別する立場
もある（工藤真由美（2002））。
＊3　鈴木重幸（1972）は、「〜の」は「〜な」の変種であるとし、第二形容詞
と位置づけている。
＊4　これらの形式をめぐって、佐久間鼎（1940）による「吸着語」、三上章
（1953）による「準詞」、奥津敬一郎ほか（1986）による「形式副詞」、日野資
成（2001）による「形式名詞」などの提言があった（村木新次郎（2002））。

参考文献

奥津敬一郎ほか（1986）『いわゆる日本語助詞の研究』凡人社
工藤真由美（2002）「日本語の文の成分」飛田良文／佐藤武義編『現代日本語
　　講座　第5巻　文法』pp.101–119、明治書院
佐久間鼎（1940）『現代日本語法の研究』厚生閣
鈴木重幸（1972）『日本語文法・形態論』むぎ書房
鈴木重幸（1994）『形態論・序説』むぎ書房
高橋太郎ほか（2005）『日本語の文法』ひつじ書房
寺村秀夫（1982）『日本語のシンタクスと意味Ⅰ』くろしお出版
橋本進吉（1934）『国語法要説』明治書院
日野資成（2001）『形式語の研究―文法化の理論と応用―』九州大学出版会

松下大三郎（1901）『日本俗語文典』誠之堂

松下大三郎（1928）『改撰標準日本語文法』紀元社

三上章（1953）『現代語法序説―シンタクスの試み―』刀江書院

村木新次郎（1983a）「日本語の後置詞をめぐって」『日語学習与研究』1983-3 pp.1-9 北京対外貿易学院

村木新次郎（1983b）「「地図をたよりに人をたずねる」という言いかた」渡辺実編『副用語の研究』pp.267-292 明治書院

村木新次郎（2000）「「がらあき」「ひとかど」は名詞か、形容詞か」『国語学研究』39 pp.1-11 東北大学

村木新次郎（2002）「第三形容詞とその形態論」佐藤喜代治編『国語論究10 現代日本語の文法研究』pp.211-237 明治書院

村木新次郎（2005）「〈とき〉をあらわす従属接続詞―「途端（に）」「拍子に」「やさき（に）」などを例として―」『同志社女子大学学術研究年報』56 pp.37-53 同志社女子大学

村木新次郎（2010）「文の部分と品詞」『国文学　解釈と鑑賞』75-7 pp.102-111 ぎょうせい

山田孝雄（1908）『日本文法論』宝文館

渡辺実（1971）『国語構文論』塙書房

Regarding Parts of Speech in Modern Japanese

MURAKI Shinjiro（Doshisha Women's College of Liberal Arts）

Abstract

A part of speech is a lexico-grammatical classification of the word. This paper recognizes that so-called "*joshi*" (postpositions) and "*jodoushi*" (auxiliary verbs) are parts of the words from the point of view that a word is the whole unified lexical meaning, and grammatical form and function. The syntactic function of the word is given priority for classification of the part of speech of the word. This paper proposes to expand the range of the adjective. "*Batsugun*" and "*shinku*" are not nouns but adjectives because they can become neither subjects nor complements."*Batsugunno(seiseki)*" should be considered as an attribute of the noun functioning as an adjective. "*Kango*" (words derived from Chinese) and compound words include not a few but many of this type of adjective. There are also a lot of adjectives that only function as an attribute of a noun(so-called *"rentaishi"*). The words such as *"(kare to) tomo ni"* and *"(nihon ni) taishite"* should be recognized as postpositions. Some postpositions are highly grammaticalized and others are in the process of becoming postpositions. In addition, the words such as *"(toshi o toru ni) shitagatte"* and *"(izakaya o itonamu) katawara"* should be recognized as subordinate conjunctions. As a result of being grammaticalized, these words lost the meaning of the original verb and noun, and work to connect to the following clause.

Keywords

parts of speech, a review of adjectives, postpositions, subordinate conjunctions

第3章

単語の意味と文法現象

1. 単語の内容と形式

　単語は、現実の世界の、あるいは現実の世界をこえて人間が概念としてえがきうる、対象や現象の断片を名づけている。これは言語外的なものを言語化している単語の語彙的な側面である。そのような、なんらかの語彙的意味をあたえられた単語は、文のなかで、ある語形をとって（形態論的な側面）、別の単語とくみあわさりながら、主語や述語などの機能をはたしている（統語論的な側面）。形態論的な側面と統語論的な側面は文法現象としてまとめられる。

　誤解をさけるために今のべたことを具体例でしめしておこう。たとえば「飲む」という単語（動詞）は〈（いきものが液体などを）のどを通して体内にとりこむ〉という語彙的意味をもち、「飲む」「飲んだ」「飲もう」「飲め」などの語形で文のなかであらわれるということ、また、動詞「飲む」が「酒を飲む」「飲んだ酒」というようなむすびつきは可能だが、「酒へ飲む」「飲もう酒」のような結合はしないということ、さらに「父は毎晩酒を飲む。」という文では「飲む」は、主語である「父は」をうけて述語として機能し、「きのう飲んだ酒はうまかった。」の「飲んだ」は「きのう」という連用成分をうけて、みずからは「酒」にかかる連体成分として機能しているというようなことである。なお、「飲む」「飲んだ」「飲もう」「飲め」はそれぞれ語幹 noM（nom-/non-）と語尾 -u, -da, -oo, -e からなる語形で、同一の単語の異なる形態論的形式であるとみる。

　こうした、単語における内容（語彙的な側面）と形式（文法的な側面——語形と他の単語との結合性など）とは密接に対応しあっている。多くの文法的カテゴリーは単語の意味の中にあり、単語の語形や単語間の統語的な関係のなかに単語の独自の意味がひそんでい

○47

る。

2. 統語構造・カテゴリカルな意味

　多義的な単語がしばしば異なる統語構造の中であらわれることは
よくしられている。これは単語の意味が統語論的な構造に反映して
いることをしめしてくれる。ひっくりかえせば、統語的な構造が単
語の固有な意味をきめてかかるともいえるのである。
　ここで、「仰ぐ」という動詞を例にとる。この動詞には、おおむ
ね、①みあげる、②うやまう、③もとめる、④上をむいて、のむ、
という4つの意味がみとめられるのであるが、これらの多義性は、
次にしめすように、それぞれ異なった構造の中であらわれる（N：
名詞）。

①　N_1 ガ　N_2 ヲ　仰グ〈みあげる〉
　　N_1：ヒト（ときに動物も）
　　N_2：空間（ときに現象名詞（夕映え、虹）も）
②　N_1 ガ　N_2 ヲ　N_3 ト（シテ）仰グ（うやまう）
　　N_1／N_2：ヒト（N_2 は N_1 より社会的に上位）
　　N_3：ヒト（聖人、指導者、……）／内容（鑑、手本、……）
③　N_1 ガ　N_2 カラ／ニ　N_3 ヲ　仰グ（もとめる）
　　N_1／N_2：ヒト（N_2 は N_1 より社会的に上位。ときに機関、
　　組織も）
　　　N_3：動作（教え、指南、批評、裁決、寛恕、……）
④　　N_1 ガ　（N_2 カラ）　N_3 ヲ　仰グ（上をむいて、のむ）
　　　N_1：ヒト
　　　N_2：容器
　　　N_3：飲物、毒

ちなみに、それぞれの例をあげておく。

（1）弟ガ　空ヲ　仰グ

048　Ｉ　語彙論と文法論とをめぐる諸問題

（２）兄ガ　師ヲ　名人ト　仰グ

（３）学生ガ　教授ニ　指導ヲ　仰グ

（４）父ガ　グラスカラ　ウィスキーヲ　仰グ

②〜④の仰グは①の基本的な意味から派生したものとみとめられるが、その派生的意味は、基本的な意味と、異なった統語構造の中であらわれていることを確認しておきたい。

こうした統語論的な構造を問題にするとき、動詞の形式的な結合価（あるいは展開値、valence）だけではなく、それぞれの名詞のカテゴリカルな意味にも注目しなければならない。形式的な結合価とは、この場合、動詞が要求する名詞の格形式（〜ガ、〜ヲなど）を指し、カテゴリカルな意味とは、ヒト、空間などの、個々の単語にかぶせられた意味特徴を一般化したものを指す。カテゴリカルな意味とは、単に語彙的意味の一般化にとどまるのではなくて、継起的（syntagmatic）な構造を前提とした語彙的意味の一般化でもある。奥田靖雄氏はこれを「単語において語彙的な内容のなかにくいこんでいる形式的な側面」と定義している（奥田靖雄（1974））。

（1）の「空ヲ仰グ」と（4）の「ウィスキーヲ仰グ」は「〜ヲ仰グ」という形式構造が共通しているとはいえ、名詞が空間をあらわすか飲物をあらわすかというカテゴリカルな特徴のちがいによって、④は①とはちがった〈上をむいて、のむ〉という派生的な意味を獲得する。そして、この④の意味の仰グは、食ベル、飲ム、ナメル、カジルなどの一連の飲食をあらわす動詞と共通する形式的な結合価とそれにささえられたカテゴリカルな意味とを共有するわけである。このカテゴリカルな意味は文法において統一的に機能する単語のグループ分けを可能にするであろう。空間名詞、ヒト名詞、抽象名詞、動作名詞、現象名詞などは、単にシソーラスのような概念分類としてではなくて、語彙＝文法的な、あるいは意味＝文法的な単語のグループとしてとりだすことができる。こうしたカテゴリカルな意味は言語的な特徴であって、言語をこえた論理的な特徴ではない。仰グの①と④の意味のちがいは、このような名詞の語彙＝文法的な下位クラスに関与してきてまる。中国語は名詞の格形式を発達さ

せてはいないが、カテゴリカルな意味を通して文法的な機能をはたしているものと思われる。次の3つの統語構造は形式的には同一であるが、こうした語結合が発話された場合の理解にはそれぞれの名詞のカテゴリカルな特徴がはたらいているであろう。

（5）吃飯（ごはんをたべる）
（6）吃大碗（＝用大碗吃（飯）、どんぶりで食べる）
（7）吃食堂（＝在食堂吃（飯）、食堂で食べる）

　こうして、カテゴリカルな意味は単語の中にひそんでいる形式的な側面である。
　以上のことは、単語の意味をとりだす際に、統語構造やそれにささえられたカテゴリカルな意味と無縁にはおこなえないということをおしえてくれる。

3. 語形・統語的機能

　単語は、ときに、その特定の語形が基本的な意味・機能からはなれ、派生的な独自の意味・機能をもつことがある。
　動詞の過ギルには、（8）の空間的な移動や、（9）の時間的な移りかわりなどの意味とは別に、（10）、（11）のような、〈ただ～だけだ〉のような意味をもつ用法がみられる。

（8）電車は横浜をすぎた。
（9）五時をすぎた。
（10）給料はわずか十万円に**すぎない**。
（11）日本語は一年間勉強したに**すぎない**。

　はじめの二例は「過ギル」「過ギナイ」という動詞の肯定否定のカテゴリーをもっていて、必要に応じて肯定形も否定形も用いることができる。それに対して、あとの二例では、対応する肯定の形式が欠けていて、一般に動詞がもっている肯定―否定の対立関係を

050　I　語彙論と文法論とをめぐる諸問題

失っている。この二例の「すぎない」は、過ギルという動詞の否定形と語形のうえでは共通するが、その意味と機能は特殊である。この「すぎない」は前におかれる単語（十万円（に）、勉強する（に））とくみあわさって、合成述語形式をつくる要素であり、統語的な機能のうえで制限がある。動詞や形容詞は、一般に、文相当の形式をうける場合に、ノ、コト、カなどでいったん名詞化して、それに助辞のヲやニを介してむすびつくのであるが（「彼女が歌うのを聞いた」「一人で遊ぶことに慣れている」「すぐ出かけるか尋ねた」）、（11）の用法のように、合成述語形式の部分として機能するスギナイは、そのような名詞化の手つづきを必要とせずに直接に助辞ニを介してむすびつくという統語論上の特徴もある。このようなスギナイは肯定形式との対立を失うことによって基本的な意味がもっていた運動性、動作性を欠如させ、前におかれる動詞にモーダルな意味合いをそえる形式と化している。こうした統語論上の特徴は、ダ、デス、ラシイ、ミタイなどのコピュラと共通している。ただし、ダ〜ミタイは助辞性があって半単語であるのに対して、スギナイは単語性がまだ相対的に残っているという単語↔接辞のレベルのちがいがある。スギナイが単語だとしても、語彙的な意味をすりへらしていて、そこでは文法化をおこしている。「勉強したにすぎない」という合成述語形式のなかで現実とかかわっているのは「勉強した」で「すぎない」はモーダルな意味をあらわしている。オヨバナイ、シノビナイ、タエナイなども文法化の程度は個別に調べてみないとわからないが、以下の（12）（13）（14）の用法では、本来の動詞としての基本的な意味から遠ざかり、もっぱら否定形式で用いられ、その意味と統語的機能は特殊である。

（12）わざわざ来ていただくには**及ばない**。
（13）悲惨な姿は見るに**しのびない**。
（14）この本は読むに**たえない**。

　これらは、動詞の否定形式がコピュラ化したものとみとめられるが、ついでにいえば、タエズ、トリアエズ、オボエズ、オモワズ、

アカズ、ノコラズ、スカサズなどは動詞の否定形式のひとつが意味と機能を特殊化させたもので、これらは副詞に移行してしまっている。

　動詞に所属する（と一般にみなされている）単語の中にも、語形変化が貧弱であるものがある。たとえば、かりに馬鹿ゲルが動詞であるとしても「馬鹿ゲタ話」という連体用法のほかはもっぱら馬鹿ゲテイルという分析的な形式でしか用いられることがないという語形上の特徴がある。この仲間として、オモテダッタ、四角バッタ、ミエスイタ、黙リクッタ、マワリクネッタ、手ナレタ、アカヌケタなどがあるが（国語研（1972））、これらは、一般の動詞がもっているスルーシテイルのアスペクト上の対立がなく、それは運動性、動作性の欠如を意味し、文法的に形容詞にちかい性質がある*1。このような単語はその単語実体が形容詞性を帯びているのであるが、変ワッタ（人）、クダケタ（物言イ）、クタビレタ（服）のような形式になると、変ワル、クダケル、クタビレルなどの基本的な意味からずれた派生的意味がみとめられ多義性が生じているといえる。「変ワッタ人」や「アノ人ハ変ワッテイル」といった用法では、対応する変化・動作の意味の変ワルはまったくないかもしくは希薄で、これは性質や状態の意味である。このような動詞の脱動詞化、形容詞化は程度のちがいはさまざまであるが、多くの動詞にみとめられる。次の集マルは（15）では動作性をもつが、（16）、（17）ではそれが希薄である。

（15）駅前広場に大勢の人が集まっている。
（16）このクラスには英語のできる人が集まっている。
（17）飲食店が集まった歓楽街を歩く。

　動詞のシタ、シテイルという語形（シテイルは分析的な語形）がもとの意味からはなれて、独自の意味になるということは、その独自な意味が、シタ、シテイルという語形にしばられていることを意味している。

4. 慣用句・機能動詞結合

　単語と単語の結合が固定的で、それを構成している要素の意味が全くうしなわれて、全体として新たなひとつの意味がうまれることがある。ベソヲカク（＝泣き顔になる）、ホゾヲカム（＝くやしがる）、業ヲニヤス（＝いらいらする）、腹ヲ立テル（＝怒る）などのいわゆる慣用句がそれである。このような慣用句はもはや全体の意味を、それを構成している要素に分割することができない。すなわち、慣用句を構成している要素に語彙的な意味をもとめることはできない。ただし、慣用句と一口にいっても、そこにはいろいろなレベルがあって、慣用句を構成する要素の一部が語彙的意味を保持していることもある。「アイロンをける」「日記をつける」「辞書をひく」「写真をとる」「碁をうつ」「将棋をさす」などの語結合がそれで、こうした語結合の名詞の語彙的意味はそのまま生きているが、「かける」「つける」「ひく」「とる」「うつ」「さす」などは語彙的な意味をうしなって、もっぱら述語形式をつくるための文法的な機能はたしているといえる。この名詞が動作性をもつとき、こうした語結合はしばしば慣用句ばなれをおこし、「攻撃をかける」「圧迫をかける」「さそいをかける」「信用をかける」「相談をかける」「解釈をくだす」「裁定をくだす」「決定をくだす」「診断をくだす」「命令をくだす」「失敗をおかす」「誤謬をおかす」「犯罪をおかす」「矛盾をおかす」「失礼をおかす」のように生産的ともいえる類似の表現をつくりだす。これらの語結合は、「攻撃をかける＝攻撃する」「解釈をくだす＝解釈する」「失敗をおこす＝失敗する」の関係が成立して、「かける」「くだす」「おかす」は「する」の意味に相当し、動作の成立、実現を意味する。このような、実質的な意味を名詞にあずけて、みずからはもっぱら文法的な機能をはたす動詞を機能動詞と名づけ、「攻撃をかける」「解釈をくだす」「失敗をおかす」などのむすびつきを機能動詞結合と呼ぶことにする。機能動詞は、程度の差はあるとしても意味論上の任務を負担することから解放されて、単語よりも大きな統語論上の単位であるシンタグマを構成するための形式的や役目になっていると考えられる。このような機能動詞

結合は、語結合を構成する単語の語彙的意味が継起的（syntagmatic）な構造にしばられていない自由な語結合（「父が酒をのむ」「弟が空を見る」のような基本的な意味の用法）と、構造につよくしばられた固定的な語結合、すなわち慣用句との中間に位置づけられる。この機能動詞結合は、動詞のもつ、ヴォイス、アスペクト、ムードなどの文法的なカテゴリーを積極的に特徴づけることがある。ここでは、「攻撃をうける」「注目を集める」「誤解をまねく」がそれぞれ「攻撃される」「注目される」「誤解される」に相応し、受動的な意味をもつことのみ指摘しておきたい（なお、機能動詞結合については、村木新次郎（1980）（1983a）（1983b）を参照していただきたい）。

5.「成功をみる」「採決をみる」という言い方

さて、以下に基本的な意味から離れた動詞ミルのひとつの用法をとりあげて考察してみたい。

国語研究所からでた『現代語の助詞・助動詞―用法と実例―』の「を（格助詞）」の項に次の用例が〔〜を見る・〜をめぐる etc.〕としてしめされている。

(18)〜、ここに再び四国外相会議の開催**を見る**ことになったのは、それだけでも世界平和の上から喜ばしいことといわねばならない。

(19)殊にこの交渉が、国連の米ソ英仏代表の努力によって成功**を見た**ことは、世界平和の維持機関たる国際連合にとっても極めて意義深いことであった。

このミルは〈実現する〉とでもいうべき意味かと思われるが、

(20)議案がいまだに**採決をみて**いない。

(21)万一**取消しをみる**ようなことがあっては一大事である。

054　I　語彙論と文法論とをめぐる諸問題

のような文では、「採決をみる」は「採決される」に、「取消しをみる」は「取消される」に相当し、どちらも受動的な意味合いを帯びている。ちなみに最初にあげた2例は、後者の「成功を見る」は「成功する」に相当し、「（会議の）開催を見る」は「（会議を）開催する」「（会議が）開催される」のいずれとも交替しうる。

このようなミルの用法は、この動詞の基本的な意味〈目で対象をとらえる〉からはるかにずれて、〈（物事が）行われる〉という意味にもなるようである。こうした用法にはどのような特徴がみいだされるであろうか。

基本的な意味の〈目で対象をとらえる〉という用法では「N_1 ガ N_2 ヲミル」という統語構造が想定され、N_1 には目をもった人間や動物をあらわす名詞が、N_2 には具体的なものを名づけた名詞がそれぞれ想定される。N_2 には、さらに、煙、稲光り、虹のような現象を表す名詞でもかまわないし、また、

（22）ぼくは浅間山が噴火口から煙を出しているのを見た。

（23）飛行機がとんでいくのを見ていた。

のように文相当で表現されていることがらでもよいであろう。これらの現象も視覚でとらえられる *2。

ところで、この基本的な意味の（ここでとりあげない多くの派生的な意味もそうであるが *3 統合的なあらわれである「N_1 ガ N_2 ヲミル」という構造で、N_1 ガは、その機能的な役割として動作主（agent）としての役目をはたし、文の中で一般に主語となるのであるが、この動作主が消えて、主語には動作主以外の要素がおさまり、かつ、なんらかの運動をあらわす名詞が N_2 の位置におかれると、ミルの意味は〈実現する〉という意味に変質してしまう。

（24）農民の収入はかなり**増加をみた**。　　（毎日新聞80.4.9.朝刊）

（25）夏の参院選協力が本格的に**前進をみる**ことにもなろう。

（毎日新聞80.1.11.朝刊）

（26）エジプト・イスラエル単独和平の合意だけが昨年三月から

実施に移され**進展をみている**が、……特にパレスチナ人民
問題はここ十カ月間の交渉で何ら**進展をみていず**、……

(毎日新聞 80.4.9. 朝刊)

(27)「冷戦」の構造が世界的に復活し、「デタント」の外交ルー
ルがその**消滅をみる**……　　　　(毎日新聞 80.1.23. 夕刊)

　こうしたミルは、前におかれる運動性の名詞とつよくむすびつい
て全体である変化をあらわしている。これらの運動名詞ヲ＋ミルは、
運動名詞スルにおきかえてもその対象的な意味は変わらない（「増
加をみる＝増加する」「前進をみる＝前進する」のように）。ただし
厳密にいえば、中立的な〜スルに対して、〜ヲミルは、アスペク
ト・ムードがらみの特徴があるだろう。それはともかくとして、〜
ヲミルは全体である変化をあらわしていて、動詞ミルには動作性が
欠けている。もちろん他動性もなく、〜ヲミル全体で自動詞的であ
る。「完成をみる」「終結をみる」「落着をみる」「（不愉快な事件の）
惹起をみる」などもこの仲間であろう。

　(24)〜(27) の用例では、動作主があらわれていないし、またあ
らわれようもない。

　次にしめす (28)、(29) には人をあらわす名詞が主語になるが、
どちらも意図性をもたず動作主ではない。

(28)両首相は……日本とシンガポールの相互理解を一層促進し
ていくことにつき意見の**一致をみた**。

(毎日新聞 79.10.24. 朝刊)

(29)その間学芸部長の方はすでに三代の**交代を見て**いるのだ。

(毎日新聞 80.6.18. 夕刊)

は「みた」の動作主でもないし「一致をみた」の動作主でもない。
(30) の例は主語のない同様の文である。

(30)　公民間で政権協議に合意をみ、社公間でもしだいに妥協機
運がうかがわれ始めた昨年十二月十八日夜のことだ。

（毎日新聞 80.1.7. 朝刊）

（29）のミルは「馬鹿な目をみる」「つらい目をみる」という場合のミルと同様、〈経験する〉という意味にもとれるが、これまでとりあげてきたタイプと同じように、「一致をみる＝一致する」「交代をみる＝交代する」の関係が成りたち、これも〈実現する〉の意味で用いられていると解釈することができよう。

ここで、（20）、（21）の例を想いだしていただきたい（再掲する）。

（20）議案がいまだに**採決をみ**ていない。

（21）万一**取消しをみる**ようなことがあっては一大事である。

（20）の「みていない」の動作主も、「採決（する）」の動作主もしめされていない。この場合「採決をみる＝採決される」の交替が成立し、（20）の文は受動文的である。（21）の文についても同様のことがいえる。これらの文にも動作主はあらわれない。どちらかといえば否定的な文脈で用いられることが多いようである。（（31）、（32）を参照）

（31）映画は検閲に引っかかってまだ**公開をみる**にいたらない。

（32）この件案は決して**論議をみる**ことはない。

このほかも「書類が決裁をみる」「芝居が上演をみる」「法案が審議をみる」などいずれも、公用文書、事務文書などに特有とおもわれる用法である。そこでは動作主が存在するにもかかわらず、それを表現したい。

以下にしめす２例もこのタイプと考えられるが、ここでは「決定をみる＝決定する＝決定される」、「解決をみる＝解決する＝解決される」の交替が成り立つ。これは「決定する」「解決する」に自動詞と他動詞の双方の用法があるからである。

（33）石油輸出国機構（OPEC）の石油価格問題はカラカスの今総会での**決定をみる**のは困難な情勢であり、

第3章　単語の意味と文法現象　057

（毎日新聞 79.12.12. 朝刊）

(34) 今回の交流会議から得た印象の一つは、会議で**解決をみた**
問題よりも、さらに多くの問題が生じているということ
だった。〔これまでに開かれた同種の会議で、何度となく討
議の対象となった政治的、経済的、文化的問題はやはり**解
決されなかった。**〕 （毎日新聞 79.8.22. 朝刊）

　こうした運動動詞とミルとの結合は能動とも受動とも解釈できる
ような表現になってしまう。ここでは、能動と受動が中和していて、
いわば中動相である。

　ここでとりあげたミルの用法の共通の特徴としてあげられるのは
動作主があらわれないということである。ミルは運動性の名詞と助
辞のヲを介してむすびつくと〈実現する（される）〉の意味を獲得
するが、その場合、これ全体で合成述語形式をつくる。そしてその
主語には動作主がこないという統語＝意味的な特徴がある。

　なお、「成功をみる」「採決をみる」のような言い方は、すでに
ちょっとふれたことがあるが、法律などをふくむ公用文書、事務文
書、それに新聞の報道記事などにあらわれる表現で、日常の話しこ
とばでは縁遠い言いまわしである。このようなミルに〈実現する〉
の意味がみとめられるには、もっぱらこうしたジャンルに用いられ
るという文体上の拘束があるといえる。つまり、このような用法は
文体的にしばられているのである。

　また、この「成功をみる」「採決をみる」は、**4**で述べた機能動
詞結合とも類似する面をもっていることを指摘しておきたい。

6. まとめにかえて

　以上、見てきたように、単語の意味は、文法現象のすべてに深く
かかわっている。単語の語形に、単語と単語のむすびつき、すなわ
ち統合構造に、また統語的な機能に。語形、統合構造、統語的な機
能はそれぞればらばらにあるのではなくて互いに密接に関連しあっ
て、単語が文の中で存在するための形式的な側面を分担しあってい

058　I　語彙論と文法論とをめぐる諸問題

ることは言うまでもない。単語の語形は、単語の統語的な機能によ
く依存しているのである。小稿では、動詞を例にとり、それらの断
片に言及したにすぎない。

＊1　スルーシテイルの対立があっても、見かけ上の対立で、アスペクト的な意
味が対応しないケースもある。スグレル、マサル、オトル、チガウ、コトナル、
（叔父ニ）アタル、存在スル、実在スルなどがそれで、このようなグループも
文法的に形容詞にちかい。これらは状態、関係、存在をあらわしていて、意味
的にも運動をあらわす一般の動詞とは異質である。
＊2　「飛行機が飛んでいるのをみる」と「飛行機をみる」のちがいは次のとお
りである。前者は、実体（飛行機）とその動きに対して、後者は、（少なくと
も言語的には）動きを捨象して、その実体だけを視覚の対象にしているという
点である。
＊3　ミルの派生的な意味がさまざまな文法的な側面とかかわっていることは、
奥田靖雄（1967）綿密に分析されている。ただし、小稿でとりあげたタイプは、
この論文ではあつかわれていない。

参考文献

奥田靖雄（1967）「語彙的な意味のあり方」『教育国語』8　むぎ書房
奥田靖雄（1974）「単語をめぐって」『教育国語』36　むぎ書房
国語研究所（1951）『現代語の助詞・助動詞―用法と実例―』秀英出版
国語研究所（1972）『動詞意味・用法の記述的研究』秀英出版
村木新次郎（1980）「日本語の機能動詞表現をめぐって」『国語研報告65 研究
　　報告集（2）』秀英出版
村木新次郎（1983a）「迂言的なうけみ表現」『国語研報告74 研究報告集（4）』
　　秀英出版
村木新次郎（1983b）「機能動詞の記述」『国文学　解釈と鑑賞』48–3 至文堂

第 4 章

語彙と文法との境界

　文法は、どの言語にあっても、そしていつの時代も言語研究の中心を占めてきた。昨今の研究成果をみても、文法をあつかったものの数は、他の分野にくらべてすこぶる多い。文法というものをどうとらえるかは、さまざまな立場がありうる。単語と文をつなぐ規則の体系であるとか、音と意味の世界を関連づける記号体系であるといった異なる規定がなされる。あとの規定では、文法は音韻論や意味論や運用論などをその要素として、つつみこんでしまう広い意味での文法論ということになろう。ここでは狭い意味での文法を問題にする。

　単語は、よく知られているように、語彙と文法とをつなぐかなめの位置をしめる。つまり、それは、人間が想像したことをもふくめて、現実世界のものごとの断片を一般的にうつしとっているという語彙的な単位であると同時に、実際の言語活動にあっては、文をくみたてる材料としての文法的な単位である。単語は、言語体系の中で、外界との関係をたもちながら、他の単語とむすびつき、またその際に、それ自身の形をかえたりして、文法的な機能をはたしている。

　単語の語彙的な側面は、個々の単語が固有の語彙的意味をもつことにみとめられる。一方、単語の文法的な側面は、他の単語とむすびついて単語よりも大きな単位に展開していくという点にある。単語の語彙的意味と文法的な特性とは関連しあっていて、自立的な単語の結合能力となってあらわれる。そのとき、同じ単語であっても、意味の違いによって、異なる形式とむすびつくことがある。「明るい」が〈くわしい／よく知っている〉の意味で用いられるとき、この単語の他の意味ではあらわれない「（彼は）<u>文学に明るい</u>」のように二格名詞をとるが、それはこの意味の「明るい」が《ひと》

061

《ことがら》を要求するという内容上のむすびきに由来する。形容詞には、「その部屋はきれいだ」「きれいな部屋」「部屋をきれいに掃除する」のような述語用法・規定用法・副詞用法をもつものがみられるが、これと語形が同じである「きれいに忘れる」は副詞用法だけあって、対応する他の2つの用法をもたない。つまり、意味の違いは統語的なふるまい方と相関しているのである。語形上の特徴から動詞に所属している「違う」が動詞に典型的な運動の意味を欠くために、「違うかった」といった形容詞タイプの語形があらわれるのは、意味にひっぱられてのことであろう。

　単語の文法的な特徴にもとづくグループ分けは品詞である。単語の語彙的な意味は品詞と無関係かというとそうではない。実体をあらわすものは名詞であり、名詞でしかない。運動をあらわすものは、典型的には動詞であり、ときに動作名詞として名詞に所属する。状態・性質をあらわすものは、形容詞に所属するのであるが、状態動詞や状態名詞として他の品詞に属することもしばしばある。下にしめすものは、同じような状態・性質を意味する単語を、その規定用法で並べたものである。ちなみに、これらは一般に形容詞／形容動詞／名詞という品詞に属するとされる。

　　［形］　平たい／平らな／ぺったんこの　靴
　　　　　　丸い／まん丸な／円形の　容器
　　［色］　赤い／真っ赤な／深紅の　スカート
　　　　　　黒い／真っ黒な／色黒の　肌
　　［時間］はやい／迅速な／急速の　発展
　　　　　　新しい／新鮮な／最新の　野菜・技術
　　［評価］すばらしい／立派な／抜群の　成績
　　　　　　正しい／正当な／真の　姿

　しかし、従来、形容動詞とよばれてきたものは、その統語論的な機能と意味的な特徴が形容詞（第一形容詞あるいはイ形容詞）と一致し、形容詞として（第二形容詞あるいはナ形容詞）扱う立場が一般化してきた。両者は、語形変化のシステムが異なるだけで、ちょ

うど動詞における五段動詞と一段動詞の相違に当たるものである。ところで、さきに列挙した3つめのタイプの統語的な機能をみると、これらは、他の形容詞と基本的に一致し、これも形容詞（第三形容詞あるいはノ形容詞）とみてよいのではないかと思われる。これらの単語は、名詞の本質的な特徴である補語（あるいは主語や目的語）にならないか、なりにくいものである。つまり、これらは「〜が」や「〜を」といった形式をとらないのではないか。格の体系を欠いているものは名詞とはいえない。こうした単語が名詞ととらえられてきたのは、「〜の」で後続の名詞を修飾限定するという性質からだと思われるが、このような規定用法は名詞固有の機能ではない。これは「〜の」という非自立形式を過大視した結果で、自立的な単語の文中での機能を問題にすれば、他の形容詞との類似性がみてとれたはずである。第三形容詞として位置づけられるものは、決して小数の特殊例ではなく、かなりの数にのぼるのである。以下に列挙したような単語は、多くの辞書で名詞として扱われているものの、名詞かどうか疑わしいものである。これらも、さきにみた「ぺったんこ−」「色黒−」「急速−」「抜群−」などと同じように形容詞とすべきものであろう。ちなみに、これらの単語の用例には、いずれも以下のように規定語としての用法が例示されている。

　　細面（の女性）、一流（の学者）、だんとつ（の一位）、極上（の
　　酒）、ひとかど（の人物）、在来（の方式）、仮（の処置）、がらん
　　どう（の家）、すしづめ（の電車）、横なぐり（の雨）、おしきせ
　　（の社内旅行）、丸腰（の警官）、見ず知らず（の人）、底無し（の
　　沼）、不治（の病）、無人（の部屋）、未曽有（の大事件）

　この種の単語については、しばしば辞書によって、名詞と形容動詞とのあいだで記述にゆれがみられたり、両者が併記されるというケースが多い。「純白」「出色」「ありきたり」「からっぽ」「架空」「命がけ」「むきだし」「出任せ」「底抜け」「横長」「やぶれかぶれ」などがその例である。これも、品詞のふるい分けに、「〜な」「〜の」といった形式面にだけ注意がむけられた結果であろう。そこで

は、名詞の統語的な機能である補語になるかいなか、その機能に対応する「〜が」「〜を」の形式をもつかどうかという、より重要な吟味が見失われている。

このタイプの単語を、小説類からひろってみると、「洗いざらし」「置きっぱなし」「雪まじり」「やくざまがい」「腹立ちまぎれ」「現役ばりばり」「商売あがったり」「頭でっかち」「おっかなびっくり」といった合成語が多いことに気づかされる。そして、それらの多くは「〜の」の形式、すなわち規定用法で用いられていることを知る。これは、品詞として、名詞や動詞や副詞など他の品詞と区別される形容詞の特徴といえるであろう。語によって異なるものの、ときに「〜に」「〜で」の形式や「〜だ」に代表される述語形式であることもある。こうした単語群の中には、合成語という性格から辞書に登録されていないものも多く、品詞性が問われることが少なかったのではなかろうか。

この種のものとして、意味の面からながめてみると、数量や限定や程度にかかわるものがめだつ。「まちがいだらけの（解答）」「汗まみれの（額）」「規則ずくめの（学園）」「血みどろの（戦い）」「家族ぐるみの（つきあい）」「泥んこの（男の子）」「広めの（教室）」「風邪ぎみの（体）」、「ひとかかえの（荷物）」「ひとりきりの（生活）」「ひととおりの（挨拶）」「ひとかけらの（おびえ）」「一抹の（不安）」「一介の（学者）」「唯一の（可能性）」「半白の（髪）」「半狂乱の（状態）」「半開き／片開き／両開きの（ドア）」「二十歳そこそこの（女性）」「汗びっしょりの（額）」「草ぼうぼうの（裏庭）」「ストレスいっぱいの（現代人）」などがその例である。以上のうち、「－だらけ」「－まみれ」「－ずくめ」「－みどろ」「－ぐるみ」「－め」「－ぎみ」、「ひと－」「一（イチ）－」「半－」「両－」、「－ぼうぼう」「－いっぱい」などの形式は、この種の単語をいくらか生産的につくりだす派生辞の役割をはたしているといえる。

また、否定の意味をもつものも少なからずみいだせる。「手付かずの（土地）」「舌足らずの（発言）」「苦労知らずの（若者）」「どっちつかずの（態度）」「見ず知らずの（娘さん）」「化粧なしの（素顔）」「文句なしの（できばえ）」「理屈ぬきの（感情）」、「無塩の

（醤油）」「無人の（部屋）」「無類の（おひとよし）」「無名の（人）」「不治の（病）」「不眠の（看病）」「不即不離の（関係）」「正体不明の（しみ）」「前代未聞の（事件）」「没論理の（説明）」などがそれである。否定の意味は、状態・性質とかかわりをもち、それが形容詞の仲間入りをするのは不思議ではない。

　形式面に注目すると、動詞性の語基をふくむものも数多くみられる。「手放しの（喜びよう）」「常識はずれの（人間）」「筋金入りの（共産主義者）」「洗いざらしの（ズボン）」「五年越しの（恋）」「横なぐりの（雨）」「出任せの（お世辞）」「筒抜けの（情報）」「はめ殺しの（窓）」など無数といっていいほど見つかる。語基を重複させた「離ればなれの（人生）」「押せ押せの（ムード）」、同じ動詞の能動と受動語基のくみあわせである「持ちつ持たれつの（間柄）」、類似した意味や形式のくみあわせである「願ったり叶ったりの（事態）」「押しあいへしあいの（大騒ぎ）」といった単語もある。

　以下のような四字熟語と呼ばれているものの多くも形容詞といってよい。「半信半疑の（気持ち）」「剛勇無双の（弁慶）」「白髪痩躯の（老人）」「報復絶倒の（様子）」「謙虚　淡の（芸人）」「異口同音の（賛意）」「連日連夜の（酒宴）」「支離滅裂の（話）」「物心両面の（応援）」「天涯孤独の（身）」など。また、以下のような固定的な句も、その品詞性を問うなら形容詞というべきであろう。「もってこいの（題材）」「とっておきの「テーマ）」「これみよがしの（態度）」「売らんかなの（精神）」「いわずもがなの（ひとこと）」など。

　なお、途中で言及すべきであったが、第三形容詞には、その他の形容詞と統語的に異なる特徴をもつ点もある。程度副詞をうけにくいということである。しかし、第一・第二の形容詞にも程度副詞をうけないものも存在し、程度副詞をうける名詞も存在し、この性質は形容詞にとって副次的な特徴であると判断する。

　小稿は、単語の意味が文法的な特性と密接にかかわっているということ、単語の文法性は、その単語の語彙的な意味に由来するということをのべるつもりであった。（第三形容詞の詳細は、拙稿「「がらあきー」「ひとかどー」は名詞か形容詞か」『国語学研究』39（東北大学）を参照していただければ、さいわいである。

第5章
「―ながら」の諸用法

要旨

　現代日本語の「―ながら」には、さまざまな用法がみられる。本稿は、従来から見られる「同時」「様態」「逆接」といった分類が妥当であるかどうかを吟味した。合成語として語彙化しているものがあり、副詞もしくは陳述（副）詞に属する。これらの多くは、意味上〈不十分さ〉や〈謙虚さ〉を内包している。「―ながら」が名詞・形容詞の述語形式につくとき、主節の事態に対して〈不十分さ〉〈謙虚さ〉〈不自然さ〉を意味し、まえおきやことわりといった注釈的な役割をはたすことが多い。動詞につき、その事態が主節の事態と同時的であることをあらわす場合と先行することをあらわす場合がある。また、後続の主節に順接的に接続する場合と逆接的に接続する場合がある。時間性と接続関係は、なかば独立し、なかば相関もする。

キーワード

　不十分さと謙虚さ、同時性と継起性、限界性、順接と逆接、待避性

1.　問題の所在

　「―ながら」には、さまざまな用法がみられる。こうした諸用法が「同時」「様態」「逆接」といった名称で分類されることがある（たとえば、グループ・ジャマシイ（1998））。「同時」は時間性を、

「様態」は修飾成分を、「逆接」は（節レベルでの）接続関係を問題にしているようにみえる。そこで「様態」として例示されているのは、「いつもながら」「昔ながら」「涙ながら」「生まれながら」という単語として固定したものばかりである。これらは、派生語と位置づけるべきものであろう。単語レベルの「─ながら」と句や節を構成する「─ながら」が存在するようである*1。

　「同時」とは、どのように定義されるのか。「同時」と対立する「継起」的な特徴が「─ながら」句や「─ながら」節にはあらわれないのか。また、「─ながら」節の分類に「逆接」はとりあげられるが、これと対をなす「順接」は不問にされている。「様態」はどのように位置づけられるのか。こうした問いかけが本稿の出発点である。

2.　関与する要因

　本稿は「─ながら」の諸用法をとりあげるが、そこには以下のような点が問題となる。

（a）「─ながら」が単語か句（節）か。

（b）前件（以下、Ｐとよぶ）の事態が動的な事態（運動）か、静的な事態（状態）か。また、後件（以下、Ｑとよぶ）の事態が動的か静的か。

（c）ふたつの動的な事態が同時的であるか、継起的であるか。

（d）ふたつの事態の主体は同一か否か。

（e）表現者（あるいは理解者）が、ふたつのことがらの生起を自然であるととらえるか、不自然であるととらえるか（なんらかの矛盾を感じとるか）。いわゆる順接か、逆接かの問題である。

（f）表現者の評価的な態度がかかわっているかどうか。「─ながら」で述べられることが、後続の文の要素に対して〈不十分〉ととらえるかどうか。

3. 単語を構成する「―ながら」

　単語の結合体である句や節は文法的で一般的であるのに対して、単語は語彙的で個別的である。「―ながら」という形式で語彙化されていれば、その形式は、すでに単語（合成語）である。「我ながら」「昔ながら」「生まれながら」「はずかしながら」などは、そのような例と考えることができる。これらの派生語はいずれも副詞に所属する。一般に、副詞には他の品詞に属する単語からの派生したものが多いことが知られているが、「―ながら」は他品詞に属する単語を副詞や陳述（副）詞に転成する派生辞のひとつである。

　「―ながら」は、山口（1980）によると、「本来、体言についてその物の本性をあらわし、またその本性の発現として成立する動作・状態と相関するものであった」という。そのような例として「昔ながら」「いつもながら」「うまれながら」「二人ながら」など時間や数に関するものがあげられる*2。また、「涙ながら（に）」は、「涙をともなった状態」を意味する。

　しかし、今日よく使われる単語レベルの「―ながら」は、さまざまな品詞に属する単語に接尾し、表現主体による主観的な意味をふくませているものである。派生もとの品詞によって分類すると以下のようになる。

　（ⅰ）　名詞から：「我ながら」「自分ながら」「よそながら」「ひとごとながら」「陰ながら」

　（ⅱ）　動詞から：「はばかりながら」「恐れながら」；「及ばずながら」

　（ⅲ）　形容詞から：「はずかしながら」「あつかましながら」；「あやしげながら」「遺憾ながら」「勝手ながら」「簡単ながら」「残念ながら」「失礼ながら」「僭越ながら」「不得意ながら」「不本意ながら」「不承不承ながら」「不憫ながら」

　（ⅳ）　副詞から：「今更ながら」「細々（と）ながら」「漠然とながら」「いやいやながら」「渋々ながら」「おそるおそるながら」「こわごわながら」

表現主体の主観的な意味とは、事態に対する〈不足〉〈不十分さ〉

第5章　「―ながら」の諸用法　069

への思いであり、またみずからの〈謙虚さ／へりくだり〉や他に対する〈配慮〉をあらわしている。そうした意味で、これらは用言にかかる副詞というより、文全体にかかる陳述（副）詞というべきものである。これらの単語は、「〜ではあるけれども」といいかえられ、文のあらわす事態に対して〈不十分さ〉〈不自然さ〉を意味する。文頭にあって、まえおきとして注釈的なはたらきをになうことも多い。

　こうした語彙化した「―ながら」は、特殊で個別的である。「我ながら」「自分ながら」があるからといって、「私ながら」「あなたながら」「我々ながら」「自分自身ながら」「自己ながら」といった派生語は存在しない。「我ながら」が文法的でなく語彙的であるとするゆえんである。「昔ながら」があって、「過去ながら」「大昔ながら」「いにしえながら」とはいわないのである。「生まれながら」があっても、「育ちながら」はない（「アメリカで育ちながら、英語が話せない」といった例は、あとでとりあげる句を構成する用法で、単語化されたものではない）。

　このような合成語を構成する前要素は、それぞれもとの品詞の文法的特徴をうしなっている。

　名詞から派生した単語では、「*以前のわれながら」「*暗い陰ながら」「*大粒の涙ながら」といったふうに波線部にあたる規定語をうけることができない。すなわち、規定語句をうけるという名詞の特徴をうしなっている。

　次のような「私ながら」の使用は、所与の単語として「私ながら」が存在するのではなく、「微力な私」に「―ながら」が接続しているものとみなさなければならない。それは名詞句「―ながら」の用例とみなされる。「微力な」の部分が、〈不十分さ〉〈謙虚さ〉を特徴づけ、逆接的な用法をなりたたせるのである。

（1）読み終えた今、微力な私ながら役立つことは確かです。

（毎日 03.12.26）

こうした〈不十分さ〉や〈謙虚さ〉を秘めた単語に「―ながら」

はつきやすい。たとえば、人間に関する「子供ながら」「素人なが
ら」「高齢者ながら」「若輩ながら」「一年生ながら」「小学生なが
ら」などがそうである。「子供ながら」がいえて「*大人ながら」
がいいにくいのは、「子供」に〈不十分さ〉がよみとれ、「大人」に
それがよみとりにくいからである。「素人ながら」がよくて、「*玄
人ながら」がよくないのも同様である*3。その文が意味する事態
の成立に、それが不十分である、期待値よりも小さいと表現主体が
認識するときに、あるいはその事態の成立に常識的な観点から〈不
自然さ〉を感じるときに、「名詞＋ながら」がもちいられるのであ
る。臨時的に使用されるという性格上、語彙化されているとはいえ
ないであろうが、「―ながら」の生産的な用法といえそうである。
以下のような例がそうである。破線部でのべられている事態に対し
て、実線部「―ながら」に〈不十分さ〉〈不自然さ〉がみとめられ
るのである。たとえば、例文（3）（4）において、「常識では、1年
生や先頭打者は長打力がない／期待されていない」のに、その常識
とは異なる事態が「―ながら」によって、のべられているのである。
そこに強い対比性が成立し、「―ながら」に「―にもかかわらず／
それなのに」といった逆接的な意味がよみとれる。

（2）然し万一の場合、賛成の声援を与えた私に、多少の責任が
　　　出来てくる位の事は、子供ながら私はよく承知していた積
　　　りです。　　　　　　　　　　　　　　　　　　　（こころ）

（3）1年生ながら長打力のある橋本らに期待。　（毎日05.07.05）

（4）2年生の佐々木は先頭打者ながら長打力があり、続く川村が
　　　小技を生かしチャンスを広げる。　　　　　（毎日05.07.02）

（5）1人は80歳ながら、とても元気ではつらつとした上品な人
　　　生の先輩で、何を聞いてもためになる話ばかりでした。

　　　　　　　　　　　　　　　　　　　　　　　（毎日05.07.03）

（6）老骨ながら共に戦って参ります。　　　　　（朝日94.07.07）

（7）小座敷ながら半間の床に掛物があり、隣りとの襖を隠すよ
　　　うに、二枚折りの小屏風を立て、四角な桐の火鉢には火が
　　　おこっていた。　　　　　　　　　　　　　　　　（さぶ）

（8）星は<u>小規模ながら</u>在米中に新聞を経営した<u>ことがあり</u>、また、後藤新平をかついでの通信社の構想も進行中だ。

（人民は弱）

（9）各学年6人ずつと<u>少人数ながら</u>、3月以降<u>22試合の練習試合をこなし</u>実力アップ。　　　　　　　（毎日 05.06.29）

（10）北区滝野川1の囲碁インストラクター、XX さんも、<u>大会初出場ながら</u> <u>全国大会進出</u>。Q（毎日 05.06.27）

（11）この日は<u>曇り空ながら</u>、<u>最高気温29度を超える暑さ</u>。

（毎日 05.07.03）

（12）　今年は<u>空梅雨ながら</u>花のつきがよく、Q　　（毎日 05.07.01）

（13）25日、佐賀県鳥栖市の麓刑務所で行われた歌謡ショーでは、不自由な両手でマイクを握り、<u>かすれ声ながらも</u> <u>軽快な口調を披露した</u>。

（毎日 05.06.26）

　動詞や形容詞の語基に「―ながら」が接続して陳述（副）詞に派生したものが（ⅱ）（ⅲ）である。いずれも感情動詞・感情形容詞からの派生で、主観的評価的なニュアンスをともなっている。

　動詞に「―ながら」のついたものは、単語レベルの場合と、句や節のレベルの場合とがある。「<u>あたりをはばかりながら</u>」「<u>神戸に生まれながら</u>」のように名詞の格支配をともなう場合は、あとで問題にする句を構成する「―ながら」の用法である。しかし、この種の単語が補語や修飾語をとらずに単独で用いられると、動詞としての特徴がきえて、副詞のような性質をもつ。副詞は、うける成分をもたないことを特徴とする品詞である。

　形容詞から派生した「―ながら」は、「*英語が不得意ながら」のような格支配の特徴や「*とてもはずかしながら」のように他の成分を受けにくいという点で形容詞の特徴をうしない、副詞に移行している。ただし、「<u>まことに</u>遺憾ながら」「<u>はなはだ</u>簡単ながら」のように、ある種の副詞をうけることはある。この性質は副詞の性質として理解される。

　（ⅳ）　に列挙したのは副詞に属する単語に「―ながら」が接続したものである。

072　Ⅰ　語彙論と文法論とをめぐる諸問題

単語レベルで「─ながら」とあるのは、「─ながら」を派生辞としてできた合成語であるとみなすことができる。ちなみに、「遅ればせながら」は「遅ればせに」と語形のうえで競合する副詞である。さらに、比況をあらわす「さながら」と接続詞に属する「しかしながら」が存在する。

4. 名詞述語＋ながら

「Pでありながら、Q」の形式をとるものである。PとQとが並存するのは不自然であるとの認識される場合にもちいられる。たとえば、（14）の例で「学生である」ことと「（高級車である）ベンツを乗り回す」という事態とは常識的な判断では不相応不自然である、とみなされる。「P。それにもかかわらず、Q。」が成立し、強い逆接的な意味がよみとれる。

（14）あいつは学生でありながら、ベンツを乗り回している。

以下のように、ふたつの相反する事態を対立させる場合にもよく使用される。この場合は、並列・対比である。「P。しかも／＊それにもかかわらず、Q。」が成立する。

（15）来た道と、帰る道とは、同じ道でありながら別の道だった。

（孤高の）

次の例は、同一主体のふたつの側面を対比したものである。「P。しかし／＊しかも、Q。」が成立する。

（16）彼は、校内では秀才で、注目の的でありながら、土手裏では陰鬱で怠惰な生徒にすぎなかった。

（忍ぶ川）

3.でふれたように、名詞に〈不十分さ〉がよみとられると「子供ながら」「素人ながら」といった形式が許されるのに、そうでな

いものは、そのような形式はとりにくく、（18）のように名詞述語
の形式をとらなければならない。

（17）＊大人ながら、礼儀作法をわきまえていない。
（18）大人でありながら、礼儀作法をわきまえていない。

　名詞を規定する語句の中に〈不十分さ〉をあらわす語句がふくま
れていたり、後続の主節の内容と相反するような〈不自然さ〉がふ
くまれていたりすれば、「—ながら」節が成立する。以下の例がそ
うである。破線部が〈不十分さ〉（（19）〜（22））〈不自然さ〉（23）
に関わるもので、このような文にあっては、これらの規定部分が義
務的で、それを削除することができない。

（19）二男夫婦も仲良くままごとのような可愛い暮らしながらも
　　　なんとかやってくれていたので安心したし、（毎日05.07.03）
（20）県大会決勝は九回に追いつかれる苦しい展開ながら、粘り
　　　の野球で乗り切り第1代表の座をつかんだ。（毎日05.07.01）
（21）窓の直ぐ下の畑には、大根、薩摩芋、葱、里芋など、平凡
　　　な野菜ながら、朝の日を受けて、それぞれの葉の色のちが
　　　いが初めて見るような気持であった。　　　　　（雪国）
（22）これは、片言の英語ながら尊敬されている日本人がいくら
　　　もいること、英語を最も得意とする英米人の中でも国際人
　　　と呼べる人間はほんのわずか、などから明らかであろう。

　　　　　　　　　　　　　　　　　　　　　　　（祖国とは）

（23）「隠れキリシタン」の歴史を受け継いできた熊本県河浦町崎
　　　津。その象徴的な存在ながら、老朽化で倒壊の危機もあっ
　　　た「崎津天主堂」が修復された。　　　　　（毎日05.06.29）

5．形容詞述語＋ながら

　形容詞に「—ながら」がつくとき、意味上も形式上も制限がくわ
わっていることが指摘できる＊4。すなわち、意味的には、〈不十分

さ〉といった特徴をもつものに限られる。形容詞には、「小さい―大きい」「弱い―強い」等の反義対をなすものが多いが、ベクトルの小なる不足・不十分を意味する単語が「―ながら」となじみ、そうでない単語とはなじまない。情態形容詞における客観的な〈不十分さ〉は、情意形容詞における主観的な〈謙虚さ〉に通じ、表現主体のひかえめな態度をあらわす。「―ながら」の形式をとるのは、以下のようなものである。

　　小さいながら、幼いながら、若いながら、短いながら、狭いながら、乏しいながら、拙いながら、弱いながら、苦しいながら、貧しいながら

　　未熟ながら、未見ながら、下手ながら、不器用ながら、不得手ながら、非力ながら、小柄ながら、ささやかながら、わずかながら、ひかえめながら、口下手ながら、粗末ながら

　　（誠に／はなはだ／いささか）失礼ながら／勝手ながら

　また、文法的には、補語や修飾語をうけることが少ない。形式面でのこうした特徴は、これらの形容詞の述語性が希薄であることを意味している。後続の主節に対して、「まえおき」や「ことわり」といった役割をはたすのである。

(24)……、いま妻をもち、<u>小さいながら</u>自分たちの店をもって、……
　　　　　　　　　　　　　　　　　　　　　　　　　　（さぶ）

(25)それらの言葉はきれぎれに<u>短いながら</u>、女が精いっぱいに生きているしるしで、彼は聞くのがつらかったほどだから忘れずにいるものだったが、……
　　　　　　　　　　　　　　　　　　　　　　　　　（雪国）

(26)弱い体力が<u>弱いながら</u>に甘い調和を漂わせていた。　（雪国）

(27)武運長久を祈る日の丸の旗の寄書にも、<u>拙いながら</u>「在木カネ」と書いてやったのだと云った。
　　　　　　　　　　　　　　　　　　　　　　　　（黒い雨）

(28)ぼくと話しあったり、画塾の空気になじんだりしているうちに、エビガニや、さいづち頭や、ゴロやサブなどと彼は<u>遠慮がちながら</u>もまじわって、いっしょに公園や川原で遊ぶようになったのだ。
　　　　　　　　　　　　　　　　　　　　　　　（パニック）

第5章　「―ながら」の諸用法　　075

6. 動詞述語＋ながら

　動詞述語に「―ながら」がつく用法は、一般に「同時（進行）」と「逆接」に二分類される。動的述語の場合は「同時（進行）」で、静的述語の場合は「逆接」である。名詞述語・形容詞述語は静的述語にふくまれる。

　以下の例文をみてみよう。

(29) 加藤は畜生め、畜生めと<u>いいながら</u>霧の道を歩いていた。

（孤高の人）

(30) きみたちとかきさまたちとか<u>いいながら</u>、その対象は加藤ひとりであった。　　　　　　　　　　　　　　　（孤高の人）

(31) 加藤文太郎は秋の海を<u>見ながら</u>、思いは日本海に飛んでいた。　　　　　　　　　　　　　　　　　　　　（孤高の人）

　例文（29）は、「（加藤は）畜生め、畜生めという」「（加藤は）霧の道を歩いていた」というふたつの事態は同じ主体（加藤）について、時間軸の中で同時におこっていることを述べたものである。一方、例文（30）の「きみたちとかきさまたちという」と「その対象は加藤ひとりであった」のふたつの事態は、それぞれ異なる主体について述べたもので、時間軸とは無関係に、ふたつの事態を（判断をまじえて）並列的に述べたものである。「―ながら」の用法として、前者が「同時」、後者が「逆接」と理解されている。また、（31）の例は、ふたつのどちらに分類されるであろうか。「同時」といえないこともないが、ふたつの事態は異なる主語について述べていて、「逆接」といえないこともない。「―ながら」の用法をこのように「同時」と「逆接」に分類することははたして適切といえるであろうか。

　「―ながら」をめぐって、少なくとも、ふたつの異なる軸が交差しているのではないか。ふたつの節のあいだになりたつ〈時間性〉（同時か継起か）の軸と、〈接続関係〉（逆接か順接か）の軸とである。「同時（進行）」と「逆接」は、どのような対をなしているので

あろうか。

〈時間性〉と〈接続関係〉をそれぞれ独立の軸とすると、以下のような十字分類ができる。

①は、「時間性」を問題にしている。一方、②は、表現主体の判断を問題にしている。順接であるか逆接であるかは、表現主体が複数の事態をどうとらえるかという判断にもとづくものである*5。「同時」と「逆接」は、異なるカテゴリーを問題にしているのである。

①-1 <u>ふたつのことがらが同時におこる様子（時間性）→　同時性</u>

①-2 <u>ふたつのことがらが前後しておこる様子（時間性）→　継起性</u>

②-1 <u>ふたつのことがらの成立が自然であるととらえられる―偶然的な同時生起　→　順接</u>

②-2 <u>ふたつのことがらの成立が不自然であるととらえられる―偶然的とは思われないふたつの事態　→　逆接</u>

接続 ＼ 時間性	同時	継起
順接	①-1	①-2
逆接	②-1	②-2

「Pながら、Q」におけるPとQの時間性を問うとき、「Pながら」のあらわす事態が、「Q」の事態と同時性をあらわす例とともに、「Pながら」の事態が「Q」の事態よりも先行していることをあらわす例も存在する。（32）は同時性の、（33）は先行性の例である。パラフレーズした文の「同時に」と「その後」は、同時性と継起性の違いをしめしている。「その後」は時間の経過をあらわしている。それぞれの例文は、「P。そしてQ。」と順接的に接続できる。（32）は①-1に、（33）は①-2に分類される。

（32）父はビールを飲みながら、テレビで野球中継を見ていた。

第5章　「―ながら」の諸用法　077

（父はビールを飲んでいた。 そして、同時に テレビで野球
中継を見ていた。）

（＊父はビールを飲んでいた。 そして、その後 テレビで野
球中継を見ていた。）

(33) わたしたちは途中何度か休憩をとりながら、やっとここま
で来た。

（＊わたしたちは途中何度か休憩をとった。 そして、同時
に やっとここまで来た。）

（わたしたちは途中何度か休憩をとった。 そして、その後
やっとここまで来た。）

　次に、以下の例文を検討しよう。(34) の例では、帝京が「ボー
ルを支配している」のと「守山北を攻めあぐんでいる」のは同時的
である。一方、(35) の例では、彼女が「トップを走ってい（た）」
のは「ゴール前で追い抜かれた」より先行する事態である。つまり、
この文ではPがQより先行するという継起性が成立している。そ
れぞれの例文は、「P。しかし、Q。」とパラフレーズできる。いず
れも接続関係において逆接の特徴をもつ。(34) は②–1, (35) は
②–2 に分類できる。すなわち、逆接の特徴をもつものにも、同時
的なものと継起的なものとがあるのである。

(34) 帝京は圧倒的にボールを支配しながら、5人のDFを中心に
必死にゴール前を固める守山北を攻めあぐんでいた。

(毎日 95.01.08)

（帝京は…ボールを支配していた。 しかし、同時に …守山
北を攻めあぐんでいた。）

（＊帝京は…ボールを支配していた。 しかし、その後 …守
山北を攻めあぐんでいた。）

(35) 彼女は、35キロ地点までトップを走っていながら、ゴール
前で追い抜かれた。

（＊彼女は、35キロ地点までトップを走っていた。 しかし、
同時に ゴール前で追い抜かれた。）

（彼女は、35 キロ地点までトップを走っていた。 しかし、
その後ゴール前で追い抜かれた。）

　以上のことから、「―ながら」節は、「同時」と「逆接」という 2
分類ですまされないのではないかということが指摘できる。

6.1　「P ながら、Q」の時間性―同時性と継起性―

　「P ながら Q」の構造をもつ文において、それらの時間性を問う
とき、述語の運動性を問わなければならない。運動こそが時間の軸
に沿って展開する事態に関与し、積極的に時間性をもつのである。
一方、運動性を欠いた述語（状態動詞・形容詞・名詞）は、その性
質上、そもそも時間性をもたないか、それが希薄である。P, Q いず
れか、あるいはいずれもが運動性を欠いた述語であるとき、狭義の
同時性をあらわさない。

　P の動詞のあらわす運動の時間が、Q の動詞のあらわす運動の時
間と同じであることを同時性とよぶ。また、P の動詞のあらわす時
間と Q のあらわす時間に差があるとき、これを継起性とよぶ。「P
ながら、Q」では、P が Q に先行する。Q が P に先行することはな
い。

　〈同時性〉の条件

　P の動詞も、Q の動詞も運動をあらわしていなくてはならない。
つまり、P も Q も動的な事態をあらわしていることが同時性の前提
である。

　P の動詞に非限界性という特徴が発揮されるとき、同時性の特徴
があらわれる。「P ながら」は、Q の運動が成立する時点において、
P の運動が過程継続のなかにあり、非限界性という特徴をもつから
である。P, Q ふたつの異なる運動が同時におこなわれる（36）の
ような場合と、同一の運動のふたつの側面を表現している（37）
のような場合とがある。（37）の「大きく手をふりながら」は「行
進する」の様態をあらわす修飾成分である。「―ながら」は付帯状
況をあらわすとされるが、このような場合が付帯状況の典型例であ
る。（36）の P の事態は、Q の事態から独立しうるのに対して、

第 5 章　「―ながら」の諸用法　　079

(37) のPのそれは、Qのそれに依存している。

(36) 父はビールを飲みながら、テレビの野球中継を見ている。
(37) 一行は大きく手をふりながら、御堂筋を行進した。

　運動が特定の時空間で展開されるものではなく、以下のような、何度もくりかえしおこなわれる行為や一定期間の生活習慣のような場合にも、「─ながら」は使用される。

(38) 学校のちかくにアパートを見つけ、アルバイトをやりながら学校を卒業したい、と考えているんだ。　　　　　（冬の旅）
(39) 夢は、理工学部の建築科を出て小さな建築事務所をひらき、生活に困らないだけの金をかせぎながら詩を書くことであった。　　　　　　　　　　　　　　　　　（冬の旅）

　次の例は、Pは「昼間」、Qは「夜」とあって、厳密な意味での同時ではない。しかし、PとQの事態が平行してくりかえされたことを意味しており、その限りで同時的であるとみなすことができる。「昼間は」と「夜は」の異なる時間の提示は、PとQとの対比性を強めている。

(40) 昼間は働きながら、夜は大学に通った。

　また、以下のような例では、運動が、具体的ではなく、くりかえされる潜在的一般的なものをあらわしてはいるが、PとQの事態は同時的といえる。Pの動詞「いる」やQの動詞「取引できる」は、典型的な意味での動的な述語とはいえず、状態性をおびている。これらの用法には、対比性がよみとれる。

(41) 自宅にいながら、世界中の金融機関と取引できる。
(42) 遊びながらマスターできる英会話教室。

この用法の多くは、人間を動作主体としたものであるが、以下の例のように人間でないものを主体とした使用もある。

（43）タクシーは低いエンジン音をたてながら、砂の中へ進んで行った。　　　　　　　　　　　　　　　　　　　　　（風に吹か）

（44）彼女のイヤリングが光の中でキラキラと光りながら揺れた。　　　　　　　　　　　　　　　　　　　　　　　　　（世界の終）

（45）道は左右に蛇のように曲りくねり、いくつもの枝道にわかれながら、下方へ下方へと向っていた。　（世界の終）

（46）歴史は常に対立する現実を止揚しながら動いてきた。　　　　　　　　　　　　　　　　　　　　　　　　　　　（風に吹か）

〈先行性〉の条件

　Ｐの事態がＱの事態より先行するための条件として、Ｐの動詞のアスペクト性が関与しているようである。動詞の限界性とアスペクト形式について吟味する。

　はじめにＰの動詞の限界性に着目する。

　Ｐの事態とＱの事態に継起的な関係が生じることがある。「来る」「行く」「結婚する」「完成する」「失敗する」「見つかる」「知る」「分かる」「気づく」のような限界動詞は運動の変化に関与している。「—ながら」は、運動の過程性を特徴づける形式である。ところが、限界動詞では運動の達成が意味され、「—ながら」は、運動の達成された状態を意味することになる。そこでは運動の過程継続性ではなく、達成された結果の持続があらわされる。ＱはＰの運動の結果をうけて、起こる事態である。Ｐの運動の結果がＱの事態に影響をもたらしている点でパーフェクトの意味をよみとることができる*6。そして、Ｐの事態からＱの事態への推移に、なんらかの不自然さがみとめられる。時間上の前後関係にくわえて、「にもかかわらず」「それなのに」といった強い逆接的な意味がよみとられる。すなわち、Ｐの動詞に限界性が発揮されると、「Ｐ。（にもかかわらず／それなのに）その後、Ｑ」といいかえられる。以下のような例がそうである。例文（47）（48）では「〜まで」という限界点が提

第5章　「—ながら」の諸用法　081

示され、運動の限界性が強化されている。

(47) 廊下には、倒れたきりで呻き声を出している者もあり、せっかく<u>ここまで来ながら</u><u>息絶えて</u>布ぎれを顔に被せられているのもある。　　　　　　　　　　　　　　　（黒い雨）

(48) 監察するために公費を使って<u>新潟まで行きながら</u>ろくろく仕事もせず、温泉につかり、雪見酒を楽しみ（？）、深夜までマージャンに興じ、翌日は公用車で白鳥見物へ。

（毎日 00.03.03）

(49) 裕福な女性と<u>結婚しながら</u>、上司の夫人とその娘にちょっかいをかける。それがベラミ。　　　　　（朝日 98.10.15）

(50) 終戦直後の 45 年 9 月に<u>完成しながら</u>、封建の世の主従関係を占領軍の検閲でとがめられ、公開は占領解除後の 52 年に持ち越された。　　　　　　　　　　　　　（朝日 03.01.09）

(51) 試技で 83・5 メートルと<u>失敗しながら</u>、予選本番ではきっちり 95 メートルを飛んだ。　　　　　　　（朝日 06.02.13）

(52) 今月 10 日に続く面談で、同社幹部 6 人が出席、福知山線で新型 ATS の設定ミスが<u>見つかりながら</u>上層部への報告を怠った電気部長が「他線区まで考えが及ばなかった」などと弁明した。　　　　　　　　　　　　　（毎日 05.11.25）

次に、Ｐの動詞のアスペクト形式に着目する。

Ｐの述語部分が「していながら」の形式をとるとき、Ｐの事態は、Ｑの事態よりも時間的に先行していることをあらわすことがある。

非限界動詞である「走る」「読む」「飲む」「見る」などが「していながら」の形式をとり、Ｑに対して先行性をあらわすのである。そこでは、実線部Ｐの事態の限界達成性が前面に出て、その結果、非限界動詞の過程継続性の性質がしりぞいている。破線部Ｑは、Ｐの事態の結果の影響をうけた、なんらかの事態をあらわしている。そして、Ｐの事態からＱの事態への推移に、なんらかの不自然さがみとめられる。時間上の前後関係にくわえて、「にもかかわらず／それなのに」といった強い逆接的な意味がよみとられる。すなわち、

Pの動詞に「していながら」の形式がもちいられると、「P。（にもかかわらず／それなのに）その後、Q。」といいかえられる。以下のような例がそうである。

(53) 最終日三日早朝の男女マラソンを楽しみにテレビを見た。男女とも日本が優勝を飾ったが、期待された女子の鯉川なつえさんがトップを走っていながら、三九キロ付近で体調を狂わせ倒れてしまった。 (毎日 95.09.06)

(54) 同研究所は「商品の表示を読んでいながら、けがをしたケースが意外に多い」と注意を呼び掛けている。 (朝日 97.06.09)

(55) 判決などによると、森沢被告は7月17日未明、酒を飲んでいながら車を運転。居眠り運転で高知市内の国道55号を逆走し、対向車に衝突して、運転手に右目失明、同乗者に骨折などの傷害を負わせた。 (朝日 03.12.26)

(56) 貞子容疑者が夕佳さんを殺害するのを見ていながら放置して死なせたとして、 (朝日 02.08.03)

終止用法での一般的なアスペクトの対立は、

　　スル　　　　　→　単純相（持続、非持続に関与しない）
　　シテイル　　　→　持続相

という関係である。ところが、「―ながら」節では、

　　シナガラ　　　→　持続相
　　シテイナガラ　→　単純相

であるといえる。つまり、「―ながら」節では、終止用法とアスペクト形式と意味とが交代するのである。

　しかし、Pの事態からQの事態への推移があるときの、Pの非限界動詞の形式が「していながら」であることは義務的ではない。例文（56）のように、Pに「35キロ地点では」とQとは異なる空間をしめすことによってPとQとの時間差をあらわし、「走りながら」の形式でPとQとのあいだに継起性が成立する。

第5章　「―ながら」の諸用法　　083

(57)鯉川なつえさんが35キロ地点ではトップを走りながら、39
キロ付近で体調を狂わせ倒れてしまった。

「分かる」「知る」「気がつく」「決心する」「覚悟する」のような
知覚・精神活動をあらわす限界動詞では、「しながら」「していなが
ら」のどちらの形式も、PがQに対して先行性をあらわす。このよ
うな動詞ではふたつの形式の対立がぼやけているといえる。

(58)深刻な問題を抱えていることは分かっていながら、解決を
先延ばしにしてきたからだ。　　　　　　　（毎日01.08.16）
(59)森岡安廣裁判長は「破たんすることが分かりながら販売し
た不合理な商法」と懲役3年、執行猶予4年（求刑懲役3
年）を言い渡した。　　　　　　　　　　　（毎日01.05.01）
(60)同地方隊は海曹長が規則違反を知っていながら収集してい
た可能性が強いとみて追及している。　　　（毎日06.03.01）
(61)発注担当幹部は、業界側が談合していることを知りながら、
そのまま入札業務を行っていたという。　　（毎日06.01.13）

なお、持続を特徴づける「していく」がPにあらわれるとQと
のあいだに同時性をあらわし（例文（62）（63））、動作の結果を特
徴づける「しておく」がPにあらわれると、Qの事態に対して先行
性をあらわす（例文（64）（65））。「していきながら」と「してお
きながら」は、終止用法におけるアスペクト的な意味が保持されて
いるのである。

(62)　ただ、子どもに読み聞かせる中で互いに行間を読み、会話
していきながら読み進めるには、かえって余分な修飾は必
要ないのかもしれない。　　　　　　　　　（毎日05.05.07）
(63)革命が起こるか、起こらないか、大学闘争がどういう形で
終えんするかなんて誰も分からない。左翼的な理念を追求
していきながら、自分の好きなことをやれる。
　　　　　　　　　　　　　　　　　　　　（毎日05.04.08）

084　Ⅰ　語彙論と文法論とをめぐる諸問題

(64)私は自分で質問して置きながら、すぐ他の説明を忘れてしまう兄に対して不快の念を起した。　　　　　　　（こころ）

(65)しかし、農場には撒布しないと約束しておきながら、ウォラー農場は二度も直接撒布をあび、そのうえほかのスプレーの余波を二度もうけた。　　　　　　　　（沈黙の春）

　また、ＰもＱも述語の形式が「している」の場合は、同時性があらわされる。以下の例がそうである。

(66)私の心は半分その自白を聞いていながら、半分どうしようどうしようという念に絶えず掻き乱されていましたから、……。　　　　　　　　　　　　　　　　　（こころ）

(67)坐っていても、ぼんやりしていながら、胸の底ではいつもはらはらしているような気がしました。　　　（ビルマの）

　以上、ＰとＱの時間性について考察した。
　時間性に中に、契機的な特徴をよみとれるものが存在する。Ｐの事態がＱの事態をみちびくきっかけであり、さらには手段の意味合いもある。

(68)ひとは書きながら、もしくは書くことによって思索することができる。　　　　　　　　　　　　　　　（人生論ノ）

(69)知らない英語の単語ばかりだったが、図や写真が多いから、辞書を引きながら読めば読めないこともないと思った。
　　　　　　　　　　　　　　　　　　　　　　　（孤高の人）

(70)近づいて見ると、六尺四方ぐらいな穴ぼこに、鉄道の古枕木を入れて燃しながら、運んで来た死体を投げこんで焼いている。　　　　　　　　　　　　　　　　　（黒い雨）

6.2　順接と逆接─逆接の条件─

　順接であるか逆接であるかはそれを区別する接続詞のような形式があれば明確であるが、それがないとその判断は必ずしも容易では

第5章　「─ながら」の諸用法　085

ない。「PながらQ」において、ふたつの事態の成立が自然である
ととらえるか、不自然であるととらえるかは、いつも判然としてい
るものではない。たとえば、以下のような例は、順接とも逆接とも
理解できる。

(71) 古い伝統を守りながら、新風を吹き込んだ。

(72) 加藤は岩稜で、強風にこたえながら考えた。　　　（孤高の人）

(73) ああ、人は何故こんなにしてまで生きているのだろうか。
　　　そのちっぽけさに触れることを恐れながら、それを遠まき
　　　にして楽しさを装って生きている。　　　　　　（二十歳の）

(74) ここ数日、ビヤガーデンであれほど会いたかったあなたの
　　　顔を目の前にみながら、私はむなしさばかり感じ続けた。

（二十歳の）

では、「Pながら、Q」において逆接的な接続関係が成立する条
件はなにか。以下にそれを検討する。

6.2.1　逆接を特徴づける形式―「―も」「しかし」など―

「―も」「しかし」「一方（で）」「それでも」のような形式が「―
ながら」に後続するとき、逆接にひきよせられる。これらの形式は
Pの事態を前件と後件の〈対立性〉をきわだたせ、逆性関係をあら
わす。以下の例文がそうである。ちなみに、これらのPとQは時
間性において同時的である。

(75) 農学者は三杯めのハイボールにおぼれかかりながらも手を
　　　のばして彼の急所にふれたのである。　　　　　（パニック）

(76) 千枝子はそう言いながら、しかし手早く一片を取った。

（草の花）

(77) だが、それを見ることに熱中しながら、一方でぼんやりと、
　　　いま自分が触れているのと同じ空気がその画面の中にも流
　　　れているのだなあ、などと考えていた。　　　　（一瞬の夏）

(78) 彼女は、若い学生たちのことを、年中ぐちりながら、それ

でも自分の同志と感じているようであった。　　　　（風に吹か）

6.2.2　対比性

「Pながら、Q」において、PとQに、時間、空間、動作主体、肯定否定などの対立点があると、PはQに対して逆接的に接続する。

　時間上の対比としては、例文（50）（51）を再掲する。Pの時間とQの時間が異なり、対比性があきらかにみてとれる。例文（51）では、「試技で」「予選本番では」のような異なる行為に関わる語によって、時間性の対比をよみとることができる。

> （50）終戦直後の45年9月に完成しながら、封建の世の主従関係を占領軍の検閲でとがめられ、公開は占領解除後の52年に持ち越された。　　　　　　　　　　　　（朝日 03.01.09）
>
> （51）試技で83・5メートルと失敗しながら、予選本番ではきっちり95メートルを飛んだ。　　　　　　　　　（朝日 06.02.13）

　空間上の対立例としては、例文（53）を再掲する。この例は、空間上の対立が同時に時間上の対立にもなっている。

> （53）鯉川なつえさんが35キロ地点ではトップを走りながら、39キロ付近で体調を狂わせ倒れてしまった。

　以下の例も、広義の空間的な対立をもち、「Pながら」はQに対して逆接的に接続する。

> （79）心では、相変らず、人間の自信と暴力とを怪しみ、恐れ、悩みながら、うわべだけは、少しずつ、他人と真顔の挨拶、いや、ちがう、自分はやはり敗北のお道化の苦しい笑いを伴わずには、挨拶できないたちなのですが、……（人間失格）
>
> （80）私には口で祝ってくれながら、腹の底でけなしている先生の方が、それ程にもないものを珍らしそうに嬉しがる父よりも、却って高尚に見えた。　　　　　　　　　　（こころ）

　　　　　　　　　　　　　　第5章　「―ながら」の諸用法　　087

動作主体（主語）については問題が微妙である。南（1974）では、〈非逆接（継続）〉では、その句の中だけにおさまる主語があらわれず、〈逆接の意味〉では、その句がおさまる「主語」も現われることがあるとの記述がある。そして、次のような例をあげている。

(81)耳ハ　キコエヌナガラ、フシハ　整ワヌナガラ、大キク
　　　ロヲ　ヒライテ、高ラカニ　歌ッテイルノデアル

　しかし、南（1993）では、〈非逆接〉の「―ながら」にも主格的成分があらわれうるとして、次の実例をあげている。

(82)ひたすら一途に、近ごろ涙もろくなって、思わず顔がゆが
　　　みそうにもなりながら。　　　　　　　　　　　　（楡家の）
(83)同時に城木は、頭部と胸部を棍棒で殴りつけられたような
　　　打撃を受け、意識も霞みながらその場に昏倒した。

　　　　　　　　　　　　　　　　　　　　　　　　　（楡家の）

　さきにも言及したように、例文（31）は、時間においては同時的であるが、接続関係においては、順接であるか逆接であるかは判断がむずかしい。

(31)加藤文太郎は秋の海を見ながら、思いは日本海に飛んでい
　　　た。　　　　　　　　　　　　　　　　　　　　（孤高の人）

　これらの例でPとQの動作主体（ひと）は共通し、「顔」「意識」「思い」といった動作主体に所属する単語が主格にきているという点が共通している。これらの主格的成分は狭義の主語とはいえないであろう。以下のような例も同様である。

(84)歩きながら私の足はもつれました。　　　　　　　（ビルマ）
(85)加藤は黙っていた。なにをいわれても、聞いているような、
　　　いないような、不可解な笑いを浮べながら、眼は美しく燃

える炉の火を見つめていた。　　　　　　　　　（孤高の人）

次に肯否の対立をとりあげる。

　ＰかＱのいずれかが否定の形式をとり、肯定と否定が並存すると、そこに対比性が前面にあらわれる。否定は運動の積極面を後退させ、状態性をおびるので、Ｐ, Ｑのいずれかに否定の形式が現れると、対比性が前面に出てくるのである。

　「Ｐながら」の述語形式に否定形式がくるのは、「分かる」「知る」といった精神活動か「できる」のような可能動詞で、状態性をおびたものにかぎられる＊7。典型的な行為動詞はＰに否定形式がこない。例文（89）は「見る」という知覚動詞が「見まいとしながら」の否定の意味をそなえた形式でもちいられたものである。

(86)冷戦後の世界の新秩序が分からないながらも、日米安保条
　　　約が発展する東アジアと西側世界との関係を支え、二十一
　　　世紀のアジア太平洋の文明を成り立たせるうえで大事なこ
　　　とがわかってきた。　　　　　　　　　　　（朝日95.11.18）
(87)内供が理由を知らないながらも、何となく不快に思ったの
　　　は、彼のまわりの人々に、第三者の心の矛盾をそれとなく
　　　感じたからにほかならない。　　　　　　　（毎日01.02.23）
(88)個人が時計を携帯する以前、人々は時刻を常時認識できな
　　　いながらも、鐘や大砲の音でおおよその時間を知ることが
　　　できた。　　　　　　　　　　　　　　　　（毎日02.08.01）
(89)今度はそのタンクに決して目を向けないで通って行こうと
　　　思ったが、見まいとしながら、ちらりと見てしまったこと
　　　は是非もない。　　　　　　　　　　　　　　　（黒い雨）

　「Ｐながら、Ｑ」のＰに肯定、Ｑに否定がくる文には、例文（90）のようにＰとＱが同時的な場合と、例文（91）のように継起的な場合がある。

(90)私は始終機会を捕える気でKを観察していながら、変に高

第5章　「－ながら」の諸用法　　089

踏的な彼の態度をどうする事も出来なかったのです。

（こころ）

(91)また、長女美花さん（21）と二女ブリンダさん（18）には、日本で買いながら渡せなかった誕生日のプレゼントやアクセサリー、ぬいぐるみなどを、夫には時計など身につけるものを持っていくことを明らかにした。　　（毎日 04.07.06）

　また、以下のような同一の動詞の肯定と否定が並存する場合にも、強い対比性がみとめられる。

(92)くらし面は好きで、基本的には評価しているが、この記事は前文に「まずは使えるものは使ってみませんか」と書いていながら、どこに問い合わせたらいいのか書かれていない。　　　　　　　　　　　　　　　　（朝日 01.09.26）

　ＰとＱの対比として、Ｐが行為文であるのに対して、Ｑが判断文であるケースもある。両者が異なるタイプの文であることによって対比性がきわだつのである。

(93)これに反し後藤は、官僚の畑で育ちながら、ざっくばらんな性格で、労働運動の先棒もかつぎかねない。

（人民は弱）

(94)冬の海を去ってゆく船を眺めながら、星はいいようのない気分だった。　　　　　　　　　　　　　（人民は弱）

(95)こうしたことに限らず、毎日お米や野菜を食べていながら、私を含めて都会に住む消費者は、農業のことに案外無関心です。　　　　　　　　　　　　　　　　（毎日 99.09.06）

7. まとめ

　現代日本語の「―ながら」の諸用法を主として実例にもとづき、整理をこころみた。以下のことが確認された。

（１）合成語として語彙化しているものがある。それらの単語は、
　　　副詞もしくは陳述副詞に属する。これらの多くは、意味上、
　　　〈不十分さ〉や〈謙虚さ〉を内包している。
（２）名詞・形容詞・動詞などの述語形式につき、全体で句や節
　　　をつくるものがある。
（３）名詞・形容詞の述語形式につき、主節の事態に対して〈不
　　　十分さ〉〈謙虚さ〉〈不自然さ〉を意味し、まえおきやこと
　　　わりといった役割をはたすことが多い。
（４）動詞につき、その事態が主節の事態と同時的であることを
　　　あらわす場合と先行することをあらわす場合がある。後続
　　　の主節に先行する場合には、動詞のアスペクト性が関与し
　　　ている。
（５）動詞につき、後続の主節に順接的に接続する場合と逆接的
　　　に接続する場合がある。逆接的な接続には、双方の節にな
　　　んらかの対比性が顕在している。

＊１　構成要素に主語をふくむものを節、それをふくまないものを句と区別する
が、本稿ではこの区別を厳密にはおこなっていない。
＊２　「昔ながら」は「昔ながらの味」のように、もっぱら連体の用法で用いら
れる。「いつもながら」も「いつもながらのご贔屓」のように連体修飾として
用いられることも稀にある。副詞に所属する単語が、ときに連体修飾をするこ
とはひろく知られている。
＊３　ただし、「彼は大人でありながら、……」「玄人でありながら、……」なら
いえる。「〜でありながら」のような形式では、後続の主節とのあいだに不相
応な関係がよみとれる。「お金持ちでありながら／＊お金持ちながら、少し
も寄付しようとしない。」のような対立が生じるのは、「お金持ち」という単語
に〈不十分さ〉をみとめにくいからである。
＊４　合成語をつくる「はずかしながら」「あつかましながら」は第一形容詞語
基に「―ながら」がつくが、句を構成する場合には「小さいながら」「幼いな
がら」のように形容詞の基本形に「―ながら」が接続する。第二形容詞につい
ては、いずれの場合も、語基に「―ながら」が接続する。
＊５　南（1993）によると、順接は、「常識的な観点から見て、前件と後件が矛
盾、対立しないもの」、逆接は「常識的な観点から見て、前件と後件が矛盾、
対立するもの」と説明される。

第5章　「―ながら」の諸用法　　091

＊6 これについては和田（1998）、川端（2002）が言及している。
また、三上（**1953**）も動詞のアスペクト性に注目し、
「同時並行の「ナガラ」は完成的な動詞では順調に行くが、同時並行が当り前な未完成的な動詞ではかえって過剰になって
パアフェクチヴの連用形＋ナガラ—動作進行中
インパアフェクチヴの連用形—反戻（ニモ拘ラズの意味）
という区別が立てられる。」としている。
＊7 以下の例では、「知識のある者は理解した上で感心し」と「年少の者はすなおに受けとめて感心し」はともに順接的に、「老齢者のものはよくわからないながらも感心した」は逆接的に接続している。
知識のある者は理解した上で感心し、年少の者はすなおに受けとめて感心し、老齢の者はよくわからないながらも感心した。（人民は弱し）

用例

『CD-ROM 版　新潮文庫の 100 冊』／『朝日新聞』（朝日新聞データベース「聞蔵」／『毎日新聞』（毎日新聞総合データサービス）

参考文献

川端菜穂子（2002）「「ながら」節の用法の記述について——付帯状況・様態・逆接」『人間文化学部研究年報』pp.53–62 帝塚山学院大学
グループ・ジャマシイ（1998）『日本語文型辞典』くろしお出版
三上章（1953）『現代語法序説』刀江書院（くろしお出版から復刊）
南不二男（1974）『現代日本語の構造』大修館書店
南不二男（1993）『現代日本語文法の輪郭』大修館書店
山口堯二（1880）「「て」「つつ」「ながら」考」『国語国文』pp.1–16 京都大学文学部国語国文学研究室
和田礼子（1998）「逆接か同時進行かを決定するナガラ節のアスペクトについて」『日本語教育』pp.94–105 97

第6章

言語の対照記述をめぐって

1. はじめに

　ふたつ、あるいはそれ以上の言語体系を対比して、類似点や相違点をあきらかにするという対照言語学は、言語研究の重要なテーマのひとつである。対照研究の成果は外国語教育の実践に役立ち、対比したそれぞれの言語の特徴をしるうえでも有益である。あたらしい言語学上の問題発見につながる場合もあれば、言語の普遍性や類型学への寄与といったことも期待される。

　ひとくちに言語の対照といっても、言語そのものについていう場合と言語の運用面についていう場合とがある。当該の言語がどのような音声上の単位や単語をもっていて、どのような文法形式を発達させているかというような問題は前者に属し、その言語の使い手はどのようなときにその言語をどう使うかといった問題は後者に属する。ここでは、単語を中心に、どのような語彙とどのような文法形式を発達させているかという点に限って、二、三の問題をとりあげることにしたい。

2. 語彙の量的構造の比較

　単語は命名の単位である。個々の単語がもっている語彙的意味とは、人間の観念をもふくめて現実の断片をきりとって言語化したものをさす。それゆえに、単語の意味は現実を反映し、かつ人間の意識や関心をもうつしだしている。ある言語の語彙が外界をどのようにきりとっているか、そして他の言語と比べてどのような特徴があるかをしることは興味ぶかいことである。語彙は、議論の余地があるとしても、その言語を話す人々の自然環境、文化、思考様式と相

関している可能性がある。現実の断片をきりとる、そのきりとり方には当然かたよりがあるはずである。個々の言語においてとくに多くの語彙が存在する領域を「文化的重点領域」とよぶことがある（ヒッカーソン（1982））。人類学者のボアズが、エスキモー語には、雪、氷、アザラシを指す語がきわだって多いことを指摘したことはよく知られている。金田一春彦氏の『日本語』『日本語の特質』には、日本語の語彙の特徴について書かれている。いわく、日本語には、気象についての語彙が多い、植物に関する語彙は多いが、動物に関する語彙は少ない、評価をあらわす語句が豊富である、位置の移動に関する動詞は貧弱である、生理作用の方はのんきでありながら、心理作用の方は詳しく規定する、等等等。こうした特徴を正しくとりだすためには、日本語をいくつかの言語と公平に比較しなければならない。たとえばある意味領域で、日本語がある言語と比べて語彙がこまかく分化しているとしても、ほかの言語と比べればおおざっぱであるといったことがあるはずである。語彙がどれだけこまかく分かれているかといったことは相対的なもので、比較する相手の言語によってその関係は違ってくるはずである。比較は公平でなければならない。

　金田一氏の本のなかに、季節の移り変わりの表現にふれた部分がある（金田一春彦（1957））。
　「春めく」などという言葉は他の国語では単語で言えないだろう。和英辞典を引くと、"to show signs of coming spring" と大変長い。……
　とある。ところが、ドイツ語だと、
Es sommert.
Es weihnachtet.
というような言い方があって、この場合の sommert（夏らしくなっていく）、weihnachtet（クリスマスの気分がもりあがっていく）のような単語は「夏めく」「クリスマスめく」とでもおきかえられそうな単語であって、日本語の「春めく」ときわめて似通ったことばかと思われる。ドイツ語では、季節の移り変わりをあらわす

単語が日本語よりもむしろ豊富でさえある。

　筆者は、日本語・中国語・ドイツ語の3言語の語彙の意味分野別による語彙量の構造を比較したことがある。それぞれの言語の「基本語」「常用語」「重要語」と呼ばれている語彙を、概念の体系を比較のための中間項として、〈活動の主体〉〈活動〉〈生産物・道具〉〈自然現象〉といった意味領域に分けて、全体としてその分野ごとの語彙の量的な構造の異同を調べようとしたものであった。とりあげた語彙のリストがおのおのの言語の語彙の特徴をどの程度まで正確に反映しているかという問題、くわえて、言語間の単位が均質であるかどうか、単語の多義性の問題、比較の中間項となる概念の体系が適当であるかどうかという問題、個々の言語においてとりあげた語彙量がはたして同じ程度の言語活動を保証するものであるかどうかという問題……。言語間の語彙表の対照にはこうしたさまざまな解決すべき問題点が背景にある。等質の語彙のリストを得るのは、いずれにしてもきわめて困難なことである。つまりは、いくつかの語彙表を相互に対照して、そこから得られる知見が、その個別的な語彙（表）に固有な特徴なのか、それとも、個別的な語彙（表）をこえて、当該の言語間に一般的にみられる特徴なのかを、総合して判断する必要があるであろう。

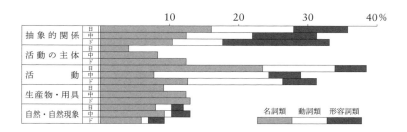

　みっつの言語の語彙のリストを意味分野別に集計し、それを整理したものが上のグラフである。
　全体としてみると、日本語は名詞において、中国語やドイツ語より、語彙量が多く、形容詞・副詞において、他より少ない。動詞は、相対的に相互の差が小さいが、中国語がやや多く、ドイツ語がやや

少ない。また、一般に、意味分野の違いによる語彙量の差は、品詞間で大きくても、品詞をこえた全体では小さくなる傾向がある。つまり、ある言語のある意味領域での語彙量が、どの品詞においても、ほかの言語よりも多くなったり少なくなったりするといった傾向はみられない。ただし、これは意味領域を比較的大きく区切った場合のことである。全体に大きな差がみとめられず、品詞間に差がみられるということは、単語の各品詞へのふりわけに言語間の違いがあるということである。ふたつのものの位置関係をあらわす単語は、たとえば日本語では、「うえ」「となり」「そば」などの名詞で名づけられているが、ドイツ語では、こうした単語は oben, neben, bei といった前置詞で語彙化されている。もののかたちを特徴づける「斜め」や「三角」は日本語では名詞であって、形容詞は存在しないが、ドイツ語では schief・schräg（斜めの）、dreieckig（三角の）という形容詞がある。中国語でも、「斜（xie）」（斜めの）、「横（heng）」（横の）、「尖（jian）」（とがった）、「歪（wai）」（ゆがんだ）などのかたちの特徴をなづけた形容詞があり、それに対応する日本語の形容詞は欠けていて、名詞や動詞がその欠けたところを補っている。

　意味領域を小さく区切れば言語間に著しい差がみとめられることがある。たとえば、言語活動をあらわすドイツ語の語彙はきわめて豊富であって、どの単語群（品詞）においても他の言語をしのいでいる。とくに動詞にその差が大きい。日本語は対人関係をあらわす語彙が多いようである。中国語は動物や植物のなまえが多く基本的な語彙として採択されている（詳しくは、村木新次郎（1987）を参照）。このような、大ざっぱではあるが、語彙の全貌を鳥瞰しておくことは、語彙の部分体系をあきらかにしようとする際に役立つであろう。

3.　語彙の体系性の比較

　ある意味領域における語彙が、意味のうえで、あるいは意味にささえられた形式のうえで、きれいな体系をもつ場合がある。ドイツ

語には、職業をあらわす名詞に、男性あるいは男女を区別しない場合に用いられる語形と女性にのみ用いられる語形との規則的な対立がしばしばみられる。次の例がそうである。

$\left\{\begin{array}{l}\text{Lehrer（先生）}\\\text{Lehrerin（女の先生）}\end{array}\right.$　$\left\{\begin{array}{l}\text{Student（学生）}\\\text{Studentin（女の学生）}\end{array}\right.$

$\left\{\begin{array}{l}\text{Schuler（生徒）}\\\text{Schulerin（女生徒）}\end{array}\right.$　$\left\{\begin{array}{l}\text{Verkäufer（店員）}\\\text{Verkäuferin（女の店員）}\end{array}\right.$

このような、いくつかの平行した単語間の対立（上の例では、性の対立にもとづく）は語彙を形式面で体系的にしているものである。次のような、名詞の男性をあらわす形式、女性をあらわす形式、およびその（男性をあらわす）名詞の連体形（形容詞形）をならべてみると、英語のそれは、日本語やドイツ語にくらべて体系性を欠いているといえるであろう。

	英語	ドイツ語	日本語
男性	king	König	王
女性	queen	Königen	女王
形容詞形	royal	königlich	王の

ちなみに、英語には、こうした名詞とそれに対応する形容詞とのあいだに全く違った形式があらわれるケースは多く、sun-solar, son-filial, house-domestic, sea-marine のような例がある（金田一春彦（1957））。

　意味が相互に向かい合っている関係の反義性も語彙を体系的にする重要な要素であるが、この反義対をなす単語間に、平行した語形上の特徴をみることがある。英語やドイツ語では、状態の変化をめぐって反対の方向性をもつペアに反義対の一方が他方の派生形であるというケースがめだつ。英語については、appear-disappear, tie-untie, lock-unlock、などがそうであり、ドイツ語では、binden（むすぶ）-aufbinden（ほどく）、hängen（かける）-abhängen（はずす）、lernen（覚える）-verlernen（忘れる）などがそうである。ドイツ語には、einsteigen（乗る）-aussteigen（降りる）、ein-packen（つつみこむ）-auspacken（あけてだす）、aufschlagen（あける）-zuschlagen（とじる）といった反義対をなすどちらの項

も派生の接辞をもつというペアが多くみられる。英語の get in - get off のような対立が想起される。日本語ではこのような意味領域における反義対は、〈あらわれる—きえる〉〈むすぶ—ほどく〉〈しめる—あける〉〈おぼえる—わすれる〉といった、語形のうえで共通部分をもたないふたつの単語として語彙化されており、英語やドイツ語にみられたような一方が他方の派生語であるというような例がみあたらない。反義対のひとつのタイプに視点のからんだペアがある。日本語の〈うる—かう〉〈かす—かりる〉〈やる—もらう〉などにみられる反義性である。ライオンズが converse とよんだものである（ライオンズ（1873））。中国語では、このような授受関係をあらわす意味領域で、反義性をもつふたつの単語として語彙化されることはまれで、授受の立場を考慮しないで、語彙的には方向性を欠いた単語がむしろ多く見いだせる。たとえば、「借（jie）」は「かす」と「かりる」のどちらにも対応する単語であり、その方向性はシンタクスによってあらわされる。同様に、「給（gei）」は「やる」と「もらう」に、「授（shou）」は「授ける」と「授かる」にそれぞれ対応する単語であり、いずれも視点を考慮にいれないかたちで語彙化されたものである。英語の rent が、lend（貸す）borrow（借りる）の双方に対応することはよく知られているが、中国語には、この rent にあたる単語が多いわけである。「看病（kan bing）」という単語は、医者が患者をみる場合にも、逆に患者が医者にみてもらう場合にも使えるもので、「借」や「給」とつながる関係にある。このような名づけは動詞にとどまらず、名詞にもおよんでいるようで、たとえば、「愛人（ai ren）」が「夫」をも「妻」をもさすのがその例である。

　英語やドイツ語に、状態の変化（ときに、位置の変化をもふくめて）をあらわす意味領域で反義対をなす単語間に語形上の派生関係や対称関係がみられたり、中国語の授受を意味する領域で視点を考慮しない語彙化がめだつといったことがらは、それぞれの言語の語彙体系上の特徴といえるであろう。こうした特徴は異なる言語との対照によってうきぼりにされる。

4. 比較のための文法範疇

　単語が語形変化をもつ総合的な言語の場合にはその語形上の対立を文法上の吟味に利用することができる。ヨーロッパの伝統文法でひろくおこなわれてきた形態範疇というのがそれである。たとえば、名詞における性、数、格といったもの、あるいは動詞における法（ムード）、時（テンス）、態（ヴォイス）といったものがそうした形態範疇の例である。これが語形変化を発達させていない中国語のような分析的な言語だと、形態論の範囲では文法現象をきわめて不十分にしかあつかうことができない。語形変化を発達させた総合的な言語は、文法現象が共起的（paradigmatic）な要素に、分析的な言語は、それが継起的（syntagmatic）な要素に強く依存していることが予想される。つまり、総合的な言語は形態論の、分析的な言語は統語論のはたす役割が大きいということができる。ただし、総合的な言語と分析的な言語との差は絶対的ではない。どの言語にも、多かれ少なかれ、共起的な要素と継起的な要素があるものである。日本語については、動詞の語幹に近い部分で語尾を交替させるという屈折的なてつづきがみられるが、全体としては、膠着的なてつづきが支配的であり、接辞や助辞（助詞あるいは小辞）のついたかたちでさまざまな語形が対立しあって形態範疇を形成している。そこには、ヨーロッパの言語には一般的でない、名詞におけるとりたて（「は」「も」「こそ」などの付加による。こうした形態をもたない言語も語順や音声上の特徴づけによって、とりたての機能をもたせることは可能である）や動詞におけるステータス（肯定・否定）、スタイル（丁寧形・普通形）、やりもらいといったカテゴリーがある。日本語の動詞の形態範疇としては、分析的な語形をもふくめると、｛ムード｝｛テンス｝｛ステータス｝｛スタイル｝｛待遇｝｛アスペクト｝｛ヴォイス｝｛接続｝が認められる。形態範疇を構成する文法的意味はそのいずれもが積極的な形式をもつ場合と、対立する一方がある形式をもつが他方はその形式をもたないという場合とがある。｛テンス｝のうえで〈非過去〉と〈過去〉の対立をしめすが、その文法的な意味は、動詞の語尾の -Ru（ru/u が異形態）と -Ta（ta/da

が異形態）の形式と対応している。一方、「食べる」と「食べられる」は｛ヴォイス｝の上で〈能動〉と〈受動〉の対立をしめし、その文法的意味は、〈受動〉については接尾辞の -Rare-（rare/are）によってあらわされているが、〈能動〉のほうは -Rare- の欠如によってあらわされている。日本語の形態範疇の多くは後者のタイプ、すなわち積極的な特徴をもつ項とそれをもたない項との対立にもとづいている。｛スタイル｝における -mas- の存在と不在は、話しことばでは〈丁寧〉と〈普通〉の対立をしめすが、この対立も、一方がある形式をもち、他方がその形式をもたないというタイプである。相関するペアの双方の項は、文法的な意味のうえで、いつも同等にはりあっているわけではない。一方の項がある特徴を表示するとき、他方の項はその特徴を否定するわけではなく、その特徴についてはなにも表示しないというような対立がしばしばみられる。いわゆる無標項である。｛テンス｝における〈過去〉と〈非過去〉、ヴォイスにおける〈能動〉と〈受動〉のそれぞれの文法的意味は背反的でたがいに他を排除する関係にある。これに対して、たとえば｛ムード｝における〈推量〉と〈断定〉の対立をみると、〈推量〉は、テンスの形式に -daroo/-desyoo を付加することによって、〈断定〉はそれの欠如によってあらわされるが、-daroo/-desyoo のついたかたちは推量の意味しかあらわさないが、-daroo/-desyoo のつかないかたちは、断定の意味を基本とするが、だからといって推量の意味を排除するものではない。その関係は次のように図式化できるであろう。

断定	推量

　形態範疇を問題にするとき、相関するペアがそれぞれ固有の積極的な意味をもつ対立なのかそれとも一方だけが固有の意味をもち、他方はそれについてなにも表示しないという関係にあるのかという点に注意をはらっておく必要がある。対立を強調するあまりか、従来、前者のタイプで解釈しようとする傾向があったのではないかと

思われる。

　形態範疇は、単語の、ひろい意味での語形上の対立としてとらえられるものである。それは顕在的な文法範疇とよべる。しかし、単語の語形としてあらわれてはいないものの、継起的（syntagmatic）な構造に関与し、単語のある語形の文法的な意味の差に関与してくる文法範疇も存在する。それはある単語群（品詞あるいはその下位グループ）に共通する語彙的意味の一般化であり、顕在的な文法範疇である形態範疇に対して、潜在的な文法範疇とよべるだろう。日本語の動詞における、動きを名づけていない〈状態動詞〉となんらかの動きを名づけている〈運動動詞〉の区別、なんらかの変化をともなう〈変化動詞〉と変化に無関心な〈動作動詞〉の区別、主体の意志に関与をしめす〈意志動詞〉と意志に関与しない〈無意志動詞〉の区別などは今日よく知られているが、こうした区別は動詞の語形上の対立としてとらえられるものではなくて、上に述べた潜在的な文法範疇として個々の語彙的な意味のなかにひそんでいるものである。〈状態動詞〉と〈運動動詞〉の違いは、たとえば、{テンス}の〈非過去〉の文法的意味の差となってあらわれる。すなわち、語尾の -Ru のかたちで、〈状態動詞〉の場合は、語られる事象が発話事象と同時であることを意味し、〈運動動詞〉の場合は、それ以降であることを意味する。つまり、〈状態動詞〉では現在で、〈運動動詞〉では未来である。〈意志動詞〉では話し手の聞き手に対する命令をあらわすが、「咲け」「あわてろ」のような〈無意志動詞〉では話し手の願望をあらわす。また、語尾 -Yoo（yoo/oo）をもった「食べよう」「飲もう」のような〈意志動詞〉では一人称で話し手の意志を、一・二人称で勧誘をあらわすが、「咲こう」「あわてよう」のような〈無意志動詞〉では推量をあらわすというふうに、同一の語形であっても、その文法的意味は動詞のタイプによって異なる。日本語の動詞の潜在的な文法範疇としては、このほかにも〈他動詞〉と〈自動詞〉の対立をはじめ、ヴォイスに関わる〈受動動詞〉〈再帰動詞〉〈相互動詞〉、アスペクトに関わる〈局面動詞〉〈出現動詞〉〈消滅動詞〉といったものが考えられる。名詞を〈具体名詞〉と〈抽象名詞〉に分けたり、〈人をあらわす名詞〉〈動物をあらわす

名詞〉をとりだしたりするのも、それらの名詞が他の継起要素と広い意味での一致現象がみられるからである。こうした名詞の下位分類も潜在的な文法範疇にもとづくものである。そうした潜在的な文法範疇を追求していくならば、単語の形式と内容の境い目がぼやけてきて、両者がとけあってしまうだろう。文法と意味とが、そこでは一体となってくる。

このような単語を中心にした文法範疇の吟味は、言語間の文法現象を対照するうえでも有効であろう。形態範疇をもたない言語にも潜在的な文法範疇を求めることで対照の道具だてができる。ドイツ語をはじめ、西ヨーロッパの言語における動詞のアスペクトは、スラヴ系の言語の形態範疇としての vid（アスペクト）に対して、語彙的なアスペクト（ドイツ語では、とくに Aktionsart という用語でよばれる）の存在として提唱された概念であった。ある文法範疇が、ある言語では単語の語形にささえられた顕在的な形態範疇として表示され、別の言語ではそれが語彙的意味のなかにひそんでいるといったことがあきらかになれば、言語の形式と内容が統一的に記述されたことになるだろう。

参考文献

金田一春彦（1957）『日本語』岩波書店
金田一春彦（1980）『日本語の特質』日本放送出版協会
ヒッカーソン・N. P.（光延明洋訳）（1982）『ヒトとコトバ―言語人類学入門―』
　　大修館書店
村木新次郎（1987）「言語間の意味分野別語彙量の比較―日本語・中国語・ド
　　イツ語の場合―」『計量言語学と日本語処理―理論と応用―』秋山書店
ライオンズ・J.（国広哲弥ほか訳）（1973）『理論言語学』大修館書店

第7章

祝う・祈る・呪うの現代的用法

　ことばは基本的に伝達の機能をもつ。伝達と一口にいっても、そこには、さまざまな要素がある。言語学者ローマン・ヤコブソンは、ことばの伝達行為について、6つの機能を設定した*1。

　emotive（情的機能）、directive（指向的機能）、phatic（言語交際的機能）、metalingual（メタ言語的機能）、peetic（詩的機能）、contexual（文脈的機能）がそれである*2。emotive は、expressive に置きかえることもできる。

　人は「祝う」とき、「おめでとう」とよく言う。この「おめでとう」は、phatic な機能をもっている。ひとつのあいさつことばだと言ってよい。「祝う」には、ふつう「祝う側」と「祝われる側」があって、「おめでとう」に対して、「ありがとう」と応ずる祝い（たとえば、結婚）もあれば、「おめでとう」に対して「おめでとう」と応ずる祝い（たとえば、正月）もある。「祝う」は、時として社会生活を維持していくのに要求される行為である。

　また、人は「祈る」ときに、「どうか無事試験に合格しますように」、と言ったり、「呪う」ときに、「こんちくしょう」と言ったりするものである。それは、人間の強い感情をこめた表現である。emotive あるいは expressive なはたらきをしていると考えられる。

　祝ったり、祈ったり、呪ったりするときのことばの機能を、はじめに考えてみた。

　「祝う」「祈る」「呪う」、これらの3つの動詞は、われわれの日常生活をささえる行為である。人間が祝ったり、祈ったり、呪ったりするのは、古今東西を問わず、また文明の高い低いにも関係なく、どこにでも誰にでもあるはずで、人が生きていく根底のところでかかわってくる行為であろう。人は生活の中で、祝い、祈り、呪うことをくりかえしてきた。これらのことばのもつ意味の歴史的な変化

103

についてや、民族による違いについては、この特集の別のところで詳しく述べられるであろう。ここでは、現代における「祝う」「祈る」「呪う」の意味を考えてみようと思う。

「祝う」の意味、といっても、いろいろの観点から眺めることができる。はじめに述べた、「祝う」ときのことばを伝達の機能という観点から眺める、というのもいろいろある観点のうちの1つである。

私の手許に、いくつかの「現代」文芸作品や雑誌や新聞などに表現された、3つの動詞の用例がある＊3。この用例を手がかりに、現代では、「（誰に）何を祝う」のか、「（誰に）何を祈る」のか、「何を呪う」のか、といったことを記述してみるのも、1つの観点であろう。周辺の問題を心にとめながら……。

1. 祝う

『新明解国語辞典』によると「祝う」の項には、次のような説明がしてある。

祝う〔もと、よい事が有るように祈る意〕

㊀めでたい事が有った時、喜びの気持を言葉や行為に表わす。「雑煮を──〔＝食べて、共に正月を無事に迎えたことを喜ぶ〕」

㊁幸福・幸運であるように祈る。「門出を──・友人の結婚に鏡台を──〔＝贈る〕」

辞書を検討することが、ここでの目的ではないのだが、この辞書の意味記述を参考にして、いくつかの文学作品などに表現された「祝う」の用例を眺めてみよう。

㊀の意味を分析すると、「めでたい事が有った」ことが前提で、その前提のもとで、「喜ぶ」ことに「言葉や態度に表わす」ことが重なって「祝う」ことが成立するということになろうか。すなわち、次のように整理できる。〈吉事〉を前提に、〈喜ぶ〉かつ〈態度に出す〉ことが㊀の意味。

㊁の意味は、〈吉事が起こるよう〉〈祈る〉とパラフレイズできるが、辞書にあがっている例だと、「門出を祝う」の「祝う」は、「門

出を」〈喜ぶ〉意味も含むのだろうと思うし、また、「友人の結婚に鏡台を祝う」は㈡の意味を離れて、〈吉事〉を前提に、〈喜ぶ〉かつ〈贈る〉とでも分析できるのではないか。〈贈る〉は、㈠の〈態度に出す〉のヴァリエーションである。

　このような記述は、単語の意味をはっきり知るためには有効であろう。㈠と㈡全体を整理してみよう。「吉事」が、過去の事実として、または、将来の希望としてあること、「喜ぶ」こと、なんらかの「態度に出す」こと、以上の3つが「祝う」ことに必須らしい、と推定できる。〈態度に出す〉には、ことばで話す、ものを贈る、などが含まれよう。

　さて、いよいよ用例を拾っていこう。現代では、いったい何を祝うのだろうか。

〈豊年を祝う〉

（1）つい先日まで田にあった稲は最早奇麗な米俵になって、庫や納屋に積まれて、東家西隣新酒に舌鼓うって豊年を祝うのである　　　　　　　　　　　　　　　（徳冨蘆花『思出の記』）

（2）思わず校長も声を揚げて、文平の勝利を祝うという風であった　　　　　　　　　　　　　　　　　　　（島崎藤村『破戒』）

　「豊年」や「文平の勝利」が〈吉事〉であり、人はそれを〈喜ぶ〉のである。〈喜ぶ〉気持が、（1）では「新酒に舌鼓うつ」行為に、（2）では「声を揚げる」行為にあらわされている。選挙に当選すれば、「当選を祝う」、試合で優勝すれば、「優勝を祝う」。喜ぶ対象がはっきりしている例である。

〈結婚を祝う〉

（3）天皇、皇后両陛下は、十三日、英国アン女王のご結婚を祝い、銀製の御所車の置物（ガラスケース入り）を贈られた　　　　　　　　　　　　　　　　（朝日新聞、七三年十一月十四日）

（4）父や母が私の卒業を祝うために客を呼ぼうと云いだした　　　　　　　　　　　　　　　　　　　　　（夏目漱石『こころ』）

人の一生には、祝うべきできごとがいろいろ用意されているようである。入学、卒業、婚約、結婚などはめでたいこととして、「祝う」対象となる。また、出産、七五三、成人、銀婚、金婚、壮年、還暦、古稀、……もやはり「祝う」対象になる。このような人生の区切り、転機を迎えた人に対して、家族や知人が、祝福のことばを述べたり、贈り物をしたりするのである。この種の祝いは、対象がある個人の結婚や還暦であることから、その個人を祝うことと重なってくる。「この間、結婚した山田を祝いにいこう」とか「還暦をお迎えになった田中先生を祝う」という言い方も可能であるのは、おそらくこのためであろう。しかし、「この間結婚した山田を ひ や かしにいこう」というのが、「祝う」の現代版かもしれない。

　結婚や還暦などは周囲の人たちが祝ってくれるものである。還暦に達するような人なら、自分で還暦の祝賀会を開く、とは言わないものだと思う。家族や知人の間で話がもちあがり、囲りからその人を祝うのがふつうである。

　最近の結婚式では、披露宴ならぬ祝賀会が結婚する当事者主催で行なわれることがある。祝う者と祝われる者との関係を越えた、喜び合う姿と見るべきか。新しいカップルの誕生を祝う、というより、新しいカップルの誕生で祝い合う、という感じである。そのときの色紙には、「祝御結婚」に代わって、「二人してガンバレ！俺もガンバル」というような祝い（？）のことばが登場する。そこには、この種の祝いごとにつきまとうセレモニーのあらたまりがない。

　〈祝う〉行為は社交に用いられることも多いようである。ある種の祝いには、祝辞やテーブル・スピーチがつきものである。社交は祝いとしての贈り物にもつながる。

　結婚、誕生、床上げなどには内祝いをするが、この内祝いは、祝う方向が逆転する。めでたいことがあったところから、周囲へ向かう祝いの例である。本復祝、全快祝なども同じである。

　語の問題として、このグループの祝い事は出産祝い、結婚祝い、還暦祝いなどの複合語を形成しやすい。

〈誕生日を祝う〉

（5）チャーチルの八十歳誕生日を祝って有志から贈る肖像画を
　　　描いたら、「これがワシかね」とチャーチルの不興を買った
　　　話がある　　　　　　　　　　　　　　　　　　（雑誌）

（6）その国には長夜の宴という風習がある。われわれも、今宵
　　　はナンの誕生日を祝って、その風習にならおう　　　（雑誌）

　文学作品に〈誕生日を祝う〉という用例は出てこない。雑誌の中
から、上の用例が見つかった。偶然なのだろうが、両方とも外国人
の誕生日である。ヨーロッパ風のレストランやビヤホールで、たま
たまその日が誕生日の人が、その店でお祝いのプレゼントをもらっ
ているのを見たことがある。日本では数え年で年を計算していて、
正月を迎えたとき、みんなそろって年をとったから誕生日を祝うと
いう習慣がなかったものか。もちろん、今ではバースデイ・ケーキ、
バースデイ・カードなどあって、誕生日を祝う風習は一般化してい
る。そして、近ごろならば、「今度の土曜日、わたしの誕生日なの。
お祝いのパーティを開くから来ない？」と言いそうである。お年寄
りや古風な人たちに抵抗を感じる使い方だと想像する。

　ところで、さきの出産や誕生を祝うのと、誕生日を祝うのとでは
違う。誕生日という特定の日をその人のめでたい記念すべき日とし
て祝うのである。

　誕生日は個人的な祝い事であるが、国の祝祭日や学校や会社の創
立記念日などは公的なものとなる。いずれも、ある日をめでたい日
として祝う例である。最近の傾向として、「文化の日を祝う」とか
「勤労感謝の日を祝う」という感覚は影をひそめているのではない
か。新聞などでは、このような表現が生きてはいる。

（7）三十日の北京放送によると、中華人民共和国創立二十周年
　　　の国慶節（十月一日）を祝って　　　　　　　　　（新聞）

（8）公明党は、二月十一日の設定に強く反対してきたばかりで
　　　なく、民主日本の将来を象徴するにふさわしい講和条約の
　　　発効した日を、独立記念日として祝うべきであるとこを提

唱してきた　　　　　　　　　　　　　　　　　　　　　　（新聞）

　これらは文章語として使われてはいるが、現代人の生活語彙からは段々離れていってはいないだろうか。

　いちばん新しい『暮しの手帖』27号の「すてきなあなたに」という欄に、次の例があった。

（9）本人も忘れていた入社四十年目の日を、こんなふうに祝うなんて、じつに心にくいパーティでした。

（10）きょうのパーティは、入社四十年目を祝う、心づくしのパーティだったのです。

　誕生日を祝うことのヴァリエーションと考えてよいであろう。このような〈祝う〉の使い方が多くなるものと思われる。

〈門出を祝う〉

（11）間もなく読売新聞社のヘリコプターが飛来、祝賀メッセージを投下、橋本関蔵読売新聞社普及部長が披露し、開幕を祝った　　　　　　　　　　　　　　　　　　　　　　　（新聞）

（12）教え子の彦一君が腹話術師になったと聞いた彼の中学時代のM先生は、彼のスタートを祝って手製の人形を贈ってくれた　　　　　　　　　　　　　　　　　　　　　　　　（雑誌）

　これらの使用例は、『新明解国語辞典』に記してあるように、幸福・幸運であれ、と祈る気持が入ってくるようである。しかし、これとて、〈喜ぶ〉気持がないわけではない。「開幕」や「彼のスタート」を〈喜ぶ〉気持に、さらにこれから先、「催しが成功するよう」、また「無事であるよう」祈るのだと思われる。結婚式の祝電には、「シンセイカツノスタートヲイワイ、サチオオカレトイノル」や「シンロウシンプバンザイ、シンカテイノカドデヲイワウ」といったものもみられる。「ものごとの始まり」に「祝う」例である。

108　　I　語彙論と文法論とをめぐる諸問題

〈縁起を祝う〉

(13) 婚姻の席上では酒のあとには長くつながるようという縁起
　　　を祝うて、一つには膳部の簡単なのとで饂飩（うどん）を
　　　もてなすのである　　　　　　　　　　　　　（長塚節『土』）

(14) そんな噂がいつか町内へ広がったところから、縁起を祝う
　　　ために、鈴木組と云ふ近所の請負師の親分の家で出た注文
　　　を、不意に受けたのが縁で、その男の引立で、家が遽かに
　　　景気づいて来た　　　　　　　　　　　（徳田秋声『あらくれ』）

　「縁起」は仏教用語で「甲が原因または条件となって乙が成立す
ること」だそうである。(13) では、「饂飩をもてなす」が甲で、
「長くつながる」が乙である。(14) では、「縁起を祝う」が慣用句
化していて、「よかれかし、と祈る」という意味であろう。それは、
『新明解国語辞典』の〔もと、よい事が有るように祈る意〕の使い
方だといってよい。「縁起を祝う」という表現は現在ではほとんど
使われないようだ。

　「いわう」ということばの意味がどのように変化してきたかは、
この特集の楳垣実氏の文にも紹介されているが、大野晋氏の『日本
語の年輪』に説明されている。柳田国男は、『年中行事覚書』の中
で「いわう」の変化についてこう書いている。

　「古い書物を見ても又字引を引いても、イハフといふ語には人の
為に喜ぶといふやうな意味は無い。むしろ彼も我も共同して、神を
祭るといふやうな或一つの厳粛なる機会に臨む心構へがイハフであ
り、今の言葉で言へば、精進とか、潔斎とかいふのがそれに近かつ
た。然るにいつの頃よりか、それはイマフとかイモフとか言ひ分け
て、こちらは唯他人の喜悦に共鳴するやうな場合に使ふことになつ
たのは、可なり大きな変化と言はなければならぬ」。

　傍線部の「イハフ」は「斎う」であった。

〈雑煮を祝う〉

(15) 私の為にこの出張所全部の人たちに雑煮を祝ってもらいた
　　　かったのです　　　　　　　　　　　　　　　　　（雑誌）

（16）正月になれば自分等と同じように屠蘇を祝い、

（島崎藤村『破戒』）

　語と語は任意な結びつき方をするものである。新しく春を迎えた
というめでたさが、「雑煮」や「屠蘇」に入りこんでいるのである。
今風に言えば、「雑煮で祝う」「屠蘇で祝う」あるいは、「雑煮を食
べて祝う」「屠蘇を飲んで祝う」であろうか。ちなみに、何人かの
若い人に「雑煮を祝う」や「屠蘇を祝う」といった使い方をするか
どうかを聞いてみた。ほとんどの人が使わないとの返事であった。
中に「屠蘇を祝う」は使うが、「雑煮を祝う」のほうは使わない、
という人もいた。その人の育った地域による違いもあろうが、この
表現が消えつつある、と言えそうである。
　出産や結婚や還暦は、「出産祝い」「結婚祝い」「還暦祝い」とい
う語をつくることは前にふれた。これらは、「出産の祝い」「結婚の
祝い」「還暦の祝い」というふうにもいえる。「屠蘇祝い」「雑煮祝
い」あるいは「屠蘇の祝い」「雑煮の祝い」とはいえそうにない。
しかし、「祝いの屠蘇」「祝いの雑煮」とはいえる。

〈姉に祝う〉
（17）私はありったけの財布をはたいて、この勇ましく都落ちす
　　　る二人に祝ってあげたい　　　　　（林芙美子『放浪記』）
（18）沈黙（だま）って遠い姉にも、何か祝ってやってもいいではないか
　　　とも思っています。　　　　　　　（林芙美子『放浪記』）

　林芙美子の『放浪記』の「祝い」の用例は「祝い物をおくる」と
いう意味で使ったものが多い。この場合は、「誰かに祝う」あるい
は「誰かに何かを祝う」という形で使われる。動詞が「祝ってあげ
る」「祝ってやる」という恩恵の形式である点に特徴がある。

〈自分を祝う〉
（19）心のいい叔父はただわけもなく身を祝って、顔の薄痘痕（うすあばた）も
　　　喜悦（よろこび）のためにうずもれるかのよう　　（島崎藤村『破戒』）

(20)おゝおそろしい。われとわが身を呪うとは、お前自らを祝
　　しておくれ。　　　　　　　　　（倉田百三『出家とその弟子』）

　「祝う」対象は、他人のめでたいことや公の吉事に限らない。き
わめて稀に「自己自らを祝う」ということもある。
　今は亡き国語学者のT氏が60歳になられたとき、酒宴の席で、
周りの人がT氏の還暦記念論文集の話をしたのに対して、「ぼくは
自分で祝って、本を書いたよ」とまあそのようなことをおっしゃっ
たそうである。「自分の還暦（めでたいこと）を自分で祝う」、こう
いう祝い方もいいではないか。「祝い」につきまとう、セレモニー
のきゅうくつさや、社交上の苦痛からのがれるための「自分で祝
う」祝い方もあろう。こうした「祝う」は、もちろん例外的である。
ふつうは、めでたいことのあった人が祝われるのであって、祝うの
ではない。
　例としては挙げなかったが、「普請祝い」「竣工祝い」「新築祝い」
など建物に関係した種々の祝いごとがある。
　都会では、家を建てたときの「普請祝い」も「新築祝い」も同じ
意味になってしまっているようである。筆者の育った田舎（滋賀
県）では、「普請」の本来の意味「普く大衆を請じて労役に従事し
てもらうこと」が生きている。棟上げを「普請祝い」と呼び、近所
の人が手伝ったり、酒やするめなどの祝い物を、棟上げのあった家
に届ける。そして、建物が完成したとき、「新築祝い」と称して、
その家が近所の人を招待し、御馳走などもてなして祝うのである。
そんな風習も少しずつ姿を消し、今日では、「家を建てること」即
「普請」になりつつある。
　仕事に関係した祝いごとに「就職祝い」「栄転の祝い」などがあ
る。いずれも、人にとっての区切りであり、出発点である。〈門出
を祝う〉と同類であるといえよう。

2.　祈る

　「祝う」には「祈る」に似た使い方があった。しかし、一般に

「祝う」と「祈る」を並べてみると、「祝う」はより現在のこと、「祈る」はより将来のことに関係している、ということになりそうである。「本日、卒業の栄をになわれた諸君おめでとう。ともに学んだ諸君の門出を祝い、将来の幸を祈ります」、さきにもあげた結婚式の祝電「シンセイカツノスタートヲイワイ、サチオオカレトイノル」の例をみると、その対比が浮かびあがる。

「祝う」はまた〈態度に出す〉ことから、より客観的な行為であり、ときに社交にも用いられるが、つまりはじめに触れたように、言語交際的なはたらきを示すが、「祈る」は、願ったり望んだりする主観的な行為である。しばしば、「心の中で祈る」とか「陰ながら祈る」と使われるのもそのあらわれである。

「祈る」の意味には、

㊀よいことが起こるように望む。希望する。

㊁よいことが起こるように願う。願望する。

があると考えられる。

〈観世音菩薩を祈る〉

(21)市九郎は屈しなかった。山国川の清流に沐浴して、観世音菩薩を祈り乍ら、渾身の力を籠めて第一の槌を下した

（菊池寛『恩讐の彼方に』）

「祈る」は、古くは「神仏に祈る」ではなく、「神仏を祈る」であった。古い時代の使い方が、たまたまあった例で、この他には見あたらなかった。現代では、「神仏を拝む」とはいっても、「神仏を祈る」とはいわない。（地方によっては、あるいは「神仏を祈る」という言い方が残っているかもしれない）現代語では、ふつう「拝む」「祭る」は助詞「を」をとり、「祈る」「参る」「詣でる」は助詞「に」をとる。

〈観音様に祈る〉

(22)私は毎夜毎夜六角堂に通って観音様に祈った

（倉田百三『出家とその弟子』）

（23）私は知らぬ神に祈ります。泣いて祈ります

（武者小路実篤『友情』）

　このときの「祈る」は、㊁の「願う」の意味である。人は、願う
べく、神に、神社に、弁天に、仏様に、観音様に、そして時には、
天に、祈る。自分の力ではどうしようもないとき、人は神や仏や天
の力を借りたくなって「祈る」わけであろう。「祈る」には、こう
した他力本願の匂いをもつ。

〈あなたの幸福を祈る〉
（24）毎日々々、あなたの御健康と、御幸福を祈っております

（武者小路実篤『友情』）

（25）これから毎日、新治さんの無事を祈って、八代神社におま
　　いりします　　　　　　　　　　　（三島由紀夫『潮騒』）

　他人の身の上によいことが起こるように「望む」例である。何を
望むか、の「何」にあたることばは自由度が大きい。しかし、この
「何」にあたるところには、必ずなんらかのプラスの意味を帯びた
語がこなければ「祈る」意味と矛盾してしまう。「健康を祈る」が
ふつうで、「病気を祈る」とはいわない。（「健康」がプラスで、「病
気」はマイナスである。）「将来の幸を祈る」というが、「将来の不
幸を祈る」とはいわない。しかし、「彼が病気になることを祈る」
とか「彼が将来不幸になるよう祈る」という場合は、マイナスの意
味のものでも言えるようである。「〜ことを」や「〜よう」などの
補文については、「祈る」が「よいことが起こるよう」というプラ
スの意味が消えて、ニュートラルに「望む、願う」の意味になると
いえようか。
　「よき御旅行を祈る」という表現がある。「旅行」はプラスの意味
をもたない。だから、「旅行を祈る」とは言えない。「よき」という
プラスをあらわす語がついて、はじめて「よき御旅行を祈る」とい
う表現が成立する。
　もとに戻って、よいことがおこるよう「望む」のは、他人の身の

上に限らない。「平和を祈っ」たり、「航海の安全や海上の平穏を祈っ」たりすることもある。「冥福を祈る」という表現は慣用句化している。

　年賀状に「御家族の御健康と御多幸を祈ります」と書いたり、祝いごとの色紙に「御活躍を祈ります」と書いたりする。このパターン化した陳腐な表現に抵抗を覚える人は案外多いようである。近ごろでは、「御活躍を期待します」や「御活躍されることを希望します」などと「祈る」を避ける傾向がある。「御健康を祈る」や「御多幸を祈る」については、結びつきが強く、「期待する」や「希望する」に置きかえることがむずかしい。

　ところで、「（誰に）何を祈る」という表現形式では、「誰」にあたるところには「神」の類が来て、「人」が来る例はない。

(26) どうか兄等の生活が最後の栄冠に至らん事を神に祈る

（有島武郎『或る女』）

(27) 不動明王を中心に護摩壇の四方へ降三世、軍荼利、大威徳、
　　 金剛夜叉の各明王を配して、勝利を神明に祈る儀式である

（雑誌）

3. 呪う

「呪う」の意味は、多くの辞書で2つの記述がなされている。

㊀他人に悪いことが起こるように願う。

㊁うらむ。

㊀は「祈る」と表裏の関係になる。「よいことが起こるよう」祈り、「悪いことが起こるよう」呪う。しかし、あとでみるように、このときの「呪う」も、「うらむ」感情が主になっている。「うらむ対象に悪いことが起こるよう祈る」が㊀。㊁は、「うらむ」から、「きらう」「いやに思う」「残念に思う」と連続的に意味がずれる。ときに「（何かが）なければいい、と思う」というような意味で使われることがある。

　㊀の意味で「祈る」と表裏の関係とはいっても、「神仏に祈る」のような、「〜に呪う」という使い方はしないようである。少なく

とも、そのような用例は見つからなかった。「～を呪う」のである。

〈あなたを呪う〉

(28)もし奥様のとりなしの言葉が無いならば、あなたを呪った
　　　かもしれません　　　　　　　　（倉田百三『出家とその弟子』）

(29)他人を呪うことで、自分をたのしくしようとするのではな
　　　いか　　　　　　　　　　　　　（倉田百三『出家とその弟子』）

　「呪う」対象の多くは、人である。このときは、「あなた」や「他
人」をうらんで、何か悪いことが起これ、と思う、という㊀の意味
であろう。「呪う」対象が人でなくて、「仏」や「鬼」といったもの
に向けられる場合もある。やはり『出家とその弟子』の中で、「や
がて胸をたたいて仏を呪う言葉を続発した」や「その鬼を呪えばお
前の罪になる」という使用例がある。このときは、㊁の意味になる。

〈浮世を呪う〉

(30)我々は、人間が過ち易く生まれているという理由によって、
　　　必ずしも世界を呪うことをしないであろう

　　　　　　　　　　　　　　　　　　　　　（阿部次郎『人格主義』）

(31)もしかりに歌う歌があるとすれば、非常に卑猥な淫蕩的な
　　　歌、あるいは浮世を呪ったような歌でしょう　　　　（雑誌）

　ここでは、「呪う」が「うらむ」あるいは「いやに思う」に近く
なる。「世の中を呪う」「世間を呪う」も同じである。
　この種の「呪い」は、世の中に対する拒否をあらわしているとい
える。世を呪い、自ら選んでアウトサイダー、あるいはアウトロー
の道を歩む者がいる、ことにアウトローにとっては、呪いがつきも
のである。「呪い」はアウトローのポジティヴな姿である、そして、
アウトローが時に示す「媚態」はネガティヴな姿だと言える。2つ
が統一される「放縦」が成立する。つまり、アウトサイダーやアウ
トローの「呪い」「媚態」「放縦」が互いに連続している。いろいろ
考えさせられることがあるが、本題から離れるようである。

第7章　祝う・祈る・呪うの現代的用法　115

〈原爆を呪う〉

(32)いかに戦争とは云え、又戦争に勝たんが為かは知らないが、
　　　僕は原爆を呪う
　　　　　　　　　　　　　　　　　　　　　　　　　　　（雑誌）

(33)戦争をきびしく批判し、軍部を呪っていた広津和郎がいま
　　　眼に浮かぶ
　　　　　　　　　　　　　　　　　　　　　　　　　　　（雑誌）

　呪われる対象が、「人」や「世の中」と違って、あるできごと
「原爆」であったり、ある存在「軍部」であったりする例である。
雑誌にしか見当らないのは、あるいは現代的な使用例といえるかも
しれない。ここでの意味は、「うらむ」「きらう」あるいは「いまわ
しく思う」に近い。

　「呪う」が「きらう」とほとんど同じ例を1つ。しかし、「呪う」
だけに、「ひどくきらう」の意味になろうか。「五百助に対抗上」が
「きらう」を「呪う」にしたのであろうか。

(34)駒子は、洋酒の匂いが好きであったが、五百助に対抗上、
　　　アルコールを呪っていた
　　　　　　　　　　　　　　　　　　　　　（獅子文六『自由学校』）

〈科学を呪う〉

(35)人々のうちにはまた科学の進歩が、例えば欧州大戦を益々
　　　苦々しいもの、悲惨なものとしたからとの理由で科学を呪
　　　う者もある
　　　　　　　　　　　　　　　　　　　　　　　（出隆『哲学以前』）

(36)私はこんな簡単な光学機械すら所有しない、職業的宗教家
　　　の無知を呪いつつ、再び長椅子に横わった
　　　　　　　　　　　　　　　　　　　　　　（大岡昇平『野火』）

　「呪う」対象が抽象的な「科学」や「無知」といったことがらに
及んでいる。「ひどく残念に思う」ぐらいの意味であろう。「知識欲
そのものを呪う」とか「常識なる語を呪う」という表現もある。こ
れは、「なければいいが、と思う」程度の意味である。

「呪われた魂」「呪われた運命」「呪われた女」など、「呪われた」はかなり独立した語となっている。『新明解』では、「呪われた」が登録され、辞書の中に市民権を得た。

4. 結び

3つの動詞が、主として、どういうものを対象としているか、という点に着目し、筆者なりの極めて杜撰な分類をしてきた。

「祝う」も「祈る」も「呪う」も、人間の繊細な情感を備えた動詞である。いずれも認識をかたることばではなくて、感情をかたることばなのである。それゆえ、書かれた文献を資料として、言語内的に、言いかえれば資料の範囲内で、これらの意味を十分に抽象することはどだい無理なことである。具体的な対象そのものをあらわすことばの場合は、このような迫り方でも、けっこうその意味を記述することもできようが、言語外的な要素、つまり、そのことばが用いられる場や環境といったものの占めるウェイトがおもい、これらの動詞については、ことばの周辺の問題に目を転じてはじめて、その全き意味が明らかになってくるのであろう。

そのような点で不十分ではあるが、これらの動詞の、いくつかの使用例を見ることができ、ざっとその使用例のパターンを眺めることはできた。用例がもっと豊富にあれば、「現代」としてひとまとめにする荒い立場を捨て、明治時代の文献と、現代の新聞や雑誌にみる用例との比較もできよう。今回は、諦めざるを得なかった。

＊1　Jakobson, R. Linguistics and Poetics（Style in Language 所収、1960）
＊2　括弧の中の訳語は『英語学大系』の「文法論1」（大修館書店、1972）で使われているものを拝借した。なお、ヤコブソンの説明によると、これらの諸機能は、Addresser Addressee Message Code Contact Context の6つの言語要素に対応する。
＊3　国立国語研究所で行なった各種「語彙調査」のときに使用された用例カードをいう。トータルで、「祝う」約70例、「祈る」約200例、「呪う」約70例

あった。主として文芸作品からとったものが多い。対象になった作品は、『動詞の意味・用法の記述的研究』（秀英出版・1972）の9〜12ページに記されている。なお、「現代」は文学史などでいう「現代」である。

II

語彙の体系性をめぐる諸問題

第1章
意味の体系

1. 単語の性質

　言語記号としての単語には、さまざまな性質がそなわっているが、一定の意味と一定の音声とのむすびつきであるというのが単語のもっとも重要な性質である。この意味（＝内容）と音声（＝形式）との統一体であるというのが、単語であることの基本条件となる。すなわち、一定の意味があっても、それがなんらかの音声とむすびついていないならば、それは単語ではないし、逆に、一定の音声があっても、それがなんらかの意味を指し示さないのであれば、これも単語とはいえない。すなわち、単語にあっては、意味と音声がたがいにささえあっているのであって、そのいずれをも欠くことができないのである。

　ところで、単語の表現内容である意味と表現形式である音声とは、つねに一対一の関係であるかといえば、実はそうではない。ある表現内容が複数の表現形式と対応する同義語（意味のはばをゆるやかにりかいするなら、類義語）があり、ある表現形式が複数の表現内容と対応する多義語や同音語が多く存在する。つまり、あることがらを表現する形式は一つに限定されるわけではなく、いくつかの異なる単語であることもあり、また同一の単語がさまざまな異なることがらをあらわすこともある。単語の意味と音声との関係は、そもそも非対称的であるということが指摘できる。一定の意味と一定の音声との統一体としての単語は、既存のものとして、その言語共同体にあたえられているという性質をそなえている。個々の人間にとっては、脳に心的な辞書が存在していると考えることができる。単語は、原則として個人が勝手につくりだせるものではなく、言語を用いる集団に共有されているものである。辞書はそうした単語の

集合体である。辞書の見出しや語彙表は単語の目録にあたる。個々の単語は、他から区別される語彙的意味をもち、語彙項目として、レキシコンの要素としての性質をもっている。

　単語は、一方ではレキシコンの要素であるし、他方では文や談話・文章の要素でもある。単語は、談話や文章といった、われわれ人間がおこなう、話したり書いたりする言語活動のなかで、くりかえしあらわれる、内容をになった言語音の連続体である。単語は、談話や文章のなかで、その時、その場の一回的な現実の、ある具体的な言語活動において、現実世界の一般的な断片をあらわすという性質をたもっていなければならないものである。

　われわれ人間が所有する言語は、ある事態をまるごと１つの記号として表現しているのではなく、事態を構成する対象や運動や状態などのある側面を一般的にきりとっている単語という要素をもち、その単語をその都度、話し手や書き手の責任において、組み合わせることによって文を構成し、文がその事態をあらわすというしくみをそなえているのである。

　単語は、以上に述べたように二側面的である。１つは語彙的な単位としての単語であり、他の１つは文法的な単位としての単語である。前者の単語は、一定の語彙的意味をもち、語彙項目として語彙の要素となるという性質をそなえた、一般的かつ抽象的な単語である。後者の単語は、文や談話・文章の要素として文法的な側面をにない、発話にあらわれる具体的な実現形としての単語である。単語は事態の断片を一般的にうつしとっているという語彙的な単位であるとともに、ふつう文のなかにあって、文を組み立てる材料としての文法的な単位でもある。単語はこうして、辞書における単位であり、かつ文の構成要素ともなる重要な単位である。つまり、単語は語彙的な側面と文法的な側面をあわせもち、語彙と文法の２つの領域にまたがって、かなめの位置をしめる基本的な単位なのである。

2.　語彙的な意味

個々の単語にそなわっている固有の意味は、語彙的な意味とよば

れる。「山」の〈高く盛りあがったところ〉、「高い」の〈空間上、上にある様子〉、「見る」の〈目で対象をとらえること〉といった、それぞれ他の単語から区別される意味のことである。単語の語彙的意味は、現実に存在している、さまざまな対象・性質・運動・数量・空間・時間などを一般的にうつしとったものである。単語の意味には、一般的であるという性質がある。「灰皿」と「食べる」いう単語でそのことを確認しておこう。「灰皿」には、材質の点で、ガラス製・金属製・木製などのものがあるし、かたちのうえでも、四角いものや丸いものなどがあるが、〈たばこの灰や吸い殻を入れるための器〉という性質をもっている点で共通している。また、「食べる」という単語は、人間がテーブルで食事をとる場合、歩きながらりんごをかじる場合、鳥が餌をついばむ場合、魚が餌を食う場合などでは、実際の動きはまちまちで、かなり違っているといえる。現実の動きに大きな異なりがあっても、〈生き物が栄養物をのどを通して体内にとりこむ〉という一般的な特徴が共通していて、このような動きに対していずれも「食べる」という単語でいいあらわすことができる。単語の意味とは、このように、その単語があらわせるものに共通している一般的な特徴のことである。

　ここで問題にする意味は、単語の意味に限定される。言語の単位には、単語のほかにも、単語より大きな句や文などがあり、そうした句や文の意味を問うことも当然できる。また、単語を構成している形態素も、意味をもつ最小の形式と定義されることからもわかるように、その意味を問うこともできる。しかし、ここで問題にするのは、句や文や形態素といったものの意味を問うことはせず、単語の意味をとりあげるだけである。ここでの対象を明確にするために、語彙的な意味論という呼び方をしておこう。

　単語の意味といっても、さまざまな側面がある。以下に、単語の意味が文や発話に大きく依存している例をみておこう。

　個々の単語は、文という構造のなかで、はじめて特定の意味をもちうる。「電車が走っている。」の「電車」は乗り物を意味するが、「11時すぎたから、もう電車はない。」の「電車」は、電車の運行の意味である。このように、同じ「電車」という単語であっても、

前者のようなモノをあらわす場合もあれば、後者のようなコトをあらわす場合もあるのである。多義語である「電車」の意味は、言語活動である文のなかで一義化され、特定される。

　さらに、単語の意味が現実の発話にもっとも依存している次の例をみておこう。

　「あなたは、いつ、ここへ来ましたか。」
　「さっきです。」

　上にあげた会話における「あなた」「ここ」「さっき」といった単語は、発話を構成する人、空間、時間に依存していて、それが誰に、どこで、いつ使われるかによって指し示すものが異なるものである。こうした単語には、特定の指示的な意味は存在せず、具体的な発話の場ではじめて、誰やどこやいつを指し示すかが決まってくるものである。「あなた」「ここ」「さっき」のような単語には固定された外延が存在しない。

　しかし、多くの単語は、文の構造や発話というものから離れても、一定の意味をもっているものである。多義性をもつ「電車」が文のなかで、モノをあらわしたり、コトをあらわしたりし、「ここ」が個々の発話によって、さまざまな場所をあらわしたりするけれども、一般の多くの単語は、文や発話から独立しても、ある一定の意味をもっている。

3.　語彙の体系性

　語彙とは単語の集合体のことである。語彙を構成する単語は、それらの意味がばらばらに孤立したかたちで存在しているのではなく、意味のうえで、その単語をとりまく周辺の単語群とさまざまな関係をたもちながら、語彙体系のなかに位置をしめている。たとえば、「スリッパ」は、〈室内用〉という点で「くつ」とは区別され、〈足にはくもの〉という点で「くつ」や「げた」「サンダル」などと共通し、統一されるというふうに。「どんぶり」は、「湯飲み（茶碗）」

「お椀」「皿」「コップ」といった単語と、〈飲食に使う容器〉として
まとめられる一方、〈食べ物を盛る（目的）、厚手で深い（かたち）、
陶製（材質）〉といった意味をもっていて、主として飲み物を入れ
るためという目的が異なるという点で、「湯飲み（茶碗)」「コップ」
「ジョッキ」と区別され、かたちのうえでは、浅いという特徴を
もった「皿」と区別され、材質が木であるという点で「お椀」や、
普通ガラスでできている「コップ」と区別される。つまり、〈飲食
に使う容器〉という範囲のなかで、目的・かたち・材質などの点で
他と張りあう関係をたもちながら存在しているのである。

　単語の意味は、他の単語ととなりあったり、むかいあったり、ま
た相互に含む含まれるなどの関係を成立させてグループをつくって
いるものである。それゆえ、語彙は単語の単なる集合（寄せあつ
め）ではなく、たがいに張りあうかたちで関係づけられた一定の体
系であるということができる。「父」と「母」とは、〈親〉という特
徴を共有し、〈性〉という特徴でむかいあう。また、「父」と「むす
こ」は〈おとこ〉という特徴を共有し、〈世代〉という点で対立す
る。しかし、対立がつねに二項的とは限らない。「山が見える」と
いうときの「山」の対立項はぼやけているが、「山」という単語自
身は「丘」ととなりあう関係をなし、また「森」や「谷」や「川」
といった地形上の特徴を名づけた一連の単語群と意味的なつながり
を有していることはたしかである。さらに、「山」は「ふもと」や
「尾根」や「頂上」や「山すそ」といった単語と全体と部分の関係
をなしていて、これは単語間になりたつ上位下位の階層性をつくる
1つのタイプである。しかし、語彙は、その構成要素である単語の
数が多いこと、時間とともに変化しやすいという性質をそなえてい
ることなどの理由から、音韻や文法の体系にくらべて、はるかに複
雑であり、それは開いた、そしていくぶん不安定な体系であるとい
うことができる。

4. 単語の範列的な関係

単語の範列的な（paradigmatic）関係にはどのようなものがある

かを素描し、それらの関係をめぐるいくつかの問題にふれてみよう。

同一の言語内での単語（A）と単語（B）との語彙的意味の関係には、次のようなものがありうる。

4.1　等質性　単語（A）≡　単語（B）

単語（A）と単語（B）とは、異なる語形をもつが、その意味が完全に等しいもののペアである。同じ文脈に（A）、（B）いずれをおいても意味の差が生じない。単語（A）と単語（B）は同義語とよばれる。

　　投手　≡　ピッチャー

　　パソコン　≡　PC（ピーシー）

完全な同義語というものが存在するかどうかという議論が古くからある。形式が異なる以上は意味が異なるという主張である。どの範囲の意味を問題にするかによって、同義性の理解も違ってくるだろう。ものごとを指し示しているという指示的意味に限定するのか、それとも類義性でふれるようなさまざまな付加的意味や文体的な特徴を含むのかといったことが問題になる。もし、2つの単語があらゆる点で、同じ意味であるならば、どのような文脈においても、両者は交代可能であるはずである。しかし、同じ対象をあらわす単語間では、しばしば何らかの面で微妙な対立関係が生じ、住みわけるといった現象がおこるものである。たとえば、「ごはん」と「ライス」にあっては、茶碗に盛ったものが「ごはん」で、皿に盛ったものが「ライス」であるとか、「牛乳」は冷たい場合に使い、「ミルク」は温かいそれに使うといったことである。「卓球」は選手がやるスポーツであり、「ピンポン」は娯楽としてやるものというのも類似例である。新しい単語の出現にともない、もとからあった単語の意味するものが変わるということもしばしばおこるところである。「パジャマ」があらわれることによって「寝巻き」は〈寝るときに着る衣類〉に〈和風の、上下に分かれていない〉という限定がくわわることになる。借用や訳語による新語の誕生は、既存の単語の意味に影響をあたえるわけである。

なお、同義語をめぐる問題で、合成語の部分を単語と同一視すべ

きではない。「花見」の「花-」は、「桜」に限定された意味であり、花一般を意味しないし、「口ひげ」の「口-」は一般の口の指し示す意味とは異なる。「大雨」と「豪雨」は同義性をもつものの、「大雨注意報」とはいうが、「*豪雨注意報」とはいわないし、「集中豪雨」とはいうが「*集中大雨」とはいわない。このように同様の形態であっても、単語と単語の部分（＝形態素）とは区別する必要がある。

4.2　類似性　単語（A）≒　単語（B）

父　　≒　おとうさん　≒　パパ　≒　おやじ

のぼる　≒　あがる

うつくしい　≒　うるわしい　≒　綺麗な　≒　端麗な　≒　美麗な

たぶん　≒　おそらく　≒　もしかしたら

　単語（A）と単語（B）との中核的な意味が共通しているが、異なる部分もあるという単語間になりたつ関係である。類義性は、2つの意味で開いている。1つは、2つの単語間での類似の程度であり、共通点をどれだけもつかによって、類似のあり方は連続的段階的である。たとえば、「池」と「沼」とに共通する部分は、「池」と「沢」に共通する部分よりも相対的に大きいであろう。他の1つは、1つの単語が多数の単語と類似性を、おつことがありうる点である。対義語が基本的には2語のあいだに成り立つ閉じた対立であるのに対して、類義語の場合は数に限定はなく、類義関係にある単語はいくつあってもよい。たとえば、「妻」の対義語は「夫」に限定されるが、その類義語としては、「女房」「家内」「ワイフ」をはじめ、「かみさん」「やまのかみ」「奥さん」「人妻」など数多くのものをあげることが可能である。

　複数の単語で、中核部分の意味が共通しているものがある。たとえば、「父」の意味を、［親］［男性］［一世代上］［直系］という意味特徴の束としてとらえるとき、これらの特徴は「おとうさん」「パパ」「おやじ」などの単語についても共通している。このような、単語の対象を指し示す意味特徴をデノテーション（denotation）と

第1章　意味の体系　　127

いうことがある。しかし、これらの単語の使用はそれぞれに違っている。「おとうさん」は呼びかけに使えるのに、「父」は使えない。「パパ」は子どもがよく使う。「おやじ」は父親を親しんで、くだけた場面で使うといったふうに。このような、単語の中核部分をとりまく、さまざまな意味的な特徴をコノテーション（connotation）といって、デノテーションと区別する。意味の差は、話しことばと書きことばの違い、文章語と俗語の違い、標準語と方言、あるいは方言間の違い、古語か新語かといった時間上の違い、使用者のかたよりなどさまざまなものがありうる。

　類義語は、一般に次の3つのタイプに分けられる。

（a）一方の意味が他方にふくまれるもの
　　　　「辞典」と「字引」
　　　　「治療する」と「なおす」
　　　　「うつくしい」と「秀麗な」

（b）部分的にかさなりあう
　　　　「道」と「通り」
　　　　「のぼる」と「あがる」
　　　　「うつくしい」と「綺麗な」

（c）となりあって、かさならないもの
　　　　「軽震」と「弱震」
　　　　「運賃」と「料金」（鉄道用語で）
　　　　「貯金」と「預金」

（a）のタイプは、上位語と下位語の関係にある2語に成り立つ類義で、「字引」は「辞典」のほか「字典」をも意味する。「なおす」は「修理する」や「修繕する」や「治療する」などをあらわす広い意味をもつ単語である。（c）は、専門用語として厳密に使い分けられるべき単語が、日常語にあっては、はっきりした区別をしないで使用する場合の例である。

　類義関係をなすペアが、一方が単語であって、他方は単語のむすびつきといった場合もある。「怒る」と「腹を　たてる」、「ほこらしい」と「鼻が　たかい」のペアでは、前者が単語であるのに対して、後者は慣用句として、単語のむすびつきが固定的である。

4.3 階層性　単語（A）⊃　単語（B）・単語（C）・単語（D）、（C）、（D）……

　ある単語（A）の意味が別の単語（B）、（C）、（D）などの意味を含んでしまうとき、単語（A）は単語（B）（C）（D）などの上位語であり、単語（B）、（C）、（D）は単語（A）の下位語であるという。単語（B）と単語（C）と単語（D）は同じレベルにならぶもので、この関係は同位語という。この含む（上位語）と含まれる（下位語）という単語間の関係には、以下のような異なるタイプがある。

（a）類　⊃　種

　　　花　⊃　アカシア・りんどう・ばら・菊・……

　　　はきもの　⊃　靴・サンダル・げた・スリッパ・……

　　　鳥　⊃　はと・つばめ・すずめ・ひばり・……

（b）全体　⊃　部分

　　　からだ　⊃　頭・顔・首・胸・腹・胴・……

　　　顔　⊃　目・鼻・口・耳・……

　　　自転車　⊃　ハンドル・サドル・荷物台・タイヤ・チェーン・……

（c）集合体　⊃　構成要素

　　　家族　⊃　父・母・兄・姉・……

　　　会社　⊃　社長・部長・課長・……

　　　交通機関　⊃　電車・バス・タクシー・……

　以上の（a）（b）（c）は、いずれも広義の上位語と下位語の関係をなすと思われるが、その関係は等しくない。

　（a）は、上位語と下位語のあいだに、類概念と種概念の関係にあり、下位語にあたる単語は個体をあらわし、上位語はそれらの総称をあらわしている。文の中で、下位語を上位語におきかえることができる。「すずめ（鳥）が鳴いている。」「すずめ（鳥）をつかまえた。」のように。

　（b）の上位語と下位語のあいだには、全体とその部分をあらわす関係で、部分は全体のなかに所属する。上位語が個体をあらわすとき、下位語はその上位語に依存する。一般に、文のなかで相互のおきかえはできない。

第1章　意味の体系　　**129**

（c）の上位語と下位語のあいだには、上位語にあたるものが下位語を構成要素とした集合体であるという関係がなりたつ。下位語にあたるものは個体である。

4.4　対義性（両極性）単語（X）⊃　単語（A）：単語（B）

単語（A）と単語（B）とは、共通の意味領域にあって、ある意味特徴が相互にむかいあっている関係の閉じた対立関係をなすペアで、両者は対義語の関係にある。単語（A）と単語（B）は同位語であり、単語（X）は上位語になる。単語（X）が単語として存在する場合もあるが、それが存在しないこともある。2つの単語が対義語の関係が成り立つには、両者が同位語であることが条件である。

　　大きさ　⊃　大きい：小さい

　　ひと　⊃　男：女

　　（上下に）移動する：あがる：さがる

両極をしめすペアの中間にいくつかの単語が存在することがある。以下の例がそうである。

　　明るさ　⊃　明るい：薄明るい：薄暗い：暗い

　　（液体の）温度　⊃　熱い：温かい：ぬるい：冷たい

　　成績　⊃　優：良：可：不可

「わたし」と「コーヒー」、「朝」と「眠い」のような単語間には、syntagmatic な関係は成立するが、paradigmatic な関係は成立しない。語彙的な意味における、共通性はなく、そもそも比較の対象にならない。

5.　シソーラス

単語間の意味の範列的な関係にもとづいて配列された語彙表はシソーラスとよばれる。類義関係、対義関係、上位・下位・同位関係が読みとれる語彙表である。そうした語彙表の代表的なものに、『分類語彙表』がある。これは、国立国語研究所がおこなった婦人

130　　II　語彙の体系性をめぐる諸問題

雑誌や総合雑誌の語彙調査などを基礎資料とし、単語の意味の類同
関係にもとづいて配列したものである。この語彙表は、あらかじめ
意味（あるいは概念）の世界を分類し、どの分類項目に個々の単語
を配当してある。著者の林大はこの語彙表のはたす役割として、次
の4点をあげている。

（1）表現辞典、詞藻辞典としての役割。会話や文章作成の際、
　　　より適切な表現を選びとるため。あるいは同一表現の単調
　　　な繰り返しを避けるため。
（2）方言の分布や命名の変遷を知る手がかりとしての役割。あ
　　　る意味項目について、どのような命名が分布し、どのよう
　　　に変遷したかを知るため。
（3）ある個人やある社会の言語体系や言語作品について、表現
　　　上の特色を見る物差しとしての役割。「意味の一覧表」に
　　　よって、表現の過不足や用語の特徴的な集中を知ることが
　　　できる。異なった言語作品や異なった言語体系の間の語彙
　　　対照の尺度となり得て、作品の文体論やそれぞれの言語社
　　　会の精神構造、生活構造を解く手段になる。
（4）日本語の基礎語彙を設定するための基礎データとしての役
　　　割。基本語彙は、生活上のまたは意味上の各分野から、最
　　　も適切な単語を選ぶことによって定められる必要がある。
　　　そのためには語彙の全分野から偏りなく見渡すことが要求
　　　される。なお、類義関係や対義関係がグルーピングされて
　　　いる、このような意味分類体の語彙表は、一般の辞書を作
　　　成するにあたって、語の意味を正確に記述するためにもき
　　　わめて有益である。

　この語彙表の分類は大分類としてまず、品詞論的な分類、すなわ
ち文法的な分類がほどこされている。以下の4つがそれである。

（1）名詞の仲間（体の類）
（2）動詞の仲間（用の類）

（3）形容詞の仲間（相の類）

（4）その他の仲間

（3）には、形容動詞や連体詞、それに副詞のほとんどを含み、（4）には、接続詞、感動詞と陳述副詞などがおさめられている。大分類の各項は相互に連関がたもたれているのが特徴である。（1）名詞の仲間については、以下の5つの分類がある。

① 抽象的関係（人間や自然のあり方のわく組み）

② 人間活動の主体

③ 人間活動―精神および行為

④ 人間活動の生産物

⑤ 自然―自然物および自然現象

（2）動詞の仲間と（3）形容詞の仲間は、以下のいずれかに配当されている。

① 抽象的関係

③ 人間活動

⑤ 自然

この5つの区分をもとに、分類はさらに細分され、全体で798項となっている。そこには品詞をこえた意味の類同関係が考慮されていて、相互に検索することが容易である。たとえば、「変化」という名詞は（1.1501）、「変わる」という動詞は（2.1500）、「高さ」という名詞は（1.192）、「高い」という形容詞は（3.1920）というふうに再分類の数字が共通しているか、きわめて近いようになっている。ただし、この原理はすべての単語にいきわたっているわけではない。

この『分類語彙表』を利用した言語研究は数多くあり、宮島・小沼（1994）によれば、語彙体系・作品の用語調査・文法・方言・日本語史・教育発達・言語情報処理・類語群・意味分類など多岐にわたっている。

西洋では、こうした意味分類体の辞書をシソーラス（thesaurus）とよび、ロジェによる英語の"Roget's Thesaurus"（Thesaurus of English Words and Phrases）がよく知られている。当初は、

Abstract, Relation, Space, Matter, Intellect, Volition, Affection の 6
つのカテゴリーに分かれていたが、今日容易に入手できる改訂版
（第 3 版）では、Physics, Sensation のくわわった 8 分類が大分類で
あり、中間の分類をはさんで、全体で 1040 の項目に細分されてい
る。

6. 二項分類と対義語

　単語の世界には、相反する 2 つの側面を対立させる性質が縦横に
張りめぐらされている。われわれ人間は、われわれをとりまく外的
世界を認識して、その断片を単語化するとき、相互にむかいあった
関係として二者を対立させることがしばしばある。こうした二項対
立は、ことばの構造をささえているもっとも重要な原理の一つと考
えられる。

　対立とは、個々の要素がばらばらに存在しているのではなく、一
方が他方を前提にし、たがいに関係しあうかたちであることを意味
している。つまり、孤立した事実ではなく、構造の原理なのである。
対立項にあっては、一方の項が他方の項を喚起させる。それは、た
とえば、「大きい」は「小さい」なしには存在しないということで
あり、「女」と「男」の関係も「男」なしには「女」も存在しない
し、「男」も「女」なしには存在しないことを意味するわけである。
また、一般に、対立はその対立項を区別する特徴だけでなく、両方
の対立項に共通する特徴をもつことを前提としている。すなわち、
比較の基盤をもつことが対立の条件となる。「机」と「海」とか、
「つぼみ」と「寝る」といった単語間には比較の基盤を認めること
ができず、そもそも対立（少なくとも有意な対立関係）をなさない。
語彙の体系で、二項対立がもっとも顕著にあらわれるのは対義語の
場合である。対義語を構成するペアは、それぞれがもっている意味
特徴の多くを共有し、かつ、なんらかの点で異なるという関係にあ
るところに成立する。たとえば、「父」と「母」には、〈人間〉〈親〉
という意味特徴を共有し、〈性〉の点で対立を示すというように。
単語のもつ意味特徴の共通する部分と相違する部分がそうした緊張

第 1 章　意味の体系　　133

関係をつくっているのである。対象を二分する単語間に（「男」：
「女」、「上」：「下」）。対象の性質をあらわす両極性をもった単語間
に（「大きい」：「小さい」、「かたい」：「やわらかい」、対象の過程を
あらわす空間、時間、状態などの広義の方向性をもった単語間に
（「あがる」：「さがる」、「はじまる」：「おわる」、「ふとる」：「やせ
る」）意味の対立を示す単語のペアが多くみられる。われわれが一
般に反対語と意識しているものである。単語の世界には、このよう
な、ものごとを相反する2つの側面を対立させる原理があちらこち
らに走っている。

6.1 対義語の諸タイプ
対義語には、以下のように、さまざまなタイプがある。

6.1.1 相補関係にもとづく対義語
　男：女　　上：下　　真：偽　　等しい：異なる　　出勤：欠勤
（抽選に）あたる：はずれる　　　既婚：未婚
　相補関係にある二つの単語は、ある条件下で、意味を分割するペ
アである。その条件のもとで、一方が肯定されれば、他方が否定さ
れ、逆に、一方が否定されれば、他方が肯定されるという関係であ
る。対立する単語は、たがいに相手を排除する関係にある。動詞の
ペアでは、この相補関係は肯定と否定の関係と一致する。たとえば、
くじをひけば、その結果は「あたる」か「はずれる」かのいずれか
であり、「あたらない」ことは「はずれる」ことであり、「はずれな
い」ことは「あたる」ことである。相関関係にあるものは、中間的
なものがない。精神活動に属する「賛成（する）」と「反対（す
る）」、「信じる」と「疑う」のような対義語もこのタイプのものと
考えられるが、「賛成」と「反対」のいずれにも属さない「保留」
があり、「信じもしないし、疑いもしない」のように、どちらも否
定できる点で、典型的な相補関係の対義語とはいえない。人間の判
断が関与すると強い相補関係が弱まってしまうのであろうか。

6.1.2 両極性にもとづく対義語

満点：零点　　北極：南極　　最高：最低　　頂上：ふもと

開会：閉会　　入学：卒業　　はじまる：おわる　　老人：赤ん坊

　両極性にもとづく対義語は、ものごとの対極を名づけた単語間に
なりたつものである。それは、相補関係のように対象やことがらを
二分するものではない。連続、不連続にかかわらず、ものごとの両
極に位置する部分に名づけられた単語間の対立である。空間上の両
極（「北極」：「南極」、「頂上」：「ふもと」）、時間上の両極（「はじま
る」：「おわる」、「入学」：「卒業」）、数量の両極（「満点」：「零点」、
「最大」：「最低」）といったふうに、さまざまな尺度にもとづく両極
がありうる。そこには、言語化されているかどうかはともかくとし
て、中間に位置するものがある。中間が存在することによって、相
補関係にもとづく対義語と区別される。

6.1.3 程度性をもつ対義語

大きい：小さい　　広い：狭い　　重い：軽い　　早い：遅い

暑い：寒い　　綺麗な：きたない　　安全な：危険な　　ぬれ

た：かわいた　　ふとった：やせた

　程度性をもった対義語のペアは、空間量、重量、速度といったも
のごとの属性をあらわしていて、多くは形容詞である。対義語を構
成する単語間には程度性があって、「とても」「非常に」「すこし」
などの属性の程度や、「もっと」「ずっと」など属性の比較を特徴づ
ける副詞類共起する。対立する2つの単語の示す意味は相対的であ
る。たとえば、「大きい」と「小さい」の中間点を絶対的にさだめ
ることはできず、中間をあらわす単語も多くの場合存在しない。相
補関係と違って、一方の否定が他方の肯定を意味しない。「大きく
ない」ことは必ずしも「小さい」を意味しないし、「大きくもなく、
小さくもない」ということがある。程度性をもつ対義語には対立す
る単語が。ある条件のもとで解消するという中和の現象がしばしば
認められる。中和については、後述する。「ぬれた」「ふとった」の
ような変化動詞の一語形も、このグループに入ると考えられる。

第1章　意味の体系　　135

6.1.4　反照関係にもとづく対義語

上り坂：下り坂　　入口：出口　　スタート地点：ゴール地点
貸す：借りる　　売る：買う　　教える：教わる　　授ける：
授かる　　ことづける：ことづかる
言いつける：言いつかる
申しつける：申しつかる

　同一の対象や過程が２つの異なる視点から名づけられることによって、二単語間に成立する対義語のタイプがある。同じ坂道が、視点をかえることによって、「上り坂」とも「下り坂」ともいえるわけである。「入口」「と「出口」、「入場門」と「退場門」にも、同一の対象についていえる場合がある。貸借行為や売買行為について授受関係のどちらに視点をおくかで、同一の行為に２つの名づけが行われていて、対義関係を構成している。「なぐる」と「なぐられる」のような動詞の能動形と受動形の意味することがらの対立は、このタイプの対義性と一致し、「教える」と「教える＝教えられる」、「授ける」と「授かる＝授けられる」という関係がなりたつ。

6.1.5　たがいに相手を前提にした対義語

親：子（ども）夫：妻　　先生：生徒　　医者：患者
師匠：弟子　　加害者：被害者　　本店：支店

「親」は「子（ども）」を前提にして「親」たりうる。逆に、「子（ども）」は「親」を前提にして「子（ども）」たりうる。「先生」は「生徒」に対して「先生」であり、「生徒」は「先生」に対して「生徒」であるという相互に依存しあう関係である。人間や組織体に見られる対義語に限られるのあろうか。

6.1.6　変化に関する対義語

（a）あがる：さがる　　はいる：でる　　つく：はなれる
　　前進：後退
（b）寝る：起きる　　むすぶ：ほどく　　覚える：忘れる
　　生産：破壊　　誕生：死亡

（a）タイプの対義語は、ある空間において、たがいに逆方向に移

136　Ⅱ　語彙の体系性をめぐる諸問題

動する関係にある。つまり、位置の変化がたがいに逆方向なのである。

　一方、（b）タイプの対義語は、状態の変化にかかわるもので、たがいにもとの状態にもどる関係である。

　これらの多くは、相互にもとの状態にまるという可逆的な関係にあるが、「誕生」と「死亡」（あるいは「うまれる」と「死ぬ」）は不可逆的である。

6.1.7　開いた対義語

　われわれは通達活動のなかで、しばしばものごとの2つの側面をとりだして対比させる。そうした対比がくりかえされると、コンテクストから離れて二値性・両極性が引用されることになる。ある対象に、2つのものしかなかったり、2つのものが典型的であったりすると、われわれは両者のあいだに対義性を感じるものらしい。たとえば、部屋のタイプを代表するものは、「和室」と「洋室」である。そこから、この2つの単語に両極性を読みとってしまうという例がそうである。しかし、この「和室」と「洋室」の例は、「男」と「女」に二分するような性質のものではない。「両手」と「片手」、「往復（切符）」と「片道（切符）」のようなペアは、指し示している対象は、全体一部分の関係であるが、そこにも二値性を読みとることができる。「たて」と「よこ」、「原則」と「例外」、「一般」と「特殊」のようなペアをわれわれは好んで対比させるが、これらは、さきにとりあげた対義語のいずれのタイプにも該当しない。しかし、こうした二つの単語に対義性を感じる人は多いであろう。

6.2　対義性のなりたつ条件

　対義語のペアが成立するためには、意味が相互にむかいあっていることを必須の条件とするが、それだけで対義語の条件がみたされるわけではない。単語がもつ文体的特徴や、文法的な特徴の集約である品詞がそろっているというのも閉じた対義語をなりたたせるための重要な条件としてはたらいている。以下に示す各ペアは括弧内に示す文体的な特徴が共通していることによって、はじめて対義語

第1章　意味の体系　　137

のペアとなりうる。「広い」と「狭小な」や「広大な」と「せせこ
ましい」のようなペアは、文体的な特徴を共有しないために指し示
す中核的な意味がむかいあっていても、対義語とはいいにくい。

　　広い　　　　　―　　狭い　　　　　（中立的）

　　広大な　　　　―　　狭小な　　　　（あらたまり）

　　だだっぴろい　―　　せせこましい　（くだけ）

　また、対義語のペアは、「親」と「子」、「大きい」と「小さい」、
「あがる」と「さがる」のように同じ品詞間になりたつのがふつう
である。しかし、日本語の形容詞は数が少なく、生産性にも欠ける
ことから、「健康な：病気の（学生）」や「めずらしい：ありふれた
（現象）」のように、名詞（「病気」）や動詞（「ありふれた」）が形容
詞とペアをつくっている例はけっこう多い。「しらふの：酔っぱ
らった（人）」や「なまの：調理した（肉）」のような対は、名詞と
動詞で静的な属性を特徴づけているものである。

　さらに、対義語のペアは、語種がそろっている方がそうでない場
合よりも、一般に反義性がつよいということができる。「プロ」と
「アマ」、「玄人」と「素人」につよい反義性がなりたち、それらが
交差した「プロ」と「素人」や「玄人」と「アマ」のような組合せ
は反義性がよわまる。ここでも、異なる品詞間の単語に対義氏が生
じたように、同じ語種の対立項がなんらかの理由で欠けていると、
「ただ」と「有料（これには、語種が共通する「無料」も存在する）
のように、いくらか反義性がつよまることもある。

　これらのほかにも、対義語を成立させる条件として、以下のよう
なことがあげられる。

（１）一次元の尺度で対立している場合に、もっとも典型的な対
　　　義関係を認めることができる。「多い」と「少ない」は数量
　　　の違いにおいてのみ対立しているのに対して、「ありふれ
　　　た」と「珍しい」は、数の多少とあわせて、価値があるか
　　　否かとい評価性の点でも対立している。後者は前者よりも
　　　反義性がよわい。

（２）反義関係が当該の対立にあって、いいつくされているもの

は、そうでないものよりも反義性がつよい。「男」という単語は「女」としか反義性をもたない。しかし、「父」は〈性〉の次元で「母」と対立し、〈世代〉の次元で「息子」と対立する。つまり、「父」という単語は、対義関係をつくる要素として、少なくとも2つの次元で対立項になっている。こうした場合、その対立以外に成立しにくいペアのほうが、他の太刀率が成立しうるものよりも反義性がつよいといえる。

（3）文脈を必要としない対義関係は、それを必要とする対立よりも反義性がつよい。典型的な対義語は単語同士で反義性をもち、文脈のたすけを必要としないが、以下のようなペアは、コンテクストに依存していて、単語間では反義性がみいだしにくい。

　　落語は好きだが、漫才は嫌いだ。（「落語」と「漫才」）

　　見ると聞くでは大きな違いがある。（「見る」と「聞く」）

（4）ペアをなす単語が組合さって、複合語をつくるものは、反義性がつよい。日本語には、対義関係にある単語がむすびつき、合成語をつくるという特徴がある。「あがりおり」「のぼりおり」「のぼりくだり」は、反義対の結合による複合語である。しかし、「*あがりくだり」「*のぼりさがり」のような複合語は存在しない。ここのは、要素間の反義性が存在しないことを意味する。ほかにも、動詞による「寝起き」「はやりすたり」「あたりはずれ」「満ち干き」「勝ち負け」「生き死に」「送り迎え」などや、名詞による「みぎひだり」「おもてうら」「親子」などがある。形容詞にも「多い少ない」「大きい小さい」などと重ねてもちいることもある。味については、「あまから」は可能であるが、「*あまにが」「*あましぶ」は存在しない。「あまい」と「からい」の太刀率が他のものよりも対立の中心なのであろう。

　以上のほかにも、反義性をつよめる要素として、対義関係を成立させる単語間の語形上の共通性にもとづくものがあるが、これにつ

第1章　意味の体系　139

いては、次の節で触れることにする。

6.3　対義語と有標性

　対義関係をつくる単語間に形式面での共通性がないものも多くみられる（「親」と「子」、「大きい」と「小さい」のように）。一方で、対義語として対立するペアに、語形上になんらかの共通性をみとめられるものも少なからずある（「むすこ」と「むすめ」、「輸入」と「輸出」、「心配」と「安心」のように）。むかいあう単語に、しばしば形式面で共通した要素をもたせている。これらのなかには、「親切な」と「不親切な」の例のように、一方が他方からの派生形であるものもある。近代日本語のなかには、漢語系の広義の否定を意味する「不-」「非-」「無-」「未-」などの接頭辞が対義語の一方の項として有効に使用されている。これらの形式は相反する意味の単語つくりとして、今日の語彙の体系化に役立っているといえよう。もっとも、「慈悲深い」の対立項が「＊慈悲浅い」ではなく、「無慈悲な」であったり、「無礼な」と対をなすのは「礼儀正しい」であったりするというようなケースもないわけではない。「合格」と「落第」のように、形式面での共通部分をもたない対義語が不透明で無契であるとするなら、「合格」と「不合格」のような共通部分をもつものは透明で有契であるとみることができる。「合格」と「不合格」のような対義語は、派生形が有標で基本形が無標である。対立する一方の項が無標であるのに対して、他方が有標であるとき、そこに形式面での非対称の関係が成立している。英語の independence は dependence からの派生語であることは明らかであるが、これらを意味する日本語の「独立」に対する「依存（もしくは、従属）」は不透明で無契である。英語の動詞には、appear（あらわれる）：disappear（消える）、lock（鍵をかける）：unlock（鍵をあける）、load（積む）：unload（おろす）のように、対をなす、一方が他方からの派生形である対義語が多くみとめられる。

6.4　対義語の非対称性

　語彙体系のなかにあって、あるところに単語が欠けているという

現象もしばしばみられる。平安時代の日本語には、「たかし」に対する「ひくし」という形容詞が存在せず、「たかからず」（もしくは「みじかし」）を用いたという（田中章夫（1987））フランス語の「深い」を意味する profond の対立語が欠けていて、peu profond（深さが少ない）を使うという。今日の日本語でも、「若い」に対立する単語がないので、「年とった」「ふけた」で代用したり、「わかくない」という否定形を使ったりする。

　相互に意味がむかいあう単語の形容詞と動詞の派生関係に、以下のような並行関係が成立しない場合がある。

　　　あたらしい：ふるい　　　（あたらしがる：＊ふるがる）

　　　　　　　　　　　　　　　（まあたらしい：＊まふるい）

　　　あたたかい：すずしい　　（あたたまる：＊すずまる）

　あたらしい単語がうまれるには、それなりの必要があってのことであろう。対称と非対称のあり方は、偶然の結果かもしれないし、言語の使用者のなないかが反映するものであるのかもしれない。

　「あたたまる」があって、「すずまる」はない。しかし、同じような意味をもつ「あたたかく　なる」に対する「すずしく　なる」という分析的なかたちはどちらも可能である。このような現象は、ほかにもありうる。「大きな　地震」「小さな　地震」のように句の形式では、どちらも可能であるが、これらをコンパクトにした「大地震」はいえるが、「＊小地震」はいえない。同じように、「大騒ぎ」「大喧嘩」はいうが、「＊小騒ぎ」「＊小喧嘩」はいわない。しかし、トラブルとしては、類似した意味をもつ「せりあい」については、「小ぜりあい」がいえて、「＊大ぜりあい」がいえない。「喧嘩」や「騒ぎ」は、大なる方向にベクトルがむいているのに対して、「せりあい」は、小なる方向にベクトルがむいているのであろうか。「大雨」と「小雨」、「大波」と「小波」、「大皿」と「小皿」のように対称的な合成語もある。漢語系の「ダイ－」と「ショウ－」についても同様のことが指摘できる。「大規模」と「小規模」、「大家族」と「小家族」は対称的であるのに、「大嫌い」はあるのに「＊小嫌い」はなく、「大繁盛」はあるのに、「？小繁盛」はいいにくいといった非対称の現象がみられる。ある特徴をつよめる表現はよくあらわれ

るのに、それをよわめるいい方は普通でないといった傾向が一般に
指摘できる。つまり、強調表現は緩和表現より一般的であるとおも
われる。しかし、このことは形式をこえて一般化するには無理があ
る。

「高-」「低-」を前置させた合成語に、「高脂肪」:「低脂肪」、「高
周波」:「低周波」のような対立関係を示すものもあれば、「高性能」
に対する「？低性能」、「高品質」に対する「？低品質」はふつうい
わないのではないか。また、「低価格」や「低コスト」はよく使われ
るの対して、「高価格」や「高コスト」はあまり使われないよう
におもう。このような合成語の非対称性は、われわれの経験に即し
て、単語ができていることを示す好例である。「品質が　高い／低
い」というような句のレベルでは、いずれの表現も可能なのに、合
成語になると一方はふつうに用いられるのに対して、他方は定着し
ていないことがある。性能や品質については、もっぱらプラスの方
向に関心がむけられた結果であろう。また、価格やコストについて
は、逆に低くおさえる方向に関心がよせられ、その反対は好ましく
ないので、合成語として定着しにくいのである。そうした結果、合
成語に非対称のすがたがあらわれるのである。

以下に示す例は、ある属性をもった人間をあらわす単語であるが、
性を区別しない単語と女性を特徴づける単語があるのに、それと対
になる男性を特徴づける単語が存在しない例である。

　　　老人：老女（＊老男）帝：女帝（＊男帝）親分：女親分（＊男
　　　　親分）
　　　生徒：女生徒（＊男生徒）（ただし、女子学生：男子学生）
　　　　傑物：女傑（＊男傑）
　　　神：女神（＊男神）警官：婦人警官／婦警（男性警官）悪人：
　　　　悪女（＊悪男）医師：女医（＊男医）

いくつかの対義語のペアが、言語活動のなかで、どのように用い
られているかを、国立国語研究所で調査した語彙調査の結果でみて
みよう。表の「雑90」は雑誌90種類、「中教科」は中学教科書
（社会・理科）、「高教科」は高校教科書（社会・理科）のことであ
る。

表でわかることは、「大きい」と「小さい」、「長い」と「短い」、「深い」と「浅い」、「多い」と「少ない」などの対義語では、次元や数量などの程度の大なることを示す単語のほうがその対立項よりも多く使われていることである。対義関係をなすペアが、同じくらい使用されるのではなく、一方に偏っているのである。これはあとでふれる中和の現象とも関係があるのであろう。

　「古い」と「新しい」の対立は、あるものが生じてから、時間がより経過している「古い」のほうが、時間が経過していない「新しい」より程度の上で積極面をもっている。しかし、表にみるように「新しい」の使用は「古い」より、どの調査資料においてもまさっている。これはなぜか。われわれは、一般に、新しいものに価値を見いだし、それをありがたがる傾向があり、その結果として、「古い」よりは「新しい」をより多く使っているのであろう。「太い」と「細い」、「遠い」と「近い」の対立関係では、前者が程度の点で積極面をもっている。それにもかかわらず、実際の使用では、後者が前者にまさっている。われわれが、「太い」ことよりも「細い」ことに、また「遠い」ことよりも「近い」ことに、価値を認めたり、注意をそそいだりいていることが多い結果であるといえよう。現実の客観世界にあるものごとが人間の意識にのぼるとき、われわれの目的や希望などに応じて単語を選んでいることの反映なのであろう。

第1章　意味の体系　　143

	雑90種	中教科	高教科
大きい	0.939	4.963	2.342
小さい	0.363	0.698	0.458
長い	0.383	0.964	1.576
短い	0.094	0.121	0.118
高い	0.395	2.003	1.289
低い	0.135	0.478	0.405
安い	0.345	0.630	0.364
深い	0.317	0.486	0.459
浅い	0.030	0.046	0.065
多い	0.994	3.104	1.576
少ない	0.374	0.962	0.424
新しい	0.406	1.153	0.726
古い	0.194	0.212	0.159
太い	0.041	0.068	0.044
細い	0.114	0.152	0.056
遠い	0.187	0.228	0.044
近い	0.251	0.516	0.274

6.5　対立の融合と中和

6.5.1　対立の融合

単語間の意味上の対立で、しばしば次のようなことがおこる。

「（帽子を）かぶる」
「（セーターを）着る」〕「（帽子を／セーターを／ズボンを）ぬぐ」
「（ズボンを）はく」

「（雨が）ふる」
〕（雨が／風が）やむ
「（風が）ふく」

　衣類を身につけるときには、対象や身につける部位（頭・上半身・下半身）によって「かぶる」「きる」「はく」という単語をつかいわけるのに、反対の身体から離す場合には、「ぬぐ」という1つの単語で言いあらわすことができる。同様に、「雨」や「風」といった自然現象が生じるときには、「雨」の場合は「ふる」を、

「風」の場合は「ふく」と使い分けるのに、それらの現象が消える
ときには、「やむ」とい同じ単語で言いあらわす。このように意味
分野の一部で対立があるのに、これに対応する分野で対立がみられ
ないといった現象がみられ、これを融合（とけあい）とよぶ。融合
にはさまざまなタイプがある。上位語と下位語のあいだに成立する
関係は、その１つである。「人」は、その下位語にあたる「男」と
「女」（性による対立）、「大人」と「子供」（世代による対立）が融
合した関係にある。また、「なおす」は「修理する」「修繕する」
「治療する」などの、「分ける」は「分類する」「分解する」「分離す
る」「分割する」「区分する」などの融合した単語ということができ
る。

　融合は、上位語と下位語とのあいだだけでなく、さきに例示した
ように、共通の意味分野の一部で対立があるのに、他の分野では対
立がないという場合にも認めることができる。ものをあらわす名詞
の例に以下のようなものがある。

　　　祖父／祖母　：　孫

　　　稲／めし（ごはん）　：　麦・豆

　二世代上の親族を「祖父」「祖母」と性によって区別するのに対
して、二世代下の親族をあらわす「孫」は性に関与しない単語であ
る。「甥」と「姪」は性を区別した単語であるが、「いとこ」「はと
こ」は性を区別しない単語で、性に関して融合している。植物とし
ての「稲」と食物としての「めし（ごはん）」の対立は「麦」や
「豆」には存在しない。「麦」や「豆」は植物・食物のどちらの場合
にも同じ単語が用いられる。（「稲（＊めし）／麦／まめを　そだて
る」）、「めし（＊稲）／麦／豆を　食べる」）

　運動をあらわす動詞の場合には、出現や生産にかかわるは、対象
や出現のあらわれ方によっていくつかの単語があるのに対して、そ
れと対になる消滅の場合には、それが解消してしまうという傾向が
ある。自然現象の「（雨が）ふる」「（風が）ふく」「（雷が）なる」
に対する「やむ」の例がそれであり、「（人が）あらわれる」「（泡
が）たつ」「（電灯が）つく」に対する「消える」もそうである。
「（家を）たてる」「（やぐらを）くむ」「（仏像を）ほる」に対する

第1章　意味の体系　145

「こわす」の例は、出現と消滅の関係である。着衣と脱衣の非対称性も、新しい状態を出現させている着衣の場合に使い分けをし、それがなくなる場合には、その使い分けをしない。「かぶる」「きる」「はく」を中心的な着衣動作の周辺に位置するものにも同様の融合の現象がみられる。

　　　（ベルトを）しめる／（手袋を）はめる／（眼鏡を）かける／
　　　（ブローチを）つける／（ヘアピンを）とめる：はずす／とる

　また、挨拶による出会いと別れの場合にも非対称の現象がみられる。

　　　おはよう（朝）／こんにちわ（昼）／こんばんわ（夜）：さよ
　　　うなら（朝／昼／夜）

　すなわち、出会いでは、その時間帯によって「おはよう」「こんにちわ」「こんばんわ」を言いわけるのに、別れでは時間帯に関係なく、「さようなら」「バイバイ」「失礼します」を使う。

　新しい事態の出現はそれが消滅するより、われわれ人間にとって、より関心があり、重要であるから、その結果として単語を分化させたのであろう。身につける行為は、その逆の行為よりも積極面をもっていると考えられる。

　一つの単語が、方向・離脱・授受の関係において、両義的に用いられることがある。「まいる」は、以下の例にみられるように、それぞれ逆の方向を意味する。

　　　「わたしがそちらにまいります。」
　　　「弟がこちらにまいります。」

　最初の例では、「行く」に相当し、あとの例では、「来る」に相当する。「本を手にとる」の「とる」は近づける意味であるのに対して、「帽子をとる」は遠ざけるの意味である。「出されたものを懐におさめる」の「おさめる」は近づける意味であるのに対して、「税金をおさめる」の「おさめる」は遠ざけるの意味である。ちなみに、中国語では、このようなタイプの単語が数多くあり、「給」は「やる／もらう／くれる」の意味になるし、「看病」は、医者が患者をみる場合にも、患者が医者にみてもらう場合にも使える。「上課」「考試」は授業や試験をおこなう立場からも、それらをうける立場

146　　Ⅱ　語彙の体系性をめぐる諸問題

からも使える。

6.5.2 対立の中和

単語の対立が、一定の条件のもとでなくなることがある。次の2つの文で、「広い」の意味は等しくない。

「広い部屋にしましょうか。それとも、狭い部屋にしましょうか。」

「その部屋はどのくらい広いんですか。」

前者の「広い」は「狭い」と対立するものであるが、後者の「広い」はそうした対立関係をもたない用法である。このように、対立関係が一定の条件のもとでなくなること、ある文脈や環境において対立が無効になることを中和という（コセリウ（1979）、宮島達夫（1977））。ものごとの性質や状態をあらわす属性形容詞の一方が「その部屋はどのくら広いんですか」の用法のように、中立的に用いられることがある。「部屋の広さ」という場合の「広さ」も、「広い」と「狭い」の対立を解消させた中立的な意味で使われている。「大きさ」「長さ」「厚さ」「重さ」といった単語は、「大きい：小さい」、「長い：短い」、「厚い：薄い」、「重い：軽い」といった反義関係をなす両単語の中和したものとして、上位語の位置をしめる。ちなみに、「小ささ」「短さ」「薄さ」「軽さ」といった単語の使用はきわめてまれである。たとえば、ノートパソコンの広告での「薄さ3センチ、軽さ2キロ」といった場合の用いられ方である。そこでは、パソコンの薄いこと、軽いことが強調されているのである。なお、「うれしい」と「悲しい」、「ほこらしい」と「恥ずかしい」のような感情形容詞には、このような中和はおこらない。「大きい」と「小さい」のようなペアは、同じ方向の程度性において対立しているのに対して（「小さい」といっても、一定の大きさはある）、「うれしい」と「悲しい」は、逆の方向の対立関係とは異質である（「うれしい」⇔「悲しい」）。

次の2つの文で、「動物」の意味するところは異なる。

「この島には、人間はいないが、動物は住んでいる。」

「この星には、動物も植物も存在しない。」

前者の「動物」は「人間」と同列にならぶものであるが、後者の「動物」は「人間」をふくむ用法である。つまり、前者は「動物」と「人間」は同位語の関係であり、後者の「動物」は「人間」の上位語である。

　　　　（動物：人間）　＝　　動物

　中和は、全体と部分をなす２つの単語間にもおこる。たとえば、「ご飯」と「おかず」はその例である。

　　　　「おかずばかり食べて、ご飯は残してしまった。」

　　　　「そろそろご飯にしましょうか。」

　前者の「ご飯」は「おかず」とならぶ用法で、たがいに排除する関係であるが、後者の「ご飯」は「おかず」をもとりこむものである。

　　　　（ご飯：おかず）　＝　　ご飯

　「名前」と「苗字」も同じような例である。

　　　　「苗字（姓）はわかるんだけど、名前がおもいだせない。」

　　　　「ここに住所と名前を記入してください。」

　前者の「名前」は姓名の姓をのぞいた個人名に限定されるのに対して、後者の「名前」は姓名全体を意味していると考えられる。

　　　　（名前：苗字（姓））　＝　　名前

　「兄弟」と「姉妹」のように、男性と女性を区別する単語のうち、一方が性を区別せず、全体を意味することもある。

　　　　「彼には、兄弟ふたりと姉妹が３人います。」

　　　　「あなたは、ご兄弟がおありですか。」

　前者の「兄弟」は男性に限られるが、後者の「兄弟」は性の限定がない用法である。

　中和は、新しい単語の出現によって、古くからあった単語とのあいだに同位の関係をもつ場合と、もともとあった単語がそのような対立をこえた上位語にあたる全体をあらわす場合にしばしばおこる。

　　　　「お茶がいいですか、それともコーヒーがいいですか。

　　　　「ちょっとお茶でも飲みましょう。」

　前者の「お茶」は「コーヒー」とならぶ「日本茶」（もしくは紅茶）をさすが、後者の「お茶」は「日本茶」に限定されず、広い意

味で用いられている。これと同じような例に以下のものがある。

　　酒：ビール・ワイン　　そば：中華そば　　着物：（洋）服
　　靴下：ストッキング　　漫画：アニメーション　　旅館：ホ
　　テル　　　てぬぐい：タオル

　新しいものが定着すると、逆転して、新しい単語が上位語になる
こともある。「旅館」と「ホテル」の対立は、和風と洋風などの特
徴による住み分けがあるものの、一時的に宿泊するところという共
通する意味で使用するとき、「旅館」を使うか「ホテル」を使うか
は人によってゆれがあるように思われる。今日では「ホテル」の方
が優勢であろうか（たとえば、「今夜のホテル（＝泊まるところ）
はもう予約してある。」）

　上位語に位置していた単語が、ある条件のもとで、下位語になる
というケースもある。

　　「あしたのお天気はどうかしら？」
　　「あすはお天気だといいけど。」

　前者の例は、気象一般を意味し、「晴れ」「くもり」「雨」などの
上位語にあたるが、後者の例は、「よい天気（＝晴れ）」をあらわし
ていて、「くもり」や「雨」とならぶ用法である。「運」や「熱」は
中立的な意味で、使われることが普通であるが、「運がある」「熱が
ある」の場合は、「幸運」「高熱」の意味になる。同様に、「名があ
る」は有名であること、「体がある」は普通以上の体といった限定
がくわえられることになる。「わたしのタイプ」「（もう）年だ」
「（自分の）相撲がとれる」といった言い方にもなんらかの限定がく
わわり、意味がせばめられている。

　中和は、ある場合には他の単語と区別され対立するが、別の場合
にはその区別をうしない、対立を解消させるという言語の柔軟性を
つくりだしている。文脈や場面によって、広い対象をさしたり、狭
い対象をさしたりできるという単語の意味のしなやかな側面にかか
わっているのである。これは、言語の欠陥ではなく、むしろ、言語
のゆたかさとしなやかさをそなえた経済性のあらわれとみとめられ
る。中和がおこる条件があって、その条件のもとで、限られた単語
で混乱が生じないように多様でゆたかな表現力を発揮しているので

第1章　意味の体系　　149

ある。

参考文献

コセリウ著、下宮忠雄訳（1979）『一般言語学入門』三修社

田中章夫（1987）「対義語の構造」『日本語学』6-6 明治書院

林大（1964）『分類語彙表（国立国語研究所資料集6)』秀英出版

宮島達夫（1977）「語彙の体系」『岩波講座日本語9語彙と意味』岩波書店

宮島達夫・小沼悦（1994）「言語研究におけるシソーラスの利用」宮島達夫編
　　『語彙論研究』むぎ書房

村木新次郎（1987）「対義語の輪郭と条件」『日本語学』6-6 明治書院

村木新次郎（1989）「語彙の体系」森田良行ほか編『ケーススタディ　日本語
　　の語彙』おうふう

村木新次郎（1991）「単語の意味の体系性」『国文学　解釈と鑑賞』56-1 至文
　　堂

第2章

語彙研究のために

　語彙の研究がさかんになりつつある。本稿では、語彙をとりあげるときに問題となる基本的なことがらを3点えらび、それについて簡単にふれたい。

1. ふたつの接近—命名論と意味論—

　語彙論でわれわれが単語の意味を問題にするとき、つぎのふたつの接近がある。ひとつはわれわれをとりまいている外的世界を、言語的な単位である単語として、どのようにとらえているかという接近であり、他のひとつは、個々の単語がどのような意味をもつかという接近である。前者は、対象が単語を通してどのようにきりとられ、またどのように分類されるかという名づけ（命名）の問題をあつかい、後者は、単語があらわせるものに共通している一般的な特徴（意味）はなにかという問題をあつかうことになる。前者を命名論、後者を意味論とよんで、区別することができる。たとえば、灰皿には、材質の面からみると、ガラスでできているもの、金属製のもの、木製のものなどがありうるし、形からみると、四角いものや丸いものなどさまざまなものがありうる。そうした現実の対象が「灰皿」という単語とむすびついていることは命名論であつかう。一方、「灰皿」という単語には、材質や形はちがっていても、〈タバコの灰や吸い殻を入れるための器〉という共通した特徴がある。単語の意味というのは、その単語があらわせるものに共通している一般的な特徴のことである。単語の意味論は、現実そのものではなくて、このような、単語があらわしている一般的な性質を問題にする。単語をめぐる議論において、命名論のたちばと意味論のたちばのちがいをあきらかにしておく必要がある。命名論と意味論は、現実に

は、しばしばしば混同される。

　命名論の基礎は、現実のものごとと単語との関係を把握することである。命名論のたちばから語彙論の歴史をながめると、それは、とりわけ人間に関わるものごとの歴史との関連がふかく、その言語がはなされている社会の文化とかさなりあうであろう。ある言語集団が過去において対象世界をどのようにきりとっていたかは、その時代の語彙体系をしらべることによって、ある程度、把握することができよう。たとえば、「へび」を「ナガムシ」とよんで、「むし」のなかまとしてとらえていたことや「くじら」が「鯨」と魚偏の文字であったり、ドイツ語で、Walfisch と fisch（さかな）をふくんだ合成語であることから、さかなのグループととらえていたらしいことなどがみてとれる。しかし、歴史のながれのなかで、その社会の文化の変化や科学の発達に応じて、語彙の体系を変えていくことはあるだろう。古代の日本語をみるとき、そこには現代語のなかではおとろえてしまった多くの呪術に関係した単語、神仏・祭事・精霊に関わる単語をみいだすことができる。それぞれの社会がもつ文化の特色や科学の発達は、それぞれの社会で話されている言語の語彙に反映されるであろう。

　しかしながら、現実のあるものごとは、単語とのあいだに直接的に、機械的な対応をしめすものではなく、その言語の使い手がどのようなものに関心をいだき、生活をいとなむうえでなにを必要としているか、どのようなものに価値をみとめているか、といったことがらにもとづいて、単語ができたとみるべきであろう。ことばは、人間に帰属し、人間の関心や必要としていることや価値観などがことばに反映していると考えられるのである。そのような、人間の関心、必要、価値観などによるバイアスのかかった形で単語ができているとのであろう。たとえば、日本語の親族名称における、自分よりも年長である人には、言及するための単語と呼びかけのための単語があるのに、（たとえば、父：おとうさん、姉：おねえさん）、自分より年少者には、言及する単語しかなかったり（むすこ：φ、弟：φ）、年長者には、同一の対象をさししめす単語が多くあるのに（父・おとうさん・パパ・おやじ、…）、年初者には相対的にすくな

いといったことは、日本人は長幼のちがいを意識し、さらに、年長者に価値をみとめるという意識が語彙に反映していると理解することができよう。語彙は、議論の余地はあるとしても、その言語の使い手のおかれている自然環境、その社会のもつ文化、人々の思考様式といったものと、ある程度、相関しているはずである。ある言語の語彙が、外界をどのようにきりとるかという、そのきりとり方には、言語によってかたよりがあるにちがいない。個々の言語において、とくに多くの語彙が存在する領域を「文化的重点領域」とよぶことがある。

　単語の意味をあつかう意味論は、ある単語が、語彙体系のなかでどのような意味をもつかということと、ある特定の文脈や場面のもとで、どのような意味をもつかということの2点を問題にする。そして、その意味は、どのような特徴で他の単語と一致したり、どのような特徴で他の単語と区別されるかということをあきらかにするだろう。単語の意味は孤立して存在しているのではなく、となりあったり（類義語の場合）、むかいあったり（対義語の場合）して、また、相互にふくむ（上位語）ふくまれる（下位語）の関係を成立させたりして、グループをつくっているものである。意味論は、語彙を構成する要素の共時的な語彙体系をあきらかにするものである。あわせて、語彙を構成する要素の変化がどのような要因によって、また、どのような条件のもとでおこるのかということをあきらかにするものである。

　最近の語彙論は、文法論への接近がみられ、個々の単語がもつ文法的な特性に関心がよせられている。たとえば、動詞の結合能力にもとづくグループ分けやアスペクトによる分類などの研究が進められ、意味分類体の辞書に、そうした文法上の情報がとりこまれるようになっている。さらに、テキスト理論への接近もとなえられ、場面や事態の認識とテキストにあらわれる語彙との関連についても研究がおよんできている。

　意味論も、結局のところ、テキストのまとまりに目がむけられ、テキスト内での単語間の意味的な関係がとられることになる。ひとつづきのテキストのなかでは、意味的な結束性（一貫性）がはたら

いているはずであり、そのようなテキスト内の結束性は、語彙体系
の意味的関係が位置づけられることになろう（たとえば、「レスト
ラン」「メニュー」「料理」「注文する」「食べる」や、それに類する
一連の単語は、ある場面や文脈でセットをなす）。

2. 語彙の体系性

　語彙の体系は、音韻や文法の体系にくらべて、はるかに複雑であ
り、それは開いた体系であるということができる。語彙は単なる単
語のよせあつめではなく、たがいに関係をもった一定の体系である。
語彙を構成する要素が、形式のうえで、機能のうえで、意味のうえ
で、たがいにはりあっている動的な体系である。

　語彙を構成する要素である単語は、形式を通して、あるいは、意
味を通して、他の単語と関係づけられている。発生的に同じ起源を
もつ複数の単語は、たとえば、高い・高まる・高める・高さ・
高々・……、広い・広がる・広める・広さ・広々・開く・開ける・
……のような単語族をつくっている。こうした語群にも、表でみる
ように、さまざまな派生形をつくるうえで、体系的な部分と、そう
でない部分とが混ざってあらわれる。語根を共有し、形容（-い）、
名詞（-さ）、自動詞（-まる）、他動詞（-める）といった派生語を
うみだす様相は、単語ごとにまちまちである。

	-い	-さ	-まる	-める	-な	-々
たか-	+	+	+	+	−	+
ひく-	+	（+）	−	−	−	−
ふか-	+	+	+	+	−	+
あさ-	+	（+）	−	−	−	−
かた-	+	+	+	+	−	−
やわらか-	+	+	−	−	+	−
つよ-	+	+	+	+	−	−
よわ-	+	+	+	+	−	−
あたたか-	+	+	（-か）+	（-か）+	+	−
すずし-	+	+	−	−	−	−

語彙素間の意味の対立にも、いくつかの語彙素間に並行してみられる、より一般的なものもある。たとえば、以下のような形容詞の意味の対立は、右の単語がマイナスの評価をともなっているのに対して、左の単語は評価に対して中立的である。評価をめぐって、対立関係が並行している。あわせて、右の単語は、文体的に俗語の特徴をおびている。

　　　　長い：長ったらしい　　　狭い：狭くるしい

　　　　広い：だだっぴろい　　　古い：古くさい

　語彙は、また意味的な構造のなかにあっては、人間をとりまいている現実の対象や現象、さらに人間の意識といったものを反映しているものである。たとえば、授受動詞の意味の体系が言語によって異なるのは、現実のうつしとりのあり方がちがうからである。語彙のなかの意味的な関係は、われわれの認識を通してだけではなく、コミュニケーションを通しても形づけられていることがある。単語の使われる文脈と場面の条件によって、特殊な意味がうまれる。たとえば、次の例の下線部の単語は、文脈からきりはなされると、その意味はとりだしにくい。

　　　……二時間ほど運動しただけで、足腰がいたくなるなんて、もう年だね。……

　　　……彼は私のタイプじゃないの。私のタイプは、ちょっと悪ぶった男なの。……

　上のテキストにあらわれた「年」は、単なる年齢の意味ではなく、〈からだのおとろえを感じさせる、相当な年齢〉のことであり、「タイプ」は中立的な型の意味ではなく、〈好みのタイプ〉のことである。「年」や「タイプ」がこのような意味になるのは、文脈にささえられてのことである。われわれの意識にある対象的な現実の語彙への反映は、しばしば現実そのものではなくて、目的に応じて変形し、実践に合ったような形でおこる。現実世界にあるものがわれわれ人間の意識にのぼるとき、われわれの経験にもとづいたような形で、また、コミュニケーションの目的に応じた形で生じてくる。語彙体系の一般化には、ものごとをどのように認識するかという問題とわれわれがどのようにコミュニケーションをするかという問題が

第2章　語彙研究のために　155

ふかくかかわっているのである。

3. 語彙の単位

　語彙を構成する単位は、言うまでもなく単語である。しかし、単語を過不足なく定義することは困難である。単語は、意味と形式とのかたい統一体として、われわれにあたえられているものである。われわれがコミュニケーションにおいて新しい文をつくりだすときに、その文を構成する要素として、すでに用意されている安定した要素である。単語は、個人的には、われわれの脳にたくわえられたものであり、社会的にはあたえられたものとして、すでに存在する、言語のもっとも基本的な単位であるということができる。それに対して、単語をくみあわせてできる句や文は、あたえられた単位ではない。句や文は、単語を材料としてその都度、話し手や書き手の責任のもとで、創造されるものである。単語は、辞書や語彙表のような形でリストアップすることができるが、句や文は、そのすべてをリストアップすることができない。文の数は無限で、一定の数に収束する性格のものではない。形態素は、単語を構成する要素、もしくは単語の文法的な形式である語形を構成する要素であり、単語に従属する単位である。「うめ（梅）」と「うめぼし」の「うめ―」とはホモニム（同音形式）ではあるけれども、前者は単語で、後者は単語ではないというレベルのちがいがある。伝統的な国語学では、単語と形態素とのレベルのちがいに、あまり注意がはらわれてこなかったようにおもわれる。両者を区別しないで、どちらも単語あつかいをしていることが多い。

　単語のなかには、語彙的な意味をもった単語ともっぱら文法的なはたらきをしめす単語があるように、形態素にも、語彙的な要素と文法的な要素がある。「おいしい」「りんご」「たべる」などは語彙的意味をもった単語であることは言うまでもないが、形式名詞の「こと」や補助動詞の「（たべて）いる」は、文法的な単語といえよう。形態素のなかでは、「民主-」「国際-」やものを数えるときの形式「-枚」「-匹」などは語彙的意味をもった形態素であるのに対し

156　　II　語彙の体系性をめぐる諸問題

て、「(高)－さ」「(茶色)－い」「(一般)－的」などは語彙的な意味は希薄で文法的な形態素とよぶことができよう。もっとも、語彙的な性質と文法的な性質を厳密に区別するのは困難であるけれども。単語と形態素の関係も連続的で、たとえば、「(大きい)の」「らしい」「みたい」「です」「だ」といった形式は両者の中間に位置づけられ、半単語である。「きめてかかる」「みてとる」「とってかわる」のように、見かけ上は単語をこえた形式ではあるが、意味的なまとまりと文法的な特徴にもとづけば、一単語とみなされてよいものである。慣用句もまた、形式上は単語の結合体であるけれども、既製品としてわれわれにあたえられているものであり、本質において、単語と同じ性質をもったものである。慣用句も語彙の単位としてあつかわれる必要がある。

第3章

対義語の輪郭とその条件

1. 対義語の輪郭

　多くの単語は、その意味内容が、全く孤立しているのではなく、他の単語ととなりあったり、むかいあったりして存在している。前者はシノニム、後者はアントニムと呼ばれる。ある単語が意味の世界でどこに位置づけられるかということをきめてかかるのは、単語どうしの意味の緊張（はりあい）関係である、単語のもつ意味特徴の共通する部分と相違する部分がそうした緊張関係をつくっている。アントニムとは、なんらかの意味特徴が相互にむかいあっている単語のペアをさす。対象を二分した単語に（「男」:「女」、「上」:「下」）、対象の性質をあらわす両極性をもった単語に（「大きい」:「小さい」、「かたい」:「やわらかい」）、対象の過程をあらわす、空間、時間、状態などの広義の方向性を内蔵している単語（「あがる」:「さがる」、「はじまる」:「おわる」、「ふとる」:「やせる」）、意味の対立をしめす単語のペアが多くみられるようである。われわれが一般に反対語と意識しているものである。単語の世界には、こうした、ものごとの相反するふたつの側面を対立させる原理があちらこちらに走っている。二項対立は、言語の構造をささえているもっとも重要な原理のひとつであるが、この原理をはっきりと明示してくれるのがアントニムである。

　「対義語」ということばを、アントニム（以下「反義対」とよぶ）より少し広い意味でもちいることにする。単語の対立のなかには、「気体」:「液体」:「固体」、「空」:「陸」:「海」、「春」:「夏」:「秋」:「冬」、「優」:「良」:「可」:「不可」のような三項以上の対立・対応もあって、これらのセットになっている単語群のうちふたつがペアになることがある。また、「全体」:「部分」、「普遍」:「特殊」と

159

いった、ものごとの、かならずしも相反するとはいえない、ふたつの側面をあらわしている単語のペアもあって、このような特徴をもったグループをも広く「対義語」の仲間とみておくことにする。ところで、この「対義語」（日常的には「反対語」）という名称のもとに、われわれはさまざまなタイプの単語のペアをとらえているようである。はじめに、どんなタイプの「対義語」があるかを簡単に整理しておきたい。

（1）相補関係による反義対

$\begin{cases} 男 \\ 女 \end{cases}$ $\begin{cases} 父 \\ 母 \end{cases}$ $\begin{cases} 上 \\ 下 \end{cases}$ $\begin{cases} 表 \\ 裏 \end{cases}$ $\begin{cases} 真 \\ 偽 \end{cases}$ $\begin{cases} 等しい \\ 異なる \end{cases}$ $\begin{cases} 同じ \\ 違う \end{cases}$

$\begin{cases} 出勤 \\ 欠勤 \end{cases}$ $\begin{cases} 合格（する） \\ 落第（する） \end{cases}$ $\begin{cases} （矢が的に）あたる \\ （矢が的に）はずれる \end{cases}$

$\begin{cases} 信じる \\ 疑う \end{cases}$ $\begin{cases} 引き受ける \\ 断わる \end{cases}$ $\begin{cases} 既婚 \\ 未婚 \end{cases}$

　相補関係にあるふたつの単語ＸとＹは、ある条件下（意味の枠のなか）で、概念の領域を分割するペアである。その条件下で、一方が肯定されれば他方が否定され、逆に、一方を否定すれば他方が肯定される。また、どちらも肯定されたり、否定されたりすることはない。たとえば、ある人が「男」であれば「女」ではなく、「女」であれば「男」ではない、という関係が成りたち、また、その人が「男」でもあり、「女」でもあるとか、「男」でもなく「女」でもないといったことはありえない。対立する単語は、互いに他を排斥する。動詞のペアでは、この相補関係は、肯定―否定の関係と一致する。たとえば、試験をうけたことを前提として、試験に「合格しない」ことは「落第する」ことであり、「落第しない」ことは「合格する」ことである（「不合格」と「落第」も一致する）。同様に、的に向けて矢を射れば、その結果は、「あたる」か「はずれる」かのどちらかであり、「あたらない」ことは「はずれる」ことであり、「はずれない」ことは「あたる」ことである。相補関係にあるものは中間段階が存在しないのが普通である。ただし、「賛成（する）」：

「反対（する）」は、こうした相補関係をしめすと思われるが、その中間として「保留（する）」がある。人間の判断にかかわる「対義語」は、どちらも否定することが可能である。たとえば、「信じる」：「疑う」、「引き受ける」：「断わる」は相補関係にあると思われるが、「信じもしないし、疑いもしない」、「引き受けもしないし、断わりもしない」のように、両方とも否定することができる。判断以前の対象世界に関わる（外界に属する）ことがらについては、相補的であっても、判断が関与すると厳密な意味での相補関係がくずれてしまう。

（2）両極性にもとづく反義対

満点	北極	最高	最大値	老人	王様
零点	南極	最低	最小値	赤ん坊	乞食

頂上	天	始発駅	開会	入学	始まる
ふもと	地	終着駅	閉会	卒業	終わる

　両極性にもとづく反義対は、ものごとの対極を名づけた単語の対立である。それは、相補関係にみたような対象やことがらの二分ではない。連続的であれ、不連続的であれ、ものごとの両極に位置する部分に名づけられたふたつの単語間になりたつ反義対である。空間上の両極（「北極」：「南極」、「頂上」：「ふもと」など）、時間上の両極（「始まる」：「終わる」、「入学」：「卒業」など）、数量の両極（「満点」：「零点」、「最大値」：「最小値」など）、人間の年齢や社会的地位における両極（「老人」：「赤ん坊」、「王様」：「乞食」など）といったふうに、さまざまな尺度にもとづく両極があるだろう。そこには、普通、中間に位置するものごとが（言語化されているかどうか、すなわち単語としてあるかどうかは別として）存在している。中間が存在することによって、（1）の相補関係と区別される。

（3）程度性をもつ反義対

大きい	高い	広い	重い	早い	暑い
小さい	低い	狭い	軽い	遅い	寒い

$\begin{cases} きれいな \\ 汚い \end{cases}$ $\begin{cases} 安全（な） \\ 危険（な） \end{cases}$ $\begin{cases} 積極的な \\ 消極的な \end{cases}$ $\begin{cases} うれしい \\ 悲しい \end{cases}$

$\begin{cases} ほこらしい \\ はずかしい \end{cases}$ $\begin{cases} 太った \\ やせた \end{cases}$ $\begin{cases} ぬれた \\ かわいた \end{cases}$

　程度性をもつ単語のペアは、空間量、重量、スピードといったものごとの属性や性質をあらわしていて、多くは形容詞である。それらのあいだには、程度性があって、「とても」「非常に」「もっと」「少し」などの、属性や性質の程度を特徴づける副詞類と共起する。対立するふたつの語のしめす意味領域は厳密には分かれない。たとえば、「大きい」と「小さい」の中間点を絶対的に定めることはできず、両者の差は相対的でしかない。中間点をあらわす単語は多くの場合存在しない。相補関係とは違って、一方の否定が他方の肯定を意味しない。すなわち、「大きくもなく、小さくもない」ということがありうる。「太った」：「やせた」、「ぬれた」：「かわいた」のような動詞の一形態も、このグループにはいるだろう。程度性をもつ反義対にはしばしば中和の現象がみられる。中和とは次のようなことがらをいう。

　　　・あの山はどのくらい高いの？
　　？・あの山はどのくらい低いの？

　「高い」と「低い」は空間上の上下のベクトルで対立をしめすが、下にあげたような例では、「高い」は、「低い」と対立せずに、上下のベクトルそのものをあらわしている。このような、対立をしめす要素が、ある条件下でその対立がなくなってしまうことを中和と呼ぶ。この関係を図示すると左のようになる。

形容詞から派生した「高さ」「大きさ」「広さ」「重さ」などの単語は、程度性において反義性ももつふたつの形容詞の中和した単語である。

　対象世界の客観的な性質をあらわしている「大きい」：「小さい」、「高い」：「低い」などは、なんらかの量ではかることができる同一次元の対立であることが明らかであるが、「うれしい」：「悲しい」、「ほこらしい」：「はずかしい」のような人間の感情に関わる単語の対立は客観量ではかりにくく、はたして一次元の尺度にもとづくものかどうかはっきりしない側面をもっている。しかし、そうした対立の認識を多くの人が共有していること、そのことが、その言語の使い手にとってまぎれもなく反義対であり、対義語なのである。

（４）視点がらみの反義対

a
$\begin{cases} 上り坂 \\ 下り坂 \end{cases}$
$\begin{cases} 入口 \\ 出口 \end{cases}$
$\begin{cases} スタート地点 \\ ゴール地点 \end{cases}$
$\begin{cases} いく \\ くる \end{cases}$
$\begin{cases} 売る \\ 買う \end{cases}$

$\begin{cases} 貸す \\ 借りる \end{cases}$
$\begin{cases} 教える \\ 教わる \end{cases}$
$\begin{cases} 授ける \\ 授かる \end{cases}$

b
$\begin{cases} 親 \\ 子 \end{cases}$
$\begin{cases} 夫 \\ 妻 \end{cases}$
$\begin{cases} 先生 \\ 生徒 \end{cases}$
$\begin{cases} 医者 \\ 患者 \end{cases}$
$\begin{cases} 師匠 \\ 弟子 \end{cases}$

　aのグループは同一の対象や過程がふたつの異なる視点から名づけられた単語のあいだに成り立っている。同じ坂道が、視点をかえることによって、「上り坂」とも「下り坂」とも呼べるわけである。「入口」と「出口」、「スタート地点」と「ゴール地点」にも同じ対象についていえる場合がある。こうしたペアが反義対といえるのは、あるいは、これらの単語を構成する「上り―」「下り―」といった反義対をなす要素（形態素など）にもとづくのであろうか。というのは、これらのペアと意味のうえでは平行関係にあると思われる「かど」と「すみ」の対立は、わたしには、反義性がそれほど感じられないのである。「かど」は角張った部分を外側に視点をおいたときに、「すみ」は内側に視点をおいたときにいう単語である。ちなみに、英語ではどちらも、cornerになるそうである。「いく」

「くる」は、話者の視点によって、「売る」「買う」以下のペアについては、関与者のうちどちらに視点をあてるかによって、同一の行為にふたつの単語があたえられている。「支配」と「従属」、「勝つ」と「負ける」、「追いかける」と「逃げる」なども、これらと類似した反義対である。

bのグループは、互いに他を前提として成り立っている関係である。「親」は「子」に対して「親」であり、「子」は「親」に対して「子」である。「夫」と「妻」も互いに他を前提とした名称である。「配偶者」は「夫」にも「妻」にも使え、両者の融合した単語といえる。「いく」と「くる」の融合した単語が「まいる」で、

　　　・いまからすぐそちらにまいります（＝いきます）
　　　・弟がまもなくこちらにまいります（＝きます）

のように「いく」「くる」どちらの意味でも用いられる（ただし、文体上の違いはある）。英語のrentが、lend（貸す）とborrow（借りる）の双方に対応することはよくしられている。中国語には、この種の単語が多いようで、たとえば、「愛人」は「夫」あるいは「妻」をさし、つまり日本語の「配偶者」にあたり、「給」は「やる」「もらう」に、「借」は「貸す」「借りる」に、「授」は「授ける」「授かる」にそれぞれあたるというふうに、視点を考慮にいれない名づけである。「看病」という単語は、医者が患者をみる場合、患者が医者にみてもらう場合のどちらにも使えるという。なお、「なぐる」と「なぐられる」のような動詞の能動形と受動形が意味することがらの対立は、このグループの対立と一致する。「教えられる」は「教わる」と交代しうる。視点がらみの反義対は、現実の対象世界に属さず、人間の対象のとらえかたに関わるものである。それも、人間に普通的ではなく、言語によって固有である。

（5）変化に関わる反義対

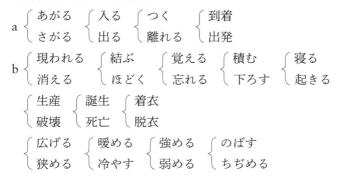

　aのグループは、ある空間を考慮して、互いに逆方向に移動することを含意する。つまり、位置の変化が互いに逆方向である。
　bのグループは、状態の変化に関与するもので、互いにもとの状態にもどる関係、すなわち、可逆的な関係にある。ただし、「誕生」と「死亡」（あるいは「生まれる」と「死ぬ」）は、不可逆的である。
　上にあげたものはいずれも動作的な概念であるが、結びつく主体や対象によってペアになる単語がかわってくる。「あける」は結びつく対象によって、次のようにそれぞれ違った動詞と対応する。

$$\text{ドアを}\begin{cases}\text{あける}\\\text{しめる}\end{cases}\quad\text{目を}\begin{cases}\text{あける}\\\text{とじる}\end{cases}\quad\text{穴を}\begin{cases}\text{あける}\\\text{ふさぐ／うめる}\end{cases}$$

　この種の反義対にも中和の現象がみられる。たとえば、「脱衣—場」は「衣服を脱いだり、着たりする場所」のことであり、「脱衣」と「着衣」の中和したものと考えることができる（ちなみに、「更衣」は「脱衣」と「着衣」の融合した単語である）。「風呂に　入る」と「風呂から　出る」とは、上のaタイプの反義対をなすが、全体の行為をも「風呂に　入る」と表現できる（「風呂に入って、そのあとでビールを飲む」）。

（6）開いた反義対

　伝達行為のなかで、ものごとのふたつの側面をとりだして対比させると、そこに反義性が感じられるようである。そうした対比がしばしば用いられると、コンテクストから離れて二値性・両極性が認容されることになる。たとえば、

和室	都会	全体	一般	片道	中心
洋室	田舎	部分	特殊	往復	周辺
原則	水平	共学	国公立	もう	
例外	垂直	別学	私立	まだ	

などのペアに反義性を感じる人は多いだろう。それぞれのふたつの単語間に二値性、両極性をよみとり、反義性を認めるのである。しかし、それらの反義性は一様ではなく、さまざまな内容が混在している。ある対象にふたつのものしかなかったり、ふたつのものが典型的であったりすると、われわれは両者に反義性を感じるものらしい。たとえば、部屋のタイプを代表するのは「和室」と「洋室」である。そこから、このふたつのあいだに両極性をよみとってしまうといった例がそうである。しかし、この「和室」と「洋室」の例は、人間を「男」と「女」に二分するような性質のものではない。「全体」と「部分」、「往復」と「片道」、「両手」と「片手」といったペアは、さししめしている対象は、全体―部分の関係である。このようなペアをわれわれは好んで対比させる。こうした対応も反義対と意識されるようである。「たて」と「よこ」、「水平」と「垂直」、「一般」と「特殊」などは、ものごとのふたつの側面に注目した名づけである。これも、これまであげた、どのタイプの反義対にも該当しない。しかし、これもまた、多くの人にとって反義対として意識されていないであろうか。（1）－（5）にあげた例が閉じた反義対だとすると、（6）のグループは開いた反義対とでも呼べるであろう。

　これまでとりあげた対義語は、単語のレベル、すなわち、文脈から切り離されても反義性をもつものであるが、次のようなペアはコ

ンテクストに依存していて、単語間での反義性は認めにくいだろう。

・落語は好きだが、漫才は嫌いだ。(「落語」:「漫才」)
・見ると聞くでは大きな違いがある。(「見る」:「聞く」)

「気が　はれる」と「気が　ふさぐ」、「骨を　おる」と「骨を
おしむ」、「雪に　白鷺」と「闇に　白鷺」のような対は、慣用句と
しての対であり、「はれる」と「ふさぐ」、「おる」と「おしむ」、
「雪」と「闇」のあいだには反義性が認められない。慣用句のなか
には、「図に　あたる」と「空を　きる」や「気を　失う」と「我
に　かえる」のような構成要素を共有しないで反義性をもつペアが
ある。

2. 対義語の条件

　反義対（あるいは、広く対義語）は、それぞれの単語がもってい
る意味特徴の多くを共有し、かつ、なんらかの意味特徴で反対関係
が成立していなければならない。たとえば、「父」と「母」の場合
には、〈人間〉〈親〉という意味特徴を共有し、〈性〉の次元で対立
している。反義対はこうして、ある意味特徴が相補性、両極性など
をもつことを絶対の条件とするが、より反義性を強くするものは次
のような条件である。
　　　・一次元の尺度で対立している場合に、もっとも典型的な反義
　　　　対を認めることができる。
「父」と「母」は性の次元においてのみ対立をしめした。これに
対して、たとえば、「都会」と「田舎」は、人口の多少、にぎやか
さの程度、商店街の有無などさまざまな意味特徴がからみあって、
両者が対立している。こうした場合、「父」と「母」のようなひと
つの次元で対立しているもののほうが、複数の特徴がからみあって
いるものよりも反義性が強いといえる。「多い」と「少ない」は数
量の違いにおいてのみ対立しているのに対して、「ありふれた」と
「めずらしい」は数の多少とあわせて、評価的な意味でも対立をし

第3章　対義語の輪郭とその条件　167

めしている。後者は反義性が弱いといえる。この場合は、あとでとりあげる、対になる単語が同じ品詞であるかどうかも関係しているかもしれない。

　　・反義対のつりあいが、当該の対立にあって言いつくされているものは、そうでないものよりも反義性が強い。

　「男」という単語は、「女」としか反義性をもたない。しかし、「父」という単語は、〈性〉の次元では「母」と対立するが、「世代」の次元では「息子」と対立する。つまり、「父」という単語は少なくともふたつの次元で張り合っているわけである。こうした場合、その対立以外には考えにくいペアのほうが。他の対立を考えうるものよりも反義性は強いといえそうである。

　　・文脈を必要としない対立は、それを必要とする対立よりも反義性が強い。

　典型的な反義対は単語どうしで反義性をもち、文脈のたすけを必要としないが、臨時的なものは文脈に依存する。

　　・ペアをなす単語が組合わさって複合語をつくるものは反義性が強い。

　「あがりさがり」「あがりおり」「のぼりおり」「のぼりくだり」などの複合語は、それぞれの構成要素が反義対をなしている。「あがりくだり」とか「のぼりさがり」といった複合語はないが、ふたつの構成要素のあいだの対立が希薄であることによるのだろう。ただし、反義対の複合語になるのはそれほど多くはない。「右左」「表（おもて）裏（うら）」「親子」「高（たか）低（ひく）」「のびちぢみ」「寝起き」などがその例である。もっともこれらは和語系の単語に限ったもので、漢語系の単語には、反対の意味をもつ要素（単語というよりは形態素）の組合せは多い。「左右」「表裏」「夫婦」「高低」「軽重」「伸縮」など数多くの単語がある。複合語ではないが、「多かれ少なかれ」「遅かれ早かれ」「うれしいにつけ悲しいにつけ」のような句のかたちで対をなしているものも反義性は強いといえそうである。

　　・ペアをなす単語は同じ種類の単語であるほうが反義性が強い。
　同じ種類とは、品詞、語種、文体的特徴などが共通していること

168　　Ⅱ　語彙の体系性をめぐる諸問題

をいう。これにくわえて、語形が部分的に共通していることも反義性を強くしているようである。これらについては、章をあらためてとりあげてみたい。

3. 対義語と品詞

　対義語を構成する単語の品詞は普通は同じである。しかし、なにかの理由で対になる一方が欠けていて、他の品詞で埋め合わせた格好のペアになることがある。たとえば、「若い」に対立する形容詞は存在しない。その欠如したところを「ふけた」「老いた」「年とった」という動詞で補っている。動詞の連体形「〜た」や「〜している」の形は形容詞に似た特徴がある。同様に、「まっすぐ（な）」という形容（動）詞は対立する同じ品詞の単語がなくて、「曲がった」「ゆがんだ」にような動詞や「ななめ（の）」という名詞との間に広い意味での反義対をしめす。こうした対義語のペアが異なる品詞にふりわけられる現象は、単語でさししめされている意味領域と文法的な分類である品詞との関係をみるうえで興味深い。

　せまい意味での対義語から話題がそれるが、たとえば、形を特徴づける「丸い」「四角い」はいずれも名詞と派生関係をもつ形容詞であるが、「三角」「ななめ」「縦」「横」は名詞で、「とがった」「かたよった」「曲がった」は動詞である。品詞は異なるが、形の特徴を表示している点が共通している。色彩に関する単語は形容詞と名詞が競合している。すなわち、「白い」「黒い」「赤い」「青い」「黄色い」「茶色い」は名詞と派生関係にある形容詞であるが、「みどり」「水色」「灰色」「だいだい（色）」「クリーム色」などは名詞である。人やものをはじめ、対象は名詞に、その対象の動きは動詞にふりわけられる。動きは名詞によってもあらわされるが。基本は動詞である。ものごとの性質は、多くは形容詞に属するが、日本語の形容詞は閉じた体系をもち、生産力をうしなっていて、動詞や名詞の力をかりている。反義対にあるペアが品詞を異にするものの多くが形容詞・形容動詞と関わっているのは、日本語の狭義の形容詞の閉鎖性にもとづくものと思われる。

第3章　対義語の輪郭とその条件　　169

形容詞：動詞

$\left\{\begin{array}{l}\text{ない}\\\text{ある}\end{array}\right.$ $\left\{\begin{array}{l}\text{等しい}\\\text{異なる／違う}\end{array}\right.$

$\left\{\begin{array}{l}\text{正しい}\\\text{誤った／まちがった}\end{array}\right.$ $\left\{\begin{array}{l}\text{若い}\\\text{年とった／ふけた／老いた}\end{array}\right.$

$\left\{\begin{array}{l}\text{丸い}\\\text{角張った}\end{array}\right.$ $\left\{\begin{array}{l}\text{珍しい}\\\text{ありふれた}\end{array}\right.$

形容詞：動詞

$\left\{\begin{array}{l}\text{同じ}\\\text{違う}\end{array}\right.$ $\left\{\begin{array}{l}\text{稀な}\\\text{ありふれた}\end{array}\right.$ $\left\{\begin{array}{l}\text{新鮮な}\\\text{しなびた}\end{array}\right.$

形容詞：形容動詞

$\left\{\begin{array}{l}\text{荒い}\\\text{穏やかな}\end{array}\right.$ $\left\{\begin{array}{l}\text{激しい}\\\text{穏やかな}\end{array}\right.$ $\left\{\begin{array}{l}\text{汚い}\\\text{綺麗な}\end{array}\right.$ $\left\{\begin{array}{l}\text{険しい}\\\text{なだらかな}\end{array}\right.$

$\left\{\begin{array}{l}\text{騒がしい}\\\text{静かな}\end{array}\right.$ $\left\{\begin{array}{l}\text{貧しい}\\\text{豊かな}\end{array}\right.$ $\left\{\begin{array}{l}\text{むずかしい}\\\text{簡単な}\end{array}\right.$ $\left\{\begin{array}{l}\text{忙しい}\\\text{ひまな}\end{array}\right.$

$\left\{\begin{array}{l}\text{寂しい（ところ）}\\\text{賑やかな（ところ）}\end{array}\right.$ $\left\{\begin{array}{l}\text{古い（野菜）}\\\text{新鮮な（野菜）}\end{array}\right.$

名詞：形容詞

$\left\{\begin{array}{l}\text{病気（の人）}\\\text{健康（な人）}\end{array}\right.$ $\left\{\begin{array}{l}\text{普通（の料理）}\\\text{特別（の／な料理）}\end{array}\right.$

名詞：動詞

$\left\{\begin{array}{l}\text{なま（の魚）}\\\text{焼いた／煮た（魚）}\end{array}\right.$ $\left\{\begin{array}{l}\text{しらふ（の人）}\\\text{酔っぱらった（人）}\end{array}\right.$

4. 対義語と語種

　語種とは、和語・漢語・外来語の区別をいう。反義対をなすペアは語種がそろっているのが普通である。以下にしめす、それぞれ最初のペアは、意味上は反対の方向で対立するにもかかわらず、反義性を認めにくい。それは括弧内にしめしたような、語種のそろった反義対があって、そこにみられる反義性の強さに割り込んでいく隙がないからである。

170　II　語彙の体系性をめぐる諸問題

上にあげたペアのうち、「ただ」:「有料」は語種が違っているとはいえ、相対的に反義性が強いと思われるが、おそらく、それは「ただ」に対応する和語の反対語が欠けていることによるだろう。もしかりに、「ただ」と対立する和語の反対語があったとすると、「ただ」:「有料」の反義性は弱まるはずである。

以上の、やや不つりあいな反義対は、語種の問題だけではなく、次にとりあげる単語の文体上の特徴もからんでいることが多いであろう。

5. 対義語と文体的特徴

ここで文体的特徴と呼ぶのは、個々の単語がもっている、あらたまった感じやくだけた感じをともなう特徴をさす。これにくわえて、古風な感じや流行性の強いもの、さらに、ある社会集団でもっぱら使われるといった、いわゆる位相上の特徴などをふくんでもよいだろう。反対の意味をもつペアは、こうした特徴がそろっていないと、反義性が弱められてしまう。次の例をみよう。

$$\begin{cases}父\\おふくろ\end{cases} \left(\begin{cases}父\\母\end{cases} \begin{cases}おやじ\\おふくろ\end{cases} \right)$$

$$\begin{cases}引き受ける\\拒否する\end{cases} \left(\begin{cases}引き受ける\\断わる\end{cases} \begin{cases}受諾する\\拒否する\end{cases} \right)$$

はじめの例は、「おふくろ」が俗語性をおびていて、中立的な

第3章 対義語の輪郭とその条件　171

「父」と対応しない、括弧内にしめした文体的特徴を共有した反義対が存在することによって、「父」：「おふくろ」には反義性が生じにくくなっている。あとの例は、「拒否する」が「引き受ける」にくらべて、やや固い感じをともない、括弧内の同じ文体的特徴をもつペアほどには、反義性が認められない。

　文体的な特徴は、ある程度、語種と相関をしめすだろう。漢語は、一般に、和語よりもいくらかあらたまったニュアンスをともなうものである。ただし、それは絶対的ではなく、漢語のほうが和語よりも中立的である場合もある。語種の異なる「頂上」：「ふもと」と、語種が共通する「いただき」：「ふもと」とでは、わたしには、語種の異なる「頂上」：「ふもと」のほうが反義性が強いと思われる。それは「いただき」が現在では少し古くさい意味あいをおびているからであろうか。

6. 対義語と語形

　反対の意味をもつふたつの単語は、その語形に共通部分があると、反義性が強い。例えば、次の例をみよう。

$$\left\{\begin{array}{l}美点\\短所\end{array}\right. \quad \left\{\begin{array}{l}美点\\欠点\end{array}\right. \quad \left\{\begin{array}{l}長所\\短所\end{array}\right.$$

　つまり、「美点」：「短所」は、意味的に反対の方向で対立しあっていても、括弧内にしめしたような、それぞれの単語が語形の似た別の単語と反義対をなしていて、その結果、「美点」と「短所」あるいは「長所」と「欠点」との反義性は弱くなってしまう。「既婚」が「独身」よりも「未婚」とのあいだに強い反義性をもつとすれば、これも語形上の類似からくるものと思われる。さきほど語種のところであげた、「幸福」：「不幸」、「しあわせ」：「ふしあわせ」の対立では反義性が強く、「幸福」と「ふしあわせ」や「しあわせ」と「不幸」の対立では反義性がさほど強くないことの理由は語形が似ているかどうかにも関係があろう。「不」「無」「非」などの否定の

意味をもつ接頭辞は、反義対を語形のうえから体系的にしている。「親切」：「不親切」、「生物」：「無生物」、「現実的」：「非現実的」といったペアの反義性は透明である。これらのなかには、「公式（の）」：「非公式（な）」のように品詞を異にするものもある。また、「ぶざま」（：？）、「不らち」（：？）、「不屈」（：？）、「無礼」（：？礼儀正しい）といった対応する語形が欠如したり、句のかたちと対応するものもけっこうあるようである。「神経」と「無神経（な）」のように語形上は反義のようで、実は反義ではないというものもある。

対義語を語形のうえから整理すると、次のようになる。

（1）A：B（共通部分がない）

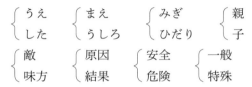

（2）AB：AC（前の要素が共通して、後の要素が異なる）

（3）AC：BC（後の要素が共通して、前の要素が異なる）

（4）AB：CA（一方の前の要素と他方の後の要素が共通して、ほかはそれぞれ異なる）

（5）A：BA（一方の形式が他方の形式をふくんでいる）

$$\left\{\begin{array}{l}親切 \\ 不親切\end{array}\right. \quad \left\{\begin{array}{l}人間的 \\ 非人間的\end{array}\right. \quad \left\{\begin{array}{l}生物 \\ 無生物\end{array}\right. \quad \left\{\begin{array}{l}やもめ \\ 男やもめ\end{array}\right.$$

　はじめの四つのグループは、形式のうえで、どちらもが有標である。最後のグループは、短い形式が無標であり、接辞のついた長い形式が有標である。また、(2)－(5)は、対立するペアになんらかの共通する形式がある、という特徴をもっている。ところで、反義対とは、意味特徴の多くを共有し、なんらかの意味特徴で反義性をもつことを第一の条件とした。形式のうえではどうであろうか。せまい意味での形式、すなわち、ここで問題にした語形についていえば、日本語の基幹部分をなすもっとも基本的な語彙に属するところでは、(1)のタイプが大部分であり、対立する単語は語形上共通部分をもたない。しかし、社会の発展と科学や技術の進歩にともなってつくられた多くの語彙のなかには、意味のむかいあう単語に、共通の要素をあたえている。そこには要素をくみあわせて単語をつくりだす、いわゆる造語の過程で、意味の対立を語形上の対立としてうつしとり、形式のうえでも体系的にしようとする姿勢をみることができよう。対立が透明で、有契的である。対立が視覚的でもある。

　たとえば、

$$\left\{\begin{array}{l}有効 \\ 無効\end{array}\right. \quad \left\{\begin{array}{l}有益 \\ 無益\end{array}\right. \quad \left\{\begin{array}{l}有罪 \\ 無罪\end{array}\right. \quad \left\{\begin{array}{l}有限 \\ 無限\end{array}\right. \quad \left\{\begin{array}{l}有形 \\ 無形\end{array}\right. \quad \left\{\begin{array}{l}有色 \\ 無色\end{array}\right.$$

のような対立をならべてみると、体系性が強く感じられるはずである。反義語の意味特徴が共通する部分と共通しない部分を形式のうえでみてとることができるからである。ちなみに、スペイン語の親族名称は次のようであるという。

tio	おじ	tia	おば
hijo	むすこ	hija	むすめ
abuelo	祖父	abuela	祖母

| hermano | 兄弟 | hermana | 姉妹 |

この範囲にかぎっていえば、男性は、語末の -o によって、女性は、語末の -a によってあらわされ、性による対立が体系的であるといえる。またエスペラント語の形容詞には、mal- という接頭辞があって反対の意味をつくるのである。

nova	新しい	malnova	古い
alta	高い	malalta	低い
bela	美しい	malbela	みにくい
bona	よい	malbona	わるい

ここにも整然とした体系をみることができる。(5) のグループは、このエスペラントの例と類似するものである。

広義の形式として品詞を考えることもできる。対義語の品詞が一般に同一であるのも、形式面での共通性がとわれるからである。

7. まとめ

われわれが対義語と思っているもののなかには、さまざまな内容がふくまれている。わたしは、それを以下のようなタイプに整理してみた。

（1）相補関係による反義対
（2）両極性にもとづく反義対
（3）程度性をもつ反義対
（4）視点がらみの反義対
（5）変化に関わる反義対
（6）開いた反義対
　　・二値性
　　・全体―部分
　　・二側面
　　・文脈に依存する反義対
　　・慣用句による反義対

以上のそれぞれのタイプの反義対はたがいに他から独立した面と他に依存している面とがありそうである。ある対立は現実の対象世界に即して成立するが、ある対立はわれわれ人間の認識に基礎をおき、人間の経験や思考過程にもとづいて成立する。後者は人間的であり、論理的、科学的でない側面もある。また、個別言語に固有である。そして、両者はからみあっている。

　対義語の条件として、もっとも重要なことは、いうまでもなく、対をなす語が反対の意味をもつことである。その反義性を強くする要素として次のようなことがいえる。

- 一次元の尺度で対立している場合に、典型的な反義対を認めることができる。
- 反義対をなす意味上のつりあいが、当該の対立にあって言いつくされているものは、そうでないものよりも反義性が強い。
- ペアをなす単語が組合わさって複合語をつくるものは反義性が強い。ただし、反義対が複合語になるのはあまり多くない。
- 文脈から独立した反義対は、文脈に依存した反義対よりも、反義性が強い。
- 反義対をなす単語は同じ語種であるほうが、別の語種であるよりも、反義性が強い。種類とは、品詞、語種、文体的特徴、語形をいう。

　対義語は、類義語、上位語・下位語とともに、語彙を体系的にするもっとも基本的な単語間の対立である。対をなすものを整理することは、たとえその整理がうまくいかない部分があったとしても、語彙論にとって重要な課題である。

参考文献

池上嘉彦（1975）『意味論』大修館書店
荻野綱男・野口美和子（1986）「反対語意識のしくみ」日本言語学会第93回大
　　会発表資料
国広哲弥（1982）『意味論の方法』大修館書店

柴田武（1982）「私の意味論―意味をどうとらえるか―」『日本語学』1–1 明治書院

田中章夫（1978）『国語語彙論』明治書院

森岡健二（1982）「対義語とそのゆれ」『日本語学』1–1 明治書院

宮地敦子（1970）「対義語の条件」『国語国文』39–7 京都大学国文学会

宮地敦子（1977）「対義語とその周辺」『国語国文』46–5 京都大学国文学会

宮島達夫（1977）「語彙の体系」『岩波講座　日本語9』』岩波書店

山崎幸雄（1976）「反義関係に関する一考察」富山大学文理学部文学科紀要

Cruse, D. A.（1986）"Lexical Semantics" Cambridge University Press.

Lyons, J.（1968）"Introduction to Theoretical Linguistics", Cambridge University Press.（国広哲弥ほか訳『理論言語学』大修館書店）

Lyons, J.（1977）"Semantics", Cambridge University Press.

第4章

運動の強調表現
―合成動詞の場合―

1. 問題の所在

　本稿で強調表現とよぶのは、ある類義的な複数の表現形式におい
て、その意味内容に程度の高低・強弱の差がみられるとき、相対的
に程度のたかい（つよい）側の表現をいう。相対的に程度のひくい
（よわい）側の表現を、中立表現、緩和表現とよぶことにする。緩
和表現は、強調表現の反対に位置し、中立表現というのは、強調や
緩和が、とくに特徴づけられていない表現というぐらいの意味であ
る。

> （1a）　海老原はただ押し黙って、念入りに磨き込んである自分の
> 　　　　革靴に目を落としていた。　　　　　　（宮本『流転』171）
> （1b）　海老原はただ黙って、念入りに磨いてある自分の革靴に目
> 　　　　を落としていた。
> （2a）　安斎はいつまでも黙りこくっていた。　　（宮本『青が』41）
> （2b）　安斎はいつまでも黙っていた。

　上にあげた例文の（1a）と（1b）の違いは「押し黙って」と
「黙って」、「磨き込んで」と「磨いて」であり、（2a）と（2b）の
違いは「黙りこくって」と「黙って」である。それぞれの間には同
義性がたもたれていると考えられる。ただし、「押し黙って」は
「黙って」よりも、「磨き込んで」は「磨いて」よりも、「黙りこ
くって」は「黙って」よりも、それぞれの動作のある側面を強めて
いるように思われる。これらの関係は、形式のうえでは同一の動詞
成分を共有する合成語と単純語の対であり、意味のうえでは合成動
詞の方が単純語よりも動作のなんらかの側面をつよめているという

179

関係である。すなわち、以下のような対立である。

強調表現（合成動詞）		中立表現（単純語）
押し黙る（押し＋黙る）	：	黙る（φ＋黙る）
磨き込む（磨き＋込む）	：	磨く（磨く＋φ）
黙りこくる（黙り＋こくる）	：	黙る（黙る＋φ）

こうした対から、「押し-」「-込む」「-こくる」といった形式が動作の強調に関与していることがうかがわれる。

運動の、ある側面を強調するのは、なにも合成語にかぎられるものではない。副詞句が重要なはたらきをする。たとえば、（1a）の例文にある「ただ押し黙って」「念入りに磨き込んで」の「ただ」「念入りに」といった副詞も、「黙る」や「磨く」といった動作の、なんらかの強調に関与しているといえよう。すなわち、「ただ」は〈ひたすら一つのものごとに熱中する様子〉をあらわしているし、「念入りに」は〈動作主の注意深い様子〉をあらわしている。これは、「押し黙る」の「押し-」や「磨き込む」の「-込む」の意味するところと無関係ではなさそうである。また、例文（2a）における「いつまでも黙りこくって」の「いつまでも」は〈動作がながくつづく様子〉を意味する副詞である。これは「-こくる」がになっている意味と共通しているといえる。このような例では、副詞と合成動詞の一部が相おぎないあって、運動のなんらかの側面を強調しているとみなすことができる。もちろん、そのような副詞が、例文（1a）（2a）のように、文中にいつもあらわれているわけではない。例文（3）の「知り抜いて」は「十分に知って」と、「守りとおしたかった」は「最後まで守りたかった」と表現すれば、より類義性が高くなる。「知り抜く」の「-抜く」は副詞「十分に」に相当し、「守りとおす」の「-とおす」は副詞「最後まで」に相当すると考えられる。すなわち、「-抜く」は知覚の程度の強さをあらわし、「-とおす」は運動の持続や完結性を意味しているといえる。

（3）「彼は大資本の怖さを知り抜いていたし、モス・クラブの趣旨を絶対に守りとおしたかったの。」　　（宮本『海岸上』39）

こうして、合成動詞による強調表現と思われるものを中立表現と対比することによって、また、それが強調にかかわるどのような副詞句とともにあらわれているか、あるいはどのような副詞句を補いうるかといったことを手がかりにして、強調表現のすがたにせまってみようと思う。

　ところで、運動の程度の高低・強弱といっても、そのなかみは多様である。どこまでが強調表現なのか、強調表現としてどのようなものがありうるのかという根本的なことが、いまのところ、筆者にははなはだ不鮮明である。強調表現の意味するところはきわめてひろく、その全容ははっきりしない。この稿では、運動にかかわるものだけをあつかい、実例にもとづく記述的な分析をおこなおうとするものである。筆者がとりだした運動にかかわる強調表現の諸側面とは、空間における運動のひろがりや目的地への到達性、時間における運動の持続性・多回性・完了性、状態の変化の徹底性、様態のはげしさ、動作主体や客体の多数性、動作主体の積極性などである。

2.　強調表現の言語上の手つづき

　強調表現を言語上の手つづきの点からみれば、すくなくとも、音声上の手つづき、表記上の手つづき、語彙的な手つづき、文法的な手つづきの四つが考えられる。

2.1　音声上の手つづき

　長音、促音、撥音などを挿入すること、すなわち1モーラ長くすることによって、ある状態の程度を強調することがある。これらの形式は強調の意味があらわれるのと同時に文体的に俗語性をおびるのが特徴である。

　　長音　ひろーい（＞　ひろい）、信じられなーい（＞　信じられない）
　　促音　とっても（＞　とても）、もっのすごく（＞　ものすごく）
　　撥音　すんごい（＞　すごい）

第4章　運動の強調表現　181

「ひろーい」は〈とてもひろい〉に、「信じられなーい」は〈まったく信じられない〉に相当すると考えてよい。「とても」や「まったく」は程度のはなはだしいことをあらわす単語であることはいうまでもない。

プロミネンスも強調表現に関与する。「この本、実は5000円もしたんだよ。」と「5000円も」の部分をとくに強く発音すれば、本の値段の高さを強調したことになる。さらに、文中のある部分をゆっくり話すことによって、その内容にある種の強調が加えられることもありうる。

2.2 表記上の手つづき

文章中のある部分に、傍点をほどこしたり、ゴシックやイタリックなどの字種をかえることや大きな文字をつかうことによって読み手の注意をひき、その内容に強調の意味をそえることが可能である。特定の部分に他とちがうなんらかの目立つ要素をそえれば、それは強調の役割をはたすでろう。

2.3 語彙的な手つづき

語彙的な手つづきとは、単語の共起的（paradigmatic）なおきかえであり、

　　怒る　＜　憤る　＜　激怒する
　　泣く　＜　号泣する、慟哭する

のような関係をいう。不等号のひらいた方が相対的に強調の意味をになっているとみてよい。一般に漢語と和語の類義関係では漢語の方が強調の意味をおびている。

この稿でとりあげるのは、合成動詞による強調であるが、これは、語彙的文法的な手つづきとでもいうべきもので、

　　怒る　＜　怒りちらす、怒りくるう
　　泣く　＜　泣きくずれる、（一晩中）泣きとおす

における右側、すなわち不等号のひらいた側の語は、単語という枠内で、単純語と同一の形式をみずからのうちにふくみ、かつ合成語という文法的にひろげられた派生形式でもある。

2.4 文法的手つづき

語彙的な手つづきが共起的なおきかえであるのに対して、文法的な手つづきは継起的（syntagmatic）なひろがりである。これはさまざまなものがありうる。

2.4.1 前置語句

当該の単語に、ある形式を前置して、その意味をつよめる。

　　とても・非常に・大変・……　つかれる

　　へとへとに・くたくたに・ぐったり・……　つかれる

「とても」「非常に」「大変」は状態や動作をあらわす多くの語についてひろく強調の意味をそえる、いわば強調専用の程度副詞である。それに対して、「へとへとに」「くたくたに」「ぐったり」は、もっぱら疲労の場合にのみ程度のはなはだしいことを特徴づける様態副詞である。「ぎゃあぎゃあ　泣く」「ざあざあ　降る」のようなオノマトペの添加も強調表現に関与するであろう。「穴のあくほど（＝じっと）見る」「掃いて捨てるほど（＝たくさん）ある」のように比喩をつかうことによって、運動のある側面（前者は動作主体の積極性、後者は動作主体の多数性）を強調することも可能である。

2.4.2 後置語句

当該の単語に、ある形式を後置して、その意味をつよめる。以下の例はいずれも形容詞をうけて、その程度が大きいことをあらわす形式である。

　　〜てたまらない（こわくてたまらない＝とてもこわい）

　　〜てしかたがない（腹がたってしかたがない＝とても腹がたつ）

　　〜てやりきれない（悲しくてやりきれない＝とても悲しい）

　　〜ったらない（かわいったらない＝とてもかわいい）

　　〜きわまりない（不愉快きわまりない＝とても不愉快だ）

2.4.3　くりかえし

　同じ単語をくりかえして、その意味をつよめる。さまざまな形式がありうるが、動詞にかかわるものだけを列挙する。

・「走りに走る」「粘りに粘る」のような形式

（４）房江は呉服屋の主人が並べる、すでに仕立ててある着物の
　　　中から迷いに迷って一枚を選んだ。　　　（宮本『流転』232）
（５）金子は粘りに粘って、高校用のグラウンドの一角を、テニ
　　　ス部のために使わせてところまでこぎつけた。
　　　　　　　　　　　　　　　　　　　　　　　（宮本『青が』15）

・「振り返り振り返り」「思い思い」のような形式
（６）母が大きな旅行鞄を重そうに持って、うしろを振り返り振
　　　り返り雨の道を逃げるように去っていく情景……
　　　　　　　　　　　　　　　　　　　　　（宮本『ドナ上』21）
（７）〈いない！……おかしいな。そう簡単に帰るはずはないのに
　　　……〉と思い思い、正門までもどって来た。
　　　　　　　　　　　　　　　　　　　　　　（斎藤『危険』349）

・「粘って粘って」「惚れて惚れて」のような形式
（８）粘って粘って粘り抜いて、ポンクが詰めて来る一瞬前の
　　　ボールで、先にネットに出てしまうのである。
　　　　　　　　　　　　　　　　　　　　　　（宮本『青が』146）
（９）「ましてや、惚れて惚れて惚れ抜いた恋女坊ときてるから
　　　なァ」　　　　　　　　　　　　　　　　（宮本『青が』303）

・「似ても似つかない」のような形式（否定的な事態の強調）
（10）燎平の記憶にある安斎克己とは、似ても似つかない顔立ち
　　　であったが、心なしか内股で地面を擦るようにして歩く恰
　　　好には、覚えがあった。　　　　　　　　（宮本『青が』31）

・「振り返っても振り返っても」のような形式（否定的な事態の

予告の強調）

（11）振り返っても振り返っても、そんな夏子の顔は燎平の中か
　　　ら消えて行かなかった。　　　　　　　　　　（宮本『青が』300）

3．合成動詞の構造と合成動詞のなかの強調

　合成語のなかには、複数の語基からなる複合語と語基と接辞から
なる派生語があり、それを区別するのが普通である。しかし、語基
と接辞との区別は、ときに両者が連続的で判然としないこともある。
この稿でとりあげる合成動詞の多くは、その合成語を構成する一方
の、もともと語基であった形式が、その意味を特殊化させ、派生的
な用法として発達し、語基としての性質をうしなって、接辞に近づ
いたという、そのような形式を含むもので、典型的な複合動詞とも
典型的な派生動詞とも言いにくい、いわば両者の中間的なものが多
い。たとえば、「積みあげる」「運びあげる」の「−あげる」は、下
から上への位置の変化をもたらす本来の意味をもつのに対して、
「磨きあげる」「鍛えあげる」における「−あげる」は、ある動作を
持続的にもしくは何回もくりかえしおこなうことによって、目標と
する段階に達することを意味し、本来の意味からずれた1つの派生
的な用法だと考えられる。持続性は時間量の大なるようす、多回性
は運動の回数が多いようす、目的への達成は運動の完成するようす
をあらわし、運動をそれぞれの側面で強調しているといってよい。

　合成動詞を構成する一方の形式が接辞としての性格をもつとして
も、そこには生産的な形式もあれば、生産的といえない形式もある。
合成動詞の後要素についていえば、「−すぎる」「−きる」「−こむ」「−
ぬく」といった形式は、多くの合成語を作りうる生産的なものであ
り、「（黙り）−こくる」「（あわて）−ふためく」のような形式はむす
びつく相手がきわめてかぎられたものである。「−ふためく」は「あ
わて−」としか結合の可能性がない唯一形態素とよばれる形式であ
る（宮島達夫1973）。

　語基を大文字のV、接辞的な要素を小文字のvであらわすと、こ
の稿であつかう合成動詞は、次のようになる。

第4章　運動の強調表現　185

1 v1 + V2 →　前要素による強調

2 V1 + v2 →　後要素による強調

3 V1 + V2 →　重複による強調

3.1　前要素による強調

　合成動詞の前要素が接頭辞のようなはたらきをし、強調の役目を
はたすものとして、「おし‒」「うち‒」「かき‒」「とり‒」「さし‒」
「ぶち‒」「ひき‒」「たち‒」などがある。

　　　「おし‒」：おしかくす、おしだまる

　　　「うち‒」：うちかさなる、うちつれる

　　　「かき‒」：かきけす、かきみだす

　　　「とり‒」：とりおこなう、とりあつかう

　　　「さし‒」：さしかえる、さしせまる

　　　「ぶち‒」：ぶったおれる、ぶっぱなす

　　　「ひき‒」：ひきこもる、ひきあわせる

　　　「たち‒」：たちさわぐ、たちはたらく

　例文（12）〜（16）にみるように、合成動詞の後要素で、おきか
えることは可能であるが、前要素だけではそれが不可能である。つ
まり、後要素は中核的意味をになっているのに対して、前要素は合
成語のなかで補助的な役割しかはたしていない。

（12）海老原はただ押し黙って（＊押して／黙って）、念入りに磨
　　　き込んである自分の革靴に目を落としていた。

（宮本『流転』171）

（13）それをねじ伏せ、それに打ち勝つ（＊打つ／勝つ）方法はな
　　　いのだろうか。　　　　　　　　　　　　　（宮本『青が』275）

（14）今夜、自分がおもちゃに出来る女体への期待感は、その
　　　寒々とした映像をあっけなくかき消した（＊かいた／消し
　　　た）。　　　　　　　　　　　　　　　　　（宮本『流転』189）

（15）彼は、この何週間かに練り上げた計画をぶちこわした（＊
　　　ぶった／こわした）。　　　　　　　　　　（宮本『流転』386）

（16）夜、自室に引き籠って（＊引いて／籠って）から吟子はしら

ぬうちに志方のことを考えていた。　　　（渡辺『花埋』372）

　さて、これらの合成語の、補助的な役割しかはたしていないとした前要素の意味はなんであろうか。つまり、合成語全体から中核的な意味をになう後要素をさしひいたものはなにか。これらの前要素はもとの実質的な意味を失っていて、実のところはっきりしない。はっきりしたものではないけれども、どれも後要素の意味する運動の何らかの側面を強めているように思われる。明確にそうした意味がとりだせるというよりも、むしろ、いわば消極的にとらえられるような性質のものである。そして多くの場合、運動の強調だけではなく、文体的な特徴づけにも関与している。すなわち、「押し黙る」「かき消す」では、あらたまりの特徴とあわせて、いくぶん古めかしい感じをともなうし、「ぶちこわす」は、くだけた俗語の特徴をおびているといえる。

　このような形式の文体的特徴についていえば、一般には、あらたまった文章語としての特徴をもつことが多いが、前要素の末尾に促音や撥音があらわれると、逆にくだけた俗語の特徴をおびるようである。ただし、「うち-」と「ぶち-」の場合は、前者が文章語に、後者が俗語にかたむくという住み分けがみとめられる。

文章語的	俗語的
押し隠す、押し黙る	おっかぶせる、おっぱじめる
ひき合わせる、ひき続く	ひっくるめる、ひんまげる
とりおこなう、とり決める	とっ組み合う、とっつかまえる
かき曇る、かき消す	かっ切る、かっとばす
うち重なる、うちはらう	ぶっかける、ぶっ倒れる

以上の接頭辞的な形式は、人間の他に対する具体的な身体的行為を本義としている。それが、身体的な行為の範囲をこえて、「おっぱじめる」「とり決める」「かき曇る」のように、動作の開始、精神的な活動、人間がかかわらない自然の現象などにもちいられると、強意性だけがその形式にのこるのであろうか。少なくとも、そこには具体的身体的行為の意味はない。なお、「切り離す」「ふりかざす」といった合成語では、実際に切ったりふったりする行為をさす

場合と、「離す」「かざす」とほぼ同義で、「切り」や「ふり-」が接頭辞的につかわれている場合とがある。

「うち-」「おし-」「かき-」といった形式は、ふるくは、かなりの生産性をもっていたようであるが、現代日本語のなかでは、その生産力をうしなってしまったものである。

3.2　後要素による強調

合成動詞の後要素が接尾辞のようなはたらきをし、強調の役目をはたすものとして、「-きる」「-こむ」「-すぎる」「-つける」などをはじめ、多くの形式がある。どのような運動の側面を強調しているかはさまざまである。また、生産性のうえでも、高いものもあれば低いものもあり、まちまちである。筆者のこころみる強調の側面は以下のとおりである。

①空間上のひろがり

　　意味：〈くまなく〉〈いたるところ〉

　　例：歩きまわる、響き渡る

②空間上の到達性（移動の目的地への到達）

　　意味：〈（ある空間に）いたるまで〉

　　例：あがりこむ、（向こう岸に）渡りきる

③時間的な持続性・多回性

　　意味：〈ずっと〉〈いつも〉〈しきりに〉〈何回も〉

　　例：しゃべりまくる、書きたてる、塗りたくる、飲みすぎる、
　　　　考えあぐねる

④時間的な完結性

　　意味：〈最後まで〉

　　例：（計画を）練りあげる、走りぬく

⑤動作主体や客体の多数性・多量性

　　意味：〈全部〉〈あらいざらい〉

　　例：売り切れる、ありすぎる；買いあさる、飲み干す

⑥動作主体の積極性

　　意味：〈ひたすら〉〈熱心に〉〈いちずに〉〈一生懸命〉

　　例：聞き入る、見つめる、信じきる

⑦変化の徹底性

　意味：〈すっかり〉〈完全に〉

　例：晴れわたる、静まりかえる、乾ききる、さびれはてる；あ
　　　きれかえる、ちぢみあがる、疲れはてる

⑧様態のはげしさ

　意味：〈さかんに〉〈やたらに〉

　例：燃えさかる、沸きたつ、煮えたぎる；眠りこける、踊りく
　　　るう

3.2.1　空間上のひろがり

　空間的なひろがりは、運動量の大きさと連関し、強調のひとつの
側面をになう。

　「-まわる」は、移動する空間の面積や範囲の拡大とかかわり、
「あちこち」「くまなく」といった副詞の意味に相当し、空間上のひ
ろがり、運動の量や回数の多いことにつながっていく。かなり生産
的。{走り-、捜し-、売り-、嗅ぎ-、駆けずり-、告げ-、触れ-、飲
み-}

　「一晩中、友だちとのみあるく」の「-あるく」は、「あるく」本
来の歩行の意味をもちうるが、「車でそこら中を捜しあいた」に
なると、歩行の意味はきえて、もっぱら空間量や回数の多いことを
あらわしている。

(17) 彼は日中戦争が始まる五年前に、やがて必ず自動車が日本
　　　中の道路を走りまわる時代が来るのを予見して、淀屋橋の
　　　ビルの二階に、業界紙を発行する会社を設けた。

（宮本『流転』206）

(18) 麻沙子は、一週間待ってレーゲンスブルクで母をつかまえ
　　　るが、あしたにでもレンタ・カーでウルムの街の周辺を捜
　　　し廻るか、まだ決めかねていた。　　　（宮本『ドナ上』57）

　「-わたる」は、ある変化があたり一面におよぶことを意味し
（3.2.7の項参照。「空が晴れわたる」）、これも空間上のひろがりの

例であるといえる。例文（19）の「本茶屋中」の「中」や例文
（20）の「石屋川沿い一帯に響き渡る」の「一帯に」は、空間上の
ひろがりをあらわしている形式である。かなり生産的。{輝き-、澄
み-、萌え-、響き-、知れ-、咲き-}

(19)熊吾と房江の仲は、ふた月もたたないうちに、新町の本茶
　　屋中に知れ渡った。　　　　　　　　　　　（宮本『流転』284）

(20)静まり返った石屋川沿い一帯に響き渡るほどの声であった。
　　　　　　　　　　　　　　　　　　　　　　（宮本『流転』95）

(21)「城崎の医者より、松坂先生のほうが百姓も名医じゃと、そ
　　の名は轟き渡った」　　　　　　　　　　　（宮本『流転』358）

　「-ちらす」は、運動が四方八方におよぶことを意味する（たとえ
ば、「撒きちらす」）が、そこから派生して、運動の多回性と動きの
荒々しさを特徴づける形式へと移行している（3.2.3 時間的な持続
性・多回性の項参照）。

3.2.2　空間上の到達性

　空間上の到達とは、移動がその終着点にたどりつき、運動の目的
が達成されることである。

　「-こむ」は、他にもさまざまな用法をもつが、移動が目的地に行
き着き、限界に達することをあらわすことがある。位置の変化をあ
らわす動詞についたり（自動車「あがりこむ」「はいりこむ」；他動
詞「つみこむ」「はこびこむ」）、移動の様態をあらわす動詞につい
たりして（自動詞「ころがりこむ」「すべりこむ」；他動詞「かつぎ
こむ」「ひきずりこむ」）、動きがあるところにいたったことを特徴
づける。行き先が明示されるはずである。(22)(23) における
「ベッドに」、(24) における「海に」がそれ。非常に生産的。

(22)部屋に入り、ボーイにチップを与えてドアを閉めると、彼
　　女はソファの上にハンドバックを投げ、ベッドに倒れ込ん
　　だ。　　　　　　　　　　　　　　　　　（宮本『ドナ上』38）
(23)麻沙子は結局顔だけ洗って化粧を落とすと、シャワーを浴

びないでベッドにもぐり込んだ。　　　　　（宮本『ドナ上』39）

(24) いっそのこと、双方でロープかなにかをエイエイ曳きあい、
　　　敗けたほうがザンブと海に落ち込むことにしたらどんなも
　　　のであろう。　　　　　　　　　　　　　　　（北『どく』14）

3.2.3　時間的な持続性・多回性

運動の時間がながいこと、運動が何回もおこなわれることを特徴
付ける。

「–あぐねる」は、人間がある行為をつづけたり、くりかえしたり
することをあらわし、それとあわせて、その過程で、いやになるこ
とをあらわす。非生産的。{考え–、迷い–、扱い–、攻め–}

(25) その間、夏彦は澄子の、わけのわからない不機嫌とかわがが
　　　ままとか焦燥とかを扱いあぐねて、しばしば彼女から逃げ
　　　出し、まるで他人のものを盗むかのような心持ちで、自分
　　　ひとりの時間を持った。　　　　　　　　（宮本『海岸上』213）

(26) 迷いあぐねた末、することといってもただ部屋の中をぐる
　　　ぐる歩き廻ることしかしなかった。　　　　（渡辺『花埋』224）

「–しきる」は、運動が長時間つづくことをあらわす。副詞の「しき
りに」「しきりと」に対応する。非生産的。{降り–、鳴き–}

(27) 虫は昼間から鳴きしきっていた。　　　　　（川端『雪国』89）

(28) すると、とどめなく、降りしきっていた霧雨も、樹木の香
　　　りをはらんだゆるやかな風も、……　　　　（宮本『青が』117）

「–とおす」は、長時間あるいは何回もある運動をおこなうことを
意味する。かなり生産的。{言い–、問い–、通い–、思い–}「貫きと
おす」はいささか重複の感じ（「松阪熊吾という人間の演技を貫き
とおす」）。

「–すぎる」は、さまざまな用法があるが、「しゃべりすぎる」「の
みすぎる」の例では運動の量や回数の多さを特徴づけ、のぞましい

状況をこえていることをあらわしている。非常に生産的。

(29)「在のお百姓が、街へ出て、焼酎を<u>のみすぎて</u>、いまごろ村
　　へ帰るんだろう」　　　　　　　　　（長谷部慶次ほか『シ忍ぶ川』）

「-たくる」は、人間の身体的行為がたてつづけに何回もおこなわ
れるようすをあらわす。同時に空間的なひろがり、もしくは対象の
多数性（例文（31）の「腕や肩や乳房に」）をあらわすこともある。
非生産的。{ぬり-、掻き-}

(30)「百姓女が、慌てて白粉を<u>塗りたくって</u>はせ参じるんじゃ
　　ろ」　　　　　　　　　　　　　　　　　　　（宮本『流転』188）
(31)泡を腕や肩や乳房に<u>塗りたくり</u>、その泡を吹き散らして遊
　　んだりした。　　　　　　　　　　　　　　（宮本『ドナ上』94）

「-たてる」は、運動がたてつづけに、しかも、はげしくおこなわ
れることを意味する。生産的。{わさぎ-、はやし-、書き-、あおり
-、攻め-、まくし-}

(32)「金を返せなんて<u>騒ぎたてたら</u>、あんたの信心はいったい何
　　じゃたんかということになるぞ。」　　　　　（宮本『流転』370）
(33)高末が口笛を鳴らし、神崎が奇声をあげて、ガリバーを<u>は
　　やしたてた</u>。　　　　　　　　　　　　　　（宮本『青が』255）
(34)「日本の大学は遅れている」―利根川さんが言われたため、
　　日本のほとんどの新聞はそういうことを<u>書き立てました</u>。
　　　　　　　　　　　　　　　　　　　　　　　（天野『日本』100）

「-ちらす」は、人間の行為の多回性とともに、その動作が荒々し
く、むやみにおこなわれることを意味し、否定的な評価をともなっ
てもちいられる。やや生産的。{言い-、書き-、わめき-、いかり-、
いばり-}

(35)麻沙子が、父という人間の中で最も嫌悪を感じるのは、自分より立場の上の者にはこびへつらい、下の者には<u>いばりちらす</u>という点だった。　　　　　　（宮本『ドナ上』60）

(36)「俺は、海の近くの食堂で、まずい魚を食べさせられると逆上して、<u>怒鳴りちらしたく</u>なるんだ。」　（宮本『海岸下』114）

　「-つくす」は、さまざまな用法をもつ形式ではあるが、「いつまでも」「ずっと」に相当する持続的な時間を特徴づけることがある。この用法は非生産的 {立ち-}。

(37)イタリー人のコック長はずっと雨あがりの夜道に<u>立ちつくして</u>、麻沙子の乗った車を見つめていた。（宮本『ドナ上』59）

　「-つのる」は、時間の経過につれてはげしさがますことを、「-つむ」は時間の経過にともない、結果物がますことを、それぞれ意味する。「言いつのる」は〈調子にのって、ますますさかんにしゃべる〉ことである。いずれも非生産的。

(38)嵐の前兆の生温かい強風が<u>吹きつのる</u>テニスコートから去っていくのも、それはそれでいい思い出になるだろうと思った。　　　　　　　　　　　　　　　（宮本『青が』410）

(39)屋根に雪の<u>降り積んだ</u>、低い町がひろがっている。

（長谷部慶次ほか『シ忍ぶ川』97）

　「-まくる」は、人間の意志的な行為の回数が多く、やすみなくおこなわれることを特徴づける。文体的に俗語の性質をおびていて、あらたまった場面ではつかいにくい。関西でとくによくつかわれる形式か。非常に生産的。{しゃべり-、言い-、笑い-、書き-}

(40)ファイナルは、この三年間、もう何万球も打って打って<u>打ちまくって</u>練習してきたサーブを必ずいれてやる。

（宮本『青が』343）

(41)「急に、うしろから、肩をつかまれて振り向いたら、そいつ
　　が怒鳴りまくった。　　　　　　　　　　　（宮本『海岸上』233）

3.2.4 〈時間的な完結性〉

限界をもつ運動が達成したり、達成にむけての運動を特徴づける。
「―あげる」は、人間の意志的な行為が最終の局面にいたること
をあらわす。それは、「つくる」「あむ」「そだてる」「たく」「書く」
のような生産動詞の場合に典型的である。「計画をねる」はその過
程にあることを意味するが、「計画をねりあげる」は、その行為が
何度かおこなわれて最終段階にあることを意味している。「歌いあ
げる」は最後まで歌うことを意味する。生産的。{結い‐、歌い‐、
数え‐、洗い‐、築き‐、書き‐、鍛え‐、磨き‐}

(42)女の純情に多少はほだされる場合はあっても、己れが作り
　　上げた個性を、松坂熊吾という人間の演技を貫き通してき
　　た。　　　　　　　　　　　　　　　　　　（宮本『流転』361）
(43)末っ子のカールを生んだ翌年に夫が死に、以来、女手ひと
　　つでパン屋を営みながら、子供たちを育てあげたのである。
　　　　　　　　　　　　　　　　　　　　　　（宮本『ドナ上』32）
(44)彼は、この何週間かに練りあげた計画をぶちこわした。
　　　　　　　　　　　　　　　　　　　　　　（宮本『流転』386）

「‐あがる」は、「論文が書きあがる」「セーターが編みあがる」の
ように生産物が誕生したことをあらわす。かなり生産的。

(45)久女は釜の朝御飯が炊きあがるまでの短い時間をも惜しむ
　　ごとく外まで出てみる。　　　　　　　　　　（田辺『性分』48）

「‐とおす」は、人間が主体であると、運動を最後までおこなうこ
とを意味する。「雨が一日中降りとおす」のように人間以外の主体
にもつかわれるが、この場合には持続的な意味にかたむく。かなり
生産的。{言い‐、書き‐、通い‐、問い‐、敷き‐}「貫きとおす」は

194　　Ⅱ　語彙の体系性をめぐる諸問題

いささか重複的。

> (46)女の純情に多少はほだされる場合はあっても、己れが作り
> 上げた個性を、松坂熊吾という人間の演技を貫き通してき
> た。
>
> （宮本『流転』361）

「-ぬく」は、人間の意志的な行為が、障害や抵抗にもかかわらず、
最後の局面まで至る状況をあらわす。非常に生産的。{生き-、勝ち
-、守り-、やり-、走り-、粘り-}

> (47)粘って粘って粘りぬいて、ポンクが詰めて来る一瞬間の
> ボールで、先にネットに出てしまうのである。
>
> （宮本『青が』146）

> (48)「私は、阪神特殊鋼が、激甚を極める業界の競争に今後勝ち
> 抜いていくためには、……」　（山田信夫『シ華麗なる一族』52）

次の例では、「描きぬく」は、文法上の主体は「筆さばき」であ
るが、「執拗に」という副詞で形容されるように、動作主のゆるぎ
ない態度があらわされている。

> (49)油彩なのに、微細で鋭利な刃物をけずりあげたような筆さ
> ばきが、葉の一枚一枚を、光の一筋一筋を、木肌の一片一
> 片を執拗に描きぬいていたから、百号以上はある大きな絵
> に浮かぶ温かいほのぼのとした光と風が、いったいどこか
> らあぶり出されてくるのか、誰もいぶかしく思ってしまう
> のだ。
>
> （宮本『星々』20）

3.2.5　動作主体や客体の多数性・多量性
「-すぎる」は、主体の多数性をあらわす。生産的。{あり-、そろ
い-}

> (50)「その直観とイマジネーションを起こさせるものは揃いすぎ

ている。」 　　　　　　　　　　　　　　　（橋本忍『シ日本沈没』285）

「-つくす」は、人間の意志的動作のおよぶ対象が多いこと、そしてそれらがすべてなくなってしまうことをあらわす。やや生産的。{売り-、食べ-、言い-、知り-}

「売りつくす」と「売り残す」、「食べつくす」と「食べ残す」のように、「-つくす」と「-のこす」が対義語の関係をつくることがある。

(51)「これも食いつくして、草の根、木の皮を噛った」

　　　　　　　　　　　　　　　　　　　（橋本忍『シ人間革命』187）

(52)「念仏いたさば、おらのたましいは、おまえのからだと、ともにあるから、すべて知りつくしておる。」

　　　　　　　　　　　　　　　　　　　（寺山修司『シ田園に死す』287）

(53)雪はあらゆるものを白く覆いつくしているが、このちょっとした広場にだけは、忘れえない強い印象がある。

　　　　　　　　　　　　　　　　　　　（橋本忍『シ人間革命』118）

「-ほす」は、液体をすべてなくしてしまうことをあらわす。非生産的。{飲み-、汲み-}

(54)夏彦は、ご飯粒をひと粒残らず食べアサリの味噌汁も全部飲み干して、箸をおいた。　　　　　（宮本『海岸下』118）

「-あさる」は求める対象が多いことをあらわす。あわせて、運動の多回性をも特徴づける。非生産的。{買い-、読み-}

(55)「図書館に行って、精神病理に関する本を読み漁ってみたら、この病気の遺伝の確率は、ものすごく高いんや。」

　　　　　　　　　　　　　　　　　　　　　　（宮本『青が』44）

「使いきる」「売りきる」「借りきる」といった「-きる」は、対象

196　II　語彙の体系性をめぐる諸問題

のすべてにいきわたるような行為をさしている。

3.2.6　動作主体の積極性

「-いる」は、人間の意志的な精神的行為をあらわす動詞に後接して、動作主の熱心なようすをあらわす。「ひたすら」「いちずに」の意味に相当する。{見-、聞き-、眺め-}

合成動詞「見入る」「聞き入る」は（59）（60）のように、対格支配の「見る」「聞く」を与格支配にかえることがある。「～を　見入る／聞き入る」では動作主体の積極的な態度をより強くあらわしている（「あえて」「わざと」のような強い意図をしめす副詞と共存する）。

（56）まるで湯気の中でうごめいているようなビルや高速道路や車の群れを、かおりは事務所の窓から何度も眺め入った。

（宮本『海岸下』5）

（57）なかばそんな気持ちで、かおりは夏彦の顔を見入った。

（宮本『海岸下』9）

（58）ぼくと姉は、夏の夜、母が泣いているのを、蒲団の中で息をひそめて聞き入ったことがしょっちゅうあった。

（宮本『避暑』19）

（59）いまこうやって、かつての行きつけのイタリー料理店のテーブルに置かれたキャンドルの火に見入っていると、

（宮本『ドナ上』43）

（60）夏子は少し涙ぐんで、燎平の言葉に聞き入っていた。

（宮本『青が』295）

「-きる」は、多様な用法をもつが、「信じきる」の例では、動作主の「ひたすら」信じているようすをあらわす。

（61）その中には、娘は日射病で死んだと信じきっている働き者の夫婦も混じっていたのだった。　　　　（宮本『流転』360）

「-こなす」は、人間の意志的行為を充分に習熟し、思いのままにおこなうようすをあらわす。かなり生産的。{使い-、乗り-、着-}

(62) 花鳥の名を知ったらこんどはそれを知識にとどめず、たっぷりと人生で使いこなすことだと思ったのであった。

(田辺『性分』48)

「—しめる」は、人間の身体的な行為がつよくおこなわれることをあらわす。やや生産的。{握り-、抱き-、踏み-、かみ-}

(63) 麻沙子は、気の毒なくらいしょんぼりした表情でハンドルを握りしめているペーターのほうに顔を向けて言った。

(宮本『ドナ上』129)

(64) どのくらいそうしていたか……雅子は決心して、一歩一歩、足元を踏みしめて歩いた。　　　(斎藤『危険』346)

(65) 尾形は、ギュッと唇を噛みしめ、答えようとしなかった。

(斎藤『危険』364)

「-すえる」は、人間の意志的行為の強くおこなわれることをあらわす。非生産的。{見-、置き-}

(66) 彼は自分の横で粘りつく光を投げかけてくる氏家の瞳をじっと見すえて息を凝らした。　　　(宮本『青が』264)

「-つける」は、人間の身体的・精神的な意志的行為の強くおこなわれることをあらわす。生産的。{痛め-、おどし-、にらみ-、押さえ-、切り-、送り-}

(67) 熊吾は立ち停まり、亜矢子の目をにらみつけた。

(宮本『流転』370)

3.2.7 〈変化の徹底性〉

「-あがる」は、すっかりその状態になることをあらわす。人間の無意志的な精神活動について人間以外の変化についてもつかわれる。やや生産的。{ちぢみ-、おびえ-、すくみ-、ふるえ-；晴れ-、禿げ-、めくれ-}

(68) 「何遍も手を引くように言うてやってるんやけど、ガリバーのやつ、<u>のぼせあがって</u>、あとさきが判らんようになってるんや」　　　　　　　　　　　　　　　　　　　　（宮本『青が』302）

(69) 背の低い、額の<u>禿げあがった</u>のは、まちがいなく中村力三だった。　　　　　　　　　　　　　　　　　　　　　　（斎藤『危険』282）

(70) 眼球がとろけだし、醜く<u>めくれあがった</u>眼窩が、空しく浅香をにらんでいた。　　　　　　　　　　　　　　　　　（斎藤『危険』286）

「-いる」は、すっかりその状態になることをあらわす。人間の無意志的な精神活動や人間以外の変化についてもつかわれる。やや生産的。{恥じ-、恐れ-、痛み-、感じ-、驚き-、思い-；消え-、絶え-、寝-}

(71) 「岩井亜矢子との件は、<u>恥入っています</u>」
　　　「あの女に惚れて、恥じることはなかろう。……」
　　　　　　　　　　　　　　　　　　　　　　　　　　（宮本『流転』383）

(72) 店の女が<u>驚き入った</u>ように老婆らをみていた。
　　　　　　　　　　　　　　　　　　　　　　　　　　（中上『日輪』306）

(73) 突如、津軽三位線の音は<u>絶え入る</u>ように消え、女たちも消えてしまう。　　　（中島文博ほか『シ津軽じょんがら節』260）

「-かえる」は、すっかりその状態になることをあらわす。人間についても、非人間についてもいえる。かなり生産的。{しょげ-、あきれ-、ふんぞり-；静まり-、沸き-}

(74) <u>静まり返った</u>石屋川沿い一帯に響き渡るほどの声であった。

（宮本『流転』95）

「-きる」は、すっかりその状態になることをあらわす。人間についても、非人間についてもいえる。生産的。{疲れ-、くたびれ-、消耗し-、満足し-、恐縮し-、弱まり-、衰弱し-；乾き-、澄み-、冷え-}

(75) コートには充分に水が撒かれたが、たちまち<u>乾ききって</u>砂塵となり、選手の靴下を茶色く染めてしまった。

（宮本『青が』193）

「-はてる」は、好ましくない状態の極限にいたることをあらわす。人間についても、非人間についてもいえる。生産的。{困り-、あきれ-、疲れ-、弱り-；変わり-、荒れ-}

(76) <u>呆れ果てた</u>私は、振り向きもせず、一言、答え進んだ。

（栗原『明大』173）

(77) 燎平は午前中に二試合をこなして、それだけでぐったり<u>疲れ果てて</u>しまっていた。　　　　　　　　（宮本『青が』193）

(78) 流木とゴミに<u>荒れ果てている</u>浜辺。

（中島文博ほか『シ津軽じょんがら節』235）

(79) そこは北国のさびれ<u>果てた</u>村だ。

（中島文博ほか『シ津軽じょんがら節』235）

「落ち着きはらう」の「-はらう」も、他に類例をもたないが、すっかりその状態になることをあらわしている。

(80) 有吉の態度が、いやに物慣れた、<u>落ち着きはらった</u>ものにみえたからだったし、　　　　　　　　　　　（宮本『星々』41）

「-ふける」は、人間の精神活動の、それに熱中し、おぼれてしまうようすをあらわす。非生産的。{読み-、聞き-、思い-}

「-ふける」は、「読む」「聞く」などの意志的な他動性の動きを無意志的な非他動性の動きにかえてしまい、むすびつく名詞句を対格から与格にかえてしまうことがある。宮本輝の『星々の悲しみ』の作品中、「小説を読みふける」「小説に読みふける」のどちらも出てくる。

(81) ぼくは高校二年生のときも、ときどき学校をさぼって中之島の中央図書館へ行き、外国の古い小説を読みふけったことがあり、　　　　　　　　　　　　　　　　　（宮本『星々』10）

(82) ぼくはぼくで、ある新しい熱情に駆られて小説に読みふけるようになったからだ。　　　　　　　　　　　（宮本『星々』56）

「あわてふためく」の「-ふためく」、「だまくらかす」の「-くらかす」は唯一形態素と思われる。はっきりした意味はつかみにくいが、強調に関与しているといえるか。

(83) 私はどうしたらいいのかわからず、慌てふためいて離れの父の寝室まで走っていきました。　　　　　（宮本『綿繍』17）

(84) 私はフンガイし、それならば選考委員をだまくらかすため節を届して論文のひとつも書くかと思案していたところ、Mという男が私に知恵をつけてくれた。　　　　（北『どく』7）

3.2.8　様態のはげしさ

運動そのものはげしさを特徴づけている形式がいくつか存在する。「-くるう」は、運動が、限度をこえて、はげしいようすをあらわす。やや生産的。{荒れ-、踊り-、しゃべり-、暴れ-}

(85) 「はい、はい。じゃあ、もう麻沙子がうんざりするくらい、にぎやかに喋り狂ってあげるわ」　　　　　（宮本『ドナ上』35）

(86) しかし、その佐渡は大きな荒れ狂う海に、今にも呑み込まれそうに見える。　　　　　　　（橋本忍『シ人間革命』122）

「-こくる」は、その動作がはげしいようすをあらわす。非生産的。
{黙り-、塗り-}

(87) そうでなければ、他のどんな人にも細やかな心遣いと優し
さを忘れない母が、……、あたかも挑むような目を注いで
黙りこくってしまう筈がない。　　　　　（宮本『ドナ上』24）

「-こける」は、人間の行為がはげしいことをあらわす。非生産的。
{わらい-、あそび-、ねむり-}

(88) やがてけろりと我にかえる国彦、かたわらに泥のように眠
りこけている女郎を蹴とばして、（長谷川和彦『シ宵待草』257）

「-ころげる」は、その動作がはげしいようすをあらわす。非生産
的。{笑い-}

(89) 笑いながらスマイルとアンナが部屋に戻ってきて、拍手し
ながら笑いころげている連中と共にあらためて笑った。
　　　　　　　　　　　　　　　（筒井康隆「旦那さま留守」17）

「-さかる」は、その運動がはげしいようすをあらわす。非生産的。
{燃え-}

(90) そして、たとえどんなに泣きたいほど夏子を愛したとして
も、自分は、あのガリバーみたいに、火のように燃えさ
かって行くことは出来ない人間だと思った。
　　　　　　　　　　　　　　　　　　　（宮本『青が』317）

「-たぎる」は、非人間の動きが勢いよくおこなわれることをあら
わす。非生産的。{燃え-、煮え-}

(91) 感情を殺した顔で打ち続ける城所だが、内心は、勃々たる

闘志が燃えたぎっているのだ。　　　　　　　　（斎藤『黒水』234）

「−たつ」は、動きの勢いのあるようすをあらわす。生産的。{沸き−、煮え−、いきり−、勇み−、奮い−}

(92)私はしぶきのこない船尾の甲板に出て、潮騒と風の唸りを聞き、溶岩のうねりのように沸き立つ波頭を長いこと見つめた。　　　　　　　　　　　　　　　　　（北『どく』17）

「−ちぎる」は、盛んにそのことがおこなわれることをあらわす。非生産的。「ほめ−}
「−とばす」は、本来は物理的な動作について空間的なひろがりをさす（跳ねとばす、蹴とばす、吹きとばす）が、人間の活動をあらわす語についても、勢いのあるようすをあらわすことがある。非生産的。{笑い−、しかり−、売り−}

(93)「わしは伊予から大阪に出て来ていまの商売を始めるとき、どうしても資金が足らんで、先祖伝来の山と田圃を親父にもお袋にも内緒で売りとばした。」　　　　（宮本『流転』356）

3.3　重複による強調
　類義の関係にある動詞がふたつならんで合成語をつくっていることがある。「鳴り響く」や「好き好む」のような例である。これらの合成語は、それを構成する要素の意味がはっきりしている。ただし、その意味は相互ににかよっていて、冗長的である。必要のないむだな重複とみなすこともできる。ただ単に調子をととのえるために、こうした形式があらわれることもあろう。しかし、一般的にいって、そこにはある種の強調がくわえられているとみることができる。辞書の意味記述に、「鳴り響く」は〈あたり一帯に音がする〉とあったり、「好き好む」は「ひどく好きだ」とあったりするのはそのあらわれである。
　ふたつの動詞の意味する範囲に着目すると、以下のように分類で

きる。

①双方が同位語の場合

消え失せる、鳴り響く、照り輝く、やせこける、こびへつらう、おそれおののく、慣れ親しむ、抱きかかえる、なでさする、送りとどける、はらいのける、解き放つ、好き好む、忌み嫌う、ほめたたえる、なだめすかす、はぐくみそだてる、きわめつくす、貫きとおす

②前者が下位語で後者が上位語という場合

揺れ動く、滴り落ちる、ほとばしり出る、逃げ去る、ほっつき歩く、覗き見る、くぐり抜ける、ふくみいれる

③前者が上位語で後者が下位語の場合

曲がりくねる、光りきらめく、折り畳む、思い悩む、思いわずらう

これらの合成語は、（97）における「はぐくみそだてる」のような、その場で著者がつくりだしたと思われるような臨時的なくみあわせを例外として、ほとんどが固定化して、辞書の見出しに登録されるような性質をもっているものである。ちなみに、固定化している証拠として、合成語を構成している要素をひっくりかえすことができないということが指摘できる（「* 失せ消える」「* 響き鳴る」「* 動き揺れる」「* くねり曲がる」）。また、これらの形式は生産性を欠いていて、個別的である（「思い─」は、いくらか生産的で、接頭辞的な性質をそなえていて、異質である）。つまり、上にあげた合成語の多くは、固定した合成語として安定した単語の資格をもっている。そして、それらを構成する要素である単純語とのあいだに類義として語彙体系のなかではりあう関係をつくっている。そうしたはりあい関係のなかで、運動の強調面がとりだされることがあろう。それは個別に検討する必要がある。以下の類義語群では、強調に（　）内のことが指摘できそうである。

鳴る、響く　＜　鳴り響く（空間上のひろがり）

好く、好む　＜　好き好む（動作主体の積極性）

忌む、嫌う　＜　忌み嫌う（動作主体の積極性）

出る　＜　ほどばしる、ほとばしり出る（勢い─様態のはげし

さ）

曲がる　＜　くねる、曲がりくねる（多回性）

折る　　＜　たたむ、折りたたむ（多回性）

(94) 雷は、何かの猛烈な気まぐれのように、鉄路の海側と山側
とで鳴り響いて、閃光を走らせた。　　　　（宮本『海岸上』18）

(95)「庭付きの一戸建てが買えるのに、いったいどんな人種が好
きこのんで、こんな交通の便の悪いところの高級マンショ
ンを買うんだろうって、噂したもんよ」

（青野聰『マンションの女』（『波』94.10 : 74））

(96) 長い間の鬱憤が、今、堰を切ったようにほとばしり出たの
である。　　　　　　　　　　　　　　　（斎藤『黒水』210）

(97) どちらも、科学をはこぶことばとしての日本語を、はぐく
みそだてる道ではなかった。

（梅悼忠夫『あすの日本語のために』94）

(98) それぞれ自転車に乗って、本通りを横切り、雲場池への曲
がりくねった道を進んだ。　　　　　　　（宮本『避暑』80）

(99) 姉はそっと頷き、四つに折り畳んである紙きれを丸め、ゴ
ミ箱に捨てた。　　　　　　　　　　　　（宮本『避暑』35）

　以上、合成動詞の前要素が強調の役目をになうもの（3,1）、後
要素から強調の役目をになうもの（3,2）、前要素と後要素の双方
が相まって強調しているもの（3,3）に分類し、記述的な分析をこ
ころみた。肝心の強調とはなにかという点については依然として保
留されたままである。

〔付記〕この稿をおこすきっかけとなったのは、城田俊氏の『こ
とばの縁』との出会いである。同書の「強調の縁」（32〜41p）は、
大学の演習でとりあげたことがある。なお、1993年に同志社女子
大学を卒業した喜花陽子さんは「強調表現の諸相」という題の卒業
論文を残している。

参考文献

喜花陽子（1992）「強調表現の諸相」同志社女子大学学芸学部卒業論文

城田　俊（1991）『ことばの縁』リベルタ出版

宮島達夫（1973）「無意味形態素」『ことばの研究　第4集』（国立国語研究所
　　論集）秀英出版

村木新次郎（1980）「日本語の機能動詞表現をめぐって」『国立国語研究所報告
　　65 研究報告集（2）』秀英出版

出典一覧（＊は文庫本）

天野郁夫『日本的大学像を求めて』玉川大学出版部 1991

川端康成『雪国』＊岩波書店 1968

北　杜夫『どくとるマンボウ航海記』＊新潮社 1975

栗本慎一郎『明大教授辞職始末』講談社 1992

斎藤　栄『危険な水系』＊中央公論社 1994

斎藤　栄『黒水晶物語』＊中央公論社 1994

田辺聖子『性分でんねん』＊筑摩書房 1993

中上健次『日輪の翼』＊文芸春秋 1992

宮本　輝『星々の悲しみ』＊文芸春秋 1984

宮本　輝『綿繍』＊新潮社 1985

宮本　輝『青が散る』＊文芸春秋 1985

宮本　輝『流転の海』＊新潮社 1985

宮本　輝『ドナウの旅人（上）』『ドナウの旅人（下）』＊新潮社 1988

宮本　輝『避暑地の猫』＊講談社 1988

宮本　輝『海岸列車　上』『海岸列車　下』毎日新聞社 1989

渡辺淳一『花埋』＊新潮社 1975

（これらの他にも、いくつかのシナリオから用例を採集した。出典に『シ……』
　　とあるのは、シナリオを意味する。）

第5章
現代語辞典の輪郭

1. 辞書とは何か

　辞書というものに対するわれわれがもつごく素朴なイメージは、〈あいうえお順（五十音順）に配列された単語について、それぞれの意味を説明した本〉とでもいったところであろうか。そのようなイメージはまちがってはいないけれども、辞書の多様性をおおいつくしているものではない。

　まず辞書に立項されるものは何かを問う。辞書に立項されるものは、基本的には単語である。しかし、辞書は単語だけをふくんでいるわけではない。辞書であつかわれる項目の中心は、疑いもなく、単語ではあるけれども、単語のほかに、単語よりも小さな形態素や造語成分が立項されることもあるし、単語よりも大きな慣用句やことわざなどの言い回しが見出しとなることもある。

　第二に、辞書はいつも五十音順に配列されるものでもない。五十音をさかさからひけるようにした逆引き辞典がある。和英辞典にみるように、アルファベット順に並べられたものもあるし、意味あるいは概念にしたがって配列されたものもある。

　第三に、辞書は個々の単語についての意味の説明を必ずしも必要としない。見出し語の登録だけで十分に用がたりるという場合がある。索引とか語彙表の性格をもつものや用例集とかコンコーダンスの類も、単語を整理したものであり、広い意味での辞書と考えることができよう。活用語の送りがなや単語の漢字の表記だけがわかればよいという辞書もある（用語用字辞典）。

　第四に、辞書は本というかたちをとる必然性はないだろう。今日、マイクロフィッシュや磁気テープ・フロッピー・CD（コンパクトディスク）といったものによる辞書が出現している。従来の印刷さ

207

れた辞書が電子・磁気的な媒体にかわることによって、さまざまな目的に活用できる可能性があるだろう。コンピュータを利用しての二言語間の自動翻訳といった実験が試みられている。辞書の媒体としては書物のほかにも、こうしたものがありうる。

そこで、辞書というものをいくらか慎重に定義しなおすとすれば、次のようになるだろう。

〈ある利用者にとって、ある情報ができるだけ早く得られるように、ある媒体によって、語彙的な単位を集めたもの〉

2. 辞書の分類

辞書にはどのようなものがあるか、ありうるかを概観してみよう。

2.1 辞典と事典と字典

広い意味での辞書の中には、ことばについての情報をおさめた狭義の辞書（辞典・コトバテン）とことがらについての情報をおさめた事典（コトテン）と文字（とりわけ漢字）についての情報をおさめた字典（モジテン）の3種類がある。これらはそれぞれ異なる情報をおさめた辞書ではあるが、しかしながら、狭義の辞書が他の2つの辞書から完全に独立しているわけではない。

狭義の辞書におけるある種の名詞の説明には、百科事典の記述とかさなる部分が認められる。（ちなみに、名詞以外の品詞、すなわち動詞・形容詞・副詞・接続詞などはそもそも事典の項目とはなりにくい。名詞の中でも代名詞や「こと」「もの」「ため」といった形式名詞の類も事典の項目にならない。）たとえば、次にしめす「亀」については、辞典の語釈の部分はおおかた事典の説明に含まれている。辞書の語彙的単位の意味記述に際しては、言語と外的世界との区別は困難で、言語的な語釈と百科事典的な説明の厳密な区別はむずかしい。前者では一般的で本質的な特徴だけが記されよう。

> ●かめ〔亀〕爬虫綱カメ目に属する動物の総称。背面と腹面に甲を持ち、頭、四肢、尾を甲の内にいれることができる。万年のよわいを保つといわれ、鶴と共にめでたい動物として尊

ばれる。「鶴は千年亀は万年」

(『現代国語例解辞典』(小学館))

●かめ〔亀〕は虫類中の一目。体は頭、くび、胴、尾、四肢などの部分に分れる。胴は全部箱状の甲でおおわれているが、この甲は、他のは虫類はもとより、他の脊つい動物にも見られぬカメ類の特徴である。背面の凸状になったほうが背甲、腹面の偏平のほうが腹甲で、両甲は側面中央で連絡しているがその部分を橋という。……

【カメと民俗】〈ツルは千年カメは万年〉というように、日本では長寿を象徴するめでたい動物とされている。《日本書紀》には、トヨタマヒメが大ガメに乗って海を渡ってきたことがあり、鹿島明神が早ガメというカメに乗って長門豊浦に至ったことが《類聚名物考》巻三百十一にある。…

(『世界大百科事典』(平凡社))

　また、最近の現代語辞典のなかには、日本語の漢字のはたらきを考慮して、造語成分を立項し漢和辞典の役目をあわせもつものがある(『新明解国語辞典』(三省堂)、『新潮現代国語辞典』(新潮社)など)。単語を構成する要素であり、表音表意の機能をあわせもつ漢字の説明を、辞典のなかにとりこんだものである。

2.2　共時的な辞典と通時的な辞典

　現代語辞典を共時的な辞典の典型と考えることができる。一方、通時的な辞典の典型は語源辞典である。語源辞典では、当該の単語の語形と意味がいつ初めてあらわれたか(初出)がしめされることであろう。言語史上の時代区分にもとづくある時代の言語、たとえば上代語や中世語などを対象にしたもののなかにも、共時的な辞典と通時的な辞典がありうる。なお、古語辞典の類には、その時代の語彙の全体を対象としたものと、現代語と共通する語彙をはぶいて、古語に特徴的な語彙、もしくは用法だけを対象にしたものとがある。

2.3　文献学的な辞典と言語学的な辞典

　文献学的な辞典では文芸作品や各種文書の引用と解釈に重点がお

かれるであろうし、言語学的な辞典では言語体系における当該の単語のしめる位置や役割といったことに注意がはらわれるはずである。前者では生のデータが必須であるのに対して、後者ではデータを加工することもありうる。文献学的な立場では、辞典というよりはむしろ用例集といった性格をもつ。単語をリストアップしただけの索引のかたちをとることもあろう。コンピュータを活用することによって、こうした用例集は言語学的な辞典の基礎資料となる。言語学的な辞典では、音声・意味・文法・文体などの言語学上のコメントがつけられるのが普通である。

2.4　標準語辞典と方言辞典

　共通語としての性格をもった文章語を対象にした標準語辞典と各地方のはなしことばを対象にした方言辞典がある。方言辞典のなかには、ある地方の語彙の全体を対象にしたものと標準語と共通する語彙をはぶいた、当該の方言に特徴的な語彙や用法のみをとりあげた方言辞典とがある。

　ある個人の語彙をあつめた辞典（あるいは単なる語彙表）といったものもありうる（たとえば『ゲーテ辞典』『漱石辞典』）。これは、dialect に対して、idiolect とよばれる。

2.5　日常語辞典と専門語辞典

　専門語辞典はある特定の専門分野でもちいられる語彙だけを対象にした辞典である。政治用語辞典、経済用語辞典、スポーツ用語辞典などさまざまのものがありうる。これに対して日常語辞典は特定の専門分野に限定されず、はばひろくもちいられる語彙をおさめた辞典のことである。

2.6　語彙の全体をあつかった辞典と特定の語彙だけあつかった辞典

　これまでにとりあげたもののなかにも、語彙の全体ではなくて、ある特定の部分だけを対象にしたものがあった。古語辞典の類の現代語と異なる語彙だけをあつめた辞典、標準語とは異なる語彙だけ

210　　II　語彙の体系性をめぐる諸問題

をあつめた辞典はそうした辞典の例である。専門語辞典にもこれと似た性格がある。

こうしたもののほかにも、語彙論上、あるいは語彙＝文法論上の視点から一定の語彙だけを対象にした辞典がある。

2.6.1 語彙論上の視点から

語彙論上の視点というのは、いいかえれば、単語の共起的（paradigmatic）な側面に注目したものである。辞書学（辞典に関する理論と実践）が、語彙論と緊密な関係にあることは言うまでもない。単語の研究は辞典をつくる必要から起こっているし、見出し語の選定、それをどのように配列するかの基準、単語の意味の記述などは語彙論の研究をうながすことになる。辞典は語彙論の成果をうけとるであろうし、他方では、語彙論上の諸問題を提供することになろう。辞書学は、しかしながら、語彙論の一部ではない。辞書学の対象はひろく、文法論をはじめとして、文献学、方言学などいろいろな研究分野の成果をとりまとめなければならない。

語彙論上の視点からは、つぎのような辞典を列挙することができる。

類義語辞典	反対語辞典	意味分類体辞典（シソーラス）
連想語辞典	難語辞典	略語辞典
定義語からひく辞典		
同音語辞典	逆引き辞典	
廃語辞典	新語辞典	流行語辞典
外来語辞典	漢語辞典	和語辞典
俗語辞典	隠語辞典	罵倒語辞典
人名辞典	地名辞典	
頻度辞典	図解辞典	身ぶり辞典

ここに列挙したいくつかの辞典のなかには、日本語の辞典として実在していないものもある。定義語からひく辞典もそうした辞典のひとつである。

定義語からひく辞典というのは、一般の辞典にみられる見出し語とその見出し語の意味を説明した部分をさかさにして、意味を説明

第5章 現代語辞典の輪郭　**211**

した部分からひけるようにした辞典のことである。このような辞典は、単語間の類義、反義、意味の上位・下位関係などを知るうえで貴重な資料となりうる。下の表は英語の Longman Dictionary のデータベースから travel を定義語にもつ単語が一覧できるものである（辻井潤一「機械辞書―計算機処理の立場から」特定研究「言語情報処理の高度化」第一回発表会資料）。

ballon	to travel softly through the air in a high curve
barnstorm	to travel across while doing this
barnstorm	\<esp. AmE>to travel from place to place making short stops to give political speeches
belt	\<esp. BrE sl>to travel fast
bicycle	to travel by bicycle
botinize (botinise)	to travel into(a place)in order to this
burn up	\<sl>to travel at high speed(along)
canoe	to travel by CANOE
come round	to travel a longer way than usual
commute	to travel regularly a long distance between one's home and work(esp. by train)
cover	to travel(a distance)
explore	to travel into or through(a place)for purpose of discovery

2.6.2　語彙＝文法論上の視点から

　ある単語をつかうためには、多くの場合、他の単語との共起関係についても知っていなくてはならない。語彙＝文法上の視点というのは、単語の継起的（syntagmatic）な側面に注目したもののことである。辞典には、他の単語とのむすびつきの可能性がしめされていることがのぞましい。最近の日本語研究では、動詞の格支配（結合能力）の研究がすすんでいて、今後の辞典にはその成果がとりこ

まれるであろう。動詞の格支配というのは、動詞がどのような名詞の格を要求するかという文法現象をいう。たとえば、「こらえる」と「たえる」は似た意味内容をもつけれども、「こらえる」は「苦痛を」のように対格の名詞とむすびつく（動詞の結合能力については、小稿「動詞の結合能力からみた名詞」『国文学　解釈と鑑賞』1987–2参照）。「小さい／幼稚な　赤ちゃん」は自然であるが、「若い　赤ちゃん」は不自然であるといったことは、日本語をつかううえで欠かせない情報である（ちなみに、英語の young baby は、自然なコロケーションであるという）。単語の共起性にもとづく辞典としてはつぎのようなものがあるだろう。文辞典とかりに名づけたものは、用例を文のかたちでしめしている辞典のことで、たとえば『外国人のための基本語用例辞典』（文化庁）、『国語基本用例辞典』（教育社）といった辞典がここでいう文辞典の性格をもっている。

　　語結合辞典　　慣用句辞典　　表現辞典・比喩辞典　　ことわざ辞典　　引用辞典　　文辞典

2.7　記述的な辞典と規範的な辞典

　現代語の辞典にかぎっても、実際の言語現象がどうであるかを客観的に記述した辞典と言語のあるべきすがたという性格づけをうけた規範的な辞典というふたつのタイプの辞典がある。用語用字辞典といった類の辞典は後者のタイプである。書店にならべられている多くの学習辞典や実務用の辞典は規範的な性格がつよいといえるであろう。そこでは教育的な立場が考慮される。

　辞典の分類には、以上にあげたもののほかにも、日本語を母語とするひとを対象にしたもの（いわゆる国語辞典）と日本語を母語にしないひとを対象にしたものの区別、子供むけのものと成人むけのものの区別など利用者による分類もできるであろう。また、これまでに問題にした一言語（単言語）辞典のほかに、二言語辞典或いは多言語辞典というのもある。

第 5 章　現代語辞典の輪郭　　213

3．辞書の構成

最も一般的な、日本語の現代語辞典を想定して、その構成と問題点とを整理してみようとおもう。

3.1　見出し

あらゆる辞書に見出しは必須である。辞書の見出しになるのは、基本的には単語である。

形態上、単語と単語以下のレベル（形態素：接辞、漢語系の造語成分）や単語以上のレベル（句）の区別があいまいなものがある。漢字二文字からなる「国際」「民主」のように、見かけ上は単語相当ではあるが、つねに合成語の要素でしかないという形式がある。一方、「とってかわる」「みてとる」「きめてかかる」「かってでる」などは、見かけ上は単語をこえた形式ではあるが、意味的なまとまりと文法的な特徴にもとづけば、一単語としてみなされるべきものである。現実には、合成語（派生語・複合語）とのからみで、接辞や造語成分もみだしにたてられることが多い。そうした接辞類や造語成分を見出し項目としてたてるとしても、「親しい→親しさ／親しみ」「女→女らしい／女みたい／女っぽい」「うれしい→うれしがる／うれしがらせる」などの派生語をそれぞれ見出し語として立項するかどうかの基準をさだめるのは困難である。さらに複合語の問題も日本語では厄介である。とりわけ名詞と動詞における複合語の生産性がたかく、複合語の全体を立項することは、現実の問題として不可能である。複合語を構成する要素にその可能性を記述するほかないであろう。固有名詞のあつかいも厄介な問題である。

語形変化をする単語のある語形が特殊化したものも独立の単語として採録すべきであろう。たとえば、「思わず」「たえず」「残らず」が動詞の否定形であると同時に、独立の副詞としての用法をみとめて、見出し語として立項する場合がそうである。「ばかげる」「くすむ」よりも「ばかげた」「くすんだ」を見出し語にするという立場もでてこよう。日本語・外国語辞典では「ばかげた」「くすんだ」を立項する傾向にある。

3.2 形態

従来の国語辞典ではもっぱら表記に注意がそそがれていた。音声にも注意がはらわれるべきである。接辞類には、形態音韻論の観点から異形（異音）を記述する必要がある。たとえば、

 ま〔真〕（ma-/maN-/maQ-） 「ま正面」「まん中」「まっさら」
 ひき〔匹〕（-hiki/-piki/-biki） 「二ひき」「十ぴき」「何びき」

のように。こうした形態音韻論上の記述は、複合語を構成する要素にまでおよぶと、より理想的である。たとえば、

 はこ〔箱〕（hako/-bako） 「箱」「化粧箱」
 なに〔何〕（nani/nani-/nan-） 「なに」「なにひとつ」「なん歳」

のように。

個々の単語の表記に多様性があるのは、日本語に正書法が確立していないからである。単語の出自によるちがい（和語・漢語・洋語の区別）を文字の種類（ひらがな・漢字・かたかな）でかきあらわすことによって、かなりの部分、正書法にちかづくはずである。見出し語については、『新潮現代国語辞典』がこの方式をとっている。

3.3 意味の記述

3.3.1 記述用語の限定

意味を記述する側の語彙を限定するこころみがある。日本語ではそのような辞典を筆者はしらないが、英語の辞典では、"Longman Dictionary of Contemporary English" がそうした記述用語を制限した辞典のひとつで、五万語の単語を二千語だけをつかって説明している。記述語を限定することの得失を検討する必要があろう。

3.3.2 意味記述法の統一

一般に単語の意味は、意味特徴と上位語によって記述される。たとえば、「たんす」の意味は「引出しや開き戸があり、衣類や茶器などを整理しておく木製の箱状の家具」のように記述されるが、「引出し……箱状の」の部分が意味特徴であり、「家具」が上位語にあたる。この記述を可能なかぎり徹底させる。意味の記述には、意味特徴と上位語によるもののほか、類義語による言いかえ、反対語

や否定的な語による説明、外延を列挙する方法（たとえば「家具」の説明で「（家の中におく道具）、たんす、机、いす、など」あるいは「金属」の説明に「金、銀、銅、鉄、……」といった形式をとるもの）、比喩によるものなどが考えられるが、こうした記述のスタイルが統一されるべきかどうかも検討事項である。

3.4　用例

　古語辞典には実例がのせられるのに、現代語辞典では実例・用例がない、あるいはすくない、というのがこの国の辞典だった。1956年にでた時枝誠記編『例解国語辞典』（中教出版）は、すべての単語に用例をつけた画期的な現代語辞典であった。また、1978年にでた金田一春彦／池田弥三郎編『学研国語大辞典』（学習研究社）は多くの実例がしめされていて、専門家のあいだでは、評判のたかい辞典である。小型の辞典ではあるが、『新潮現代国語辞典』（新潮社）も実例をかなりあげている。『岩波国語辞典』（岩波書店）、『新明解国語辞典』（三省堂）、『現代国語例解辞典』（小学館）などは、作例ではあるが、多くの例があがっている。用例の提示は、その語の意味・用法を理解するうえで重要な役目をはたす。実例がいいか作例がいいかは一長一短があって、どちらともいいきれない。実例は、ときに生の（一次的な）資料であるから生き生きしているが、作例には不自然なものが見られるという欠点がある。実例はどうしても長くなりすぎる傾向があるが、作例はすっきりしたかたちで、あたえられたスペースが同じならば、実例よりは多くのせられるという利点がある。実例は、記述的な立場にもとづいて専門家にこのまれるが、作例には、ときに規範的な立場にかたむき学習者に便利であるという図式がなりたつかもしれない。しかし、いずれの場合も、重要なのはその実例なり作例なりが、多くの言語現象にささえられていることである。たまたま見つかった実例や執筆者の単なるおもいつきである作例では辞典にのせる例として不適当である。実例や作例の背景には膨大な資料が必要なのであり、その資料から適当な例がえらびとられることが大切なのである。執筆者の頭に内蔵されている資料もあるだろうが、それは人によってかたよりがあ

るものだし、全体にバランスのとれたものかどうか、多くの場合こころもとないものである。資料は複数の執筆者が共同で利用できるかたちのものであるのがのぞましい。そうした資料はカードやコンピュータで処理できる磁気テープやフロッピーなどで蓄積されるであろう。どのような言語現象を資料とするかは大きな問題であるが、ともかく現代語辞典では、書きことば・話しことばの広い分野からデータをあつめることが不可欠である。どの辞典をひいても同じような例文がでてくるのは、もっぱら先行の辞典だけを資料にした杜撰な辞書づくりに由来するものである。辞典には限られた例しかあげられないので、どの例をのせるべきかという選択に工夫がもとめられることになる。

　理想的な現代語辞典には、まず現代語の資料が必要である。つぎに必要なのは、その資料の言語学的な分析である。資料は、用例を提供するだけでなく、どのような見出し語をたてるべきか、音声あるいは表記上のゆれはどうか、どのような意味をもつか、どのような文法的・文体的特徴をもつかといった、辞典に記すべき多くのことをおしえてくれるものである。

　（これは1988年度科学研究費特定研究（1）による研究成果の一部である。）

第6章
語彙教育

1. 語彙の諸相

　語彙教育とひとくちにいっても、日常の会話でだれもが必要とする語彙と、ある特定の専門分野に必要とされる専門語彙とでは学習のしかたは大きくことなるであろう。また、外国語として学習する日本語における語彙教育は、母語（国語）の語彙教育と、かならずしも同じではないだろう。一般に、母語の語彙教育では、単語の獲得がものごとを認識していく過程と一致する度合いがたかいといえる。一方、外国語としての語彙教育では、日本語に特徴的な文化語彙（たとえば、「七夕」「ゆかた」「たたみ」）のような場合には、そのことがらについての学習をともなわない、ことばだけの学習はほとんど意味をなさないけれども、学ぶ側がすでに自分の母語によってものごとを認識していて、日本語の学習においては、母語とのおきかえによって容易に学習されるという場合（たとえば、曜日名や方角をあらわす語）もあろう。科学や技術のいちじるしい発展のもとで、高度の情報化と国際化がすすんでいる今日においては、科学技術をはじめ、政治経済にいたるまで、それらに関係した語彙が言語のちがいをこえて、語彙の共通部分を多くしているはずである（たとえば、コンピュータ用語）。今日の英語は、日本語だけでなく、多くの言語に、借用語や翻訳語をふやすという、直接あるいは間接的に影響をおよぼしていて、語彙における言語間の差をちいさくしているものと思われる。これらの文明語彙は、いわば現代人の共有のものになっていて、比較的学習しやすい部分である。しかし、日本語で言語活動をおこなう場合にどうしても必要とされる一般語彙は、日本社会の文化を大なり小なり反映していて、日本語学習者が各自の母語とのちがいを感じながら、日本語の語彙体系を学習せざ

219

るをえない部分である。日本語の語彙は、議論の余地があるとして
も、日本の自然環境、日本社会のもつ文化、日本人の生活ならびに
思考様式といったものをかなりの程度反映しているものと思われる。
つまり、一般語彙の獲得には、ことばの学習にとどまらず、それに
まとわりつく、さまざまなことがらの認識をもあわせて要求される
ことになるであろう。日本語の「山」は緑の木々でおおわれたもの
をイメージするが、北アメリカでの"mountain"は雪をいただく
岩山を連想するという。「湯水のように使う」という比喩表現がな
りたつのは、日本が水にめぐまれているからであって、アラブ世界
のような乾燥地帯では、考えにくいことであろう。地形としての
「山」、物質としての「水」を理解しただけでは不十分というわけで、
一般語彙には、しばしば、こうしたことばの背景の把握までもとめ
られることがある。このような一般語彙を短期間で、合理的におし
えることはむずかしい問題である。

2. 専門語のあつかい

　日本語教育が多様化する中で、専門分野別の日本語教育にも研究
者の目がむけられている。そうした中で、村岡貴子ほか「農学系学
術雑誌の語彙調査」(『日本語教育』84)、小宮千鶴子「専門日本語
教育の専門語」(『日本語教育』86)は、園芸学と経済学の用語調
査を報告したもので、日常用語と専門語の関係、専門別日本語教育
の指導法に言及している。専門教育における上級レベルの日本語教
育の開発にむけて、このような調査研究が蓄積されることがのぞま
れる。園芸学雑誌論文について報告した村岡らの論文によると、
「思う」と「予想する」という動詞は受け身形（自発形の方が妥当
か）でのみ用いられたという。仁科喜久子「日本語教育における専
門用語の扱い」(『日本語学』16–2)は、この分野の現時点での総
括であり、専門語を指導している教師には必読の文献である。語彙
指導をこえるテーマであるが、仁科「日本語教員と専門教員の連
携」(『日本語学』16–6)は、社会系や理工系の留学生の指導の場
合、日本語教員と専門教員が分離する傾向がつよく、そこに生じる

問題点を整理している。なお、『日本語学』16–2 は「専門用語」の特集で、その中の石井正彦「専門用語の語構成」に、「すべての専門家がかつてそうであったように、専門家を志し、その専門分野の知識や技術を学ぶのは一般人だから」「専門用語は、素人である一般人にも、わかりやすいものでなければならない」といった主張がある。賛成である。「高度」「硬度」「光度」よりも「たかさ」「かたさ」「あかるさ」の方がはるかにすぐれている。専門用語の指導にあたっている日本語教師からも、このような提言があることをのぞみたい。ただし、専門語の中に一般語彙があらわれること（たとえば、力学用語の「のび」「ねじれ」「ひねり」など）については、外国人にとってはかえって難関で誤解をまねきやすいという指摘もある（慶應義塾大学『科学技術日本語教育のための調査研究報告書』）。

3. 語彙研究の成果と日本語教育の応用

　言語の研究で比較的おくれていた語彙論・意味論に目がむけられ、それが類義語研究の成果として相次いで出版されたのは、1970 年代であった。徳川宗賢／宮島達夫編『類義語辞典』、柴田武／国広哲弥編『ことばの意味』がそれで、森田良行『基礎日本語』は基本語の詳細な意味用法辞典であった。その後、東京都立大学人文学部国文研究室や東京大学文学部言語学研究室から意味論をあつかった演習の成果が発表されるなど、語彙論・意味論の研究が蓄積されてきた。最近では、誤用例の検討にもとづく成果として、佐治圭三監修『類似表現の使い分けと指導法』がでた。「せっかく・わざわざ」「かなり・けっこう」といった（広義の）副詞類が多くとりあげられていること、指導上のポイントが指摘されていることに特徴がある。

　こうした類義語研究を中心とする意味論の蓄積は、辞書のなかみに反映している。94 年に刊行された、遠藤織枝ほか編『使い方の分かる類語例解辞典』は、のべ二万五千語におよぶ類義語の用法をしめした辞書であった。あらたに発行される国語辞典・日本語辞典・日外辞典には意味記述や他の語句との共起関係を明示した情報、

用例の重視など記述内容の充実がはかられている。とはいえ、日本語学習者にとって、既存の辞書類にはまだまだ課題がおおい。玉村文郎「外国人のための日本語辞書構想」（『言語』24–6）は、日本語学習者に、どのような辞書が求められているかが、ひろい視点から要領よくまとめられ、一般的な外国人用日本語辞書が提案されている。音象徴語は外国人にとってやっかいなものとしてよく知られているが、国語辞書にみられる、「すごい＝恐ろしくて、ぞっとするような感じだ。」「まごまご＝まごついて、うろうろする様子」ような説明の語句に音象徴語がふくまれているのは、外国人には役にたたない辞書だということになる。国語辞典は、外国人にとって使いにくいものであるが、柴田武「日本語教師のための日本語入門4」（『日本語』96年7月号）には、「こおど→高度（こうど）」「さんしゃ→山車（だし）」のような発音や音読み形（まちがった語形）からも引けるカラ項目が必要であるとの指摘がある。『日本語学』15–12は「中型国語辞典の現在」という特集で、語彙の選定や意味記述の問題点があつかわれている。同書の藤原浩史「国語辞典における対義語・類義語」は、現行の辞書に検討をくわえ、あるべき系列的語彙のすがたに言いおよぶ。基礎語彙の記述には構造化が必要だと指摘する。言語情報処理の世界では早くから言われていたことである。宮崎正弘「辞書の記述と利用—機械辞書の観点から—」（『日本語学』14–4）は、コンピュータ言語学の立場から機械辞書の記述内容と利用の報告である。電子辞書には、情報の容量が無制限で、情報の変更がいつでも可能であることなど、印刷体の辞書とはちがった性質もあるが、自然言語処理の世界は、母語話者が、あるいは人間がわかりきっていることがらをも詳細に記述する必要があり、解決すべき課題に共通するものがある。辞書への関心がたかまり、語彙・辞書研究会が定期的に催されている。

4. 語彙体系と指導法

　初級段階では「語彙教育」はあまり意識されないようである。入門期にあっては、音声・表記・文法・語彙は一体となって未分化な

段階として総合的な教育が求められるのであろう。谷口すみ子ほか「日本語学習者の語彙習得」(『日本語教育』84)によると、初級学習者にとっては語彙のネットワークがもっぱら個人的な経験にもとづくエピソードによる連想にかたよるのに対して、中級の学習者の場合には語彙が意味的に体系化され、概念構造がみてとれるという。語彙の貧弱な段階にあっては、その体系化はのぞめないが、初級レベルでは音声や文法の指導が優先し、語彙の指導が相対的に手薄になっていることはいなめないであろう。一般に、母語話者についても、子どもの連想は syntagmatic な関係が優勢になるのに対して、成人の場合には paradigmatic なものが多いというから、母語の学習と外国語の学習の共通した特徴といえるのであろうか。倉八順子「語句の指導」(『日本語学』15–8)は、母語での語彙習得の過程を手がかりに、第二言語の語彙習得がどのようにおこるかを考察し、習得を促進する指導法におよんでいる。ひととおり、日本語の音声や文法を習得し、基本的な語彙を獲得して、上級段階に進んだ学習者は、個々人の興味や必要に応じて、語彙量を拡大させていくであろう。その際、未知の単語に出会ったときに、文脈のたすけをかりて、語句の意味を推定する能力をやしなっていく。上級段階では、このような top-down 方式が有効であるようだ。しかし、日本語での言語活動をおこなううえで不可欠な基礎語彙は初級・中級段階で、システマティックに効率よく教えられることが好ましいことは言うまでもない。そのためには、教師が語彙論の知識をそなえていなければならない。語彙は単語の(とりわけ意味的な側面の)総体であるから、個々の単語について知るだけではなく、単語間の関係を知る必要がある。とりわけ、語彙の体系性についてのこころえがあることは必須である。どのようにおしえるかという工夫も大切であるが、方法に先行して、なにをおしえるかという教師自身の自覚がもっとも重要であるとおもう。

III

対照語彙論をめぐる諸問題

第1章
日本語の語彙と日本文化

1. 文化の反映としての語彙

　単語の総体としての語彙は、議論の余地があるとしても、その言語の使い手の置かれている自然環境、その社会のもつ文化、そこで生活する人々の思考様式といったものをかなりの程度反映しているものと思われる。単語の存在は、現実のものごとや人間の意識とふかくかかわっているはずである。ものごとが存在することによって、単語が存在する方が現実に存在しないのに単語だけがあることよりもずっと自然であるからだ。しかしながら、現実に存在するものごとと語彙とは機械的に直接的な対応関係をしめすものではない。そこには、その言語の使い手がどのようなものに関心をもち、なにに価値をみとめているかという人間の意識が介在して単語ができ、それを人間がどうとらえているかという認知にもとづいて語彙が体系化されているものとおもわれる。語彙は、単語の単なるよせあつめではなく、類似性、対称性、階層性などさまざまな体系化をうけている。語彙は、それゆえ、外的な世界が人間との関連で価値づけられ、意味づけられたものといえよう。つまり、日本語には、日本語の使い手による歪みや偏りを内蔵して、現実をきりとっていると考えられるのである。ある言語の語彙が外界をどのようにきりとって、語彙をつくっているかというそのきりとりかたは、言語によって当然ちがっているはずである。ある社会の文化を特徴づける事項は、語彙のうえで特殊化、細分化がすすみ、その結果、その意味領域の語彙量がゆたかであることが予想される。一方、そのようなものごとに関心をもたない社会の言語では、その分野における語彙が欠落していることもあり、あるとしてもおおざっぱで単純な名づけの単語であって、ことさらそこで語彙を発達させる必要はおこらないで

227

あろう。個々の言語において、特に多くの語彙が存在する領域は「文化的重点領域」とよばれることがある。人類学者のボアスが、エスキモー語には、雪、氷、アザラシを指し示す語彙が豊富にあることを指摘したことはよくしられている。海にかこまれた自然環境の中にある日本では、その食生活においても、「魚」との縁がとりわけふかく、「海」「魚」「海産物」に関する語彙は豊富であるといえそうである。それぞれの社会の文化は、その言語の文法体系や音韻体系とも決して無縁ではないのだが、語彙の面でもっともふかいかかわりをしめすのである。

　われわれが使っている語彙は、現代社会の文化を反映していると同時に、かつてのさまざまな時代の文化をも継承しているものである。ある時代の語彙は、必要のなくなったものをうしない、それらは語彙体系から消えていくが、部分的には発展や消滅・出現などの変化をともない、次の時代にうけつがれていく。語彙の体系は、歴史のながれのなかでその社会の発展や変化に応じて、また科学の進歩にともなって変えていくことになる。古代の日本語をながめてみると、そこには現代語のなかではもはや使われなくなった多くの呪術に関する単語、神仏・祭事・精霊にかかわる単語が発見できる。
　明治以降の近代化のなかにあって、伝統文化をひきつぐと同時に西洋化がすすむ過程で、日本在来の要素と外来の要素とがまざりあって、今日にいたっている。そうした文化を反映して、語彙の面では、和語・漢語と洋語が混在することになる。話を衣食住にかぎっても、衣における「きもの」「ゆかた」「はおり」「たび」「おび」「ねまき」と「シャツ」「パンツ」「コート」「ネクタイ」「ベルト」「パジャマ」の関係、食における「こめ」「しる」「豆腐」「すきやき」「あめ」「さけ」と「ライス」「スープ」「チーズ」「ビフテキ」「キャンディー」「ビール」の関係、住における「玄関」「ふすま」「とこのま」「縁側」と「ポーチ」「ドア」「ソファー」「ベランダ」の関係は、いずれも和語・漢語と洋語の違いであり、この和語・漢語・洋語といった語種による競合は、日本の伝統文化と外来文化の交錯した姿をうつしだしている。このような二重構造こそが日本文

化の特徴であり、それはことばでは固有語と借用語の併用と対応している。近代化のすすむなかで、固有の土着文化をうしなった国家もあるのだろうが、日本文化は両者がまざりあっているところに特徴があるといえるだろう。ただ、食生活においては、和食・中華料理・洋食の三者による三重構造とみなすべきかもしれない。

　語彙の二重（もしくは三重）構造は、つねに在来のものと外来のものの対立という単純な関係であるわけではない。「御飯」と「ライス」の違いはよくしられていることではあるが、これに似た例はいくつもある。家でたべるのが「いりたまご（醤油で味付け）」で、レストランでだされるのが「スクランブルエッグ（バターで味づけ）」であったり、冷たいのが「牛乳」でそれを温めると「（ホット）ミルク」であったりというふうに実際にはいろいろと微妙に使い分けられることがあって、対立関係は複雑である。あたらしい単語の出現によって、もとからあった単語の意味に変化がおこることもしばしばみられる。「パジャマ」があらわれることによって、「ねまき」は「ねるときに着る衣類」という意味から「（上下にわかれていない）和風の」という限定がくわわることになる。借用や訳語による新語の誕生が既存の単語の意味に影響をあたえるわけである。一般に、あたらしい単語が定着しないうちは、もとからあった単語がひろい外延をもつが、新語が普及してくると、逆に新語の方がひろい意味で用いられることになる。和風の「旅館」と洋風の「ホテル」というすみわけが、利用者によって一時的に宿泊するところという意味でどちらを使うかの使用はゆれや変化がみてとれる。かつては「旅館」の方が普通であったかもしれないが、次第に「ホテル」にとってかわられたようである。このような単語の使用の変化は、現実の変化に対応しているといえるであろう。つまり、「旅館」と「ホテル」が競合するなかで、「旅館」の方が一般的であるときは「旅館」を広い意味で使い、「ホテル」が一般的になれば、「ホテル」が広い意味になるのである。最近では、おびただしい洋語の使用がめだち、たとえば共同住宅における「マンション」「ハイツ」「ハイム」「シャトー」「レジデンス」「ビラ」「メゾン」「パレス」といったふうに洋語間同志の競合もみられる。

第1章　日本語の語彙と日本文化　　**229**

しかし、現代社会のように科学や技術のいちじるしい発展のもと
で、高度の情報化と国際化がすすんでいる時代においては、政治経
済や科学技術に関係した語彙の文明国からの借用語や訳語をふやす
ことによって、言語のちがいをこえて、語彙の共通する部分を多く
しているはずである。今日の英語は、多くの言語に直接あるいは間
接的にそうした影響をおよぼしていて、語彙における言語間の差を
ちいさくしているものとおもわれる。文明語がふえていくことに
よって、文化語が相対的にへっているといえるであろう。語彙全体
をみれば、現代は過去のどの時代よりも、民族語の特徴をうしない
つつあるといえるかもしれない。

2.　日本語の語彙の特徴

　金田一春彦氏の『日本語新版』には、「語彙から見た日本語」の
章があって、日本語の語彙の特徴があげられている。そこで述べら
れていることで、意味分野に関係した部分をまとめると以下のよう
になる。

　語彙が豊富である意味分野
　　天候や季節の変化をあらわす語彙
　　地形、水勢をあらわす語彙
　　植物・虫・鳥に関する語彙
　　人間の心理内容をあらわす語彙
　　米と田に関する語彙
　　漁業・魚に関する語彙
　　同一人物に対する呼び名、長幼の区別、内と外の区別、やりと
　　りに関する語彙
　語彙が貧弱である意味分野
　　天体（ただし、月に関するものは例外）、鉱物、人体、生理・
　　病理、動作（体の動き）、移動、牧畜に関する語彙
　　男女の区別

このような指摘は、多くはなるほどとうなづけるものではあるが、こうした日本語特徴を正当にとりだすためには、日本語をいくつかの言語と公平に比較対照する必要があるだろう。日本語が、ある言語とくらべて語彙がこまかく分化しているといっても、別の言語とくらべたら逆に日本語の方がおおまかであるといったこともありうる。語彙の分化・細密化といったことは、相対的な性質のもので比較する相手によってその関係はちがってくるはずである。

　たとえば、『日本語新版』の季節の移り変わりについて述べた一節に、

　「春めく」「秋めく」のような単語は、中国語にも英語にもない。
とある*1。ところが、ドイツ語だと、

　Es sommert.（夏らしくなっていく。）

　Es weihnachtet.（クリスマスの気分がもりあがっていく。）

　Es tagt.（夜があける。明かるくなる。）

　Es dämmert.（夜があけそめる。たそがれていく。）
のような表現がけっこうあって、季節の変化を名づけた単語は日本語よりも豊富でさえある。sommern は「夏めく」、weihnachten は「クリスマスめく」とでもおきかえたい単語である。

　比較は公平である必要があるのだが、実際には、多くの困難をともなうであろう*2。わたしは以前、日本語・ドイツ語・中国語の「基本語」「重要語」「常用語」と呼ばれている語彙のリストを資料に、概念の体系を比較の中間項として、語彙量の構造を調査したことがある*3。それは、目的、語彙の選定方法、語数などの点で、できるだけ類似度のたかい語彙表をつきあわせることによって、意味分野ごとの語彙の量的な構造の共通点や相違点をさぐろうとしたものであった（村木新次郎（1987））。概念の体系として利用したのは国立国語研究所から出された『分類語彙表』である。『分類語彙表』を用いた理由は、（1）分類体系がすぐれている、（2）日本語にもとづいているため、わたしにとって利用しやすい、という2点である。とりあげた語彙のリストがどの程度の等質性をもつかという問題はあるとしても、ともにその言語を使って生活するうえでもっとも必要とされる語彙であることはたしかであり、そのような

第1章　日本語の語彙と日本文化　231

表1 意味の大分類

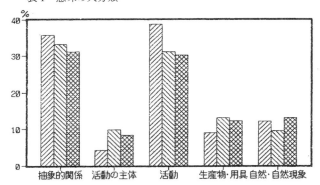

表2 活動の主体

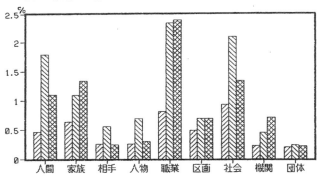

表3 生産物・用具

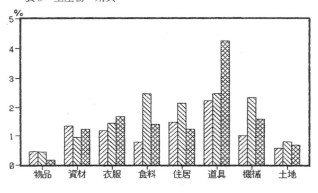

語彙のリストは、ある程度その言語が使用される社会の文化を反映していると考えられる。

　三言語の語彙のリストを意味分野別に集計したものが［表1］のグラフである。また、［表2］は〈活動主体〉の、［表3］は〈生産物・用具〉に関する語彙の下位分類したもののグラフである。

　さきのような「基本語」「重要語」「常用語」の統計では、一般に意味分野のちがいによる語彙量の差は、品詞間で大きくとも、品詞をこえた全体としてみるとき、小さくなる傾向がある。つまり、ある言語の、ある意味分野での語彙量は、単語の文法的な特徴をけしてしまえば、類似の度合いが高くなるのである＊4。これは、すでにふれたように、科学や　技術を高度に発達させた近代化のすすんだ国家であれば、それぞれに固有の文化を反映させながらも、社会生活をいとなむための文明を反映した語彙がにかよっているからだと考えられる。ただし、これは意味領域を比較的大きく区切った場合のことで、それを細かく区切れば言語間　にいちじるしい差がみとめられることがある。

　たとえば、言語活動をあらわすドイツ語の数は豊富で、名詞類・動詞類・形容詞類のいずれの単語群においても日本語をしのいでいる。特に、動詞の場合がきわだって多い。日本語の「呼ぶ」「呼びかける」「ささやく」「言う」「伝える」「告げる」「知らせる」にあたるところに、ドイツ語では、rufen（呼ぶ）、anreden（呼びかける）、nennen（名づける）、heißen（……という名である）、grüssen（挨拶する）、begrüssen（挨拶する）、gratulieren（お祝いを言う）、sagen（言う）、mitteilen（伝える）、melden（知らせる）、unterrichten（知らせる）、berichten（報告する）、infomieren（情報をあたえる）、sich informieren（情報をえる）、kündigen（解約の通知をする）、sich beschweren（苦情をもうしたてる）、anmelden（届けでる）、abmelden（退去を届けでる）、raten（忠告する）、beraten（助言する）、überreden（説得する）、aussprechen（打ち明ける）、schimpfen（ののしる）、senden（放送する）、versprechen（言い違える）、lügen（うそを言う）といったおびただしい単語がならぶのである。ドイツ人にかぎらず、一般に西洋人には

第1章　日本語の語彙と日本文化　　233

雄弁な人が多く、彼らは会議やパーティーの席上でも、日常生活で
もみごとな言語能力を発揮することはよくしられている。さらにま
た、「解約の通知をする」「退去を届けでる」といった動詞を発達さ
せているのは、いかにも契約社会ならではのことであることをもの
がたっている。多くの多民族がひしめき、たがいにしのぎをけずり
あって、共存をつづけていくために、西洋社会ではことばによる交
渉と説得がより必要とされ、ことばを駆使することが重要視される
わけである。言語活動に関する語彙の多様化・複雑化はおそらくそ
うした社会状況の反映であろう。ヨハネ福音書の「はじめにことば
（ロゴス）あり、ことばは神とともにあり、ことばは神なりき」と
いう一節を想起させる。ついでにいえば、日本語においては「黙
る」が語彙表のなかにあがっているのに対して、ドイツ語の sch-
weigen（黙る）はリストにあがっていないことも興味深い。「以心
伝心」「不立文字」「あうんの呼吸」「腹芸」「話せば、喧嘩の種にな
る」といったことばが通用する日本社会の伝統とくらべたとき、日
本と西洋（ドイツ）とのあいだに、寡黙の文化と雄弁・饒舌の文化
の対立が浮かびあがってくるようである。

表4　飲食にかかわる日独両言語の名詞

日本語	ドイツ語	日本語	ドイツ語
食べ物	Lebensmittel（食料品）	砂糖	Zucker（砂糖）
食物			Pfeffer（胡椒）
食料			Sauce（ソース）
食品			Sahne（生クリーム）
えさ			Marmelade（マーマレード）
主食			Butter（バター）
副食			Margarine（マーガリン）
おかず			Käse（チーズ）
穀物			Quark（クワルクチーズ）
米	Reis（米・ごはん）	菓子	
ごはん		ケーキ	Kuchen（ケーキ）
	Mehl（小麦粉）		Schokolade（チョコレート）
パン	Brot（パン）		Eis（アイスクリーム）
	Brötchen（小型パン）		
	Butterbrot（バターつきパン）	飲み物	Getränke（飲み物）
	Schwarzbrot（黒パン）		Kaffee（コーヒー）
汁	Suppe（スープ）	茶	Tee（紅茶）
肉	Fleisch（肉）		Milch（ミルク）
	Kalbsfleisch（子牛の肉）	ビール	Bier（ビール）
	Schweinefleisch（豚肉）	酒	Wein（ワイン）
	Braten（焼肉）	たばこ	Tabak（パイプ用たばこ）
	Wurst（ソーセージ）		Zigarette（紙巻たばこ）
	Schnitzel（カツレツ）		Zigarre（葉巻き）
	Kalbsschnitzel（子牛のカツレツ）	薬	Mittel（薬）
	Kotelett（骨付きのカツレツ）		Tablette（錠剤）
			Kopfschmerztablette（頭痛用錠剤）
	Schweinebraten（ローストポーク）		Pille（経口避妊薬）
	Salat（サラダ）		Salbe（軟膏）
	Kartoffelsalat（ポテトサラダ）		Pflaster（絆創膏）
	Gewürt（香辛料）		
塩	Salz（塩）		

第1章　日本語の語彙と日本文化　235

日本語とドイツ語の語彙表をつきあわせてみると、さまざまなことがよみとれる。その一例として、「食品（ここでは、薬品もふくまれている）」に関係した語彙の対照（表）をとりあげる。この表から次のようなことが指摘できる。

　語彙全体のなかで「食品」に関する語彙のしめる比重は、日本語よりもドイツ語の方が多い。日本語では、「パン」「肉」「たばこ」「薬」など包括的な単語だけとられているのに対して、ドイツ語では、これらの単語が種類に応じて、さらにこまかく言い分けられている。ドイツ語の語彙表には、合成語が相対的に多く採択されている。とりわけ、「パン」や「肉」に関する単語がめだつ。

　日本語の「薬」は、のみぐすりを代表させてか、「食品」のなかにとりこまれているが、ぬりぐすり（Salbe）や、はりぐすり（Pflaster）は「食品」とは別のグループに所属させなければならないものである。

　日本語には、「食品」そのものをあらわす単語（「食べ物」「食物」「食料」「食品」「えさ」など）がめだつ。

　こうした言語間の語彙の対照によって、それぞれの語彙における特徴を知るだけではなく、その背後にある文化の違いを知る手がかりをえることもあるだろう。「パン」「肉」「たばこ」などに関する細分化された語彙の重視と大まかな単語との関係、また、ドイツ語であがっている Butter（バター）、Käse（チーズ）などの乳製品が欠けているといったことは、それぞれの食生活をものがたっている。

　語彙の分類そのものに、興味深い発見をすることもある。中国語の語彙のリストとして利用したものは、意味別に分類されたものであるが、「向日葵（ひまわり）」が「花生（落花生）」や「芝麻（ごま）」と同様、〈穀物・野菜・果物〉のグループに所属して、〈花〉の仲間としてあがっていない。中国語の話し手にとって「向日葵」は〈穀物〉としての意味が中心なのであろうか。中国の街で、ひまわりの種をかじりながら歩いている人の姿をみかけたことを想いおこす。また、「標語（ポスター）」「口号（スローガン）」が〈政治・法律・経済〉として提示されているが、それぞれの日本語の訳語は、

『分類語彙表』によれば、「ポスター」は〈道具〉の、「スローガン」は〈芸術・創作〉のグループにはいり、中国語の語彙表にしめされたグループとはちがっている。

　語彙を文化の指標としてみるとしても、そこには解決すべき課題が多いとおもわれる。まず第一に、ひとつひとつの単語の重みは同じではないということ。ある単語が存在しても、それが日常語であるのと、一部に人が理解したり使用したりする専門語であるのとでは、当該の言語における単語の重みが等しくない。たとえば、「兄弟（姉妹）」を意味する英語のsiblingは専門語であって、日常的に用いられるものではないという（ちなみに、ドイツ語のGeschwesterは、日本語の「兄弟（姉妹）」にあたる単語で、日常語である）。このような場合、日本語の日常語としての「兄弟」と英語の専門語としてのsiblingを同等にあつかうことはできないであろう。さらに、広い範囲の意味をもつものと、かぎられた狭い範囲の意味しかもたない単語との相違を考慮する必要がある。さらに、単純語と合成語の違いも、一般に基本と派生の関係をなし、重要である。日本語の「桜（樹木・花）」と「さくらんぼ（実）」の関係は、英語のcherryとcherry tree、cherry blossomsとでは、基本と派生が逆転している。無標の形式はそのものの基本性をしめし、合成語の要素は分類の基準をしめしていると考えられる。こうした語彙そのものがもっているさまざまな性質を考慮したうえで、文化との関係をみなければならないであろう。

---

*1　金田一春彦（1980）には、……「春めく」などという言葉は他の国語では単語で言えないだろう。和英辞典を引くと、"to show signs spring"と大変ながい。……とある。

*2　語彙表にもとづいて比較するとしても、その語彙表がおのおのの言語の語彙の特徴をどの程度まで正確に反映しているか、合成語を生産的につくる言語とそうでない言語との差異をどのようにあつかうか、単語の多義性、比較の中間項となる概念の体系が妥当であるかどうか、資料としての語彙がはたして同

じ程度の言語活動を保証するものであるかどうか、そういったさまざまな問題がからんでくる。

＊3　資料にした語彙表は、次の通りである。

日本語：『新明解国語辞典』（山田忠雄ほか編、1981第3版）3445語（重要語としてマークされている語彙）

ドイツ語：Der deutsche Mindestwortschatz 2000（Steger, H./Keil, M. 1972）2012語

中国語：『中国語常用語辞典』（香坂順一編、1980第13版）3828語

＊4　単語の文法的な特徴とは、ここでは品詞のことで、単語の品詞へのふりわけには言語間によって異なる場合がある。ふたつの対象の空間的な位置関係や事態の時間的な先後関係をあらわす単語が、日本語では「まえ」「うしろ」「さき」「あと」といった名詞で名づけられているのに対して、ドイツ語では、vor, hinter, bei といった前置詞（もしくは副詞）で名づけられている。「斜め」や「三角」は日本語では名詞に属するが、ドイツ語の schief, schräg（斜めの）、dreieckig（三角の）、中国語の「斜（xie）」（斜めの）、「尖（jien）」（とがった）、「歪（wai）」（ゆがんだ）はいずれも形容詞である。

参考文献

金田一春彦（1980）『日本語の特質』日本放送出版協会

金田一春彦（1988）『日本語新版』岩波書店

ヒッカーソン N. P.（光延明洋訳）（1982）『ヒトとコトバ―言語人類学入門―』大修館書店

村木新次郎（1983）「巨視的対照語彙論のこころみ―ドイツ語と日本語を例として―」『二言語辞書の意味記述方法の研究―日独両語の場合―』日独語対象研究グループ（科学研究費報告書）

村木新次郎（1987）「言語間の意味分野別語彙量の比較―日本語・中国語・ドイツ語の場合―」『計量国語学と日本語処理―理論と応用―』秋山書店

第2章

言語間の意味分野別語彙量の比較
―日本語・中国語・ドイツ語の場合―

1. 調査の対象と目的

　筆者は、以前日本語とドイツ語の基本語彙*1と呼ばれているものの量的な構造を比較したことがある。両言語の語彙を、概念の体系を比較のための中間項とし、〈活動の主体〉〈活動〉〈生産物〉〈自然現象〉などの分野ごとに分けて、その分野ごとの語彙の量的な構造の共通点や相異点をさぐろうとしたものであった*2。今度、中国語の語彙表を整理したので、日本語、中国語、ドイツ語の語彙のリストをつきあわせて、三つの言語の語彙の量的な構造を対照してみる*3。ただし、この稿では日本語と中国語の対照に重点がおかれる。

　とりあげた語彙のリストは以下のとおりである。

　　日本語：『新明解国語辞典』（山田忠雄ほか（1981）第3版）
　　　　　　に重要語としてマークされている語彙（「あとがき」に
　　　　　　よれば3439語、筆者の調査では3445語）〔以下JSと
　　　　　　略す〕

　　中国語：『中国語常用語辞典』（香坂順一編（1980）第13版）
　　　　　　に見出し語として登録されている語彙（ただし、「常用
　　　　　　交際語」は除く。「まえがき」によれば約3800語、筆
　　　　　　者の調査では3828語）〔以下CTと略す〕

　　ドイツ語：Der deutsche Mindestwortschatz 2000（Steger, H./
　　　　　　Keil, M.（1972））に見出し語として登録されている語
　　　　　　彙（筆者の調査では2012語）〔以下DMと略す〕

　上記の三つの語彙のリストの性格を、それぞれの解説から引用しておく。

　　〔JS〕：「……我われが認識・思考・伝達などを営む上で欠かせ

239

ないものであること。……語彙の体系的把握につとめ、基本度の高い語を全領域から偏りなく抽出するよう配慮した。……論説的な文章、特に、新聞の社説などに代表されるような論説文に頻出する語であって、その語の表わす概念と用法を的確におさえることが社会生活上すぐれて重要なもの……。」

［CT］：「……この小辞典に収められている語彙を完全にマスターすれば、現代中国語によって書かれた中級程度の読物に接したばあい、語彙面からの障害はほとんど解消されるであろうし、また相当程度の高い日常会話でもそう不便を感じることはないはずである。」

［DM］：「ドイツ語圏に住む外国人にとっても、またその母国でドイツ語を使わねばならぬ人間にとっても利用できるような語彙のリスト……。能動的にも受動的にも利用できるような語彙……。重点は手紙や文書による伝達に現われて一向に差支えのないような言い回し、一般的汎地域的な標準語に置かれている。広い読者層を対象とするローカル新聞や全国紙は理解が可能である。」

このような解説を読むかぎり、「重要語」「基礎語」「常用語」などと異なった名称で呼ばれるとしても、各々の語彙のリストは、それぞれの言語における語彙体系の中で日常の言語活動を行なう際に重要な役割をはたす部分である。

個々の語彙表がそれぞれの言語の語彙的側面の縮図であるという保証はないが、これらの三つの語彙のリストが各々の言語の語彙の特徴をある程度まで反映しているとみることはできよう*4。

2. 調査の性質と問題

言語間の分野ごとの語彙量の比較を行なうにあたっては、次のような問題点がある。第一に単位の問題。比較される単位は単語である。ところで、語彙のリストに、合成語をどの程度までとりあげるか、派生語をつくる接辞類を採択するかということが語彙表の性格

を左右する。DM には、Fußballmannschaft（サッカーチーム）、Reparaturwerkstatt（修理工場、サービスステーション）、Sicherheitsvorschriften（公安条例）といった、いくつもの形態素からなる長い合成語が比較的多く語彙表に収められているのに対し、JS と CT には、これらの言語が合成語を生産的につくりだす性格を持っているにもかかわらず、あるいは逆にそういった性格を持つ故にであろうか、長い合成語は見出し語としてたてられていない（ただし、CT には、例外的に「唯物主義」「唯心主義」「马克思主义」など「−主义」の合成語が「主义」とは別に 17 語あがっている）。接辞類のあつかい（たとえばドイツ語における、un-, ab-, auf-, -lich, -heit, -bar, などや日本語における、御−、不−、反−、−さ、−性、−的、−がる、など）も語彙量に影響する。日本語の、一般には助数詞と呼ばれている、「−人」、「−匹」、「−本」、「−個」などの類別形式（classifier）もその多くは接辞である。DM には、このような、単語よりも小さい単位である接辞類はとりあげられていない。日本語（というより国語）の伝統的な語彙論では、単語と形態素を厳密に区別しないで、どちらも単語としてあつかって、両者のちがいが考慮されていないことが多い。中国語における単語と形態素の区別、単語と語結合の区別は三つの言語のうち最も難しい。とくに後者の自立的な要素が結びついた形式の扱いはやっかいである。こうして、さまざまなタイプの言語に共通した単語という単位を得ることは困難である。この調査は、与えられた語彙表が単語のリストであるとみなして行なわれている。

　次に多義語の問題。重要語の多くは多義語である。それにもかかわらず、この調査で、各々の単語を意味分野に分けるときに考慮したのは、当該の単語の中心的な意味だけである。ひとつの単語にひとつの意味のコードが与えられる。その結果、単語の多義性は無視されている。単語の多義性を正当にあつかうためには、それぞれの語彙のリストに、基本的な用法がどれであるかが明示されていなければならないうえに、基準となる概念別辞書が多義語を処理できるような能力をそなえていなければならない。慣用句は今回の調査ではあつかっていないが、これも形式上は単語をこえたものであると

はいえ、意味上のひとまとまり性（非分割性）をもつ故に、レキシコンの単位であり、単語なみにあつかわれるべきものである。シソーラスには慣用句も収められているのが望ましい。

　比較のための中間項となる概念の体系として利用したのは『分類語彙表』（国語研資料集6、1964）である。『分類語彙表』を用いた理由は、1）分類体系がすぐれている、2）日本語に基づいているために、筆者にとって利用しやすい、という二点である。

　一般に、概念別辞書（concept dictionary）は、その記述言語によって性格づけられているものである。Roget, p. M.（1862）やDornseiff, F.（1959）がヨーロッパの言語体系を反映しているように、『分類語彙表』は日本語の体系を反映している。このため、中国語やドイツ語の単語の中には、『分類語彙表』の枠組におさまりにくいものがある。中国語の介詞やドイツ語の前置詞がそうした単語群の一つである。中国語の介詞の多くは、《用の類（動詞類）》と《その他（接続詞・感動詞・モーダルな副詞）》との、また、ドイツ語の前置詞の多くは、《相の類（形容詞・副詞類）》と《その他》との中間に位置づけられそうなものであるが、この調査では、いずれも《その他》にふりわけてある。ドイツ語には、《体の類（名詞類）》と《相の類》との中間的な性格をもった、amtlich（職務上の）、schriftlich（文書による）、evangelisch（新教の／プロテスタントの）のような関係形容詞の語群がある。ここでは便宜上、関係形容詞を《相の類》にいれて処理してある。こうした、ある単語群と別の単語群との中間的な単語のグループを正当にあつかうためには、個別言語によるバイアスのかかっていない開かれた概念の体系が必要となろう。

　多義語のどの意味用法を中心的とみなすかについては、多くを『分類語彙表』にしたがってはいるか、筆者の判断によってきめたものもいくつかある。たとえば、ドイツ語のReisは、日本語の「コメ」「イネ」「ごはん」などにあたるが、そのうちの「コメ」を代表として選び、『分類語彙表』のコード1.432を与えて処理している。「コメ」は、加工物（「米を食べる」のような例。『分類語彙表』では1.4）と植物（「米をつくる」のような例。『分類語彙表』

では 1.5）の両方の意味が認められるのであるが、『分類語彙表』では、前者の加工物としてのコードだけが与えられている。中国語の語彙表は意味別に分類されたものであるが、対訳の日本語との間に分類上のくいちがいがみられることがある。たとえば、「向日葵（ひまわり）」は、「花生（落花生）」や「芝麻（ごま）」と同様〈穀物・野菜・果物〉のグループに入れられて、〈花〉の仲間としてあがっていない。中国語にとって「向日葵」は〈穀物〉としての意味が中心的なのであろう。また「标语（ポスター）」や「口号（スローガン）」は、〈政治・法律・経済〉のグループとして提示されているが、それぞれの日本語の訳語は、『分類語彙表』によれば、「ポスター」は〈道具〉の、「スローガン」は〈芸術・創作〉のグループに入り、中国語の語彙表に示されたグループとは大きく違ってくる。

　ところで、ある一定量の異なり語彙がどの程度の言語活動をおおうことができるかという問題があり、これは言語によってまちまちであろうと思われる。同一の言語であっても、話しことばと書きことばによって、差が出てくるであろう。日本語の雑誌を対象にした頻度調査によれば、上位 1000 語で 60.5％、上位 2000 語で 70.0％のカバー率であり、80％をカバーするためには、上位 5000 語（81.7％）を必要とする（国語研（1962））。中国語の教科書の調査によると、上位 1000 語で 74.3％、上位 2000 語で 83.1％をカバーできるという（北京语言学院（1985））。ドイツ語の場合、一般的なテキストならば、上位 1000 語で 80％を、上位 2000 語で 85％をカバーできるとある（Oehler, H.（1972））。調査対象や単位の違いもあって、これらの結果をそのまま単純に比較できないにしても、同じ程度の言語活動をおこなうのに、日本語はドイツ語や中国語より多くの語彙を必要とするようである。等量の語彙表を得ても、それぞれの同じ程度の言語活動を保証するものではない。

　以上述べたように、単位の問題、多義性の扱い、概念別辞書の問題、語彙量と言語活動との関係などの点で、この調査は問題点をふくんでいる。しかしながら、等質の語彙を得るのはきわめて困難なことである。そこで、いくつかの語彙表を相互に対照して、そこか

ら得られる知見が、その個別的な語彙（表）に固有な特徴なのか、それとも、個別的な語彙（表）をこえて、当該の言語間にみられる特徴なのかを、総合して判断すればよいと考える。筆者は、日本語とドイツ語について、それぞれ2つの「基本語彙」を調べたのであるが、個々の単語に出入りがあるとはいえ、全体的な傾向としては大きな差がなかった（村木（1983））。

3. 調査の結果と分析

3つの言語の語彙のリストを意味分野別に集計し、それを百分率で示すと表1のようになる*5。表はたてに意味分野による分類が、よこに文法的機能にもとづく分類がそれぞれほどこされている。文法的機能にもとづく分類とは、いわゆる品詞による分類であり、Nは《体の類（名詞類）》、Vは《用の類（動詞類）》、Aは《相の類（形容詞・副詞）》をそれぞれあらわしている。接続詞、感動詞、前置詞（介詞）、助詞、モーダルな副詞は《その他》になり、表にはおさめられていない。

[表1]

文法的機能　　言語　意味分野	N			V			A		
	JS	CT	DM	JS	CT	DM	JS	CT	DM
Ⅰ抽象的関係	12.26	12.31	10.34	11.87	9.94	7.50	7.52	9.27	15.26
Ⅱ人間活動の主体	4.30	8.34	9.94						
Ⅲ人間活動	23.57	7.71	12.57	10.51	16.67	13.72	4.59	5.70	4.77
Ⅳ生産物・用具	9.06	12.23	13.07						
Ⅴ自然・自然現象	8.01	9.63	5.82	2.41	0.93	1.19	1.71	2.63	2.39
合計	61.19	50.22	51.74	24.79	27.18	22.42	13.82	17.60	22.42

以下、表から読みとれる特徴を略記していこう。JS、CT、DMの全体にわたることは○印によって、JSとCTとを比較したものは▽印によって、JSとDMとを比較したものは△印によって、それぞれを区別することにする（なお、JSとDMについては、村木

（1983）に詳しい。小稿では、ごく簡単にしかふれていない）。

　○全体としてみると、JS は、名詞において、CT、DM より語彙量が多く、形容詞・副詞において、他より少ない。動詞は、相対的に相互の差が小さいが、CT がやや多く、DM がやや少ない。

　○一般に、意味分野のちがいによる語彙量の差は、品詞間で大きくても、全体では小さくなる傾向がある。つまり、ある言語のある意味分野での語彙量が、どの品詞においても、他の言語より多くなったり少なくなったりする傾向がない。ただし、これは意味分野が大きく区切られた場合のことである。近代化の進んだ国家では、それぞれの語彙に固有の伝統的な文化を反映させながらも、社会生活を営むための語彙に、個別的な文化をこえて、共通部分を大きくしているはずである。全体に大きな差が認められず、品詞間に差があるということは、単語の品詞へのふりわけに言語間のちがいがあるということである。なお、JS の名詞は、とくに〈人間活動〉においてきわだって多いが、これは「見学する」「勉強する」「興奮する」「心配する」などの（多くは、漢語系の）合成語が語彙表に登録されず、「見学」「勉強」「興奮」「心配」などの動作名詞として、辞書の見出し語としてあげられていることによる。

　○形容詞・副詞については、どの意味分野においても、JS は他より少ない。

　表2a～表2e は、5 つの意味分野をさらにいくつかに下位区分したものの品詞別（2a～2c）言語別のうちわけである。

［表2a］

意味分野 ＼ 文法的機能・言語	N			V			A		
	JS	CT	DM	JS	CT	DM	JS	CT	DM
Ⅰ．抽象的関係	12.26	12.31	10.34	11.87	9.49	7.50	7.50	9.27	15.26
a．こそあど	0.96	0.63	0.99	0.00	0.00	0.00	0.61	0.77	0.79
b．類・関係	1.48	0.80	0.70	0.87	0.19	6.65	0.81	0.69	1.94
c．存在	0.96	0.00	0.05	1.10	0.96	6.65	0.75	0.41	0.65
d．様相	1.31	0.38	0.60	0.73	0.52	0.25	1.60	1.56	1.09
e．力	0.46	0.25	0.10	0.00	0.00	0.00	0.26	0.41	0.15
f．作用・変化	3.57	0.08	0.60	8.45	7.49	5.62	0.20	0.22	0.25
g．時間	2.35	2.93	3.43	0.20	0.16	0.30	1.00	1.73	3.73
h．空間	2.23	2.30	1.34	0.29	0.11	0.00	0.00	0.00	2.68
i．形	1.02	0.14	0.60	0.03	0.00	0.00	0.32	0.49	0.65
j．量・過不足・程度	1.92	4.80	1.94	0.20	0.05	0.05	1.97	2.99	3.33

［表2b］

意味分野 ＼ 文法的機能・言語	N			V			A		
	JS	CT	DM	JS	CT	DM	JS	CT	DM
Ⅲ．人間活動	23.57	7.71	12.58	10.51	16.76	13.72	4.59	5.70	4.77
a．こそあど	8.68	2.63	3.33	3.89	5.13	5.27	2.15	2.36	2.14
b．類・関係	2.84	1.54	3.38	0.58	1.48	2.29	0.09	0.03	0.25
c．存在	0.64	0.66	0.50	0.09	0.14	0.15	0.00	0.00	0.00
d．様相	1.94	0.88	1.24	1.68	2.44	1.29	0.41	0.47	0.55
e．力	1.48	0.52	0.40	0.29	0.55	0.30	1.04	1.70	0.69
f．作用・変化	1.92	0.41	0.75	1.10	1.78	1.34	0.03	0.05	0.00
g．時間	2.03	0.27	0.79	0.90	2.19	0.94	0.32	0.60	0.45
h．空間	1.86	0.25	1.44	1.10	1.12	0.99	0.55	0.49	0.69
i．形	2.18	0.55	0.75	0.87	1.92	1.14	0.00	0.00	0.00

[表2c]

意味分野＼文法的機能／言語	N			V			A		
	JS	CT	DM	JS	CT	DM	JS	CT	DM
Ⅴ. 自然・自然現象	8.01	9.63	5.82	2.41	0.93	1.19	1.71	2.63	2.39
a.刺激	0.84	0.30	0.20	0.70	0.08	0.20	1.10	1.76	1.19
b.自然・気象	3.48	2.30	2.19	1.04	0.37	0.45	0.32	0.28	0.35
c.植物・動物	1.36	4.50	1.14	0.67	0.47	0.56	0.06	0.05	0.15
d.身体・生命	2.32	2.52	2.29				0.23	0.55	0.70

[表2d]

意味分野＼文法的機能／言語	N		
	JS	CT	DM
Ⅱ. 活動の主体	4.30	8.34	9.95
a.人間	0.46	1.10	1.79
b.家族	0.64	1.34	1.09
c.相手	0.26	0.25	0.55
d.人物	0.26	0.30	0.69
e.職業	0.81	2.39	2.33
f.区画	0.49	0.69	0.69
g.社会	0.93	1.34	2.09
h.機関	0.23	0.71	0.45
i.団体	0.20	0.22	0.24

[表2e]

意味分野＼文法的機能／言語	N		
	JS	CT	DM
Ⅳ. 生産物・用具	9.06	12.23	13.08
a.物品	0.46	0.16	0.45
b.資材	1.34	1.23	0.94
c.衣服	1.19	1.67	1.44
d.食料	0.78	1.40	2.48
e.住居	1.48	1.23	2.14
f.道具	2.24	4.25	2.48
g.機械	0.99	1.59	2.34
h.土地	0.58	0.69	0.79

○〈抽象的関係〉では、名詞と動詞において、

　　　JS ＞ CT ＞ DM

であり、形容詞・副詞において、

　　　JS ＜ CT ＜ DM

である（不等号は、語彙量の大小を示す）。

　▽JS の名詞は、とくに〈様相〉〈作用・変化〉〈形〉において、多い。CT は〈量・過不足・程度〉において、多いが、「个」「種」「類」などの量詞が大部分を占める。

　〈形〉を表現する中国語の形容詞は、しばしば、日本語の動詞や名詞（プラス動詞）と対応する。以下はその具体例である。

　　中国語の形容詞　　　左に対応する日本語

　　尖（jian）　　　　　とがっている。…………動詞

　　偏（pian）　　　　　かたよっている。………… 〃

　　歪（wai）　　　　　ゆがんでいる。…………… 〃

　　彎（wan）　　　　　曲がっている。………… 〃

　　横（heng）　　　　　横になっている。………名詞（＋動詞）

　　斜（xie）　　　　　斜めになっている。……… 〃　　　　〃

　△〈形〉を特徴づけるドイツ語の形容詞 schief/schräg（斜めの）、dreieckig（三角の）なども、日本語には相応する形容詞が欠けている。

　▽〈人間活動〉では、名詞においては、JS が、〈芸術〉を除いてどの分野も CT より多く、逆に、動詞では、CT のほうがどの分野も JS より多い。これは、すでにふれたように、「見学する」「決定する」などの合成語が日本語では見出し語としてたてられず、「見学」「決定」などの名詞としてとられ、その結果、この分野の名詞類の語彙量を多くしている。一方、中国語では、〈人間活動〉をあらわす単語に、動詞と名詞が同形である場合が多く、これらのほとんどは、動詞として語彙表にあがっている。たとえば、次のものがその具体例である。

調剤 （tiaoji）	調整する（調整）
支持 （zhichi）	支持する（支持）
扱告 （baogao）	報告する（報告）
決定 （juding）	決定する（決定）
姐択 （zuzhi）	組織する（組織）
鈷合 （jiehe）	結合する（結合）

　ただし、〈心〉をあらわす語については、名詞の方で代表させているものもあれば、動詞で代表させているものもある。

感覚 （ganjue）	感覚（感じる）
決心 （juexin）	決心（決心する）
顧慮 （gulu）	不安（気にかける）
怀疑 （huaiyi）	うたがい（疑う）
空想 （kongxiang）	空想（空想する）
动作 （dongzuo）	動作（行動する）
覚悟 （juewu）	さとる（意識）
同意 （tongyi）	同意する（同意）
解決 （jiejue）	解決する（解決）
纪念 （jinian）	記念する（記念）
企图 （qitu）	くわだてる（意図）
絶望 （juewang）	絶望する（絶望）

　△〈人間活動〉では、日本語が名詞依存の、ドイツ語が動詞依存の表現をするようである。とくに〈心〉（感覚や気分の表現）の領域でその傾向が強い。この領域では、ドイツ語の再帰動詞がめだち、日本語の形容詞がドイツ語の動詞と対応する例が多い*6。

　〈言語〉に関する分野は、どの品詞においても、DM＞JSである。とくに、動詞においてその差がいちじるしい。ドイツ語では、言語活動をあらわす語彙が豊かであるといえそうである。

　○〈自然・自然現象〉の分野は、他の分野に比べて語彙量が小さい。とくに、動詞と形容詞・副詞について基本語の数が少ない。語彙量をふやせば、言語間のちがいがはっきりしてくる分野であろう。

▽〈自然・自然現象〉では、動詞において、JS が CT より多く、名詞と形容詞・副詞において、CT のほうが JS より多い。その中でもとくにめだつのは、〈植物・動物〉の分野で CT の名詞が多いことと、〈刺激〉〈自然・気象〉の JS の動詞が多いことである。

　CT には、〈植物〉を表わす語彙が多くとられていて、同じ植物の樹木、花、実にわたって常用語のリストにあがっている場合もある。以下がその具体例である。

〈樹木〉　桃樹　　杏樹　　　梨樹　　　棗樹
〈花〉　　桃花　　杏花　　　　　　　　　　　　　荷花
〈実〉　　桃儿　　杏儿　　梨子　　棗儿　　　藕
　　　　（もも）（あんず）（なし）（なつめ）（はす／れんこん）

　CT の〈刺激〉の分野における形容詞・副詞が他の語彙表より多い。この領域の中国語には、以下に示すように、プラスの評価をもつ「好〜」とマイナスの評価をもつ「难〜」が対をなすケースがみられる。

　　　好闻　　　　よいにおいがする。
　　　难闻　　　　いやなにおいがする。
　　　好看　　　　きれいだ（みた眼によい）。
　　　难看　　　　みっともない（みた眼によくない）。
　　　好听　　　　聞いてよい。
　　　难听　　　　聞いてよくない。

　△〈自然・自然現象〉の分野では、JS が名詞と動詞に、DM が形容詞・副詞にふりわけられる傾向がある。

　〈刺激〉や〈自然・気象〉などの分野でドイツ語は、その分野固有の動詞を多く発達させている。日本語は、この分野では、名詞や副詞に多く依存している。とくに、〈音〉や〈光〉に関わる表現では、擬声語や擬態語に頼ることになる。

　○〈活動の主体〉では、JS は、CT、DM より少なく、半分程度である。ただし、これは JS の特徴である可能性もある。

250　　III　対照語彙論をめぐる諸問題

▽CT は JS に比べて、〈人間〉〈家族〉〈職業〉〈機関〉において、とくに語彙量が大きい。

　△DM は JS に比べて、〈人間〉〈職業〉〈社会〉の分野において、語彙量が相対的に大きい。

　○〈生産物・用具〉の分野では、JS は、CT、DM よりやや少ない。とくに〈食料〉と〈機械〉に関する語彙量が相対的に小さい。

　▽CT は JS に比べて、〈衣服〉〈食料〉〈道具〉〈機械〉の分野で、とくに語彙量が大きい。

　△DM は JS に比べて、〈食料〉と〈機械〉の分野での語彙が多い。

　このような調査によって得られた知見が、言語間の話彙を対照するうえで、とくに語彙の部分体系をあきらかにしようとするときに、いくらかでも役立つことになれば幸いである。

＊1 「基本語彙」をめぐって、類似したいくつかの用語がある。日本語では、「基本語彙」「基礎語彙」「基準語彙」「基調語彙」「基幹語彙」（林 1971）、「基本語彙」「基幹語彙」「基礎語彙」（真田 1977）などがあり、それぞれ異なる規定をうけている。ドイツ語にもさまざまな呼び名がある。Kuhn, p.（1979）によると、Grundwortschatz（Schmidt 1955），Kernwortschatz（Nickolaus 1949），Grundvokabular（Hasan 1974），Allgemeinwortshatz（Riesel/Schendels 1975），Haufigkeitsliste（Frumkinal964），Mindestwortschatz（Steger 1972），Alltagswortschatz（Mattuta 1969），Standardvokabular（Haase 1960），Minimalwortschatz（Tarnoczi 1971），Grunddeutsch（Pfeffer 1970），Gebrauchswortschatz（Meiner 1967; Kaufmann l968），Bedarfswortschatz（Oppersthauser 1974）などがあり、これらの多くは、他と違った概念規定をうけている。
＊2 村木（1981、1983）。
＊3 対照する言語に、中国語とドイツ語を選んだ特別の理由はない。筆者がちょっとなじんだ言語であるという程度の理由だけである。3つの言語は、世界の大言語に数えられるものであるし、単語の形の表現手段において、比較対

照に困難を伴うが、類型学的には興味ぶかい対象であると思われる。単語の表現手段とは、伝統的な分類にしたがえば、日本語は膠着的な手段が支配的だが、動詞の語幹にちかい部分においては屈折的な言語であるし、中国語は、もともとは語形変化をしない孤立語的な性格であったとはいえ、現代語では多分に膠着的な要素をもつ言語であるといえる。ドイツ語については、他の二つの言語に比べれば屈折的な要素が強いが、この言語も膠着的な面をもっている。どの言語も、程度の差はあれ、さまざまな表現手段をそなえている。

*4　同一言語における、複数の「基本語彙」の間には、個々の単語の選択にかなりの出入りがみられるようである。志部（1982）によれば、外国人を対象にした日本語教育のための7つの「基本語彙」を比較した結果、「各語彙表で採用された語彙の共通性が意外に少ないものである」との指摘がある。ドイツ語については、18年という比較的短い時間をへだてた2つの語彙のリストに、以下のような差が認められたという（Kuhn, p.（1979））。

WALLFISCH 1954	STEGER/KEIL 1972
(1) Federhalter	————
Tintenfaß	————
Rasiermesser	————
Rasierpensel	————
(2) Radioapparat	Radio
Taxameterdroschke	Taxi
Einschreibebrief	Einschreiben
(3) Maschinenschreiberin	Sekretarin
Bandit	Verbrecher, Räuber
(4) ————	Fernsehen
————	Kugelschreiber
————	Rasierapparat

*5　百分率は、小数点以下3桁で四捨五入してある。合計は必ずしも100％にならない。なお、《その他》の比率は、JS: 0.20、CT: 5.00、DM: 3.43である。

*6　再帰動詞の具体例としては、sich fühlen（感じる）、sich beruhigen（落ちつく）、sich freuen（喜ぶ）、sich fürchten（恐れる）、sich bewundern（驚く）、sich ärgern（怒る）、sich aufregen（興奮する）などがあげられる。また、ドイツ語の動詞が日本語の形容詞と対応する例は次のようなものである。日本語の形容詞は動詞と近接関係にある場合も多い。

sich freuen（うれしい）、sich schämen（はずかしい）、sich bedanken/danken（ありがたい）、kitzeln（くすぐったい）、blenden（まぶしい）、neiden（ねたましい／ねたむ）、beneiden（うらやましい／うらやむ）、jucken/kratzen（かゆい）、schmerzen（いたい／いたむ）、…………

参考文献

Dornseiff, Franz（1959）Der deutsche Wortschatz nach Sachgruppen

林大（1964）『分類語彙表』（国立国語研究所資料集 6）秀英出版

林四郎（1971）「語彙調査と基本語彙」『電子計算機による国語研究Ⅲ』秀英出版

国立国語研究所（1962）『現代雑誌九十種の用語用字第一分冊総記・語彙表』秀英出版

村木新次郎（1981）「日本語とドイツ語の「基本語彙」をくらべる」『計量国語学』12–8

村木新次郎（1983）「巨視的対照語彙論のこころみ」『二言語辞書の意味記述方法の研究』（科学研究費報告書）

北京语言学院教学研究所（1985）『汉语词汇的统计与分析』

Roget, Peter Mark（1962）"Roget's International Thesaurus", Thomas Y. Crowel 1 Company.

真田信治（1977）「基本語彙・基礎語彙」『岩波講座日本語 9、語彙と意味』岩波書店

志部昭平（1982）『日本語教育基本語彙七種比較対照表』（日本語教育指導参考書 9）国立国語研究所

Steger, H./Keil, M.（1972）Der deutsche Mindestwortschatz, Max Hueber. （早川東三訳『ドイツ語基本単語 2000』日本放送出版協会，1974）

第3章

巨視的対照語彙論のこころみ
―ドイツ語と日本語を例として―

1. 基本語彙とその対照をめぐる諸問題

　筆者はドイツ語と日本語の（基本語彙＊1の量的な構造の対照を
こころみたことがある（村木1981a）。それは、目的（外国人が対
象）、語彙の選定方法（複数の専門家による判定）、語数（約2000
語）などの点で類似度のたかいふたつのリストを、概念の体系を比
較の手段とし、両言語の語彙を〈人間活動〉〈生産物〉〈自然現象〉
などの分野にふるいわけ、分野ごとの語彙の量的な構造の共通点や
相異点をさぐろうとしたものであった。対照したふたつの語彙のリ
ス ト は、Der deutsche Mindestwortschatz 2000（Steger, H./Keil,
M. 1972）［以下DMと略す］と『日本語教育基本語彙第一次集計
資料（1）―上位二千語―』（国語研日本語教育センター第一研究
室、1978）［以下JNと略す］であり、概念の体系として利用した
のは、『分類語彙表』（国語研資料集6,1964）である。

　この調査では語数の一致をめぐっていくつかの問題点があった。
ひとつは見出し語の性格である。合成語を積極的にとるかどうか、
派生語をつくる接辞類を採択するかどうか、といったことが語彙表
の 性 格 を 大 き く 左 右 す る こ と に な る。DMに は、
Mieterschutzgesetz（借 家 人 保 護 法）、Geschwindigkeits-
beschrankung（速 度 制 限）、Kopfschmerztablette（頭痛用錠剤）
のような複合語が相当数おさめられているが、日本語の辞びきには
ふつうこのような長い合成語は見出し語としてたてられない。ドイ
ツ語のun-、ur-、ab-、auf-、-lich、-heit、-bar、-ier(en)、などの
接辞、日本語の、御-、不-、非-、反-、-さ、-性、-的、-がる、-め
く、などの接辞のあつかいも語彙量に大きな影響をおよぼす。日本
語の、一般には助数詞とよばれている形式（classifier）もその多く

は接辞である*2（たとえば、-人、-匹、-枚、-個など）。DMには、このような、単語より小さい単位である接辞類はあがっていない。日本語（というより国語）の語彙論では、伝統的に、単語と形態素をいっしょにして、どちらも単語としてあつかってきているから、両者のちがいは一般に無視されている。

　一方で、当該の言語で、一定量の異なり語彙が、はなしことばであれ、かきことばであれ、どの程度の言語活動をカバーできるのかという問題があり、これは言語によってまちまちであろうと思われる。　ドイツ語の場合、Oehler, H.（1972）によれば、一般的なテキスト（Normaltexte）ならば、上位1000語で80％以上を、上位2000語なら85％をカバーできるという（岩崎ほか1971によれば、基本語彙2000語で全体の90％に達するとある）。日本語の雑誌を対象にしたかきことばの頻度調査によれば、上位1000語では60.5％、上位2000語で70.0％のカバー率であり、単位（日本語では、形態素にちかい単位）や調査対象などのちがいもあって、単純には比較できないとしても、両者の差が大きいことがうかがえる。ちなみに、日本語で、80％をカバーするためには、上位5000語（81.7％）を、85％の比率に達するには7000語（85.5％）を必要とする（国語研、1962）。つまり、両言語の2000語の重みは同じではない。同じ程度の言語活動を行なうのに、日本語のほうが語彙量が多くなることが予想される。両言語から等量の「基本語彙」をとりだしても、それは、単位の問題、合成語をつくる能力、どの程度の言語活動を「基本語彙」でカバーできるかといった点で、それらが等質であるという保証がない。

　要するに等質の語彙表を得るのはきわめて困難なことである。そこで、いくつかの異なる語彙表を相互に対比させ、そこから得られる諸特徴が、その個別的な語彙（表）に固有な特徴なのか、それとも、個別的な語彙（表）をこえて、ドイツ語や日本語に一般的にひろくみられる特徴なのかを、総合的に判断する必要があると思われる*3。

　この稿では、『新明解国語辞典』（山田忠雄ほか、1981第三版）に重要語としてマークされている語彙［JS］（「あとがき」によれば

3439 語、筆者の調査では 3445 語＊4）と DM を対照し、前稿で得た DM と JN との諸特徴を吟味する。DM と JS の性格をそれぞれの解説から引用しておく。

> ［DM］「ドイツ語圏に住む外国人にとっても、またその母国でドイツ語を使わねばならぬ人間にとっても利用できるような語彙のリスト……。能動的にも受動的にも利用できるような語彙……。重点は手紙や文書による伝達に現われて一向に差支えのないような言い回し、一般的汎地域的な標準語に置かれている。広い読者層を対象とするローカル新聞や全国紙は理解が可能である。」

> ［JS］「……我われが認識・思考・伝達などを営む上で欠かせないものであること。……語彙の体系的把握につとめ、基本度の高い語を全領域から偏りなく抽出するよう配慮した。……論説的な文章、特に、新聞の社説などに代表されるような論説文に頻出する語であって、その語の表わす概念と用法とを的確におさえることが社会生活上すぐれて重要なもの……。」

こうして解説を読むかぎりでは、このふたつの語彙のリストはその性格が類似している。ただ JS は必ずしも外国人を対象としていないこと、さらに日常的なはなしことばに偏って用いられる語で採択されていないことがある点などに、DM とのちがいがみられる。JS には、接辞類がとりあげられていない点、さらに数詞も重要語からはずされている点は DM と共通している。収録語彙は DM: 2012 語、JS: 3445 語。

なお、DM と JS との対照表には、参考までに、Deutscher Grundwortschatz／ドイツ基本語辞典（岩崎ほか、1971）［DG］と JN の調査結果もそえておく。収録語彙は DG: 5265 語、（同書「まえがき」には 5600 余語）、JN: 2101 語。

2. 概念別辞書―比較の第三項―

個々の単語を概念の体系（ここでは『分類語彙表』）にふりわけるさいには、いくつかの問題が生じる。

まず第一に、基準となる概念別辞書conceptual dictionaryが、その（記述）言語によって性格づけられていることである。Roget, P. M.（1862）やDornseiff, F.（1959）がヨーロッパの言語の体系を反映しているように、『分類語彙表』は日本語の体系を反映している。ドイツ語の単語には『分類語彙表』の枠組におさまりにくいものがいくつかある。たとえば、amtlich（職務上の）、städtisch（町の／都会的な）、schriftlich（文書による）、telefonisch（電話による）、kathorisch（カトリックの）などの関係形容詞がそのひとつのグループで、これらは、《体の類》（名詞類）と《相の類》（形容詞・副詞類）との中間的な性格をもつ。ドイツ語の前置詞もまた、《相の類》と《その他》《接続詞・感動詞・モーダルな副詞類》との中間に位置づけられそうで、どちらにふりわけるべきかむずかしいところである。ここでは便宜上、関係形容詞は《相の類》に、前置詞は《その他》にいれて処理したが、理想的には、一方にしかない単語のグループを正当に位置づけられる、開いた概念の体系が必要であろう。

　第二の問題点は多義語の処理である。ひとつの単語に原則としてひとつのコードしかみとめないというたちばをとるために、単語の多義性を無視する結果となる。「基本語」の多くは多義語であるにもかかわらず、いまはそれを考慮しない。もし単語の多義性を考慮するとすれば、そのためには、対照するふたつの語彙のリストに、どの用法が基本的であるのかがしめされていなければならないし、基準となる概念別辞書が多義語を処理できるような能力をそなえていなければならない。DMには、多義語の指示があり、さらにDMにもとづく、Das Zertifikat Deutsch als Fremdsprache（Deutscher Volkshochschulverband e. V.）（1972）には、すべての単語に基本的な用法が例示されている。日本語にも同様の語彙リストをもとめないと多義性を考慮した対照ができない。慣用句についても同じことがいえる。一方『分類語彙表』は、そこにおさめられている多くの単語に、ひとつのコードがあたえられていて単語の多義性をとりあげるには必ずしも適当とは思われない（この点、ドイツ語のWehrle, H./Eggers, H.（1967）は多義語をいちいちコード化してい

258　　III　対照語彙論をめぐる諸問題

る点で、『分類語彙表』とは異質である)。たとえば、日本語の「木」や「米」は、植物(『分類語彙表』では、1.5)と加工物(同じく 1.4)の双方の意味がみとめられるが、『分類語彙表』では、それぞれ、「木」(1.551)「コメ」(1.432)のひとつのコードだけがあたえられている。しかし、「杢でできた机」の「木」は加工物(1.4)であり、「ことをつくる」の「コメ」は植物(1.5)であろう。ちなみに、「ガス」「石炭」「ガソリン」などには、自然物(1.5)と燃料(1.4)の双方にあげられている。

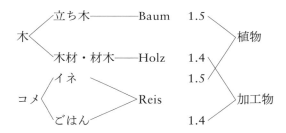

以上、この調査では、ドイツ語を『分類語彙表』の枠組で処理していることと単語の多義性に目をつぶっていることを断わっておきたい。単語の概念コードは最も基本的と思われる用法で代表される。

3. 日独両言語の意味分野別語彙量の比較

さて、DG, DM, JS, JN を概念別に集計し、それを百分率でしめすと表1のようになる*5。表は、たてに概念の分類が、よこに文法的機能にもとづく分類がそれぞれほどこされている。《体の類》[Nと略す]、《用の類》(動詞類)[V]、《相の類》[A] は単語の文法的な分類に対応している。表1のDMとJSの量的な関係を、D > J(DMがJSより語彙量において相対的な比重が大きい)、D = J(双方の比重がほぼ同じ)、D < J(DMがJSより相対的に比重が小さい)であらわすと、表2のようになる。これは、前稿(村木(1981a))で得られた結果、すなわちDMとJNとの関係とまったく同じである。ドイツ語と日本語の「基本語彙」における、表2に

みられるような量的構造の相異は安定しているとみてよいだろう。参考までに、DGとJS, JNとの関係をみると、IのV（抽象的関係、用の類）で、D＝J、ⅢのA（人間活動、相の類）で、D＞Jとなるが、他は表2と同じである。ただし、DGは、同程度かそれ以上の語彙をおさめた日本語の語彙表と比較されるべきである。

表1　文法的機能

文法的機能／概念別	体の類（名詞類）				用の類（動詞類）				相の類（形容詞・副詞）			
	DG	DM	JS	JN	DG	DM	JS	JN	DG	DM	JS	JN
Ⅰ抽象的関係	10.03	10.34	16.26	18.90	11.21	7.50	11.87	10.57	11.43	15.26	7.52	8.90
Ⅱ人間活動の主体	7.84	9.94	4.30	7.57								
Ⅲ人間活動	14.74	12.57	23.57	19.32	13.68	13.72	10.51	8.85	7.37	4.77	4.59	4.24
Ⅳ生産物・用具	9.55	13.07	9.06	7.57								
Ⅴ自然・自然現象	7.35	5.82	8.01	7.71	1.79	1.19	2.41	1.14	2.53	2.39	1.71	1.81
合　計	49.50	51.74	61.19	61.07	26.67	22.42	24.79	21.18	21.33	22.42	13.82	14.95

表2

	N	V	A
Ⅰ	D < J	D < J	D > J
Ⅱ	D > J		
Ⅲ	D < J	D > J	D = J
Ⅳ	D > J		
Ⅴ	D < J	D < J	D > J
全体	D < J	D = J	D > J

▼Ⅱ〈人間活動の主体〉とⅣ〈生産物・用具〉の領域では、DM＞JS。これも前稿で得た結果（DM＞JN）と共通する。とりわけ、Ⅱでは、〈人間〉〈職業〉〈社会〉の分野で、Ⅳでは、〈食料〉〈機械〉の分野でのドイツ語の語彙量が相対的に大きい。〈人間活動の主体〉では、JSはJNにくらべて、比重がかなり小さい。

表 3a

文法的機能 概念別	体の類（名詞類）			
	DG	DM	JS	JN
2　人間活動の主体	7.84	9.95	4.30	7.57
a　人間	0.93	1.79	0.46	1.76
b　家族	0.89	1.09	0.64	1.38
c　相手	0.27	0.55	0.26	0.33
d　人物	0.87	0.69	0.26	0.38
e　職業	2.30	2.33	0.81	0.71
f　区画	0.85	0.69	0.49	1.19
g　社会	1.25	2.09	0.93	1.38
h　機関	0.36	0.45	0.23	0.28
i　団体	0.11	0.24	0.20	0.14

表 3b

文法的機能 概念別	体の類（名詞類）			
	DG	DM	JS	JN
4　生産物・用具	9.55	13.08	9.06	7.57
a　物品	0.40	0.45	0.46	0.43
b　資材	1.06	0.94	1.34	0.76
c　衣服	1.22	1.44	1.19	1.19
d　食料	1.12	2.48	0.78	0.95
e　住居	1.63	2.14	1.48	1.19
f　道具	2.36	2.48	2.24	1.48
g　機械	1.18	2.34	0.99	1.00
h　土地	0.59	0.79	0.58	0.57

　〈職業〉では、ドイツ語に、以下のような、男性あるいは男女ともに用いられる語形と女性にだけ用いられる単語（前者の単語に、女性をマークする -in を後接させた派生語）が競合するものが4組ある。

Lehrer（先生）　　　　Lehrerin（女の先生）

Student（学生）　　　　Studentin（女子学生）

Schüler（生徒）　　　　Schülerin（女生徒）

Verkäufer（店員）　　　Verkäuferin（女の店員）

　〈社会〉では、ドイツ語に、以下のような**類義語**のペアがめだつ。

第3章　巨視的対照語彙論のこころみ　261

（固有語）	（借用語）	
Werkstatt	——Fabrik	（工場）
Krankenhaus	——Klinik	（病院）
Gasthaus	——Hotel	（旅館、ホテル）
Bahnhof	——Station	（駅）

$\left\{\begin{array}{l}\text{Metzgerei} \\ \text{Fleischere}\end{array}\right.$　　　　　　（肉屋）

$\left\{\begin{array}{l}\text{Laden} \\ \text{Geschaft}\end{array}\right.$　　　　　　（店）

　　　　　$\left\{\begin{array}{l}\text{Drogerie} \\ \text{Apotheke}\end{array}\right.$　（薬局）

　〈食料〉では、パン、肉、香辛料・調味料に関する単語がドイツ語に多い。参考までにこの分野の語彙を具体的に対比しておく。

DM	JS
Lebensmittel（食料品）	食べもの
	食物
	食品
	えさ
	主食
	副食
	おかず
	穀物
Brot（パン）	パン
Brötchen（小型パン）	
Butterbort（バターつきパン）	
Schwarzbrot（黒パン）	
Reis	米
	ごはん
Mehl（小麦粉）	
Fleisch（肉）	肉
Kalbfleisch（子牛の肉）	

Schweinefleisch（豚肉）

Braten（焼肉）

Wurst（ソーセージ）

Schnitzel（カツレツ）

Kalbsschnitzel（子牛のカツレツ）

Kotelett（骨つきのカツレツ）

Schweinebraten（ローストポーク）

Salat（サラダ）

Kartoffelsalat（ポテトサラダ）

Gewürz（香辛料）

Salz（塩）　　　　　　　　　　　塩

Zucker（砂糖）　　　　　　　　　砂糖

Pfeffer（胡椒）

Sauce（ソース）

Sahne（生クリーム）

Marmelade（マーマレード）

Butter（バター）

Margarine（マーガリン）

Käse（チーズ）

Quark（クワルクチーズ）

　　　　　　　　　　　　　　　　菓子

Kuchen（ケーキ）　　　　　　　　ケーキ

Schokolade（チョコレート）

Eis（アイスクリーム）

Getränke（飲み物）　　　　　　　飲み物

Kaffee（コーヒー）

Tee（紅茶）　　　　　　　　　　　茶

Milch（ミルク）

Bier（ビール）　　　　　　　　　　ビール

Wein（ワイン）　　　　　　　　　酒

Tabak（パイプ用たばこ）　　　　　たばこ

第3章　巨視的対照語彙論のこころみ　263

Zigarette（紙巻きたばこ）
Zigarre（葉巻き）

Mittel（薬）　　　　　　　　　　　　　薬
Tablette（錠剤）
Kopfschmerztablette（頭痛用錠剤）
Pille（経口避妊薬）
Salbe（軟膏）
Pflaster（ばんそうこう）

　うえにしめしたような両言語の差は、実は対照したふたつの語彙のリストの性格のちがいによるところもある。DM は、日常会話にも十分配慮がなされているのに対して、JS は「口頭表現に偏って用いられる語は必ずしも取り上げない」という方針であり、さらに「より包括的な意味を有する上位概念語が積極的に取りあげられ」、細目は省かれる傾向にある（引用部分は『新明解国語辞典』の「あとがき」による）。この〈食べ物・飲み物・薬〉の分野でも、これらの性格が十分にうかがえるが、他方、DM: JN でもほぼ同じ結果であるから、「基本語彙」における〈食料〉の分野では、やはりドイツ語のほうが比重が大きいと言ってよいであろう。
　「くすり」については、日本語の場合、「飲みぐすり」にひっぱられての位置づけが気になる。ドイツ語の Salbe（軟膏）は、「塗りぐすり」であり、Pflaster（ばんそうこう）は、「はりぐすり」であり、『分類語彙表』における「くすり」は、どこに位置づけるのがよいのであろうか。

　〈道具〉の領域では、ドイツ語に、bürsten（ブラシをかける）＜ Bürste, bügeln（アイロンをかける）＜ Bügel（アイロン）、brem-sen（ブレーキをかける）＜ Bremse（ブレーキ）、telefonieren（電話をかける）＜ Telefon（電話）、hobeln（かんなをかける）＜ Hobel（かんな）、hämmern（かなづちでうつ）＜ Hammer（かなづち）といったふうに、道具をさししめす名詞から、それを使った

動作を意味する動詞が派生される。このような動詞を道具動詞とよぶなら、ドイツ語には、道具動詞が発達しているといえる（hobeln, hämmern は、DM, DG の範囲をこえる）。日本語にはこのような道具動詞があまり多くないため（村木 1982）、これらの〈道具〉をあらわす《体の類》に対応する《用の類》が欠けている。

▼語類間では差があっても、N, V, A ではたがいに相殺しあって、全体では概念別分野間の差が小さくなる傾向がある。これも前稿でみた結果と一致する。ドイツも日本も、ともに科学や技術を高度に発達させた近代化のすすんだ国家であり、そのことは、それぞれの語彙に、固有の伝統的な文化を反映させながらも、社会生活を営むための語彙は共通部分を大きくしているはずである。全体に大きな差がみられず、各語類間に差があるということは、単語の文法的機能にもとづく品詞へのふりわけが異なるということにもつながる（表 3c 参照）。

▼〈抽象的関係〉では、ドイツ語が形容詞・副詞類に、日本語が名詞と動詞により多くふりわけられる傾向がある。〈時間〉を特徴づける、ドイツ語の、morgens（朝に）、vormittags（午前に）、sonntags（日曜日に）、tagelang（何日も）、damals（当時）、diesmals（今回は）、augenblicklich（目下のところ）、nächst（次の）、gleichzeitig（同時の）、などの副詞や形容詞は、日本語の名詞と対応している。もっとも、日本語の「朝」「午前」「日曜日」「当時」などの名詞は多分に副詞性をおびてはいるのだが（ちなみに、うえにあげたドイツ語の副詞や形容詞の多くは名詞からの派生形で、これらにも名詞とのつながりがみとめられる）。〈時間〉と同じように〈空間〉を特徴づける、oben（上に）、vor（前へ）、innen（中で）、rechts（右側に）、wo（どこで）、woher（どこから）、hier（ここに）、östlich（東の）、westlich（西の）などのドイツ語の副詞や形容詞も、日本語の名詞と対応する。〈形〉を特徴づける、schief/schräg（斜めの）、dreieckig（三角の）なども、日本語には相応する形容詞が欠けている。

表 3c

概念別 \ 文法的機能	体の類（名詞類）				用の類（動詞類）				相の類（形容詞・副詞）			
	DG	DM	JS	JN	DG	DM	JS	JN	DG	DM	JS	JN
Ⅰ抽象的関係	10.03	10.34	16.26	18.90	11.21	7.50	11.87	10.57	11.43	15.26	7.52	8.90
a こそあど	0.68	0.99	0.96	0.81	0	0	0	0	0.70	0.79	0.61	1.00
b 類・関係	0.85	0.70	1.48	1.00	0.68	0.65	0.87	0.71	1.48	1.94	0.81	0.81
c 存在	0.36	0.05	0.96	0.29	1.04	0.65	1.10	1.09	0.68	0.65	0.75	0.57
d 様相	0.66	0.60	1.31	1.00	0.23	0.25	0.73	0.29	1.12	1.09	1.60	1.33
e 力	0.15	0.10	0.46	0.14	0	0	0	0	0.17	0.15	0.26	0.19
f 作用・変化	2.03	3.43	3.57	1.38	8.60	5.62	8.45	7.85	0.19	0.25	0.20	0.05
g 時間	1.78	1.34	2.35	4.62	0.25	0.30	0.20	0.43	2.15	3.73	1.00	1.52
h 空間	1.18	0.60	2.23	3.05	0.17	0	0.29	0.14	1.92	2.68	0	0
i 形	0.84	1.94	1.02	0.86	0.08	0	0.03	0	4.60	0.65	0.32	0.29
j 量・過不足・程度	1.46	1.94	1.92	5.80	0.15	0.05	0.20	0.05	2.53	3.33	1.97	3.14
Ⅲ人間活動	14.74	12.58	23.57	19.32	13.68	13.72	10.51	8.85	7.37	4.77	4.59	4.24
a 心	5.30	3.33	8.68	7.38	4.86	5.27	3.89	2.95	3.89	2.14	2.15	2.28
b 言語	2.72	3.38	2.84	2.90	1.71	2.29	0.58	0.67	0.40	0.25	0.09	0.10
c 芸術・創作	0.68	0.50	0.64	0.67	0.08	0.15	0.09	0	0.02	0	0	0
d 生活・仕事	1.37	1.24	1.94	2.14	1.60	1.29	1.68	1.62	0.70	0.55	0.41	0.48
e 行為・身上	0.66	0.40	1.48	0.95	0.72	0.30	0.29	0.33	1.22	0.69	1.04	0.57
f 交際	1.06	0.75	1.92	1.43	1.41	1.34	1.10	0.86	0.08	0	0.03	0
g 人事・態度	0.91	0.79	2.03	0.86	1.22	0.94	0.90	0.43	0.42	0.45	0.32	0.33
h 取得・経済	1.27	1.44	1.86	1.43	1.06	0.99	1.10	1.00	0.65	0.69	0.55	0.48
i 産業	0.76	0.75	2.18	1.57	1.03	1.14	0.87	0.90	0	0	0	0
Ⅴ自然・自然現象	7.35	5.82	8.01	7.71	1.79	1.19	2.41	1.14	2.53	2.39	1.71	1.81
a 刺激	0.53	0.20	0.84	0.71	0.51	0.20	0.70	0.19	1.42	1.19	1.16	1.43
b 自然・気象	2.49	2.19	3.48	2.81	0.59	0.45	1.04	0.43	0.30	0.35	0.32	0.29
c 植物・動物	2.24	1.14	1.36	1.57					0.17	0.15	0.06	0
d 身体・生命・健康	2.09	2.29	2.32	2.62	0.68	0.54	0.67	0.52	0.63	0.70	0.23	0.09

▼〈人間活動〉では、ドイツ語が動詞依存の、日本語が名詞依存の表現であることがみてとれるようである。とくに〈心〉（感覚や気分の表現）の領域でその傾向が強い。この分野の形容詞には大きな量的な差はみとめられない。この分野ではドイツ語に次のような再帰動詞がめだつ。

　　sich fühlen（感 じ る）、sich beruhigen（落 ち つ く）、sich

freuen（喜ぶ）、sich fürchten（恐れる）、sich bewundern（驚く）、sich ärgern（怒る）、sich aufregen（興奮する）、sich interessieren（興味をもつ）、sich irren（思いちがいをする）、sich erinnern（思いだす）、sich kümmern（心を配る）、sich bemühen（骨を折る）、sich gewöhnen（慣れる）、sich entschließen（決心する）、sich entscheiden（決定する）、
……………

　ここでは、日本語の「興奮する」「心配する」「決心する」「決定する」などの漢語系の複合動詞が語彙表に入っていないことを特記しておく必要がある。「興奮」「心配」などの動作名詞は《体の類》におさめられている。〈人間活動〉のＮには、こういった動作名詞の比率がたかい。

　この〈心〉の分野では、ドイツ語のＶと日本語のＡとが対応することがある。次のような例がそれである。

schmerzen（いたい／いたむ）、jucken/kratzen（かゆい）、kitzeln（くすぐったい）、blenden（まぶしい）、neiden（ねたましい／ねたむ）、beneiden（うらやましい／うらやむ）、möchten（ほしい／欲する）、lieben/mögen（好きだ／愛する／好む）、sich freuen（うれしい）、sich fürchten（こわい／こわがる／おそれる）sich schämen（はずかしい／はじる）、sich bedanken/danken（ありがたい／感謝する）

　日本語は、形容詞と動詞が競合関係にある場合も多い。これらの感情形容詞は、一人称・二人称にもっぱら用いられ、三人称には、「いたがる」「うれしがる」というふうに、接辞「-がる」をつけて動詞化して用いる。この単語のグループは、ＶとＡとの中間に位置づけられよう。

　うえの例とは反対に、ドイツ語がＡ、日本語がＶになることもある。müde/matt：つかれた、がその例である。

　〈言語〉に関する分野は、どの語類においても、DM＞JSである。とくにＶにその差がいちじるしい。ドイツ語には、言語活動をあらわす語彙が豊富であるといえようか。具体的にこの分野の語彙を

第3章　巨視的対照語彙論のこころみ　　**267**

列挙してみよう。

rufen（呼ぶ）	呼ぶ
anreden（呼びかける）	呼びかける
	さけぶ
	ささやく
nennen（名をあげる）	
heißen（……という名である）	
grüßen（挨拶する）	
begrüßen（挨拶する）	
gratulieren（お祝いを言う）	
sagen（言う）	言う
mitteilen（伝える）	伝える
melden（知らせる）	つげる
unterrichten（知らせる）	知らせる
berichten（報告する）	
informieren（情報をあたえる）	
sich informieren（情報を得る）	
kündigen（解約の通知をする）	
sich beschweren（苦情を申したてる）	
anmelden（届けでる）	
abmelden（退去を届けでる）	
raten（忠告する）	
beraten（助言する）	
überreden（説得する）	
aussprechen（打明ける）	
schimpfen（非難する、ののしる）	
aussprechen（発音する）	
senden（放送する）	
versprechen（言違える）	
lügen（うそを言う）	
sprechen（話す）	話す
reden（語る）	語る

erzählen（物語る）	のべる
erklären（説明する）	
behaupten（主張する）	論じる
fragen（問う）	問う
antworten（答える）	答える
	応じる
	黙る
schreiben（書く）	書く
beschreiben（描写する）	記す
aufschreiben（書きとめる）	
unterschreiben（署名する）	
sich verschreiben（書き損う）	
verschreiben（処方する）	
lesen（読む）	読む
diktieren（口述筆記させる）	
vorlesen（朗読する）	
übersetzen（翻訳する）	
singen（歌う）	歌う
anrufen（電話をかける）	
telefonieren（電話をかける）	

　〈行為・身上〉〈交際〉〈人事・態度〉に関する語彙量は、日本語のNが相対的に比重が大きい。対人関係をあらわす語彙を日本語ではより多く必要とするかもしれない。〈行為・身上〉と〈交際〉については前稿でも同じ結果がでている。〈人事・態度〉の分野懲は、DMとJNのあいだにほとんど差はなかった。これは、〈JS〉の特徴である可能性もある。

　Ⅲ〈人間活動〉のNで、ドイツ語が日本語を上回るのは〈言語〉のみである。

▼〈自然・自然現象〉の分野では、ドイツ語がAに、日本語がNとVにふりわけられる傾向がある。この分野は他の分野にくらべて語彙量が小さい（とくにVとAについて）。語彙量をふやせば、

両言語のちがいがうきぼりにされる分野であろう。たとえば、〈気象〉に関する領域では、ドイツ語の動詞が豊富である。regnen（雨が降る）、schneien（雪が降る）、hageln（あられが降る）、blitzen（稲光りがする）、nebeln（きりがたつ／かかる）……のように。〈光〉や〈音〉についてもドイツ語の動詞は多い。〈光〉には、blinken, blinzen, flimmern, funkeln, glänzen, gleißen, glitzen, leuchten, scheinen,……、〈音〉には、brausen, klingen, klopfen, knallen, krachen, lauten, larmen, pfeifen,……のように。こういう分野では日本語は動詞があまり発達していない。〈気象〉では名詞に、〈光〉や〈音〉では副詞（擬態語や擬声語）に依存し、その分野固有の動詞、とくに和語系の動詞はごく限られた少数の動詞しかない*6（〈光〉では、「ひかる」「てる」「かがやく」、〈音〉では、「なる」「ひびく」）。

〈生理現象・病理現象〉の分野についても日本語は動詞が発達していない。現象名詞と形式的な動詞とをくみあわせて、もっぱら迂言的に表現する（「息をする」「咳をする」「やけどをする」「下痢をする」のように）。ドイツ語には、この分野の動詞も〈自然現象〉と同じように豊富である。

atmen（息をする）、gähnen（あくびをする）、niesen（くしゃみをする）、schnarchen（いびきをかく）、schwitzen（汗をかく）、husten（咳をする）、schwindeln（めまいがする）、ekelen（はきけがする）、……………

〈自然現象〉〈生理現象〉ともに日本語は固有の動詞が貧弱である。ドイツ語は以下にしめすように語類間の出入りが数多くみられる。

N	V	A
Regen	regnen	regnerisch
Nebel	nebeln	neblig
Leben	leben	lebendig
Hunger	hungem	hungrig
Atem	atmen	
Krankheit	erkranken	krank
Husten	husten	
⋮	⋮	⋮

〈植物・動物〉〈身体・生命・健康〉の領域で、日本語のＡが少ない。「新鮮」「未熟」「丈夫」「健康」「健全」など漢語系のいわゆる形容動詞がめだち、和語はほとんど存在しない。この分野のドイツ語のＡは、多くは、日本語のＮやＶと対応する。

〇日本語のＮと対応するドイツ語のＡ

blind（盲人）、krank（病気）、barfuß（はだし）、roh（なま）など。

〇日本語のＶと対応するドイツ語のＡ

tot（死んだ／死んでいる）、fett（太った／太っている）、stumm（黙った／黙っている）、schwanger（妊娠した／妊娠している）など。

4. まとめ

以下に、DMとJSとの対照から得られた特徴をまとめてみる。

〇各分野・各単語群の語彙量の相対的な比重の大小関係は表2のようになる。

〇〈抽象的関係〉〈人間活動〉〈自然・自然現象〉では、各単語群で差があっても、全体では差が小さくなる傾向がある。

〇〈抽象的関係〉では、

〈時間〉
〈空間〉 　　　Ｎ　　　　　D ＜ J
　　　　　　　Ａ　　　　　D ＞ J

である。

〇〈人間活動の主体〉では、

〈人間〉
〈職業〉 　　　Ｎ　　　　　D ＞ J
〈会社〉

であり、このうち、〈人間〉は、JSの特徴である可能性もある。

〇〈人間活動〉では、

〈心〉　　　　　Ｖ　　　　　D ＞ J

であり、この分野では、ドイツ語のＶが日本語のＡと対応す

ることが多い。また、

〈言語〉	N, V, A	D ＞ J
〈交際〉〈人事・態度〉	N	D ＜ J

である。〈言語〉のNについては、JSの特徴である可能性もある。

○〈生産物・用具〉では、

〈食料〉〈機械〉	N	D ＞ J

である。

○〈自然・自然現象〉では、

N, V	D ＜ J
A	D ＞ J

が成立するが、語彙量がさらにふえれば、Vについては、D ＞ Jになると思われる。とくに〈気象〉〈光・音〉〈生理〉などの分野では、DがVに、JがNやA（とくに副詞、それもオノマトペ）に依存する傾向がある。

　以上、DMとJSを対比して、いくつかの特徴をみてきた。これらの特徴は、前稿で得られた結果とほぼ一致することが確認された。

　このような調査が、両言語の語彙の対照をすすめるうえで、とくに語彙の部分体系をあきらかにしようとする際に、わずかでも役立つことができれば幸いである。

＊1　「基本語彙」をめぐっては．類似したいくつかの用語がある。たとえば、ドイツ語にはGrundwortschatz（W. Schmidt 1955）、Kernwortschatz（Nickolaus 1949）、Grundvokabular（Hasan 1974）、Allgemeinwortschatz（Riesel/Schehdels 1975）Häufigkeitsliste（Frumkina 1964）、Mindestwortschatz（Steger 1972）、Alltags-wortschatz（Mattuta 1969）、Standardvokabular（Haase 1960）、Minimalwort-schatz（Taraoczi 1971）、Grunddeutsch（Pfeffer 1970）、Gebrauchswortschatz（Meiner 1967;

Kaufmann 1968)、Bedarfswortschatz（Oppersthäuser 1974） な ど が あ り
（Kühn, P. 1979 による）、これらのあいだで概念の異なる場合と、単に言いかえ
にすぎない場合とがある。日本語では、「基本語彙」「基礎語彙」「基準語彙」
「基調語彙」「基幹語彙」（林 1971）、「基本語彙」「基幹語彙」「基礎語彙」（真
田 1977））などの用語があり、それぞれが異なった規定をうけている。

＊2　「ページ」「ボルト」「カロリー」「学年」などの形式は、classifier として
接辞的な用法と、独立の単語としての用法とがある。

＊3　同じ目的による、複数の「基本語彙」にも、個々の単語の選択にかなり
のちがいがみられるようである。志部（1982）によれば、外国人を対象にした
日本語教育のためのななつの「基本語彙」を比較した結果、「各語彙表で採用
された語彙の共通性が意外に少ないものである」と指摘している。Kühn, P.
（1979）には、18 年という比較的短い時間をへだてて次のふたつの語彙のリス
トに、以下のようなちがいがみられるという。

	WALLFISCH 1954	STEGER/KEIL 1972
(1)	Federhalter	——————
	Tintenfaß	——————
	Rasiermesser	——————
	Rasierpinsel	——————
(2)	Radioapparat	Radio
	Taxameterdroschke	Taxi
	Einschreibebrief	Einschreiben
(3)	Maschinenschreiberin	Sekretärin
	Bandit	Verbrecher, Räuber
(4)	——————	Fernsehen
	——————	Kugelschreiber
	——————	Rasierapparate

うえの表は、「基本語彙」といえども、安定性に欠けるということをものがた
る。

筆者が、Steger/Keil（1972）［語彙数：2012］と岩崎ほか（1971）［語彙数：
5265］をつきあわせてみたところ、前者にあって、後者にない語が 179 語あっ
た。参考までにそれを以下に、リストアップしておく。

abbiegen, sich abmelden, abschleppen, abschmieren, achtlos, Allerbeste, am-
tlich, anfahren, angehen, Anmeldung, Aufenthaltserlaubnis, Ausländerin, aus-
nahmsweise, ausnutzen, Autofahren, Autowerkstatt, Baby, bargeldlos, beantra-
gen, bekanntmachen, Belohnung, Betriebsrat, sich betrinken, Be-werbung,
Briefkasten, Briefumschlag, Bundesrepublik Deutschland, Cam-pingplatz,
Couch, Demokratische Republik, DM = Deutsche Mark, Ehemann, Ehefrau,
Eilboten, Einbahnstraße, Einreise, Eitnwohnermeldeamt, Erdteil, erfolglos
Ersatzteil, erstens, Fahrplan, Fahrpreis, fällig, fernsehen, Fleischerei, Formular,
sich frisieren, Fußballmannschaft, Gebrauchsanweisung, Geburtsort, geehrt,
genauso, Geschäftspartner, Geschäftsreise, geschieden,
Geschwindigkeitsbeschränkung, Gewerkschaft, Gewürz, gleichmäßig, glückli-
cherweise, Grenzstation, Halsschmerzen, haltbar, Halteverbot, Hausnummer,

第 3 章　巨視的対照語彙論のこころみ　　273

Höchstgeschwindigkeit, Hotelvermittlung, Hotelzimmer, informieren, sich informieren, irgendetwas, irgendjemand, Kalbfleisch, Kalbsschnitzel, Kartoffelsalat, Kinderarzt, Kinderbett, Kinderbuch, Kinderzimmer, klappen, Klebstoff, Kleiderbügel, Kleingeld, Kofferraum, Kofferradio, Kopfschmerztablette, Kotelett, Krankenwagen, Kunstwerk, Kursbuch, Lautsprecher, Lift, Makler, Margarine, Metzgerei, Mieterschutzgesetz, minus. Musikinstrument Nähzeug, neblig, Nebenstraße, Notausgang, Notruf, offensichtlich, Parkhaus, Parkuhr, Pfeffer, Plattenspieler, plus, Postanweisung, postlagernd, Quark, Rasierklinge, Raumfahrt, Raumschiff, Regenmantel, Reparaturwerkstatt, Rückfahrt, Rückfahrkarte, Rücklicht, Rückwärtsgang, Schaden, Scheckkarte, Scheinwerfer, Schlagzeile, Schnitzel, schwanger, Schwarzbrot, Schweinebraten, Selbstbedienung, Sicherheitsvorschrift, sonntags, Sparbuch, Sparkonto, Spinat, Sportbericht, Sportler, Stecker, tagelang, tagsüber, Tankwart, Taschenbuch, Teil, Telefonbuch, Telefongespräch, (Telefon–) Hörer, Terminkalender, Überschrift, Umleitung, Untergrundbahn, Untenwäsche, Verbandszeug, Verkehrsampel, Verkehrsamt, Verkehrszeichen, veröffentlichen, verzollen, Viertelstunde, Visum, Vollmacht, Vorfahrt, Wähler, Waschlappen, Waschmaschine, W. C., wem, wen, wessen, Wetterbericht, Windel, wochenlang, Zahnarzt, Zahnbürste, Zahnschmerzen, Zange, Zitrone, Zollamt, zwischendurch

＊4　筆者が調査したのは、第三版第二刷（1981年2月20日発行）。一年後に出た同じ版の第九刷と比べると、重要語にいくつかの出入りがみられる。

＊5　百分率は、小数点以下桁で四捨五入してある。合計は必ずしも100％にならない。なお、《その他》の比率は、DG: 1.75, DM: 3.43, JS: 0.20, JN: 2.81である。

＊6　〈自然現象〉の表現については、村木（1981b）を参照していただきたい。

参考文献

Dornseiff, Franz（1959）Der deutsche Wortschatz nach Sachgruppen

林大（1964）『分類語彙表』（国立国語研究所資料集6）秀英出版

林四郎（1971）「語彙調査と基本語彙」『電子計算機による国語研究Ⅲ』、秀英出版

国立国語研究所（1962）『現代雑誌九十種の用語用字第一分冊　総記・語彙表』秀英出版

Kühn, Peter（1979）Der Grundwortschatz. Bestimmung und Systematisierung, Max Niemeyer Verlag, Tübingen

村木新次郎（1981a）「日本語とドイツ語の「基本語彙」をくらべる」『計量国語学』Vol. 12, No. 8

村木新次郎（1981b）「日独両語の自然現象の表現をめぐって」『日独両語の語彙体系の対照比較』

村木新次郎（1982）「外来語と機能動詞―「クレームをつける」「プレッシャーをかける」などの表現をめぐって―」『武蔵大学人文学会雑誌』13–4

Roget, Peter Mark（1962）Roget's International Thesaurus, Thomas Y. Crowell Company, New York

真田信治（1977）「基本語彙・基礎語彙」『岩波講座日本語 9　語彙と意味』岩波書店

志部昭平（1982）『日本語教育基本語彙七種比較対照表』（日本語教育指導参考書 9）国立国語研究所

Steger, H./Keil, M.（1972）Der deutsche Mindestwortschatz, Max Hueber（早川東三訳『ドイツ語基本単語 2000』日本放送出版協会、1974）

Steger, Hugo［Hrsg.］（1972）Das Zertifikat "Deutsch als Fremdsprache" Für den Deutschen Volkshochschul-Verband e. V. Bonn und das Goethe-Institut zur Pflege deutscher Sprache und Kultur im Ausland e. V. München, Bonn

Wehrle, H./Eggers, H.（1967）Deutscher Wortschatz. Ein Wegweiser zum treffenden Ausdruck. Ernst Klett Verlag, Stuttgart

第4章

日本語とドイツ語の「基本語彙」をくらべる

キーワード　基本語彙、日本語、ドイツ語、概念別辞書、分野別語彙量

1.　はじめに

　ここでとりあげる、ふたつの語彙のリストは、目的・語数・語彙の選定方法などの点できわめて類似したものである。すなわち、どちらも成人した外国人がその言語を使用する場合に最も必要とされる約2000語を複数（日本語は20名、ドイツ語は7名）の言語学者、言語教育学者らの投票によって選びだしたものである。
　　J. 日本語教育基本語彙第一次集計資料（1）―上位二千語―＊1
　　D. Der deutsche Mindestwortschatz 2000
　これらの外国人のための「基本語彙」を概念別辞書 conceptual dictionary によって分類し、その量的な比較を行なうことで、日本語とドイツ語の語彙の類似点と相異点をさぐることが当面の目的であり、ひいては、対照語彙論における問題点の発見にもつながると考える。

2.　単位

　JとDは性格が非常ににかよった語彙表ではあるが、単位の面で若干共通性を欠く。同一言語においてすらそうであるが、そもそも異なる言語の単位をそろえることは基本的に困難を伴う問題である。語彙を比較する場合の基本単位は、疑いもなく単語であろうが、Jのリストには、単語よりも小さい単位、すなわち形態素あるいは造語要素がいくつかふくまれていて、そのような単位をふくまないD

277

のリストと性格を異にする。具体例をしめすなら、丁寧な意味をそえる「御（o-、go-)」のような接頭辞、敬称の「-様（さん）」のような接尾辞、「-られる」、「-らしい」、のような、一般には助動詞と呼ばれているものの一部、さらに数量をあらわす、「-回」、「-度」などがそれである。数量をあらわす「-回」、「-度」などは「回を重ねる」「度がすぎる」といったふうに独立した用法をもちはするが、そのような使い方は頻度も少なく、うえにあげた接頭辞、接尾辞同様もっぱら合成語をつくる要素であり、それ自身は単語ではなくて単語の部分である。ドイツ語にも派生語をつくる多くの接辞があるが、Dのリストには、このような接辞類はおさめられていない。むしろ、Dには、Postleitzahl（郵便番号）、Mieterschutzgesetz（借家人保護法）、Geschwindigkeitsbeschränkung（速度制限）といった長い複合語も相当数とられている。Jは『分類語彙表』をよりどころにしたため、この語彙表の性格を反映して、「郵便番号」「速度制限」のような複合語はとられていない。

3. 概念別辞書

さて、概念別辞書としては、P. M. Roget（1851）のほか、F. Dornseiff（1959）、Wehrle-Eggers（1961, 1967）、林 大（1964）などがよくしられている。本研究では、比較のための辞書として、1）分類がすぐれている、2）計量しやすい、3）Jについてすでに整理されている、などの理由から、林大『分類語彙表』を用いた。理由の2）は、語の基本的意味によってほとんどの語が一か所に配当された結果、語彙数と概念のコードの数が一致することを意味する。ただこうすることによって単語の多義性を無視することになる。Wehrle-Eggers J "Deutscher Wortschatz" の概念別辞書は、P. M. Roget "Thesaurus of English Words and Phrases" を修正してドイツ語に適用したものであるが、多義語についても、ひとつひとつコード化されていて、たとえば、bilden（基本的意味は、つくる）は14、gehen（基本的意味は、行く）という動詞は実に142のコード（分類番号）が付されている。なお、この辞書には、ins Bad gehen

（湯治に行く）、von Hand zu Hand gehen（手から手へ渡る）のような慣用句もおさめられている。

4. 語彙の分類—方法と結果—

『分類語彙表』を用いて日独両語の 2000 語を概念別に整理すると、表のような結果がえられた。表は、たて軸に概念の分類が、よこ軸に文法的機能に基づく分類が、それぞれほどこされている。「名詞類」は双方の名詞（ドイツ語は代名詞をふくむ）が、「動詞類」は動詞が、「形容詞類」は形容詞のほかに陳述副詞をのぞく大部分の副詞と、日本語のいわゆる形容動詞がふくまれている。感動詞や接続詞、それにドイツ語の前置詞・冠詞は、その他に入れてある。

　それぞれの単語は原則としてひとつのコードがあたえられ、一か所におさめられている。派生的な意味は無視され、もっとも基本的と思われる用法の番号のみが生かされる。

　なお、ドイツ語には、日本語にない関係形容詞があって、これについては、『分類語彙表』の枠組に入りにくいものもあったが、もっとも意味の近い単語をさがして、『分類語彙表』の枠組の中で、どこかに配当した（多くは、日本語の名詞に相当する）。関係形容詞とは、名詞や副詞に形容詞の語尾をそえて、規定語（連体修飾語）として機能するようにした形容詞のことで、たとえば、am-tlich（職務上の）、schriftlich（文書による）、politisch（政治の）、evangelisch（プロテスタントの）、kathorisch（カトリックの）、elektrisch（電気の）、städtisch（都会の、市の）、hiesig（当地の）などがそれである。

	主たる意義	名飼類		動詞類		形容詞類	
		J.	D.	J.	D.	J.	D.
1	抽象的関係	397	208	222	151	187	307
1 a	こそあど	17	20	0	0	21	16
1 b	類・関係	21	14	15	13	17	39
1 c	存在	6	1	23	13	12	13
1 d	様相・整備・調子	21	12	6	5	28	22
1 e	力	3	2	0	0	4	3
1 f	作用・変化	29	12	165	113	1	5
1 g	時間	97	69	6	6	32	75
1 h	空間	61	27	3	0	0	54
1 i	形	18	12	0	0	6	13
1 j	量・過不足・程度	121	39	1	1	66	67
3	人間活動	406	253	186	276	89	96
3 a	心	155	67	62	106	48	43
3 b	言語	61	68	14	46	2	5
3 c	芸術・創作	14	10	2	3		
3 d	生活・仕事	45	25	34	26	10	11
3 e	行為・身上	20	8	7	6	12	14
3 f	交際	30	15	18	27		
3 g	人事・態度	18	16	9	19	7	9
3 h	取得・経済	30	29	21	20	10	14
3 i	産業	33	15	19	23		
5	自然・自然現象	162	117	37	24	38	48
5 a	刺激	15	4	4	4	30	24
5 b	自然・気象	59	44	18	9	6	7
5 c	植物・動物	33	23	} 15	11 {	0	3
5 d	身体・生命・健康	55	46			2	14

	主たる意義	名詞類			主たる意義	名詞類	
		J.	D.			J.	D.
2	人間活動の主体	159	200	4	生産物・用具	159	263
2a	人間	37	36	4a	物品	9	9
2b	家族	29	22	4b	資材	16	19
2c	相手	7	11	4c	衣服	25	29
2d	人物	8	14	4d	食料	20	50
2e	職業	15	47	4e	住居	25	43
2f	区画	25	14	4f	道具	31	50
2g	社会	29	42	4g	機械	21	47
2h	機関	6	9	4h	土地	12	16
2i	団体	3	5				
					その他	59	69
					計	2101	2012

　両言語の語彙の分野別対照表からよみとれる、いくつかの特にめだった点を以下に列挙する。

▼（人間活動の主体）（生産物・用具）の分野で、J＜D（JがDより少ない、の意）。とくに、職業、社会、食料、住居、道具、機械に関する名詞にその差がいちじるしい。この分野の名詞はすべて具体名詞である。

　職業をあらわす語に、

　　Lehrer（先生）　　Lehrerin（女の先生）

　　Verkäufer（店員）　Verkäuferin（女の店員）

のように、男性あるいは男女ともに用いられる語形と女性だけに用いられる派生形をもっていることも、この領域の語彙数をふやすことに一役買っている。

　社会の領域では、ドイツ語のほうに類義語がめだつ。固有語と借用語が競合しているケースも多い。

　　（固有語）　　　　（借用語）

　　Werkstatt　　　Fabrik　　　工場

　　Krankenhaus　　Klinik　　　病院

　　Gasthaus　　　 Hotel　　　 旅館、ホテル

　　Bahnhof　　　　Station　　 駅

第4章　日本語とドイツ語の「基本語彙」をくらべる　281

固有語どうし、あるいはどちらも借用語で類義語のペアをなすこともある。

Metzgerei	Fleischerei	肉屋
Laden	Geschäft	店
Drogerie	Apotheke	薬局

社会の領域では宗教に関することばもドイツ語に多い。

食料では、パン、肉、香辛料・調味料に関する語が、ドイツ語にめだつ。

▼語類間で差があっても、名詞類、動詞類、形容詞類でたがいに相殺しあって、全体では概念別分野間の差が小さくなる傾向がみられる。これは、どちらか一方の言語が、語彙全体からみれば、ある分野で、名詞も動詞も形容詞類も多い、というようなことがなく、均衡化されている、ということを意味する。このことは、基本語彙というもののひとつの性質を反映しているといってよい。あらゆる分野をまんべんなく表現できるような配慮の結果であり、言語をこえてみとめられるひとつの普遍的な側面といえるであろう。

（抽象的関係）（自然・自然現象）では、名詞類と動詞類で、J＞Dであるが、形容詞類で、J＜Dであり、（人間活動・精神）の分野では、名詞類で、J＞D、動詞類で、J＜D、形容詞類ではきわだった差がみとめられない。

▼量をあらわす名詞類がJに多いのは、漢語系の「一、二、三、……」のほかに、和語系の「ひとつ、ふたつ、みっつ」「ひとり、ふたり」があって、複雑で、ぜいたくな数詞の体系をもつうえ、-回、-度、-個、-枚、……などの数詞に関わる接辞が豊富にあるためである。なお、Dには数詞がリスト外にまとめられている。

▼（時間）と（空間）をあらわす分野では、どちらも補助的な単語を発達させている点は共通しているが、日本語は名詞の範疇に（補助的な名詞、相対名詞）、ドイツ語では、前置詞、接続詞、副詞、名詞など、さまざまな文法的機能をになった単語に、時間や空間の意味を託している。具体的にいえば、「とき」「ころ」などの時間名詞、「ところ」「あたり」「上」「下」「となり」「そば」などの空間名

詞は、auf（上、前置詞）、als/wenn（とき、接続詞）、nebenbei（隣、副詞）、Zeit（とき、名詞）などの単語と対応することがある。日本語ではこのような空間名詞が発達しているが、人や物をさししめしている名詞を空間化するための手つづきとして、移動をあらわす動詞とむすびつくときになくてはならぬものである。

zu der Schule gehen　　　　　学校に行く

zu meinem Onkel gehen　　　＊おじさんに行く。

　　　　　　　　　　　　　　おじさんの<u>ところ</u>に行く

▼（人間活動・精神）の分野で、とくに心（感覚・思考など）、（交際）の領域で、名詞 J ＞ D に対して、動詞 J ＜ D である。この分野のドイツ語には再帰動詞がめだつ。この領域で、日本語が名詞依存、ドイツ語が動詞依存の表現を好むといえようか。ただし、J には、漢語系の複合動詞、たとえば、「疲労する」、「交際する」、などがとられていないため、動詞の数が少ないことを考慮する必要がある。

▼日本語の形容詞は、これまでにもしばしば指摘されてきたように、一般に数が少なく、いわゆる形容動詞をふくめても、ドイツ語の形容詞にくらべて、どの分野も多くない。

　いま、双方の言語で、差の大きい例として、（身体・生命・健康）の分野をとりあげることにする。この分野で選びだされた日本語の単語は、「健康」「丈夫」の 2 語だけであり、どちらも、いわゆる形容動詞である。これに対して、ドイツ語には、14 の形容詞がとられている。これらの多くは、日本語の名詞（stumm 唖）（blind 盲人）（krank 病気）（barfuß はだし）（roh なま）や、動詞の派生形（tot 死んだ）（fett 太った）（schwanger 妊娠した）などと対応している。この分野のほかでも、このような傾向、すなわち、ドイツ語の形容詞が日本語の名詞や動詞の派生形と対応する場合が、しばしばみられる。

5. 語彙量に影響を及ぼす言語的諸条件

　以上のような、分野による語彙量の差を、両言語の背景にある自

第 4 章　日本語とドイツ語の「基本語彙」をくらべる　**283**

然環境や社会的文化的な生活のちがい、また日本人とドイツ人の精神構造のちがいなどによるものと解釈することもできよう。ある言語の、ある分野の語彙がめだって多いとき、ただちにそのような決定が下されることがある。しかし、このような言語外的な条件とは別に、そこには、いくつかの言語内的な側面が語彙量に関係していることもあるように思われる。いまそれらのひとつひとつに深くたちいることはできないが、語彙量に影響を及ぼしていると思われる言語内的な諸条件を整理しておきたい。

I）類義語　　意味的世界＝概念はひとつなのに、ふたつ以上の言語形式化をうけているもので、類義語が多くとも、概念のほうはふえない。ただし、多くの類義語のペアは、たがいにニュアンスがちがうものである。

<blockquote>
父　　（お）とうさん　　　Vater

母　　（お）かあさん　　　Mutter

兄　　にいさん　　　　　……（Bruder）

姉　　ねえさん　　　　　……（Schwester）
</blockquote>

もっぱら、reference のための「父、母、……」の系列と、もっぱら address するための「おとうさん、おかあさん、……」の系列と両方ともにリストに収められている J のほうが、Vati, Mutti などの親族呼称を排して、Vater, Mutter のみをとっている D よりも当然語彙量が多くなる。

　D の社会の領域で、固有語と借用語の間で類義語が多くみられたが、これもさししめされる対象が一定で、語彙量がふえる結果になっている。

II）多義語　　ひとつの語形で、いくつもの概念をさししめせば、語彙量は小さくなる。「基本語彙」のリストに、意味・用法のちがいが記述されるなら、多義語の性格を考慮した語彙量の数値化が可能である。

III）単語の抽象度　　単語がどのレベルで言語形式化をうけている

かということ。抽象度のたかい単語もあれば、ひくい単語もあり、抽象度がひくいと、同じ内容をあらわすのに多くの単語を必要とする。日本語の「木」は、「庭に木がある」という〈植物〉の木も、「木でできた机」という〈素材〉としての木も、同じ単語で言いあらわせるのに対して、ドイツ語は、〈植物〉のBaumと〈素材〉としてのHolzは語彙的に対立していて、BaumとHolzは「木」にくらべて、抽象度がひくいといえる。ドイツ語のほうが語彙量が多くなる。ドイツ語のReisは日本語の「米」と対応するが、さらに、〈植物〉としての「稲」と〈食物〉としての「飯」「御飯」とも対応していて、この場合は、日本語の語彙量が多くなっている。日本語の「花」は、ドイツ語の、将来実をむすばないBlumeと、将来実をむすぶBlüteとに対応している。

　単語の抽象度は、同一言語内で、以下の融合、中和、相関とも関連する。

a）融合（Synkretismus）以上の単語で、それぞれのさししめしている対象を、ひとつの単語で言いあらわしてしまうこと。次のような例がそれである。

　うえの例で、「配偶者」や「結婚する」は、それぞれ、「夫」「妻」、「めとる」「とつぐ」のどちらの意味にもなり、語彙量を少なくする。

b）中和（Neutralisierung）体系のなかに存在する対立が、あたえられた環境や位置において一時的になくなること（Coseriu, E. 1970）。次の例がそれである。

Tag: Nacht　　　動物：人間

　「人間にとっても、動物にとっても害がある」というときの「動物」と「人間」は対等に対立しているが、「この星では植物も動物も生存できない」というときの「動物」は、「人間」をも包含して

第4章　日本語とドイツ語の「基本語彙」をくらべる　　285

いて、「動物」と「人間」との対立が解消している。このような中和化の現象も、語彙量に関係してくる。

c）相関（Korrelation）語彙の部分体系のなかで、いく組かのにかよった対立が平行してみとめられるもの。

《人間》	《動物》	
essen	fressen	（たべる）
trinken	saufen	（のむ）
Fuß	Pfote	（足）

《長い》	《短い》	
Stiefel	Schue	（靴）
Strümpfe	Socke	（靴下）

《言及語》	《呼称語》	
父	（お）とうさん	（Vater）
母	（お）かあさん	（Mutter）
兄	にいさん	（Bruder）
姉	ねえさん	（Schwester）

　上の例にみるような、相関の語彙体系をもつ言語はそうでない言語にくらべて、語彙量が多くなる。

Ⅳ）単語の有契性　　語彙のリストに派生語や複合語がどれだけあるかということ。単純語はオノマトペをのぞけば不透明な語である。これに対して、派生語や複合語は透明な語であるといえる（Ullmann, S. 1963）。
a）派生語　　語根を共有して、名詞化したり、動詞化したり、形容詞化したりする文法的接辞が加わることで単語ができるとき、ひとつの概念が文法的機能にしたがって分散していく。このような一連の単語群を語彙のリストにおさめるなら語彙量はふえるし、語根

かもしくはひとつの代表形をとり、ほかは語彙のリストからはずし、接辞を登録することによって語彙量はへってくる。一般に、日本語の、-さ、-み、-げ、などの接尾辞による形容詞からの派生名詞は語彙のリストからはずされていることがあることを想起していただきたい。否定の接頭辞、非-、不-、un-なども、これらをふくむ派生語をリストにとりいれるか否かで語彙量に影響をあたえる。いま語根「高」を例にとって、その派生語を記述してみる。

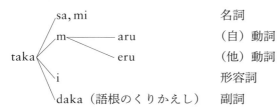

日独両語の〈自然・自然現象〉の分野における派生語のあらわれかたを、2000語のリストの範囲で調べてみた結果は次のとおりである。

	《名詞類》	《動詞類》	《形容詞類》
J.	光	光る	
	白		白い、真白い
	黒		黒い
	赤		赤い、真赤
	黄色		黄色い
	青		青い
	におい	におう	

	《名詞類》	《動詞類》	《形容詞類》
J.	晴れ	晴れる	
	曇	曇る	
	氷	こおる	
		暖める	暖かい
	死	死ぬ	
D.	Regen	regnen	

Schnee	schneien	
Nebel		neblig
	abtrocken	trocken
Hitze	heizen	heiß
Wärme		warm
Kalte		kalt
Leben	leben	lebendig
Atem	atmen	
Geburt		geboren
Tod	töten	tot
Hunger		hungrig
Gesundheit		gesund
Krankheit		krank
Erkältung	sich erkälten	
Husten	husten	

　これらをまとめて、共通するものの数をしめすと次のようになる。
なお括弧のなかの数は同じ語類のなかに共通の語根をもつ組合せの
値である。

〔自然・自然現象〕	〈日本語〉	〈ドイツ語〉
体言類∧用言類	6〔1〕	11
用言類∧相言類	1	4
相言類∧体言類	7〔2〕	7
体言類∧用言類∧相言類	0	3

ドイツ語のほうが日本語よりも派生語をつくる接辞が発達してい
て、その生産性も一般につよいようである。

b）複合語　　ふたつ以上の語基からなる単語を複合語とよぶ。語
基は単語相当の成分である。

　「郵便」と「番号」はそれぞれ不透明な語であるが、それらを要
素としてつくられる、二次的な複合語「郵便番号」は透明である。
複合語をつくりやすい言語（たとえば日本語やドイツ語）では、語
彙量がふえる傾向がある。このような複合語をどこまでとるかに

288　　Ⅲ　対照語彙論をめぐる諸問題

よって語彙量がちがってくる。複合語を積極的にとる立場だと、語彙量が多くなって、ある枠内（語数）での一次的な単純語の語彙量が相対的にへってしまう。単純語をできるだけ多くとるために、二次的、三次的に単純語から構成される複合語をとらない方針もありうる。『分類語彙表』は、そのもとになった語彙調査の性格から後者の立場にちかく、その結果、Jのリストには主として単純語がとられており、複合語のしめる割合はたかくない。一方、Dのリストには以下のように複合語も相当数とられている。

Kinderarzt（小児科医）Kind（er）（子供）　Arzt（医者）

Kinderbett（ベビーベッド）　Bett（ベッド）

Kinderbuch（子供用の本）　Buch（本）

Kindergarten（幼稚園）　Garten（庭）

Kinderzimmer（子供部屋）　Zimmer（部屋）

（自然・自然現象）の分野にかぎっていえば、複合語の数は、

D.　5語　Kunststoff（合成物質）　Erdteil（大陸）　Weintraube（ぶどう）　Kopfschmerzen（頭痛）　barfuß（はだしで）

に対して

J.　1語　　茶色

である。

4）で得た分野別語彙量を、5）であげた言語的諸条件にてらしあわせて考察する必要があることを指摘して、この稿を終わる。

[付記] 小稿は、1980年9月20日、計量国語学会第二十四回大会で発表した内容にもとづいている。なお、これは、文部省科学研究費補助金（日独両語の語彙体系の対照比較　代表者小野寺和夫）の交付をうけて行った研究の一部である。

＊1 この資料は、特別研究「日本語教育のための基本的語彙に関する調査研究」の中間報告として、国語研日本語教育センター第一研究室が作成したものである。同研究室の御厚意により、この内部資料が利用できたことを記し、謝意を

表する。

参考文献

林大（1964）『分類語彙表』（国立国語研究所資料集 6）

宮島達夫（1966）「意味の体系性」『教育国語』4

Brown, Roger（1958）Words and Things: An Introduction to Language

Coseriu, Eugenio（1970）Sprache: Strukturen und Funktionen

Dornseiff, Franz（1959）Der Deutsche Wortschatz nachr Sachgruppen

Roget, Peter Mark（1962）Roget's International Thesaurus

Ullmann, Stephan（I962）Semantics: An Introduction to the Science of Meaning

Ullmann, Stephan（1963）Semantic Universals: Greenberg, J. H.（ed.）Universals of Language

Wehrle-Eggers（1967）Deutscher wortschatz

第5章

日独両言語の自然現象の表現をめぐって

　本稿の目的は、自然現象を表現している、ドイツ語と日本語の名づけの単位である単語と、単語のくみあわさりかた＊1の共通点や相異点をさぐることにある。

　単語は、概念をになっている、現実の世界の、あるいは現実の世界をこえて人間が概念としてえがきうる、対象や現象を名づけている。これは言語外的な現実の断片を言語化している単語の語彙的な側面である。そのような、なんらかの語彙的意味をあたえられた単語は、文の中で、あるいは一般に単語よりも高次のレベルである連語 Syntagma の中で、文や連語の要素として機能する。単語のもつ、こうした文法的機能＊2を集約したものが品詞であるとするならば、この品詞は、個々の単語がさししめしている意味的世界（概念）と相互に無関係であるはずなく、品詞のカテゴリーは言語外的な現実の意味的世界を反映しているはずである。とはいうものの、言語をこえた現実の体系と言語にささえられた語彙や品詞の体系とは別のものであって、異なる言語の間で普遍的なものもあれば、両者の間に不一致が生じることもある。そのような不一致は、同一言語の中でもまた起こりうる。

　ふたつの異なる言語で、名づけにズレが生じることについてはあまりにも当然で、もはや説明を要しないかもしれない。ドイツ語の植物としての“Baum”と生産物・材料としての“Holz”は、ともに日本語の「木」（庭に木がある／木でできた机）と対応したり、ドイツ語の“Reis”が、日本語で、植物としての「イネ」、食物としての「メシ」、その総称としての「コメ」に対応することによって、両言語の名づけの不一致は明らかである。「兄」や「弟」にあたるドイツ語の単語はない。

　また、それぞれの言語は、それぞれのちがった言語体系をもって

291

いて、たとえば、ドイツ語の形容詞と日本語の形容詞を容易にむすびつけてしまうことは危険である。Martinet, A.（1968: 173）のいうように、ヨーロッパの人たちは形容詞を名詞にちかづけて考える傾向があるし、日本人は形容詞を動詞にちかづけてみたがる傾向があって、形容詞という名称で呼ばれるとしても、それぞれの語群の性格は同じではない。たしかに、ドイツ語の形容詞は名詞と同様に、曲用 Deklination の語形変化 Paradigma をし、活用 Konjugation の語形変化をする動詞と対立しているのに対して、日本語では動詞と同様に、活用する語群として、活用しない名詞と対立させられることがある。また、ドイツ語の形容詞は名詞と同様、コピュラ動詞とむすびついて文の述語として機能するが、日本語の形容詞は動詞と同様単独で述語になりうる。

　名づけにおける、品詞の一致と不一致に関して具体的な例をひくならば、たとえば、果物の名まえは、ドイツ語も日本語も "Apfel"「りんご」、"Traube"「ぶどう」のように、名詞として名づけられているし、〈栄養物を体内にとりこむ〉行為は、"essen"「たべる」、"trinken"「のむ」のように、動詞としての言語形式をうけている。このかぎりにおいて、両言語の普遍的な側面をうつしだしている。しかし、

> Ein Baum steht bei dem Haus.
> 家のそばに木が一本ある。

> Als Kind war ich oft krank, aber jetzt bin ich sehr gesund.
> 子供のころはよく病気をしたが、今は健康です。

の例にみられるように、日本語では「そば」「ころ」のような、空間名詞や時間名詞が発達していて、名詞によって言いあらわされることがらを、ドイツ語では、日本語にはない前置詞（bei, als）によって言語形式化されていたり、「病気」が格助辞 Kasuspartikel をしたがえて、格のパラダイムをつくる名詞に位置づけられるのに対して、"krank" は "gesund" と同じく形容詞の文法的機能をになわされていて、「病気」と "krank" は異なる品詞のカテゴリーにおさめこまれている。ちなみに「健康」は、形容詞とその文法的機能がきわめて類似していることから、いわゆる形容動詞として、

「病気」とはちがった品詞の位置づけをうける。意味的に対立していることがらを、文法的機能の異なる形式で名づけられている例は、（健康な―病気の）の他にも、（等しい／同じ―ちがう／異なる）（若い―年とった）（正しい―誤った／まちがった）などがあり、日本語においてはめずらしいことではない。

　以上のように、文法的機能にもとづく品詞のカテゴリーは、言語をこえた普遍的な側面と言語によって異なる固有の側面をあわせもっている。

　さて、この稿でとりあげる自然現象は、

　　1．気象
　　2．一日・季節のうつりかわり
　　3．光
　　4．火・煙
　　5．音
　　6．におい
　　7．味

の分野である。音やにおいや味は、現象に加えて人間の感覚とも関連してくる領域である。1〜7のそれぞれの表現について、主として動詞に焦点をあてて、ふたつの言語の比較をこころみる。動詞の中でももっぱらいわゆる自動詞だけが考察の対象となる。動詞が現象をあらわす場合、さらにその現象にかかわる名詞や副詞にも言及することがある。

1．気象

1.1　気象にかかわる言語形式

　気象に関する言語形式は、ドイツ語の場合、名詞と動詞（ときに形容詞も）の間で語根 Wurzel を共有していることが多い。日本語は、名詞としての名づけが多く、気象に特有の動詞、形容詞は少ない。

ドイツ語	
名詞	動詞
Regen	regnen
Schnee	schneien
Hagel	hageln
Blitz	blitzen
Nebel	nebeln

日本語	
名詞	動詞
雨	——
雪	——
あられ	——
稲光り	——
きり	——

　この分野のドイツ語の単語は、語根を共有し、屈折（ここでは、母音交替などの音韻変化）や膠着（接辞づけ）およびその複合したものによって派生形ができている。regnerisch（雨模様の、雨の多い）、neblig（霧のかかった）のような形容詞もあり、いずれも語根は動詞や名詞と同じである。ただし形容詞の数は多くない。日本語の動詞に、（もや―もや<u>る</u>）（ガス―ガス<u>る</u>）があって、これはドイツ語の（Blitz―blitze<u>n</u>）（Nebel―nebel<u>n</u>）などと、名詞に接尾辞をそえるという形態論的な手つづきを同じくする動詞の造語法といえる。（くもり―くもる）（かすみ―かすむ）（ふぶき―ふぶく）などの例は動詞から名詞がつくられたものであろう。なお、最近〈凪の状態になる〉意味で「なぎる」が使われている。これは、動詞「なぐ」から名詞「なぎ」が、さらに「なぎ」から「なぎる」ができたものと思われる。「しぐれる」も「しぐる」「しぐれ」からの派生によるものであろう。このように、名詞との間に派生関係をもつ（共通の語根をもつ）気象をあらわす日本語の動詞も若干みられるが、全体からみればひとにぎりにすぎない。雨、雪、かみなり、きりなどの現象があらわれたり、あらわれていることを名づけた動詞はない。日本語はこの分野の形容詞も発達していない。

1.2　動詞依存のドイツ語と名詞依存の日本語

　気象をことがらとして文のかたちで表現するときには、ドイツ語は動詞依存、日本語は名詞依存の構文をとるのが普通である。ドイツ語は動詞によって、日本語は名詞によって、現象の特殊化・具体化が行なわれている。

Es regnet.	雨が　ふる
Es schneit.	雪が　ふる
Es hagelt.	あられが　ふる
Es blitzt.	稲光りが　する
Es nebelt.	きりが　かかる／たつ／ふる

　以上の表現で、ドイツ語が動詞依存の表現をとることには問題がない。主語である es は文法的な役割をはたすだけの形式で実質的意味はない。日本語の「ふる」は、自然現象のうちで、〈空から何らかの物質が落ちてくる〉ことを意味してはいるが、きりさめや小ぬか雨や雪やみぞれなど、その物質（物質としてはすべて H_2O であるから、物質のすがた、もしくはありかた、というべきか）のちがいは、動詞ではなく、名詞によって区別される。動詞「ふる」は、基本的には自然現象に特有の単語であるが、「きりが　たつ／かかる」「霜が　おりる」「虹が　たつ／かかる」「稲光りが　する」で、「たつ」「かかる」「おりる」「する」などの動詞は、自然現象にかぎらず、他の領域の表現でも、ひろく、かつ頻繁に用いられる単語である。（なお、「きり」と「霜」については「ふる」も用いられうる。）「たつ」〜「する」の動詞は、自然現象の表現に使われる場合、動詞そのものの意味は漠然としていて、結びつく名詞によりかかっていて実質的意味はとぼしい。さきの表で、ドイツ語の名詞（es）が形式的であり、日本語のほうは、動詞の側がやや形式的である。「稲光りが　する」の「する」にその典型をみることができる。

　なお、ドイツ語には、

　　Der Regen fällt.

　　Gestern fiel zehn Zentimeter Schnee.

のように、名詞がモノ（Regen 雨／Schnee 雪）を、動詞がコト（fallen おちる）をさししめし、分析的に表現することもありうる。

第5章　日独両言語の自然現象の表現をめぐって　**295**

"Es regnet"は、〈降雨・雨ふり〉の現象をもっぱら動詞にゆだねて非分析的にコトガラとして言語化したものであろう。日本語の「雨ふりだ」、あるいは「どしゃぶりだ」が、主体（モノ）と動き（コト）との分化を欠く点で、"Es regnet."にちかいといえるかもしれない（「雨ふり」は、単語のつくられかたが分析的である）。

なお、Klappenbach, K. Steinitz, W.（1978: 2991）にみられる例（まれに使われる、との注記がある）

　　　Der Regen regnet.＊3（雨が　雨降る）

は、トートロジー的な表現で、やはりまれではあるが、日本語の「においがにおう」「けむりがけむる」などにもみられ、ある特殊な文脈では起こりうる語結合Kollokationである。

さらに次の例もかなり特殊な用いられかたをするのであろうが、Helbig, G./Schenkel, W.（1973: 445）、Engelen, B.（1975: 34）にみられる。

　　　Die Wolke regnete.　　　（雲が　雨降る）

この文は、名詞と動詞の意味的関係が、

　　　Der Schornstein raucht.　（煙突が　けむる）
　　　Der Wasserhahn tropft.　（水道が　たれる）

と同じで、現象の発生する物体あるいは空間を、主語である名詞があらわしている。日本語の「ふる」「たつ」「かかる」「おりる」などの動詞はそれ自体現象をあらわさないので、現象そのものをあらわす名詞とむすびつくしかないが、「もえる」「ガスる」「かすむ」など現象そのものを名づけている動詞については、

　　　あたりがもやっている
　　　十メートルさきがかすんで、よく見えない。

のように空間をさししめす名詞とむすびつくことができる。

1.3　所有構文のドイツ語と存在構文の日本語

自然現象の有無を、ドイツ語は所有構文によって言いあらわすことができるが、日本語はこれができない。日本語でこれを存在構文で言いあらわすことがある。

所有構文は、動詞"haben"、「もつ」を本動詞として用いられる

構文を指すことにし、存在構文は、動詞"sein"、「ある／いる」を用いる構文とする。

　　Man hat hier auch in April Schnee.

　　In diesem Sommer hatten wir oft Regen.

　上のふたつの文は、本動詞として"haben"が使われた表現である。これらの文に対応する日本語文は、

　　当地は四月にも雪がふる。

　　この夏はよく雨がふった。

であろう。日本語では、このような自然現象を「もつ」のような動詞を用いた所有構文で表現することはできない。ただし、「当地では四月にも積雪がある」、あるいは「当地では四月にも積雪をみる」のような表現は可能である。

　「積雪がある」と同様の言いかたとして、「夕立がある」「落雷／かみなりがある」「地震がある」などがあり、これらはいずれも動詞「ある」を用いた存在表現といえる。山口巌（1979: 7）によると、ルーマニア語の、da grandine「雹がある＝雹が降る」、da neao「雪がある＝雪が降る」、da ploae「雨がある＝雨が降る」であるというから、この言語では、自然現象に関して存在構文が優勢であるらしい。ただし、da は esse（sein）にあたるのではなく、dare（geben）に相当する動詞で、一般にひろく存在をあらわす動詞として用いられているようである。ドイツ語でも

　　Es wird bald Regen geben.（もうすぐ雨がふるでしょう。）

　　Heute gibt es noch ein Gewitter.（きょうは一荒れ来そうだ。）

のように動詞 geben を用いて自然現象の存在をあらわすことがある。

　また「積雪をみる」のような表現は、他動性（はたらきかけをあらわす意味論的なカテゴリー）を欠く他動詞構文として、ドイツ語の対応文とその性格が似ている。この表現は、一般に主体を明示しない言いまわしとして、日本語ではとくにかたい書きことばで好まれるものであり、「積雪をみる」の他に、「合意をみる」「（会議の）開催をみる」「布告をみる」などがある。

第5章　日独両言語の自然現象の表現をめぐって　　297

2. 一日・季節のうつりかわり

2.1 非人称構文の有無

この領域のドイツ語の動詞は、一日のうつりかわりを言いあらわすものとして、tagen, dämmern, grauen, dunkeln があり、anbrechen, ziehen は、この分野にかぎらず、他の分野でもひろく用いられる動詞である。tagen〜dunkeln の主語は、形式主語の es か、Morgen, Tag, Abend のような、一日の部分をさししめす時間名詞である。

日本語の「あける」「くれる」は「夜があける」「日がくれる」が普通で、まれに「日があける」「夜がくれる」ということもある（宮島達夫 1972: 36, 37）。なお「夜がふける」という言いかたもある。

ドイツ語には、主語に es をとる非人称構文がある点に特徴がある。ドイツ語の tagen〜dunkeln は、あらたまった文章語、詩的なことば、というが、日本語の「あける」「くれる」は、ごく日常的に用いられる単語で、文体的に中立である。

ドイツ語の tagen, dämmern は名詞の Tag, Dämmer と、grauen, dunkeln は形容詞の grau, dunkel と、それぞれ語根を共有している。日本語の名詞の「夜明け」「日ぐれ」などは「雨ふり」「雪どけ」などと語構成のうえで全く同じであり、（名詞成分）＋（動詞成分）という複合語の成りたちである。語の構成に、ドイツ語が派生語、日本語の名詞が複合語というちがいがみられ、日本語により分析的なすがたがあらわれている。なお、派生語は、語基 Basis と接辞からなるもの、複合語は、ふたつ以上の語基からなるものを指す。

"Es tagt." "Es taut." のように動詞依存の表現がこの領域にもある。ドイツ語の grauen と dämmern は、〈しだいに　明るく／暗くなる〉ことを名づけた動詞で、tagen（あける）と dunkeln（くれる）の融合した単語である＊4。〈明→暗〉〈暗→明〉の方向をとわない名づけは、ちょうど海と陸との風の向きを問わない「なぐ」（朝なぎ・夕なぎ）と似ている。なお、「夜あけ」にちかい「かわたれ（どき）」はもはや使われなく、「夕ぐれ」にちかい「たそがれ

298　　III　対照語彙論をめぐる諸問題

（どき）」だけが現在も残っている。「かわたれ」は、ふるく朝にも夕方にも用いられたようである。「たそがれ」から派生した「たそがれる」は「もやる」「ガスる」と造語法において同じである。

なお以上の動詞は、双方の言語とも、まれに現象の起こっている空間をさししめす名詞を主語にすることがある。

Die Straße/Der Fluß dunkelt.（通りが／川が　暗くなる。）

道が白々と明けていく。

2.2　類似する季節のうつりかわりの表現

季節のうつりかわりの表現は、両言語の構造が類似している。この分野の動詞は数が少ない。動詞は名詞からの派生語である。

日本語の「春めく」「秋めく」などが、この分野の動詞である。

金田一春彦（1980: 74）によれば、

> 「春めく」などという言葉は他の国語では単語で言えないだろう。和英辞典を引くと、"to show signs of coming spring" と大変長い。……

とあるが、ドイツ語の

Es weihnachtet.

Es sommert.

などの、"weihnachten" "sommern" は「クリスマスめく」「夏めく」と翻訳したい単語であって、「春めく」と造語上、きわめて似かよった単語かと思われる。他にも、"wintern"（冬らしくなっていく）"tauen"（雪解けの陽気になる）などもあり、このような動詞をもつ点で、季節のうつりかわりを名づけた動詞は、ドイツ語のほうがむしろ豊富でさえある。また、"grünen"（新緑の季節になる）は基本的には、色に関する動詞であろうが、季節のうつりかわりを間接的に表現している。これは日本語の「（木の葉が）黄ばむ」と、新緑とは逆の紅葉にむけての意味をもち、似かよった単語だといえよう。

3. 光

　光に関する単語は、動詞については、ドイツ語が豊富で、日本語は、その数が少ない。

　ドイツ語の、この分野の動詞は、光りかたの特徴をも名づけているのに対して、日本語は、動詞はひかることを一般的に名づけ、ひかりかたは、副詞など他の言語形式によって特徴づけられる。ドイツ語は、光の特徴を語彙的に、日本語は文法的（統語論的）にあらわしている。

　光の表現には、光をだす発光体、光を反射する反射体、光そのものなどが主語にたちうる。

　反射体が主語になることの多いドイツ語の動詞に、

　　blinken, blitzen, flimmern, funkeln, glänzen, gleißen, glitzen, schimmern

などがあり、発光体が主語にくるのが普通である動詞として、

　　leuchten, scheinen, strahlen

がある（Engelen, B. 1975: 17〜19）。

　これらの多くは、

　　Die Flamme flimmert.

　　Das Licht strahlt.

のように、光そのもの（Flamme/Licht）を主語にすることも可能である。

　日本語には、光をあらわす動詞に、

　　ひかる　　かがやく　　てる

の和語動詞があり、このうち、「ひかる」と「かがやく」は発光体、反射体、光そのもののいずれにも用いられるが、「てる」は、もっぱら自然の発光体についていうのが普通である（宮島1972: 33）。名詞が「光」をふくんだ複合語の場合、「稲光りがする」「青びかりがする」「光り物がする」のように、機能動詞 Funktionsverb「する」とむすびついて、機能動詞結合ができあがる。これは、あとで述べる、「音がする」「においがする」「味がする」などとつながる表現であり、光の表現についても、この種の機能動詞表現のきざし

がみられる（日本語の機能動詞表現については、村木新次郎 1980 参照）。

さきにあげた、主として反射体および光そのものが主語にたつドイツ語の動詞、"blinken" "flimmen" "glänzen" "schimmern" などは、日本語で「キラキラ　キラリと／キラッと／ピカピカ／ピカリと／ピカッと／……ひかる／かがやく」などに対応することがある。「キラキラ」「ピカピカ」などの反復 Reduplikation による擬態語は、一般に持続的 durativ な特徴づけを、「キラリと」「キラッと」「ピカリと」「ピカッと」など「××リと」「××ッと」の構成をもつ擬態語は、一般に瞬間的 momentan な特徴づけをする。この種の擬態語は数多いが秩序だっている。光の質や程度などの特徴を、ドイツ語の動詞は、個々の単語によって語彙的に言語化しているのに対して、日本語では、これを一般に、（副詞［擬態語］）＋（動詞）であらわし、ひかりかたのさまざまな特徴は主として副詞が分担している。

4. 火・煙

4.1　動詞依存のドイツ語とオノマトペ依存の日本語

火に関する動詞は、両言語ともあまり多くない。ドイツ語がやや豊富である。

日本語には、「もえる」「やける」「くすぶる」「いぶる」などの和語動詞があり、「太陽が　てる／もえる」「ネオンが　ひかる／もえる」のように、光の表現、と一部交錯する（「もえる」について）。「もえる」は炎をだして燃焼する現象について用いられ、「やける」が、燃焼の過程と結果に対して中立的か燃焼の結果に重点があるのに対して、「もえる」のほうは、燃焼そのことに重点がおかれている。「家がやけている」は、持続相 durativ、結果相 resultativ の両方の意味をもちうるが、「家がもえている」は、持続相 durativ の意味しかもちえないことが、これを傍証している。また「もえる」は主語に燃焼の材料がくる場合と「火」や「炎」のような現象をあらわす単語がくる場合があるけれども、「火がやける」「炎がやけ

第 5 章　日独両言語の自然現象の表現をめぐって　301

る」という語結合は不可能である。「もえる」が不完了相 imperfek-tiv、「やける」が不完了相／完了相 imperfektiv/perfektiv というアスペクト的な側面を特徴づけている。「もえる」と「やける」は、対立が語彙的であるから、Aspect というより、Aktionsart と呼んだほうがふさわしい。

　一方、ドイツ語には、以下のような火に関する動詞があり、日本語の対応訳をならべてみると、日本語の分析的な傾向がうかがえる。最後のふたつの動詞は、煙を伴なうことを特徴とする。"glühen"は、日本語の「もえる」と同様、光の分野にも関連する。

　　　glühen　　　赤々ともえる／かがやく、こうこうとかがやく
　　　flammen　　炎をあげてもえる、ムラムラともえあがる
　　　lodern　　　炎々ともえる
　　　flackern　　（光や炎が）チラチラする
　　　zucken　　　（灯火などが）チラチラひかる、ひらめく
　　　schwelen　　いぶる、くすぶる、ブスブスもえる
　　　glimmen　　くすぶる、いぶる

　これらの動詞は、主語に Feuer/Flamme などの火そのもの、あるいは場合によって、Licht のように光そのものをとることがないが、
　　　Der Ofen flammt/lodert/glimmt.
ということもできるようである。火や煙を発する空間を名づけている名詞とむすびつきうる動詞がある。しかし、Holz/Kohle などの燃料とむすびつくのは、"brennen" がもっとも一般的で、上にあげた動詞については、
　　　Das Holz schwelt im Feuer.
　　　Die Kohle flammt auf.
のように、"im Feuer schwelen""aufflammen" の形式で燃料あるいは燃焼する物質とむすびつく。"brennen" は、火にも、燃焼するものについても使える動詞であり、日本語の「やける」よりは、「もえる」にちかい。"verbrennen" は比較的小さなものがもえる場合に使うようである。

302　　III　対照語彙論をめぐる諸問題

Papier verbrennt schnell.

Die Kohlen sind zu Asche verbrannt.

4.2　炎や煙の存否

火が、炎をださずに煙を伴なってもえる場合の動詞として、ドイツ語の"schwelen""glimmen"、日本語の「くすぶる」「いぶる」がある。日本語には「ぶすぶす　もえる／くすぶる」のような分析的な表現もある。

ドイツ語の"rauchen"は、煙のでる現象を名づけた動詞であると思われるが、次のように、煙をだす対象＝空間をさししめす名詞を主語にすることも、形式主語をおいて、空間を前置詞句であらわすこともできる。

Der Ofen/Schornstein raucht.

Es raucht in der Küche.

日本語の「けむる」「くすぶる」「いぶる」は、煙をだす対象＝空間名詞を主語にすることも可能であるが、「けむる」については

台所／あたりが　けむっている

のように空間名詞がくることが普通である。煙そのものを主語にして、「煙がいぶる」「煙がくすぶる」のようなトートロジー的な表現もありうる。

"rauchen"以外で、形式主語とむすびつくのは、"brennen""qualmen"のようである。

5.　音

5.1　動詞依存のドイツ語とオノマトペ依存の日本語

音をあらわす表現で、ドイツ語は動詞がきわめて豊富であり、日本語は動詞の種類が少なく、副詞［擬音語］に依存している。

ドイツ語のこの分野の動詞は、音を発する主体や音の種類によって名づけが分化している。

音を発する主体に強い制限をもった動詞が数多くみられることは、ドイツ語をはじめ、ひろくヨーロッパの言語の特徴としてよくしら

れている。たとえば、

bellen	(Hund)
blöken	(Schaf, Kalb)
muhen	(Rind)
trompeten	(Elefant)
quaken	(Frosch, Ente)

などがそれである。"bellen"は括弧内に記した"Hund"を主語に
予想し、"Katze"や"Henne"がくることは普通の文脈ではない。
このような、なんらかの動物をその主体として予想している動詞に、
上にあげたものの他にも、

brüllen, fauchen, gackern, hecheln, heulen, jaulen,
kläffen, knurren, krächzen, krähen, kreischen, mähen,
meckern, prusten, quieken, röhren, schnauben, shnattern,
schnurren, schreien, tirilieren, wiehern, winseln, zischen,
zwitschern

などがある。

　日本語にも「ほえる」「いななく」「さえずる」といった、ある種
の動物を予想した動詞があるが、ドイツ語のように細かく分かれて
はいない。「ほえる」は獣類に、「いななく」は、馬についていう点、
wiehernにあたる。「さえずる」は、小鳥について用いられる音の
動詞である。そこで日本語は、「ワンワン」「ニャンニャン」などの
擬音語が活躍することになる。光の表現で「キラキラ」「キラリと」
「キラッと」などの擬態語で、光のさまざまな特徴をあらわしたよ
うに、ここでは、擬音語が音の特徴をとらえて描写する。そしてそ
の擬音語の数は多く、外国人が日本語習得の際に困難を覚えるひと
つの問題点である。

5.2　ドイツ語の形式主語と日本語の形式述語

　ドイツ語に主体を明示しない音の表現があり、そのような表現を
とる動詞の数も比較的多い。

　Es braust.

　Es klingelt.

Es klopft.

Es knallt.

Es kracht.

Es läutet.

Es lärmt.

Es pfeift.

Es schlägt.

のような例がそれであり、これらに対応する日本語は、「……音が
する」がもっとも一般的である。「ベルの音」「ノックの音」のよう
に、音の主体を連体修飾句で表現したり、「コツコツ」「ザワザワ」
などの擬音語がくる場合があったりする。後者の表現は「コツコツ
（という）音がする」の省略とみるか、あるいは「コツコツ」が、
機能動詞「する」にかかる連用語とみるか、のいずれかの文法的解
釈がなされるであろう。「音がする」の他にも、「ひびきがする」
「声がする」のような機能動詞表現がこの領域で発達している。

　"Es klingelt." に対応するものとして、「ベルがなっている」とい
う音専用の動詞「なる」あるいは「ひびく」による表現も可能であ
る。「ざわめく」「ざわざわする」のような擬音語を語根にもつ派生
語（ざわめく）や複合語（ざわざわする）もある。"rauschen"
"brausen" などの動詞のなりたちも、おそらく現実の音をまねた
ものであろうし、動詞化する接辞づけによって言語形式化している
点で、日本語の「ざわめく」「どよめく」などにちかいと思われる。

　なお、日本語に、

　　　戸が　がたがたいう。

　　　犬が　きゃんきゃんいう。

のように、基本的には人間の言語活動をあらわす動詞「いう」を用
いて、音の表現をしたり、

　　　風がぴゅうぴゅう音をたてる。

のように、他動詞構文ではあるが、（音をたてる≒なる）の関係が
成立し、音響に関する現象を名づけている表現がある。

第 5 章　日独両言語の自然現象の表現をめぐって　305

5.3　音に関する形容詞

音の特徴をあらわす形容詞"laut""leise"がドイツ語にあるが、日本語には、そのような音専用に用いられる形容詞はない＊5。「大きい／小さい／たかい／ひくい／かたい／やわらかい／……音」にみられるように、音を限定する形容詞は、本来、空間や物質の形態や性質をあらわしているもので、これが音の領域にも援用されている。もちろん、ドイツ語にもこのような語結合はある。「やかましい」「うるさい」「騒々しい」は主として人間のたてた音についていわれ、不快の念を伴う感情的な価値をおびた音に関する形容詞といえよう。

なお、音に関する名詞については、ドイツ語に、Heyse, K. W. L. や Coseriu, E. らの研究があり、宮坂豊夫（1972: 44–47）（1978: 26, 27）に詳しい紹介がある。

6.　におい

6.1　においと快不快

においをあらわす動詞は、ドイツ語に"riechen""duften""stinken"、日本語に「におう」「かおる」がある。"riechen"と「におう」は、さまざまなにおいについて用いられる中立的で無標（unmarkiert）な動詞で、"duften"と「かおる」は、好ましい快いにおいに、また、"stinken"は不快なにおいについて用いられる。"stinken"にあたる日本語の動詞は欠けているが、形容詞「くさい」がそれを補っている。"muffeln"はあまり用いられない動詞であるが、「かびくさい」にあたる。日本語には、不快なにおいをあらわす表現に「ムッとする」があり、この不快さはにおいと関係があると思われる。

6.2　日本語の「においがする」

日本語のにおいの表現は、しばしば「においがする」という機能動詞表現が用いられる。

何かいやなにおいがする

さんまをやくにおいがする

「におい」が連体修飾をうけて実質的意味のとぼしい動詞「する」をしたがえた表現をとり、統語論的にも意味論的にも、名詞「におい」が核となる、いわば名詞中心の表現である。ドイツ語のにおいの表現には、においを発する物質が主語になることもあるし、形式主語 es を用いることもある。

Der Käse riecht.

Es riecht nach Gas.

7. 味

味をあらわす動詞として、ドイツ語に schmecken があるが、日本語には独立の動詞がなく、「味がする」という機能動詞結合が用いられる。どちらの言語もこの分野は形容詞が活躍する領域である。

動詞 "schmecken" が形容詞といっしょに用いられるときは、味のなかみについては中立的であり、形容詞を伴なわないで使われるときは、よい味を意味する *6。

Das schmeckt gut/schlecht/süß／……. （おいしい／まずい／あまい／……。）

Das schmeckt.（おいしい）。

日本語の「からい」は舌をつよく刺激する味を指すが、かなり大まかで、ドイツ語の、scharf（刺すようにからい）、pikant（ピリッとからい）、salzig（塩からい）、beißend, brennend, prick(e)lig（いずれも、ヒリヒリとからい）などと対応する。（ピリッと）と（ヒリヒリ）のちがいは、前者が時間的にみじかく（瞬間的）、後者は時間的にやや長いという点にある。から口の酒は herb というようで、ドイツ語は味に関する形容詞が豊富である。

"kratzig" は、舌よりものどを刺激する味の形容詞で、日本語の「いがらっぽい」にあたるであろう。あくのつよいたべものについて言われるようである。

第5章　日独両言語の自然現象の表現をめぐって　　307

8. まとめ

　自然現象をあらわす表現において、ドイツ語は動詞がひろく発達している。形式主語 es とともに語彙的意味を動詞にのみ託して表現する言いかたが、どの領域にもみられる。

（気象）	Es regent.
（時間のうつりかわり）	Es dämmert.
（光）	Es blitzt.
（火・煙）	Es brennt.
（音）	Es rauscht.
（におい）	Es duftet.
（味）	Es schmeckt.

　日本語の動詞は、これらの分野においてあまり数が多くない。（気象）の表現は名詞に依存する傾向があり、（光）（火・煙）（音）に関する表現は、動詞が現象を一般的に名づけ、現象の程度や形態などの特徴は、擬態語・擬音語によって説明される。（光）（火・煙）（音）のドイツ語の動詞は種類が豊富で、現象のさまざまな特徴を語彙的に名づけている。

　日本語の（音）（におい）（味）についての表現に、「～の音がする」「～のにおいがする」「～の味がする」という名詞的表現が発達している。この表現は、「寒けがする」「悪感がする」「めまいがする」「はきけがする」など人間の感覚・生理の表現にもひろくみられるものである。また。「稲光りがする」「夕立がする」*7 など純粋の自然現象にも用いられることがある。

---

　*1　単語の規定が困難であるところから、千野栄一（1977: 15）は言語の普遍性を論じて、Mathesius, V.（1966）の慎重な言いかた「世界のあらゆる言語には言語外的現実を当該の言語にとりいれる命名の単位とその単位をより高いレベルへと組上げるルールとがある」を紹介し、単語や文という用語を使ってい

ない。"Bier" や「のむ」を命名の単位とすることに問題はないが、"Bierglas"や「のみくらべる」という言語形式で、全体を命名の単位とみるべきか、あるいはふたつの命名の単位のくみあわせとみたほうがよいのかは、きわめてむずかしい問題である。

＊2　文法的機能は、統語論的な機能と形態論的な機能を総合するものであるが、前者は後者よりも重要である。単語の中には、形態論的な特徴を欠くもの（たとえば、日本語の多くの副詞、ドイツ語の副詞や接続詞などの不変化詞）はあるが、統語論的な機能をもたない単語はないからである。

＊3　Helbig, G./Buscha, J.（1975: 352）に、

　＊ Der Regen hat heute nacht geregnet.

とあり、幾人かのドイツ人に聞いても、このような言いかたはしないというが。

＊4　融合については、Coseriu, E.（1970: 171）の Synkretismus を参照。融合の他の例をふたつあげておく。「夫」は結婚している男を、「妻」は結婚している女を指すが、「配偶者」はそのどちらかを指す。「配偶者」は「夫」と「妻」の融合した単語である。「めとる」は男性の側からの、「とつぐ」は女性の側からの名づけであり、「結婚する」"heiraten" は、「めとる」と「とつぐ」の融合した単語と考えることができる。Coseriu, E. は、Söhne と Töchter の Synkretismus が Kinder であると述べている。

＊5　しいてそのような形容詞を求めるなら「けたたましい」ぐらいであろう。しかし、「うるさい」「やかましい」などと同じように、この語も人間の感情的な意味あいを多少おびているように思われる。

＊6　英語では、"It tastes good/bad." とは言うが、＊ "It tastes." は非文法的であるそうだ。なんらかの形容詞を必ず要求するらしい。

＊7　この表現は、佐藤春夫『田園の憂鬱』や堀辰雄『楡の家』にあり、関西ではよく用いられる表現である。他にも「雪どけがする」「落葉がする」など（宮島 1972: 658）。

参考文献

石綿敏雄（1973）「自然現象を意味する動詞の用法」『ことばの研究』4

金田一春彦（1980）『日本語の特質』日本放送出版協会

千野栄一（1977）「普遍性の研究について」『言語』1977–10

宮坂豊夫（1972）「コセリウの語彙研究とそのなかにおける語場」『エネルゲイア』4

宮坂豊夫（1978）「場の理論」『言語』1978–12

宮島達夫（1972）『動詞の意味・用法の記述的研究』国立国語研究所

村木新次郎（1980）「日本語の機能動詞表現をめぐって」『研究報告集』2

山口巌（1979）「存在文と存在否定文について」『言語研究』75

Coseriu, Eugenio（1970）Sprache: Strukturen und Funktionen

Engelen, Bernhard（1975）Untersuchungen zu Satzbauplan und Wortfeld in der geschriebenen deutschen Sprache der Gegenwart.

Helbig, Gerhard/Buscha, Joachim（1975）Deutsche Grammatik

Helbig, G./Schenkel, Wolfgang (1973) Wörterbuch zur Valenz und Distribution deutscher Verben

Klappenbach, Ruth/Steinitz, Wolfgang (1978) Wörterbuch der deutschen Gegenwartssprache

Martinet, Andre (1968) Synchronische Sprachwissenschaft (La Linguistique Synchronique, 1965 の翻訳)

Mathesius, Vilem (1966) Rec a sloh

Schade, Günter (1972) Einführung in die deutsche Sprache der Wissenschaften

Wehrle-Eggers (1967) Deutscher Wortschatz

付記　ドイツ語の用例は Duden, Stilwörterbuch, Wahrig: Das große deutsche Wörterbuch などの辞書からとった。また、Kollokation の是非については、東京外国語大学に留学中の Jürgen Stalph さんの協力を得た。

IV

文法論をめぐる諸問題

第1章
単語・品詞・動詞の活用をめぐって

　動詞は名詞とともに、主要な品詞の一つである。動詞をとりあげるまえに、日本語の単語と品詞をめぐって、どのような議論があったのかを素描する。そのあと、動詞の活用にかぎって、とくに形態論をとりあげる。動詞の統語的な特性（自動詞と他動詞、動詞の結合能力）や意味的な特性（動作と変化と関係と状態、実質動詞と形式動詞）などについては、本稿ではふれない。

1. 単語の認定とその分類（品詞論）

1.1 「テニヲハ」とその功罪

　日本語を母語とする、われわれの祖先は、日本語の文法現象を、中国語（漢文）との関わりによって自覚したものとおもわれる。語形変化が稀薄な中国語との対比の中で、語彙的な意味をもつ要素に文法的な形式を膠着させていくという性質をもつ日本語の付属形式の存在が意識されたのであろう。奈良時代からはじまった「宣命書」は、そうした付属形式を小さな文字で右によせてかくという方式で記されている。すなわち、語彙的実質的意味をもつ部分と文法的形式的意味をになう部分とを文字によって使い分けた結果であった。日本語には、一般に「テニヲハ」と呼ばれてきた膠着的な付属形式を発達させているところに特徴がある。筆者は、この「テニヲハ」の注目に対して、正の側面と負の側面があるとみる。正の側面とは、日本語の中に文法的な形式（形態素）を見いだしたことであり、負の側面とは、その形式に単語の資格をあたえたことである。伝統文法の問題点は、単語と形態素の区別がきちんとなされていないことである。形態素を単語としてあつかってきたことが重大な問題であると筆者は考える。実質的な意味をもつ部分と、文法的な意

味・機能をになう部分とを切りはなしてしまったのである。語彙的な要素と文法的な要素が両者の統一体としてとらえる見方をうしなった。あとでくわしくふれるが、付属形式が存在する有標の形式にのみ注目され、付属形式が存在しない無標の形式が無視されたのである。その結果、文法的な意味や機能がカテゴリーとしてとりだせなかった。また、文法に対する関心が諸形式の syntagmatic な側面に傾斜し、paradigmatic な側面には目がとどかなかったのである。それは、日本語の文法の多くが形態素中心に文法現象を見てきたからである。それに対して、単語を中心に文法現象をみる見方が存在する。形態素は、あくまで、単語の部分であり、単語が文の中で機能するために発達したものであり、単語に帰属すると考える。

1.2 ロドリゲス

ロドリゲス（1604）の『日本大文典』は、西洋人がみた日本語の整理であった。ロドリゲスが提示した日本語の品詞は、以下の10種である。

　　　名詞　　代名詞　　動詞　　分詞　　後置詞　　副詞　　感動詞　接続詞　格辞　助辞

ここで注目されるのは、いわゆる形容詞が中性動詞として動詞の中にふくまれていることである。ラテン文法によれば、形容詞は、動詞と大きく対立する名詞の下位グループとしてとりだされる。それに対して、日本語における形容詞に、動詞とのにかよいをみているのである。これは、ロドリゲスが日本語における形容詞を正当に位置づけていたことをものがたるものである。また、「～の上」や「～により」を後置詞としていることも興味深い。

1.3 冨士谷成章

日本語における科学的な品詞論の嚆矢は、冨士谷成章（1778）『あゆひ抄』である。冨士谷は、単語を「名（ナ）」「装（ヨソヒ）」「挿頭（カザシ）」「脚結（アユヒ）」の4つにわけた。冨士谷は、「名をもて物をことわり、装をもて事をさだめ、挿頭・脚結をもてことばをたすく」とした。「名」は体言に、「装」は用言にあたり、

314　　IV　文法論をめぐる諸問題

この2つが文の骨格を構成するととらえた。それに、「挿頭」と「脚結」が文の骨格を拡大する役割をはたすと考えた。「挿頭」は代名詞、副詞、接続詞、感動詞、接頭辞に、「脚結」は、いわゆる助詞・助動詞に相当する。「挿頭」は、単語の中心となる「名」や「装」の、および、「名」や「装」のくみあわせに先行する類をいうものであり、「脚結」は、「名」や「装」に後行する類をいうものである。冨士谷の提示した単語の分類は、日本語の文構造を反映したものであるといえる。冨士谷の「装」は、文をまとめあげる、のちにいう陳述の能力をそなえたものであり、動詞と形容詞をまとめるものである。

1.4 鈴木朖

冨士谷におくれて、本居宣長の研究を継承する鈴木朖（1824）『言語四種論』では、「体の詞」「形状（アリカタ）の詞」「作用（シワザ）の詞」「テニヲハ」の4つにわけられている。これは、冨士谷の「装」を、形容詞にあたる「形状の詞」と動詞にあたる「作用の詞」に分割し、「挿頭」と「装」を「テニヲハ」で統一したことになる。山田孝雄（1936）『日本文法学概論』では、鈴木朖の分類を、「体言の分類とその相対的部分たる用言とを対立せしめずして、第二次の分類たる形状作用の二詞を体言に対立せしめたるなど、一貫の条理なきのみならず、冨士谷氏の「かざし」「あゆひ」の二類としたるものをば混一して「テニヲハ」といふ一類とせるなど、徹底せる分類といふべからざるなり。」と批判している。筆者は、山田のこの指摘は正当であるとみる。

1.5 鶴峯戊申

このような流れに対して、洋文典を規範とし、それを日本語に適用した研究者がいる。鶴峯戊申（1833）『語学新書』は、そうした研究の嚆矢である。鶴峯による単語の分類は、以下のとおりである。

実体言（ウィコトバ）　虚体言（ツキコトバ）　代名言（カヘコトバ）

連体言（ツヅキコトバ）　活用言（ハタラキコトバ）　形用言

（サスコトバ）

接続言（ツヅケコトバ）　指示言（サシコトバ）　　　　感動言
（ナゲキコトバ）

「実体言」は名詞に、「虚体言」は形容詞・動詞の連体形に、「代
名言」は代名詞に、「連体言」は動詞の連体形に、「活用言」は述語
になる動詞に、「形用言」は副詞と形容詞の連用形、副助詞などに、
「接続言」は接続詞や接続助詞に、「指示言」はいわゆるテニヲハの
類、「感動言」は感動詞におおむね相当する。

1.6　田中義廉

鶴峯のあとをつぐものとして、田中義廉（1874）『小学日本文
典』がある。田中義廉による単語の分類は、「名詞・形容詞・代名
詞・動詞・副詞・接続詞・感詞」の７つである。これらの名称と分
類は、その後の日本語の品詞分類に利用され、定着している。山田
孝雄（1936）は、田中義廉の単語分類は、西洋文典の過度なひき
うつしであると批判的である。たとえば、「吾人の今いふ形容詞の
連用形を以て副詞とし、連体形を以て形容詞とし、終止形につきて
は何と名づくべきかをいはざるなり。」と指摘している。形容詞の
特徴を述語になる機能にみる山田にはとって、このような指摘は当
然である。田中の形容詞には、「暖ノ春」や「大ナル家」のような
ものもふくまれ、形容詞の本質を名詞に対する属性規定であるとと
らえていたようである。

1.7　大槻文彦

大槻文彦（1897）の『廣日本文典』は、伝統的な国文法と西洋
文典を折衷した説を展開したものである。そこには、以下の８種の
品詞が提示されている。

　　名詞　　動詞　　形容詞　　助動詞　　副詞　　接続詞　　テ
　　ニヲハ　　感動詞

この大槻がしめしたものは、江戸時代の鈴木朖の『言語四種論』
での「体の詞」が「名詞」に、「作用の詞」が「動詞」に、「形状の
詞」が「形容詞」に、「テニヲハ」はそのまま「テニヲハ」にあた

る。大槻の「助動詞」「副詞」「接続詞」「感動詞」が西洋語の影響から加えられたものとみられる。大槻のいう「助動詞」とは「タリ」「ケリ」など動詞に後置する形式をさし、これを接辞とはみず、単語と位置づけたのである。大槻の文法は官許の権威にささえられ、学校文法として国語教育の世界で支配的な役割をはたした。

1.8　山田孝雄と松下大三郎

　大槻文彦の文法を是としなかった研究者は数多い。それらの中で、重要なのは山田孝雄と松下大三郎である。

　山田孝雄は、以下のように単語を分類した。

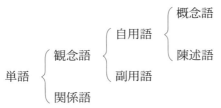

　「概念語」は体言を、「陳述語」は用言を、「副用語」は副詞を、「関係語」は助詞をさす。大槻文彦と異なるところは、「代名詞」がなく、「名詞」にふくまれること、「助動詞」が複語尾として、単語の部分であるとみること、「接続詞」と「感動詞」が「副詞」にふくまれることである。山田による品詞分類は、冨士谷成章の４分類に似ている。体言は名に、用言は装に、副用語は挿頭に、助詞は脚結の一部である。

　山田は、日本語の単語の用法上の位置に注目した。関係語である助詞は、観念語である単語に付属し、かならず後行する。また、副用語である副詞は自用語に先行するという外形上の特徴を指摘する。陳述語である用言は、陳述の能力をもつことを本質とし、多くの場合、陳述の材料となる属性をともなうという。体言は、概念をあらわし、格助詞をともない、他の単語に対してさまざまな関係をあらわすとする。さきにもふれたように、山田の単語の分類は、冨士谷成章の考え方を継承するものである。われわれがひとつの概念と思惟するものは、用言、副詞、助詞もまた体言になりうることを説い

ている。体言以外のものが体言になりうるという、体言のメタ言語的な性質をもつことにも言及している。さらに、山田は、大槻が「助動詞」としたものを複語尾とみて、単語以下の要素とみなした。山田孝雄（1935）の『国語学史要』では、「助動詞といふのは西洋文典の名目であるがそれは動詞の内部の小区分に属する名目である。これを一品詞としてたてたのは西洋風に見ても不合理であるので明かに失敗と評されねばならぬ。」と述べられている。なお、山田の用言は「動詞・形容詞・存在詞（あり）」からなる。用言は属性内容の具体抽象の点から実質用言と形式用言に分けられる。「あり」が単なる存在をあらわすか、あるいは陳述のみをあらわすということから純粋形式用言として「存在詞」が特立される。実質用言は、事物の性質状態を静止的固定的にあらわす形容詞と、事物の性質状態を推移的発作的にあらわす動詞とを区別する。

　松下大三郎（1928）の『改撰標準日本文法』は「言語は、説話を構成するには、断句といふ階段を踏む前に必ず詞といふ階段を踏む。」と説く。「説話」は文章や談話に、「断句」は文に、「詞」は単語に相当すると考えられる。松下は、「原辞」を設定し、これは「詞」の材料であるとし、説話構成上における言語の最小の単位であるとみた。松下のいう「詞」は単語であり、「原辞」は形態素とみることができる。松下は、同書の緒言において「私の研究に於て最も早く気附いたことは、助辞を品詞の一つとすると所謂る単語論と文章論とで詞の概念が一致しないといふことであった。」と述べている。ここでいう「文章論」は、統語論あるいは構文論のことである。松下大三郎によって、日本語の文法論として正当な単位がとりだされたと筆者はみる。松下は、当時の研究者の多くが、文化的所産としての古典から出発しているのに対して、自身の方言を記述するという口語から出発しているという点でも先駆的である。松下は遠江方言の記述に際して、「ツキャー（月は）」「ツキン（月の）」「ツキー（月に）」「ツキョー（月を）」などの形式を名詞の語形変化とみている。松下は、つとに名詞の曲用（格変化）をみていたという点で、先駆的であったと筆者はみる。

　松下大三郎は、「詞」に本性と副性とがあるとする、詞の本性は、

その詞からつねにはなれないその詞に固有なものであり、副性はある場合にのみ有するものであるとする。松下による格は、詞のsyntagmaticな側面を意味し統語論にあたる。また、相は詞のparadigmaticな側面をさし、形態論を意味するものである。松下による単語の分類は、詞の本性によってなされるものとする。つまり、統語論や形態論を顧慮しないということになる。松下による品詞分類は以下の通りである。

名詞　　事物の概念を表示する性能をもってゐる。

動詞　　作用の概念を叙述する。

副体詞　他の概念の実体に従属する属性の概念を表示する。

副詞　　他の概念の運用に従属する属性の概念を表示する。

感動詞　概念を主観的に表示する。

　松下によると、「代名詞」は名詞の一種、「形容詞」は動詞の一種、「接続詞」は副詞の一種であり、「助詞」「助動詞」は原辞であって、詞になっていないと説く。

　山田孝雄が用言の外形上の特徴として活用の存在を認めているのに対して、松下大三郎のいう動詞には、活用を必要条件としていない。「某年四月某大学に「入学」」における「入学」は無活用動詞として、活用のない動詞と見ている。

　山田孝雄は、まず歴史的な文法を志向し、個別言語としての日本語の特徴にもとづいていたのに対して、松下大三郎は、若くして俗語（口語）文典を著し、中国人に対する日本語教育にもたずさわり、日本語をこえて普遍的一般的な文法を志向していたといえるであろう。

1.9　橋本進吉

　その後、橋本進吉が登場する。松下の「詞」は意味からとりだされたものとし、橋本は文法を意味だけでなく、音声という形式を重視するところに特徴がある。橋本進吉（1934）の『国語学要説』では、文節を「内容を伴つたものとして外形から見た文の直接の構成要素として独立し得べき最小の単位である」と定義している。橋本は、松下の「詞」にあたるものを「文節」とよび、文は文節から

なり、文節は単語からなるとみた。日本語の単語の認定という観点からすると、橋本は大槻の学校文法をまもるはたらきをしている。山田孝雄や松下大三郎らがとらえた単語への道を、橋本は逆戻りさせてしまったといえる。

橋本進吉（1934）が提案した品詞分類は、以下の通りである。なお、のちに用言に「形容動詞」がくわわる。

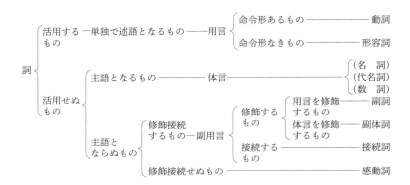

橋本の単語の分類には、「接続」「形態」「機能」の3つの基準がもちいられている。「修飾（接続）するか否か」「用言を修飾するか」「体言を修飾するか」という「接続」を問い、「主語となるか否か」「単独で述語になるか」という「機能」を問い、「活用するか否か」「命令形があるか否か」という「形態」を問う。用言とそれ以外を区別するのに「活用」の有無を問い、動詞と形容詞の区別に「命令形」の有無を問うている。橋本による形式重視の立場である。橋本の説いた文法は、官許の文法として、国語教育の世界で活用されることになる。

2. 動詞とその形態論

動詞は、文の成分として述語になることを本命とする。述語になるときに、テンス・ムードなどの文法的なカテゴリーによって語形変化をするという特徴をそなえている。この述語になるときの語形変化の体系を活用という。

伝統的な日本語文法研究では、もっぱら要素間の syntagmatic な側面に目がむけられ、paradigmatic な側面が無視もしくは軽視されてきた。その結果、文法的な形態素に注目するだけで、そうした形態素を欠く無標の語形が正当にあつかわれてこなかった。この稿では、日本語の動詞の活用の記述に際して、paradigmatic な見方をした研究の歴史を追い、最後に今日の動詞形態論の成果を整理する。

2.1　ロドリゲス

　J.ロドリゲス（1604）による『日本大文典』によれば、動詞は、ラテン文法にならって、法によって以下のように分類される。

　　直説法「ござる」
　　接続法「ざれば」
　　希求法「ござれかし」
　　可能法「ござろう」
　　許容法「ざればとて」
　　日本語に（ポルトガル語にも）固有の接続法「ざれども」
　　命令法「ござれ」
　　不定法「ざること」

　この分類には、ラテン文法を日本語に強引にあてはめているという印象がつよい。また、許容法と日本語に固有の接続法の関係（どちらも、譲歩法（あるいは逆条件法とも）といえなくもない）など疑問の余地はあるものの、日本語の動詞の語形変化を《ムード》によって分類したという点において、先駆的である。「ざれば」「ざろう」などを一単位としてあつかい、そのような語形の文法的意味を考慮しての整理であり、その点は評価できる。ただし、それらが「直説法」「接続法」……という列挙にとどまっていて、体系化がなされていない。つまり、分類項間の関係がしめされていないのである。また、日本語の動詞にみられる《断続（きれつづき）》にも言及されていない点も問題である。

第1章　単語・品詞・動詞の活用をめぐって　　321

2.2 チャンブレン

B. H. チャンブレン（1988）による動詞の活用は以下のとおりである（丸山和男／岩崎攝子訳（1999）による）。「置く」の肯定態（positive voice）のみを提示する。

1. 確定現在・未来　　　　oku
2. 不定形　　　　　　　　oki
    願望の形容詞　　　　　okitai
    推量の形容詞　　　　　okisoo na
    丁寧な確定現在・未来　okimasu
    動名詞　　　　　　　　oite
      強調動名詞　　　　　oicha
    確定過去　　　　　　　oita
    推量過去　　　　　　　oitaroo
    条件過去　　　　　　　oitara（ba）
    譲歩過去　　　　　　　oitaredo（mo）
    反復形　　　　　　　　oitari
3. 条件基本形　　　　　　oke
    命令形　　　　　　　　oke！
    条件現在　　　　　　　okeba
    譲歩現在　　　　　　　okedo（mo）
4. 基本形否定　　　　　　oka
    推量現在・未来　　　　okoo（okau）

チャンブレンは、動詞の記述にあたって、語根、語幹、接尾辞、語尾の説明をし、《肯定否定》《ムード》《テンス》に着目し、活用を説いている。単語の内部の断続には言及しているが、動詞全体の語形の《断続》にはふれていない。「oki」を不定形、「okitai」「okisouna」を形容詞ととらえている。

「直説法」「曲説法」「命令法」は《ムード》による分類とみることができる。「直接法」と「曲説法」には《テンス》が分化している。「同時ことば」と「分詞」の位置づけは鮮明ではない。また、

322　Ⅳ　文法論をめぐる諸問題

「oki」が不定形とされているのは、《テンス》や《ムード》が存在しないことを意味するのであろうか。「分詞」は《ムード》の欠如として位置づけられようか。

2.3　田丸卓郎

田丸卓郎（1920）の『ローマ字文の研究』による動詞の活用は以下のとおりである。

切れる形

1. 現在　　　　　miru, -minai,（min, minu）
2. 過去　　　　　mita, -minakatta,（minanda）
3. 推量の現在　　miyô, -mimai,（minakarô）
4. 推量の過去　　mitarô, -minakattarô,（minandarô）
5. 命令　　　　　mii！miro！（miyo！）-miruna！

続く形

6. 接続　　　　　mite, -minaide,（minakute, minde）, mizuni
7. 中止　　　　　mi, -mizu
8. 列挙　　　　　mitari, -minakattari,（minandari）

条件の形

9. 不定条件の現在　miruto, -minaito,（minto）
10. 不定条件の過去　mitara, mitaraba, -minakattara,
　　　　　　　　　　　　　　　（minakattaraba, minandara）
11. 定条件の現在　mireba, -minakereba,（mineba）
12. 定条件の過去　mitareba, -minakattareba,（minandareba）

　田丸の分類で注目すべきは、「みた」「みよう」などを動詞の語形とみていることである。ローマ字論者としては、当然のことであり、日本語をローマ字によって記述すれば、「みた」「みよう」などは、ひとつづきにあつかわれるのは、ごく自然のなりゆきである。また、これらの各語形の《断続》に注目している点も評価できる。ただし、「条件の形」は、まず、「続く形」として「切れる形」から区別され、〈条件〉を意味することによって、他の「続く形」から区別されな

第1章　単語・品詞・動詞の活用をめぐって　**323**

ければならないものであった。また、「続く形」としての連体形が問題にされていない。この田丸による活用形は、のちの鈴木重幸や高橋太郎らの研究に影響をあたえている。

　田丸は、「晴れた日」「私が見た人」「兵隊に行かない男」のような、名詞を修飾する動詞を形容詞形とよび、「本を買いに行く」のような名詞に準じた用法を名詞形とよび、「かがんで歩く」「つづいて勉強する」など動詞にかかるものを副詞形とよんだ。それぞれの機能に応じた名づけをしたのである。このような指摘は、動詞と形容詞や名詞との関係の連続性に言及したものとして評価できる。品詞は、それぞれ固有の特徴をもちながら、他の品詞の特徴をもあわせもつことがあるととらえていたことも正当な見方であると筆者はみる。

2.4　芳賀矢一

　芳賀矢一（1913）の『口語文典大要』による動詞の活用は以下のとおりである。

動詞「読む」の変化と接続

		肯定式		否定式	
		通常の相	受身の相	通常の相	受身の相
通常の法	現在	よむ	よまれる	よまない（よまずに）	よまれない
	現在完了	よんでしまう		よんでしまわない	
				よまなかった	よまれなかった
	過去	よんだ	よまれた	よんでしまわなかった	
	過去完了	よんでしまった			
	未来	よもう		よむまい	
	未来完了	よんでしまおう		よんでしまうまい	
命令の法		よめ よみな およみ（なさい） よむがいい		よむな — およみなさるな よんでしまうな	よまれるな
推量の法		よむだろう よんでしまうだろう よんだろう よんでしまったろう	よまれるだろう	よまないだろう よんでしまわないだろう よまなかったろう よんでしまわなかったろう	よまれないだろう

　芳賀は、「助動詞」を単語としてみとめたのであるが、「読んでしまう」「読まれないだろう」全体を活用連語とし、動詞の諸形式をparadigmatic にとらえている。そこには、いわゆる助動詞の存在しない「読む」もとりこまれている。「読む」は「通常の相」「通常の法」という無標形式として、有標形式の対立項とパラダイムをなすことを指摘している。個々の文法的な語形を「敬語（丁寧さ）」「法（ムード）」「時（テンス）」「相（ヴォイス）」「式（肯定否定）」

という5つの文法カテゴリーによって整理したものである。この活用表は画期的であり、宮島達夫（2008）は、芳賀矢一を日本語の形態論の先がけであったと評価している。芳賀が西洋の言語と言語学に精通していたことをものがたるものであるが、芳賀は同時代をチャンブレンとともに東京大学で仕事をしており、ふたりには、学問上影響しあった形跡がうかがえる。

「敬語」：通常の語・敬語
「相」：通常の相・受身・使役・使役の受身
「法」：通常の法 ・ 推量の法・希望の法 ・ 可能の法 ・ 命令の法
「時」：現・過・未　現・未　現・過・未　現・過・未　未
「式」：肯定・否定（通常の法・推量の法・希望の法・可能の法）

2.5　佐久間鼎

佐久間鼎（1936）の『現代日本語の表現と語法』による動詞の活用は以下のとおりである。

動詞の変化

		強変化（ウ活）	弱変化（ル活）		混合変化（変格）	
			（イル活）（エル活）			
語幹		読　書　取	見　　寝		来	為
		yom-, kak-, tor-	mi-,　　ne-		k-	s-
語尾	基本形（終止連体）	-u	-ru		-uru	-uru
	未来形	-oo	-yoo		-oyoo	-iyoo
	打消形（否定）	-a	〜		-o	-i
	命令形	-e	-ro		-oi	-iro
	造語形（連用）	-i	〜		-i	-i
	仮定形	-e（ba）	-re（ba）		-ure（ba）	-ure（ba）
		-yaa	-ryaa		-uryaa	-uyaa

佐久間鼎の提示した動詞の活用の正の部分は、変化しない部分を語幹、変化する部分を語尾ととらえたことである。「読む」の語幹を"yom-"として強変化動詞、「起きる」の語幹を"oki-"として弱変化動詞とした。いわゆる連用形を「造語形」としたことも評価できる。これは語基として、さまざまな合成語をつくる形式である。佐久間がしめした活用表で提示されている8つの活用形は、単なる列挙にすぎず、そこには体系性がみられない。また、yoma を打消形（否定形）としたあつかいにも問題があり、こうした点が負の部分といえる。佐久間は、芳賀矢一の活用表を知っていたはずであるが、佐久間の提示した活用表は、芳賀のものよりも退歩したと筆者はみる。

2.6　ブロック

　アメリカの構造主義言語学者である Block, B.（1946）による"Studies in Colloquial Japanese"による動詞の活用は以下のとおりである。

	Consonant Verb
Stem	kak-
Indicative（Non-past, Past）	-u, -ta
Presumptive（Non-past, Past）	-oo, -taroo
Imperative	-e
Hypothtical（Provisional, Conditional）	-eba, -tara
Participial（Infinitive, Gerund, Alternative）	-i, -te, -tari

　5つの活用形がしめされ、それがさらに10に分類される。この分類は、《ムード（法）》によるものとみられる。Participial は、積極的な法の意味をもたないという点で、他のものから区別される。大きくは、チャンブレンがしめした活用と類似する。

　ブロックは、日本語の動詞の《断続》に言及していない。Indicative・Presumptive・Imperative の3つは、主として終止の用法にみられるものである。そして、Hypothetical・Participial の2

第1章　単語・品詞・動詞の活用をめぐって　**327**

つは、多くは接続の用法にみられるものである。なお、ブロックは、kakanai, tabenai などは、派生形容詞とみている。

2.7 宮田幸一

宮田幸一（1948）の『日本語文法の輪郭』による動詞の活用は以下のとおりである。

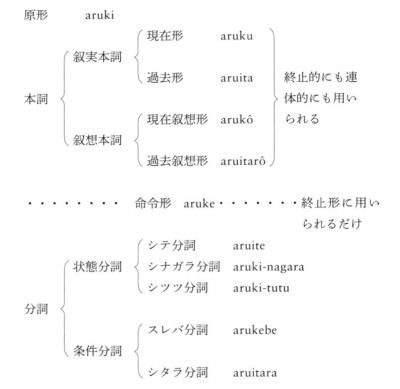

宮田の説く「本詞」は終止用法と連体用法で、「分詞」は連用用法と位置づけている。これは、日本語動詞の語形の特徴からそのようにあつかったものと想像できる。「本詞」が《ムード》と《テンス》によって語形変化するのに対して、「分詞」はそのような語形変化がない。

また、「原形」には、以下の用法があるという。

（1）中止的用法：Hana ga saki, tori ga naite, haru rasiku natta.
（2）「原形＋ni」で目的をあらわす場合：asobi ni irassyai！
（3）「原形＋取立て助詞」でとりたてをあらわす場合：konna oisii mono ha ari wa sinai.
（4）「o＋原形」「go＋原形」で「礼称形」をつくる場合：o-yomi, go-zonji

　（1）の中止形は、分詞のひとつとみるべきであろう。（2）も動名詞として分詞のひとつとみることができる。（3）は、動詞の分析的な語形とみてはどうだろう。「wasure mo sinai」「korobi demo sitara」など、動詞のとりたての場合にみられる。（4）は、合成語の問題としてあつかうべきものである。

2.8　三上章
　三上章（1953）の『現代語法序説』による動詞の活用は以下のとおりである。

　三上は、まず「結び」と「係り」に着目し二分し、「結び」を「命令」と「終止」に二分し、「終止法」を「断定法」と「推量法」に二分している。「係り」は「仮定法」だけであるとする。つまり、きれつづきと法によって、4つの法をとりだしたわけである。三上の分類には二分法がつらぬかれている。「命令法」と「終止法」との命名に関しては、前者が法に関するものであるのに、後者はきれつづきによるものであり、不揃いである。後者は、「平叙法」あるいは「直説法」などとすべきだったか。三上章（1970）『文法小論集』では、「確言形」という用語がもちいられている。ちなみに、そこで提示された活用表は以下のとおりである。

	基本語幹	完了語幹
確言形	行ク	行ッタ
条件形	行ケバ	行ッタラ
概言形	行コウ	行ッタロウ
命令形	行ケ	
連用形	行キ	行ッタリ／行ッテ

　この活用表は、縦軸にムードを、横軸に基本語幹と完了語幹という語幹の語形にもとづくものである。「連用形」は接続にもとづく名づけであるが、ムードを保留している形式と理解することができる。この三上章（1970）の活用表は、あとでとりあげる、寺村秀夫（1984）にうけつがれている。

2.9　芳賀綏

　芳賀綏（1962）の『日本文法教室』による動詞の活用は以下のとおりである。

終止	断定	読む	見る
	推量	読もう	見よう
		読むまい	見まい
	命令	読め	見ろ
		読むな	見るな
連用	修飾	読んで	見て
		読めば	見れば
	並立	読み	見
		読んで	見て
連体 （修飾）		読む	見る

　芳賀は、まず、《断続》による「終止」「連用」「連体」に三分し、さらに、《ムード》と《肯否》によって細分化する。これらについては、評価できる。しかし、芳賀の活用表には、「読んだ」や「読まない」が存在せず、《テンス》や《肯定否定》のカテゴリーが欠けている。

330　Ⅳ　文法論をめぐる諸問題

2.10 鈴木重幸

鈴木重幸（1972）の『日本語文法・形態論』による動詞の活用には、「たちば」「ていねいさ」「みとめかた」といったカテゴリーがとりだされている。それぞれのカテゴリーの構成メンバーは以下のとおりである。

「たちば」：（もとになるたちば）うけみのたちば・つかいだてのたちば・できるたちば

「ていねいさ」：ふつうのいい方・ていねいないい方

「みとめ方」：みとめ・うちけし

さらに、「動詞の（せまい意味での）文法的な形」には、「いいおわる形・なかどめの形・条件の形」があるとする。この分類には、田丸卓郎の影響がみてとれる。「いいおわる形」と「なかどめの形」は《きれつづき》による分類項であるのに対して、「条件の形」はムードがらみの分類項である点が気になる。「いいおわる形」は、《きもち（mood）》によって、以下のように分類される。

つたえる形（すぎさらず・すぎさり）・（いいきり・おしはかり）

さそいかける形

命令する形

こうして、鈴木によって、日本語の動詞の活用のパラダイムの全体がしめされたことになる。鈴木の活用論の詳細については、後述する。

2.11 陳信徳

陳信徳（1979）の『新編科技日語自修読本』による動詞の活用をとりあげる。陳は、中華人民共和国で、日本語の教科書を編み、日本語教育の指導的な役割をはたした人物である。陳の編纂した教科書に『現代日本語実用文法』と『新編科技日語自修読本』がある。そこで展開しているのは、基本的には日本の学校文法と同じものではあるが、後者の教科書の最後の部分に、以下のような動詞のパラダイムがみられる。

種別	式別	簡体	敬体
平叙	現在 肯定	つくる つくるのだ	つくります　つくるのです
	現在 否定	つくらない つくらぬ つくらないのだ（のである）	つくりません つくらないのです
	過去 肯定	つくった つくったのだ（のである）	つくりました つくったのです
	過去 否定	つくらなかった つくらなかったのだ（のである）	つくりませんでした つくらなかったのです
	進行	つくっている	つくっています
	完成	つくってしまう	つくってしまいます
	受動	つくられる	つくられます
	使役	つくらせる	つくらせます
推量	現在 肯定	つくろう つくる（の）だろう	つくりましょう つくる（の）でしょう
	現在 否定	つくらない（の）だろう つくらぬ（の）だろう つくるまい	つくらない（の）でしょう つくらぬ（の）でしょう つくりますまい
	過去 肯定	つくったろう つくった（の）だろう	つくった（の）でしょう
	過去 否定	つくらなかったろう つくらなかった（の）だろう	つくらなかった（の）でしょう
命令	肯定	つくれ つくりたまえ つくってくれ	つくりなさい つくってください
	否定 （禁止）	つくるな つくってはならない つくってはいけない	つくってはなりません つくってはいけません

　また、存在をあらわす動詞の活用表は以下のとおりである。

種別＼体別		簡体	敬体
肯定	現在	ある おる いる	あります おります います
	過去	あった おった いた	ありました おりました いました
否定	現在	ない おらない いない	ありません おりません いません
	過去	なかった おらなかった いなかった	ありませんでした おりませんでした いませんでした

　中国で刊行された日本語の教科書の中に、パラダイムを意識した
活用表がしめされている点が注目される。第1表には、《テンス》
《みとめかた》《アスペクト》《ヴォイス》などが混在していること
が気になるが、語形と形態論的なカテゴリーとの関係が自覚されて
いる点が評価できる。筆者が知るかぎり、中国での日本語教科書と
しては異例のものである。なぜ、そして、誰によって、このような
活用表が提示されたのかは、筆者にはなぞのままである。

3.　寺村秀夫と鈴木重幸の活用論

　以下では、同時代をいきた寺村秀夫（1928–1990）と鈴木重幸
（1930–2015）の活用論をとりあげ、両者の比較をとおして、相違
をあきらかにしたうえで、筆者の見解をのべる。
　寺村は、文を構成する単位として、形態素を中心とするのに対し
て、鈴木は、単語を中心とする。寺村は、語彙的意味と文法的な形
式・機能とを分離して、文の構造を理解しようとする傾向にあるの
に対して、鈴木は語彙的な意味と文法的な形式・機能の統一を単語
にみる。寺村は、文の構造をもっぱら syntagmatic な側面からみて
いるのに対して、鈴木は、それにくわえて paradigmatic な側面を
重視している。

第1章　単語・品詞・動詞の活用をめぐって　　333

寺村の説く文の構成図は次のようである。

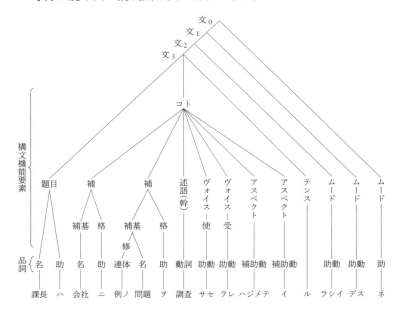

　寺村は、学校文法の「助詞」は単語、「助動詞」は「語尾」「接辞」など単語の部分とみるものと「助動詞」とみとめるものにわかれる。寺村は、文を中心に、文法現象をみる。「文は、話し手の述べようとする事柄の内容面を客観的に描く部分（コト）と主観的な態度を示そうとする部分（ムード）から成る」とする。三上章のとらえ方と類似する。
　一方、鈴木は学校文法の「助詞」「助動詞」の大部分を単語の部分であるとみる。語幹・語尾（文法的な単語を構成する要素）、語基・接辞（合成語を構成する要素）、くっつき（助辞）は、単語に帰属するとみる。名づけの単位である単語と通達（言語活動）の単位である文とを相互に規定しあう分析・総合の関係とみる。鈴木の文のとらえ方は以下のようである（鈴木重幸（2008））。

単語のレベル	太郎＝が （名詞のが格）	大切＝な （形容詞の連体形）	書類＝を （名詞のを格）	紛失した＝らしい。 （動詞の過去形） （むすび助辞）
文の成分のレベル	太郎が （主語）	大切な （連体修飾語）	書類を （補語）	紛失したらしい。 （述語）

　寺村は「活用」について、「活用形そのものは、元来、動詞や形容詞などの内部構造、つまり形態論のレベルのものであるという考え方に基づいている」（寺村秀夫（1984））と述べているものの、一方で、「概念的なコトが、現実の文として発せられるときに、話し手の態度を表すべくどうしても述語がそこから一つを選ばなければならない形態素の体系」（寺村秀夫（1984））とみている。そして、「活用語尾を、形態論とシンタクスとの相互乗り入れの領域と考える」（同上）とのべている。「語幹が語彙的意味を表し、語尾が機能的意味を表す」とし、語彙的意味と文法的な機能とを分離するのである。これに対して、鈴木は、活用を述語になる単語の語形変化の体系であるとみる。単語より小さい単位として、語幹、語尾、語根、複合語の要素、接辞（接頭辞・接尾辞）などがある。このような単語よりも小さな単位は、文との相互関係・相互作用の中にある単語の語彙的・文法的な側面の発達の過程で、文と単語を前提にして、単語の内部構造の要素として、うまれたものととらえる。「単語を言語のもっとも基本的な単位であるとする単語中心主義によれば、単語より小さい形態素は、単語に従属する単位である。」（鈴木重幸（2008））ととなえる。寺村の文法が形態素中心なのに対して、鈴木のそれは単語中心である。鈴木の文法には形態論が存在する。寺村の文法には明確な意味での形態論が存在しない。鈴木は、文法を構文論と形態論とが補完しあうものとみるのに対して、寺村のそれは構文論中心である。寺村の主著が『日本語のシンタクスと意味Ⅰ・Ⅱ・Ⅲ』であることが寺村の文法論への立場を象徴している。そして、鈴木の主著が『日本語文法・形態論』『形態論・序説』であることが、鈴木の立場を象徴している。鈴木は、語形変化を paradigmatic にとらえ、形態論的なカテゴリーに注目する。それに対して、寺村は、語形変化をもっぱら syntagmatic にあつか

い、有標形式のみに注目している。

　寺村の提示した活用表は以下のものである。

ムード	基 本 語 尾	タ 系 語 尾
確言	V { I -u / II -ru / III {suru / kuru} } 〈基本形〉　A -i	V { I -ta〜-da / II -ta / III {sita / kita} } 〈過去形〉　A -katta
概言	V { I -ô / II -yô / III {-siyô / -koyô} } 〈推量意向形〉　A -karô	V { I -tarô〜-darô / II -tarô / III {sitarô / kitarô} } 〈過去推量形〉　A -kattrô
命令	V { I -e / II -ro / III {-siro / -koi} } 〈命令形〉　A ———	———
条件	V { I -eba / II -reba / III {sureba / kureba} } 〈レバ形〉　A -kereba	V { I -tara〜-dara / II -tara / III {sitara / kitara} } 〈タラ形〉　A -kattara
保留	V { I -i / II -φ / III {si / ki} } 〈連用形〉　A -ku	V { I -te〜-de / II -te / III {site / kite} } 〈テ形〉　A -kute V { I -tari〜-dari / II -tari / III {sitari / kitari} } 〈タリ形〉　A -kattari

　縦軸は、ムードによる「確言」「概言」「命令」「条件」「保留」の
５項目がならんでいるが、これらが相互にどのようなかかわりをも
つのか不明である。また、横軸の「基本語尾」と「タ形語尾」とい
うだけで、どのような対立なのか不明である。さらに、この活用表
では《断続》にはふれられていない。三上章が「係り」と「結び」
という用語で《断続》に言及したが、寺村はこれを継承していない。
寺村には、活用語尾は単一の形態素のみという原則から「kak-ana-
i/-kereba」を活用形とみない。

　一方で、鈴木重幸（2008）の活用表は、以下のとおりである。
この活用表では、《断続》の〈終止形〉、《みとめかた》の〈肯定〉、

336　Ⅳ　文法論をめぐる諸問題

《丁寧さ》の〈普通体〉にかぎられている。

ムード	テンス	アスペクト

			アスペクト	
ムード		テンス	完成相	継続相
直説法	断定 （いいきり）	非過去	よむ yom-u	よんで　いる yon-de i-ru
		過去	よんだ yon-da	よんで　いた yon-de i-ta
	推量 （おしはかり）	非過去	よむ＝だろう yom-u = darô	よんで　いる＝だろう yon-de i-ru = darô
		過去	よんだ＝だろう yon-da = darô	よんで　いた＝だろう yon-de i-ta = darô
命令法	命令		よめ yom-e	よんで　いろ yon-de i-ro
	さそいかけ		よもう yom-ô	よんで　いよう yon-de i-yô

※"-"のあとの要素は語尾、"＝"のあとの要素はくっつき（助辞）、空白は単語のきれ目。

　鈴木の活用表では、まず《ムード》によって、〈直説法〉と〈命令法〉にわかれ、直説法は、〈断定〉と〈推量〉に、〈命令法〉は〈命令〉と〈さそいかけ〉にわかれる。〈直説法〉には、さらに《テンス》によって、〈非過去〉と〈過去〉にわかれる。〈命令法〉には《テンス》のカテゴリーは存在しない。《アスペクト》は、総合的な形式である〈完成相〉と分析的な形式である〈継続相〉にわかれる。《　》でしめしたものは、形態論的なカテゴリーであり、〈　〉でしめしたものは、その形態論的なカテゴリーを構成する対立項である。こうした形態論的なカテゴリーが存在することが、鈴木の、寺村や他の研究者たちとことなる特徴である。

　ちなみに、名詞のあつかいにおいても両者の見方は対照的である。寺村は、「名詞は助詞の付加を経てはじめて文／構文レベルで機能する」といい、「名詞は動詞と異なり、語彙的意味を表すにとどまり、語形を変えることはない」と名詞無機能主義を支持している。鈴木のほうは、「名詞の形態論的な特徴は、なによりもまず格のカ

第1章　単語・品詞・動詞の活用をめぐって　337

テゴリーをもっていることである。」「ハダカ格は格助辞をともなわないでつかわれ、格助辞をともなう格の形のメンバーである。」と名詞を曲用という語形変化を有する品詞とみている。寺村は、名詞の「ハダカ」は、語彙的な意味をになうだけであり、文法的には無機能ということになるのであろうか。寺村には、名詞の形態論も存在しないが、鈴木には名詞の形態論が存在する。

　益岡隆志（2012）は、日本語が膠着的な言語であることを考慮すれば、活用の範囲をせまくあつかうのがよいとし、寺村流の立場をよしと主張している。単語の語形変化については、それの有無に対して、孤立型と屈折型・膠着型がありうる。屈折型も膠着型も語形変化するという点で共通する。両者のちがいは、変化のしかたである。伝統的な日本語文法は、膠着的な接辞、語尾などに文法的な意味をよみとり、それが存在しない形式に、文法性をみなかった。無標の形式は、有標の形式の対立項として機能し、重義的に文法的な意味をになっていることに注目しなかった。村木新次郎（2010）では、動詞のパラダイムを以下の図でしめした。無標項の「読む」は、すくなくとも、以下の4つの有標項と対立し、その文法的意味は重義的である。このような対立関係は、syntagmatic な見方だけでは、みえてこない。「読む」は、文法的な意味をもたないのではなく、〈肯定〉〈非過去〉〈断定〉〈普通（体）〉という意味をもつ形式とみなければならない。さらに、「読む」は「読んで　いる」という分析的な語形と対立し、〈完成相〉と〈継続相〉という《アスペクト》のカテゴリーをもつ。こうした形態論的なカテゴリーをとりだすことによって、あるべき動詞の活用が得られると筆者はみる。

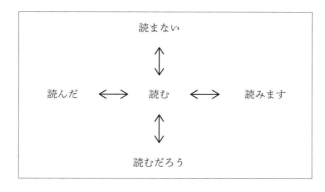

　読む―読まない　　〈肯定―否定〉　　《みとめ方》
　読む―読んだ　　　〈非過去―過去〉　《テンス》
　読む―読むだろう　〈断定―推量〉　　《(対事) ムード》
　読む―読みます　　〈普通―丁寧〉　　《丁寧さ》

　ロドリゲス、チャンブレン、ブロックら西洋人によって動詞の活用は、《法》による分類された点は評価されるが、日本語のもつ《断続》に注意がとどかなかった。鈴木重幸は、形態論的なカテゴリーに注目し、《断続》をはじめ、動詞の〈終止形〉には、《ムード》《テンス》《アスペクト》というカテゴリーがあること、さらに、《丁寧さ》《認めかた》《ヴォイス》のカテゴリーがあることを指摘した。ここに、はじめて、日本語動詞の形態論の基礎がきずかれたと筆者はみる。おそらく、形態論の今後の発展は、鈴木重幸が構築したものから出発すべきものと考える。

参考文献

大槻文彦（1897）『廣日本文典』吉川平七
佐久間鼎（1936）『現代日本語の表現と語法』厚生閣
鈴木朖（1824）『言語四種論』
鈴木重幸（1972）『日本語文法・形態論』むぎ書房
鈴木重幸（1994）『形態論・序説』むぎ書房

鈴木重幸（2008）「文法論における単語の問題」『國語と國文學』東京大学国語国文学会

田中義廉（1874）『小学日本文典』

田丸卓郎（1920）『ローマ字文の研究』日本のローマ字社

鶴峯戊申（1833）『語学新書』

寺村秀夫（1982）『日本語のシンタクスと意味　Ⅰ』くろしお出版

寺村秀夫（1984）『日本語のシンタクスと意味　Ⅱ』くろしお出版

芳賀矢一（1913）『口語文典大要』文晶閣

芳賀綏（1962）『日本文法教室』東京堂

橋本進吉（1934）『国語学要説』明治書院

冨士谷成章（1778）『あゆひ抄』

益岡隆志（2012）「日本語動詞の活用・再訪」三原健一／仁田義雄編『活用論の前線』くろしお出版

松下大三郎（1928）『改撰標準日本文法』紀元社

三上章（1953）『現代語法序説』刀江書院

三上章（1970）『文法小論集』くろしお出版

三原健一／仁田義雄（編）（2012）『活用論の前線』くろしお出版

宮島達夫（2008）「芳賀矢一　形態論の先がけ」『国文学　解釈と鑑賞』73–1 至文堂

宮田幸一（1948）『日本語文法の輪郭』三省堂

村木新次郎（2010）「日本語文法研究の主流と傍流　―単語と品詞の問題を中心に―」『同志社女子大学日本語日本文学』22 同志社女子大学日本語日本文学会

山田孝雄（1935）『国語学史要』岩波書店

山田孝雄（1936）『日本文法学概論』宝文館

陳信徳（1979）『新編　科技日語自修読本』商務印書館

Block, Bernard（1946）"Studies in Colloquial Japanese"

Chamberlan, B. H.（1988）"A handbook of Colloquial Japanese"（丸山和夫／岩崎攝子訳（1999）『日本口語文典』おうふう）

Rodrigues, Pdre Joam（1604）"Arte da lingoa de Iapam" 長崎学林（土井忠生訳（1955）『日本大文典』三省堂）Pudi rehene quo toreculpa et lat peris aruptati voluptatus.

第2章

日本語教育文法の問題点

要旨

　標準化しつつある日本語教育文法には、（1）体系性の欠如、（2）語彙的な部分と文法的な部分の分離、（3）形式重視、といった負の側面がある。動詞の活用を例に、体系性を指摘し、名詞の格を例に、語彙的な部分と文法的な部分の統一と形態論の必要を説き、「〜の」の形式をもつ形容詞を例に、意味・機能を重視すべきことを提言した。

キーワード

　日本語教育文法　体系性　語彙と文法の統一　意味・機能重視

1.　日本語教育文法の問題点

　日本語の伝統的な学校文法が非科学的であり、多くの負の部分をもっていることは、研究者の間でよく知られている。日本語を母語としない学習者向けの日本語教育の世界では、学校文法の負の部分を克服すべく、学校文法にとってかわる科学的で実用に供するものが求められてきた。今日、さまざまな新しい研究成果がとりこまれたかたちで、日本語教育文法が標準化されたものとして、定着しつつあるかにみえる。しかし、そうした日本語教育文法は、日本語の文法として真に理想的なものになっているといえるであろうか。この問いに対する筆者の回答は否である。そこには、いくつかの問題点がある。本稿は、現行の日本語教育文法にどのような問題点があ

341

るのかを指摘し、その問題点を解決するための提言をこころみるものである。

　筆者は、日本語を母語にする人のための文法と日本語を母語にしない人のための日本語教育文法とは、基本的には同じものであると考えている。日本語非母語話者の文法には、類型学的な視点を考慮し、学習者の母語と日本語の異同を確認したうえで、ある側面、ある部分が強調されるといったことがありうるであろうが、母語話者・非母語話者を問わず、いずれも日本語の文法として、科学的かつ体系的なものであるべきである。

　筆者は、標準化しつつある日本語教育文法に、以下のような負の側面をみとめる。

　（1）体系性に欠ける。言語にとって体系的であるということは、個々の文法的な形式・文法的な意味・文法的な機能が、それぞれ全体の中で、どのような位置にあるかをとらえることである。たとえば、動詞における「読んだ」という文法的な語形は、終止する用法であれば、〈過去〉という文法的意味をもち、それは、「読む」という〈非過去〉を意味する形式と対立し、「読んだ」という語形と「読む」という語形が、〈過去〉と〈非過去〉という文法的意味によって対立し、両者に《テンス》による形態論的なカテゴリーが存在するということをまずは認識し、さらに、「読む」と「読むだろう」は、〈非過去〉というテンスを共有し、〈断定〉と〈推量〉という《ムード》による形態論的なカテゴリーにおいて対立していること、さらに、「読んだ」と「読んだだろう」は、〈過去〉というテンスを共有し、〈断定〉と〈推量〉の対立をしめすことを確認することである。形態論的なカテゴリーとは、少なくとも2つ以上の文法的な意味や機能の点で対立する語形の系列をかかえこんでいて、そうした対立の中からとりだされるものである。日本語の動詞には、テンスやムードのほかにも、アスペクト、丁寧さ、肯定否定、ヴォイス、接続などのカテゴリーが存在する。こうしたテンスやムードなどの対立の総和が体系性をつくっているのである。体系とは、さまざまな対立を総合したものである。

　日本語教育文法では、要素間の syntagmatic な側面に傾斜してい

て、paradigmatic な側面が無視もしくは軽視されている。文法的な形態素に注目するだけで、そうした形態素を欠く無標の語形が正当にあつかわれていない。

（２）文の構成要素の語彙的な部分と文法的な部分とを離してあつかっている。単語にあっては、語幹や語基が核であり、語尾や接辞は補助的従属的なものである。語幹や語基を見ずに、語尾や接辞を中心にとらえるのは、本末転倒である。単語の実体（＝語彙的な意味）を離れたところで、文法的な関係をとりだすのは誤りである。そこでは、文法的なものが語彙的なものと相関してふるまうことが無視される。単語は、基本的には、語彙的な意味と文法的な形式・機能の統一体であるととらえるべきである。

（３）形式重視の文法である。言語はもとより、形式面だけではなく、意味・機能の側面がある。形式を重視するということは、意味や機能を軽視もしくは無視することである。当該の形式が、なにを意味し、どのような機能をになっているのかを問う必要がある。

本稿では、以上の３点に限定して、具体例をあげて説明する。体系性の欠如については、動詞を例にとり、文法的な要素と語彙的な要素の分離については、名詞を例にとり、形式重視の文法については、形容詞を例にとり、述べることにする。

２．体系性の欠如―動詞を例に―

表１は、近藤安月子（2008）による動詞の活用である。動詞の語幹は共通部分であり、語尾は各語形でかわる部分である（同書34p）という説明は正当である。そして、学校文法の活用をとりあげ、「活用形の名称の基準に意味と機能が混在しています。」（34p）と述べている。しかし、近藤の提示した動詞の活用形を見てみると、ここにも性質の異なるものが列挙されていることに気づく。すなわち、「中止形」「命令形」「受身形」「使役形」「可能形」「意向形」は文法的な意味にもとづく名づけであり、「テ形」「タ形」「タラ形」「タリ形」「ナイ形」「バ形」は文法的な形式にもとづく名づけである。一つの表の中に、文法的意味によるものと文法的な語形にもと

第２章　日本語教育文法の問題点　343

づくものが混在しているのである。さらに、より問題なのは、それ
ぞれの活用形が全体の中でどのような位置にあるのかが不問にされ
ていることである。たとえば、「命令形」が命令を意味することは
理解できても、それが活用全体の中でどこに位置づけられるのか不
明である。これでは、個々の語形が他の語形とどのような関係にあ
るのかまったくわからない。著者が動詞の活用をあつかうにあたっ
て、体系性を意識していないことは明らかである。

表1　動詞の活用―近藤安月子（2008）

	子音動詞 読む	母音動詞 食べる	不規則動詞 来る	不規則動詞 する
辞書形	yom-u	tabe-ru	ku-ru	su-ru
中止形	yom-i	tabe	ki	si
テ形	yon-de	tabe-te	ki-te	si-te
タ形	yon-da	tabe-ta	ki-ta	si-ta
タラ形	yon-dara	tabe-tara	ki-tara	si-tara
タリ形	yon-dari	tabe-tari	ki-tari	si-tari
ナイ形	yom-ana-i	tabe-na-i	ko-na-i	si-na-i
命令形	yom-e	tabe-ro	ko-i	si-ro
受身形	yom-are-ru	tabe-rare-ru	ko-rare-ru	sare-ru
使役形	yom-ase-ru	tabe-sase-ru	ko-sase-ru	sase-ru
可能形	yom-e-ru	tabe-rare-ru	ko-rare-ru	(deki-ru)
バ形	yom-eba	tabe-reba	ku-reba	su-reba
意向形	yom-oo	tabe-yoo	ko-yoo	si-yoo

　一方で、日本語の動詞の活用を記述するにあたって、体系性を志
向した研究がある。田丸卓郎（1920）、宮田幸一（1948）は、そ
うした体系性を追求した先駆的な研究であり、これらをうけて、芳
賀綏（1962）、村木新次郎（2006）、鈴木重幸（2008）のような活
用表が提言されてきた。ここでは鈴木重幸（2008）と村木新次郎
（2006）をあげる。
　表2は鈴木重幸（2008）による動詞の活用である。この活用表
では、全活用のうち、終止形、肯定、普通体に限定されている。す
なわち、非終止形（接続形）、否定、丁寧体は省略されている。鈴
木の活用では、まず《ムード》によって〈直説法〉と〈命令法〉に

分かれる。直説法は〈断定〉と〈推量〉に分かれる。さらに、《テンス》によって、〈非過去〉と〈過去〉に分かれる。さらに、それぞれが《アスペクト》によって、総合的な形式である〈完成相〉と分析的な形式である〈継続相〉に分かれる。ここでは、日本語の動詞が、ムード・テンス・アスペクトによって分類され、それぞれの語形と文法的意味との関係が体系的にしめされている。

表2　動詞の活用―鈴木重幸（2008）

ムード　　テンス　　アスペクト

ムード		テンス	アスペクト	
			完成相	継続相
直説法	断定 （いいきり）	非過去	よむ yom-u	よんで　いる yon-de i-ru
		過去	よんだ yon-da	よんで　いた yon-de i-ta
	推量 （おしはかり）	非過去	よむ＝だろう yom-u＝darô	よんで　いる＝だろう yon-de i-ru＝darô
		過去	よんだ＝だろう yon-da＝darô	よんで　いた＝だろう yon-de i-ta＝darô
命令法	命令		よめ yom-e	よんで　いろ yon-de i-ro
	さそいかけ		よもう yom-ô	よんで　いよう yon-de i-yô

※"-"のあとの要素は語尾、"＝"のあとの要素はくっつき（助辞）、空白は単語のきれ目。

　次に、村木新次郎（2008）をとりあげる（表3）。この活用表は、動詞の全活用のうち、肯定・非丁寧・単純相に限定されている。この活用では、まず、《接続》によって、すなわち、そこで切れるか続くかによって、二分される。切れるかたちには、《人称》の制限があるか否かによって、《ムード》に関わるいくつかの語形がある。《人称》に関わらないものは、《対事的ムード》によって、〈断定〉と〈推量（＝断定びかえ）〉に分かれる。これらは、さらに、《テンス》によって、〈過去〉と〈非過去〉に分かれる。次に、《人称》に関わるもののうち、〈一人称〉に関わるものと〈一人称〉に関わら

第2章　日本語教育文法の問題点　　345

ないものに分かれる。〈一人称〉に関わるものは、他の人称を排除するものと取り込むものとに分かれる。〈一人称〉に限定されるものは〈意志〉という文法的意味をもち、〈一人称〉のほかに〈二人称あるいは三人称〉を取り込むものは〈勧誘〉という文法的意味をもつ。

〈意志〉と〈勧誘〉は同一の形をとり、ホモニムであるが、《対人的ムード》という点で、《人称》に関わって対立する。さらに、〈一人称〉に関わらないものは、〈二人称〉に関わる〈命令〉と〈三人称〉に関わる〈希望〉に分かれる。〈命令〉と〈希望〉は、ともに発話者の「当該の事態の成立をねがう」という点で共通し、〈命令〉が二人称、すなわち意志ある聞き手に対して「その事態が成立することを希望・要求する」ことであり、〈希望〉は「単に、発話者のねがいを述べる」という点で異なる。なお、〈意志〉〈勧誘〉〈命令〉〈希望〉の属するものは、テンスのカテゴリーが存在しない。これらは、事態が未実現のものにしか使えないからである。

〈終止〉には、以上のように、さまざまな語形をとり、人称・ムード・テンスのカテゴリーによって、さまざまな語形をとる。一方、〈接続〉に属するものは、これらのうち、一部が部分的に関与する（詳細は、割愛する。村木新次郎（2010）を参照）。

表3　村木新次郎（2006）

断続			人称		ムード	テンス	用例
終止			無制限		断定	非過去	（本を）読む。
						過去	（本を）読んだ。
					推量	非過去	（本を）読むだろう。
						過去	（本を）読んだだろう。
			1人称	1人称	意志		（一人で本を）読もう。
				1＋2/3人称	勧誘		（君と／みんなと一緒に　本を）読もう。
			非1人称	2人称	命令		（本を）読め。
				3人称	希望		（雨よ）降れ。
接続	連体					非過去	（若者が）読む（本）
						過去	（若いころ）読んだ（本）
	連用	中止					（本を）読み／読んで
		例示					（本を）読んだり
						条件	（本を）読めば／読んだら
						譲歩	（本を）読んでも／読んだって

　鈴木や村木の活用表には、個々の語形がどのような文法的意味をもち、それがどのような語形と対立しているかという指摘がある。そこには、動詞の活用を体系的にとらえようとする視点がある。この点で、さきにとりあげた近藤の活用とは大きく異なる。

3. 語彙的な部分と文法的な部分との分離-名詞を例に-

　日本語の伝統的な国文法では、日本語の名詞には、文法的機能がなく、名詞に後置する「助詞」がその機能をはたすとされてきた。日本語教育文法でも、その考えが継承されている。構成メンバーのもっとも多い名詞に、文法的機能がないというのは本当であろうか。

日本語の名詞にも、ドイツ語やロシア語の名詞のように、曲用（格変化）のカテゴリーをみる立場がある。つとに、松下大三郎（1901）は、話しことば（遠江方言）の文法で、「ツキャー（月は）」「ツキン（月の）」「ツキョー（月を）」などを名詞の語尾変化であるとした。鈴木重幸（1972）も、そのような見方をし、いわゆる助詞を「くっつき」として、単語の部分とみている。名詞における、曲用の体系をめざしている。鈴木の文法論には、学校文法や日本語教育文法に存在しない、名詞の形態論がある。

　ここでも、近藤安月子（2008）の名詞のあつかいを見てみよう（表4）。近藤は、「格助詞と意味役割」という表を提示し、学校文法や日本語教育の多くの文法書と類似した「格助詞」の意味・意味役割を列挙している。格助詞を中心としたあつかいで、単語間に成立する文法的意味の多様性が無視あるいは軽視されている。そもそも名詞の格は、事態の名づけ・うつしとりに関わる、自立的な単語である、名詞と動詞／形容詞／名詞との連語（語結合、コロケーションとも）を前提とするものである。そうした複数の単語間に、名詞の格範疇をみとめるのが正当である。たとえば、「公園で　あそぶ」は、「で格」の空間名詞と意志的な動作との〈空間的なむすびつき〉であり、「ボールで　あそぶ」は、もの名詞と意志的な動作との〈道具的なむすびつき〉であり、「台風で　たおれる」は、現象名詞と非意志的な動作との〈原因的なむすびつき〉であるといったふうに、文法的（関係的）な意味をとりだすには、名詞や動詞の語彙的な意味に関する情報が必須である。自立する単語の情報ぬきに、関係的な意味は存在しない。自立語からはなれて、「格助詞」の「で」が、①空間、②道具、③原因というような文法的な意味はとりだせない。名詞の格をあつかうには、当該の名詞と、それがかかっていく単語（動詞、形容詞、名詞）の、なにを意味しているかという内容面の情報が不可欠である。このような、依存語と支配語との、語彙的な側面と文法的な側面の相互関係を詳細に記述した成果として、言語学研究会編（1983）がある。

　近藤のあつかいには、「ガ格」「ヲ格」という名詞の格を意識していること、「動作や変化の主体」「感情の向かう対象」といった二者

の関係性を問題にしている点に、正の側面を見ることはできる。

　ただし、近藤の名詞のとらえ方には、いくつかの点で問題がある。

　そのひとつは、「格助詞」がつかない名詞の形が表にあがっていないことである。「先生！」のような呼びかけの用法、「ブタペスト、プラハ、ウィーンの順によかった。」のような列挙する用法、「きみんち　パソコン　ある？」「ぼく　ドラえもん。」のような会話に見られる用法など、名格（はだか格、とも）の存在は、名詞の格の基盤ともいえる位置にある。さらに、「カナダからの（手紙）」「首相との（会談）」「湖畔での（体験）」のような連体格にもふれられていない。これらがとりあげられていないのは、名詞の形態論に無関心であることを意味しているといえよう。

　また、「カラ格・ヨリ格」は意味役割として「起点」とだけしめされている。これでは、おおざっぱ過ぎる。たとえば、名詞のカラ格と動詞のむすびつきには、少なくとも以下のような用法がある。

　（a）空間の起点　　男が　部屋から　出る（部屋：空間名詞）
　（b）時間の起点　　会議が　3時から　始まる（3時：時間名詞）
　（c）状態の起点　　娘が　　眠りから　さめる（眠り：状態名詞）
　（d）物質の起点　　酒は　　米から　できる（米：物質名詞）
　（e）原因　　　　　不注意　から　事故が　おこる（不注意：事態名詞）

　以上のような分類は、むすびつきを構成する名詞や動詞の語彙的意味を問題にすることによって得られるものである。

表4　格助詞と意味役割―近藤安日子（2008）

ガ格	動作や変化の主体（動作主）、状態の主体、経験する主体（経験主）、可能や好悪の対象
ヲ格	動作・活動の対象、感情の向かう対象、移動動作の経路、起点
ニ格	動作の向かう相手、存在の場所、目的・目標、時、起点
ヘ格	移動先、移動の方向
デ格	出来事の場所、道具・手段、事態の原因・理由
カラ格・ヨリ格	起点
マデ格	最終到達点、限界点
ト格	共同動作の相手、動作の協力者、引用

第2章　日本語教育文法の問題点　　349

名詞の文中での存在のしかたには、「日本において」「日本に対して」「日本にとって」のような分析的な形式もある。これらを、今日の日本語教育文法では、「日本　において」「日本　に対して」「日本　にとって」と分かち、「において」「に対して」「にとって」を複合辞という名称であつかっている。この複合辞という術語は、日本語学や日本語教育の世界で市民権を得ている模様である。その個々の研究には貴重なものも見られるが、これも伝統文法と同じで、文を構成する部分を、語彙的な要素と文法的な要素に切り離す立場である。「において」や「に対して」を複合辞ととらえるのは、一般言語学の立場からみて、正当ではない。「日本に　おいて」「日本に　対して」「日本に　とって」と分かち、「おいて」「対して」「とって」は自立的な名詞を文法的に補助する後置詞とみなければならない。松下大三郎や鈴木重幸は、日本語の中に後置詞を正当に位置づけている。複合辞は、単語を語彙的なものと文法的なものとに分離させる、日本語の伝統的な文法の負の部分を継承したものである。松下や鈴木は、単語（松下は「詞」と名づけた）に語彙的な内容と文法的な意味・機能の統一体をみている。「おいて」「対して」「とって」は、動詞の文法化によってうまれたものである。ちなみに、「（日本の）ために」「（日本と）ともに」は、名詞の文法化によってうまれたものである。松下は、英語において、withが前置詞で、himが客語であるように、日本語においては、「彼と」が客語で、「ともに」が後置詞であるととらえていた（松下大三郎（1901））。中国語における"対他"は「彼　に対して」ではなく、「彼に　対して」なのであり、"対"に相当するのは「対して」であり、「に対して」ではない。"対"も「対して」も隣接する名詞の文法的な存在形式にくわわる補助的な単語である側置詞（adposition）である。「−に」は名詞に帰属し、名詞の一部ととらえるのが正当である。後置詞という品詞は、残念なことに、伝統的な学校文法にも、標準化しつつある日本語教育文法にも存在しない。

4. 形式重視の文法―形容詞を例に―

　日本語教育文法では、「真っ赤な（バラ）」「優秀な（成績）」のような単語を形容詞として位置づけている。これを「形容動詞」として、形容詞とみない学校文法よりすぐれている。さらに、わたしは、「真紅の（バラ）」「抜群の（成績）」も、形容詞に所属させるべきであると主張してきた。こうして、日本語には「赤い／真っ赤な／真紅の（バラ）」「すばらしい／優秀な／抜群の（成績）」という語形上、少なくとも3種類のタイプの形容詞がある。従来、「真紅」や「抜群」は、「－の」を後置させるという形式面から名詞であるとされてきた。しかし、これらの単語は名詞がもつ格範疇を欠き、また、連体修飾をうけることもない。すなわち、名詞としての性質をもたない。「真紅の　バラ」や「抜群の　成績」における「真紅の」「抜群の」の「バラ」「成績」に対する関係は属性の規定であり、これは形容詞の特徴である。ちなみに、「庭の　バラ」や「息子の　成績」における「庭の」「息子の」の「バラ」「成績」に対する関係は〈空間〉や〈所有者〉という関係の規定であり、これは名詞に典型的な用法である。「真紅の」「抜群の」と同じ性質をもつ単語の数は多い（村木新次郎（2000）（2002）など）。

　「真紅」や「抜群」が名詞であるとの認識は、「〜の」という形式から判断されたものであろう。この種の単語の文中ではたす機能を問わず、単に「〜の」という形式だけに注目した結果である。

　なお、「ひとかどの（人物）」「おかかえの（運転手）」「一介の（研究者）」「達意の（文章）」「既成の（事実）」といった規定用法専用の単語も数多い。これらは、連体詞もしくは規定用法専用の形容詞と位置づけられる。従来は、名詞とみなされていたが、それは正しくない。「〜の」の形式にまどわされたからであろう。中国語の"非謂形容詞"あるいは"区別詞"に相当する。

　研究者の中には、「早熟な（こども）」は形容詞で、「早熟の（こども）」は名詞とするひともいるが、単語の意味や機能を考慮しない、悪しき形式主義といわざるをえない。「親切」「元気」「健康」のような単語は、名詞と形容詞をかねる単語であることはいうまで

第2章　日本語教育文法の問題点　351

もない。

5. むすび

　本稿では、標準化しつつある日本語教育文法について、筆者が疑念をもつ点にふれ、代案を提示した。教育界では、保守主義が支配し、伝統が権威として君臨することが多い。筆者は、中国で、何十年もこのやり方でやってきた、だから、それを変える必要はないという主張を何度も耳にした。また、一方で、新しければよいという、熟慮を欠いた、流行をありがたがる人もいる。みずからの経験を絶対視して、新しいものをうけつけない融通のきかない教条主義や権威者におもねる権威主義は研究には害はあっても益はない。また、充分な吟味をしないで、やたら流行にのって得意げにふるまうのも軽率であると言わざるをえない。研究の世界では、多数派か少数派かはどうでもよいことである。言語の研究にとっては、言語に対して誠実であればよい。教育界では、伝統と保守が支配し、研究界では、流行がもてはやされるのは問題である。あるべき日本語教育文法が構築されることを希望して小稿をおえる。

参考文献

言語学研究会編（1983）『日本語文法連語論（資料編）』むぎ書房
近藤安月子（2008）『日本語教師を目指す人のための日本語学入門』研究社
鈴木重幸（1972）『日本語文法・形態論』むぎ書房
鈴木重幸（2008）「文法論における単語の問題」『國語と國文學』85-1 東京大
　　学国語国文学会 1-15
田丸卓郎（1920）『ローマ字文の研究』日本のローマ字社
宮田幸一（1948）『日本語文法の輪郭』三省堂
芳賀綏（1962）『日本文法教室』東京堂
松下大三郎（1901）『日本俗語文典』誠之堂
村木新次郎（2001）「「がらあき―」「ひとかど―」は名詞か、形容詞か」『国語
　　学研究』39 東北大学文学部「国語学研究」刊行会 1-11
村木新次郎（2002）「第三形容詞とその形態論」『国語論究　第10集　現代日

本語の文法研究』明治書院 54–78.

村木新次郎（2006）「活用は何のためにあるのか」『國文學』51–4. 學燈社 18–21.

村木新次郎（2010）「日本語文法研究の主流と傍流―単語と単語の分類（品詞）の問題を中心に―」『同志社女子大学日本語日本文学』22 同志社女子大学日本語日本文学会 23–40.

第3章
日本語の文のタイプ・節のタイプ

1. 文と単語

　文は単語とともに言語のもっとも基本的な単位である。単語は命名の単位であるのに対して、文は言語活動の単位である。文は命名の単位である単語から構成されたひとつの完結した発話として機能する単位である。単語は言語活動としての発話を成立させる単位であり、文は発話が成立したあとでの単位である。テキスト全体からみれば多くの文はかならずしも完結しているとはいいがたいが、それでも一般に文は相対的にとじた通達の表現をつくる単位であることはたしかであり、このことが文の本質的な特徴だといえる。文は、特定の状況とかかわりあっている。一方、単語は発話の状況そのものに直接関係するのではなく、さまざまな発話のなかでくりかえされる一般的な意味内容をそなえた形式であるといえる。単語は文のなかに存在するが、それはある特定の文に固定的にむすびついているのではなくて、多くの文のなかで用いられ、同じようなはたらきをするという性質をそなえている。こうして単語の意味内容は一般的抽象的である。単語の意味が一般的抽象的ということの意味は、次のようなことである。たとえば、「いま、庭で、ウグイスがないている。」といった文では、少なくとも時間（いま）と空間（庭で）の限定をうけている。しかし、「ウグイス」という単語そのものの意味は、特定の時間や空間の限定、そして話し手との関係においての限定を、なんらうけていない。時空間や話し手の制限をうけないという点で、一般的かつ抽象的であるといえる。こうして、われわれ人間は、目の前に存在しないこと、つまり過去や未来のこと、それに空間的に遠くはなれて、実際には目にしていないこと、話し手が想像したことなども表現できる。文は単語の存在なくしては成立

355

しえないが、それは単語のように一般的抽象的なものではなく、ある状況と対応して個別的具体的である。言語内的には陳述があり、言語外的にはある特定の場面でのある特定の現実とかかわっている。文には話し手の現実に対する態度に対応してさまざまな関係がうつしだされている。

　単語という単位は、二側面的な性質をもっている。ひとつは現実の断片を一般的に写しとっているという語彙的な側面であり、他のひとつは、ある語形をとって通達の単位である文を構成しているという文法的な側面である。前者の単語（語彙素）は、単語が語彙的な意味をそなえているという意味的な側面で、語彙項目として辞書に登録されるという、性質をもっていて、一般的抽象的である。後者の単語（語形＝単語形式）は、文の部分としての文法的な側面で、発話にあらわれる具体的な実現形としての単語である。単語は、事態を一般的に写しとっている語彙的な単位であると同時に、文をくみたてる材料としての文法的な単位でもある。単語は、言語体系のなかで、外界との関係をたもちつつ、他の単語とむすびついたり、それ自身の形をかえたりして文法的な機能をはたすわけである。単語はこうして、辞書における単位であり、かつ文の構成要素ともなる重要な単位である、

　われわれ人間の言語は、ある事態を非分析的にひとつの記号としてあらわしているのではなく、事態に関わるものを対象とその運動や状態といった部分に分節し、それらを命名の単位とする単語をもち、その単語をくみあわせることによって文を構成し、文がその事態をあらわすというしくみをそなえている。文法とは、単語を単語よりも大きな単位である句や節や文をつくるための規則の総体である。ある事態が人間の見方と目的にしたがっていくつかの特徴（意味）に分解され、それらの特徴に一定の音声（形式）が付与される。その特徴と音声の統一体が単語なのである。そのような意味と形式との統一体としての単語は、個々の人間にとっては、既存のものとしてその言語共同体に共通のものとして与えられたもので、原則として個人がかってにつくりだせるものではない。単語は、ある特定の個人に属するものではなく、その言語をもちいる集団に共有され

356　Ⅳ　文法論をめぐる諸問題

ているものである。その場で臨時的につくりだされる合成語をのぞけば、単語はわれわれがかってにつくりだすことができない性質をもつもので、その言語の使い手の脳にあらかじめたくわえられたものである。単語の本質的な特徴として、この所与性という性質を指摘することができる。これに対して文は、話し手や書き手の責任において、その時その場でつくりだされるものである。単語は、あらかじめつくられたものであり、文は、あらたにつくりだすものである。単語をくみあわせて創造される文は、社会的にあたえられているものでもなく、また個人的にその言語の使い手の脳にあらかじめたくわえられているものでもない。単語は、テキストや談話のなかでくりかえしあらわれる性質をもつゆえに、延べや異なりとして数えあげたり、並べあげたりすることができるが、文は、その数が無限であり、目録として並べあげることができない。こうして、単語と文とは異なる機能をもった単位なのである。

　文は、普通は、「夕暮れの机にむかう。ヒグラシの声が聞こえた。」のように、ふたつ以上の単語からなるが、「火事だ。」「雨だ。」「（さがしものが見つかって）あった。」のように、ある特定の事実をつたえる、一語からなる文も存在する（「火事だ」「雨だ」も一語であると判断する）。一般に一語文では、目の前のできごとしかあらわせないという特徴がある。「雨。」「火事だ。」「あら。」「もしもし。」「はい。」などの一語文は、発話の現場にしばられているという特徴をもっていて、時は現在に限られる。一語からなるとはいえ、文である以上、ある特定の発話機能が存在している。たとえば、手術中の外科医が「メス。」「ガーゼ。」と発したとしたら、それらは近くにいる看護婦や助手に、メスやガーゼを要求するという発話機能あるいはモダリティをもった文なのである。

　単語と文の機能のちがいを音調との関係でみてみよう。単語は音調によっていくつかのタイプの異なる文をつくることがある。就職活動をしている学生たちの会話の

　　「決まった？」
　　「決まった。」
では、しりあがりの音調をもった前者は質問であり、しりさがりの

音調をもった後者は断定叙述の文である。しかし、「決まった」という「決まる」の過去形という語形の単語は、どちらの文とも無関係に、独立したある一定の意味をになっている。単語として一定の意味をになった形式が異なる音調を伴い、異なる機能（先の例では、質問と断定叙述）をになった文となっているのである。つまり、文と単語は機能がちがうのである。

文を外形からみると、話しことばでは、特定の言いきりの抑揚を伴いながらの切れ目があらわれるまでの、書きことばでは、句点がうたれるまでの、ひと続きであるといえる。

2. 文のタイプ

文は、構造や意味のうえから、いくつかにタイプ分けできる。

2.1 述語の存否による文のタイプ

文は、述語が存在するものと存在しないものに分類できる。（1）は「降ってきた」という述語が存在し、（2）は述語が存在しない。

（1）雨が降ってきた。
（2）（あっ。）雨！

山田孝雄（1936）の「述体の句」と「喚体の句」、時枝誠記（1954）の「述語格の文」と「独立格の文」、渡辺実（1971）の「統叙文」と「無統叙文」の区別も、述語の有無による文の分類と考えられる。述語には、述述の機能を発揮すべく、肯定否定・テンス・ムードなどの形態論的な語形変化の体系がそなわっている。肯定否定・テンス・ムードの形態論的な体系とは、次のような対立のことをいう。動詞「たべる」、形容詞「おいしい」名詞「りんごだ」を例にとれば、以下のようになる（ムードについては、断定／推量の対立のみをしめす）。

	肯定否定	テンス	ムード
たべる	たべる／たべない	たべる／たべた	たべる／たべるだろう
おいしい	おいしい／おいしくない	おいしい／おいしかった	おいしい／おいしいだろう
りんごだ	りんごだ／りんごでない	りんごだ／りんごだった	りんごだ／りんごだろう

　述語になることを主たる機能としている動詞の場合には、そのほかに、ヴォイスやアスペクトといった形態範疇もそなえている。一方、「雨」のようなはだかの名詞は、そうした文法範疇を欠いている。「あっ。」「おや。」「まあ。」「こんばんわ。」「それ！」「拝啓」「敬具」といった感動詞に属する単語は、単語と文が未分化なもので、単語すなわち文と考えられ、これも述語の存在しない文のタイプである。感動詞に属する単語は、他の成分で、補充することができないが、「雨！」のような形式は、「ものすごい雨！」といったふうに拡大補充することができるものである。「雨！」のような述語をもたない文は、形態論的な範疇を欠くとはいえ、たとえば、「雨♩」としりあがりに発音すれば、聞き手に事態の存在をたずねる質問の役目をはたし、「雨！」とつよい語調で発音すれば、話し手による事態の発見や驚きをあらわすといった違いをみてとることができ、音調によって発話の機能は分化しうる。こうして、文は、構造上、述語の存否によって、ふたつのタイプにわけることができるのであるが、われわれは述語の存在する方に典型的な文をみとめ、述語のない文を舌足らずであると感じたり、なにかが省略されていると感じたりする傾向がある。述語の存在する文は、ふつうは述語以外の成分をもっている。人間の言語が事態を要素にわけ、その要素をくみあわせて文をつくるという過程をへている述語のある文のほうが、非分析的な述語の存在しない文よりも文らしいと感じるからであろう。話しことばでは、話し手と聞き手が時間と空間を共有し、通達の達成がことば以外の諸要素にささえられていることもあって、述語のない文が多くみられるものの、書きことばでは、書き手と読み手とは時間と空間をこえる可能性もあって、ことばにたよらざるを得ないために、分析的な表現である述語のある文を使うのがふつうである。

なお、（2）の例で「あっ。雨。」はふたつの単語のあいだに依存関係がないので、それぞれが独立した（一語）文であると考える。

2.2　述語の種類による文のタイプ

述語には、動詞・形容詞・名詞・副詞がなりうる。述語の存在する文は、述語の種類によって分類できる。「静かな」「丈夫な」といった単語は形容詞の一種とみる。以下の（3）は動詞述語文、（4）は形容詞述語文、（5）は名詞述語文、（6）は副詞述語文の例である。副詞にはさまざまな性質が混在していて、すべての副詞が述語になれるわけではない。そのせいか、副詞述語文は問題にされないことが多い。名詞や副詞が述語になるときには、ふつう「だ」「だった」「だろう」「です」「でした」「でしょう」のようなコピュラを必用とする。コピュラにかわって、「か」「よ」「ね」といった助辞があらわれることもある。

（3）友だちが<u>訪ねてきた</u>。
（4）この本は<u>おもしろい</u>。
（5）ぼくは<u>奈良県出身だ</u>。
（6）朝食は<u>まだです</u>。（*朝食はもうです。）

述語が動的な属性をあらわしうる動詞文と、述語が静的な属性をあらわす形容詞文と名詞文を一括して、ふたつを対立させることがある。時間の軸にそって展開していく運動を表現する動詞文にあっては、その事態に関与する成分が相対的に多く存在し、それは動詞による名詞の格支配という性質にあらわれる。時間との関係が希薄な形容詞文や名詞文には、事態に関与する成分は、動詞文に比べて貧弱である。「〜が」「〜を」「〜に」「〜から」「〜へ」……といった名詞の格成分は、動詞文に多くあらわれ、形容詞文や名詞文では、「〜は」が中心で、「〜を」「〜へ」といった格成文はあらわれにくい。動詞文では、動詞の格支配という統語的な特性によって、「〜を」をとる他動詞文とそれをとらない自動詞文に分けたり、さらに「〜が、〜を、〜に」の三項を支配する文、「〜が、〜を」の二項を

支配する文、「～が、～に」の二項を支配する文、……といったふうに細かく分類することもできる。いずれにしても、ここでの分類は、主として、文のあらわすことがらに依存したものであるといえる。

　なお、同じ品詞の述語が、つねに同じタイプの文になるかというと、かならずしもそうではない。動詞述語文であっても、次の（7）のように静的な属性をあらわすこともあり、名詞述語文であっても、（8）のように動的な属性をあらわすことがある。

　（7）あのひとの名前は変わっている。（≒めずらしい／変だ）
　（8）田中先生はいま授業中です。（≒授業をしている）

　例文（7）の「変わっている」という動詞は、運動とは無関係で、単なる性質・状態をあらわしているし、例文（8）の「授業中です」は、その構成要素に「授業」という運動を意味する形式をふくみ、動的な属性をあらわしている。

2.3　主題の存否による文のタイプ

　文は、また、主題の存在する有題文と主題の存在しない無題文にわけることができる。文の主題とは、その文で、なにについて述べたてるかという「なに」にあたる部分のことである。以下の例の（10）は「雨は」という主題をもつ有題文で、（9）は主題のない文、すなわち無題文である。無題文は、事態を、判断をまじえずに、表現する場合におおくもちいられる。有題文は、話し手の判断をくだしたうえでの表現に使われる。

　（9）突然、雨が降ってきた。
　(10)雨はやっとやんだ。

　ふたつの例がしめすように、動詞述語文では、有題文も無題文もあらわれる。名詞述語文では、ふつう「あの人は、中国人です。」のように有題文がもちいられ、「あの人が中国人です。」のような無

題文はまれにしかあらわれなく、特殊で有標である。また、あとで、とりあげる連体節のなかでは、有題文はあらわれにくい。

　佐久間鼎（1941）のいう「品定め文」は有題文に、「物語り文」は無題文に、おおむね相当する。

2.4　主語の存否による文のタイプ

　文は、主語のある文と主語のない文にわけることができる。以下の（11）は「ジンチョウゲが」という主語が存在する文で、（12）は主語が存在しない文である。

（11）ジンチョウゲが咲き始めた。
（12）あたたかい一日だった。

　主語のない文には、主語がないのがふつうであるものと、主語がなんらかの理由で省略されているものとがありうる。（12）のように時間に関する表現では、主語が存在しない文が多く、また、話し手の希望・感情・感覚などの表出、命令や勧誘といったはたらきかけの表現では、一般に主語があらわれない。話し手の表出では、話し手が動作主体であることがわかっているし、命令は聞き手が動作主体であること、勧誘では話と手と聞き手がともに動作主体であることが自明なので、わざわざその動作主体をあらわす主語をいう必要はなく、それが顕在化しないのである。

　しかし、日本語の主語をめぐっては、さまざまな議論がある。主語の存在を認める人もいれば、認めない人もいる。主語を認める立場でも、なにを主語とするか一定していない。主語は述語と対応し、文の第一次的な成分と考える立場もあれば、他の名詞句とならぶ性質をそなえているものの、部分的に述語との呼応関係が成立する点で、他の名詞句よりは優位にあるというような、いわば第一補語として位置づけようとする立場もある。日本語には主語がないとし、他の名詞句ととりたてて区別する必要がないと主張する人もいる。主語を認めるとしても、実際の談話や文章に、主語が存在しない文が多いということは事実である。

362　Ⅳ　文法論をめぐる諸問題

2.5　文のモダリティによるタイプ

　文には、表現されていることがらと、言語主体である話し手・書き手の態度というふたつの側面がみとめられる。シャルル＝バイイがディクトゥム（dictum）とモドゥス（modus）とよび、両者を区別したが、この術語は、小林英夫、金田一春彦、三上章らによってもちいられた。川本茂雄は、このディクトゥムに言表事態、モドゥスに言表態度という訳語を提案した。今日よくもちいられる命題とモダリティという用語もおおむね、これに対応するといえるが、モダリティのあつかいは人によって大きな異なりをみせる。文のモダリティを、話し手の叙述内容に対する認識や判断（対事モダリティ）と聞き手への言表態度（対人モダリティ）というふうに二分してとらえる研究者は多い。

　伝統的な文の分類としてよく知られている、平叙文、感嘆文、質問文、命令文というふるいわけは、ここでいう話し手の言表態度にもとづくものといえる。平叙文は、事態の叙述や話し手の知識や意見などをのべたてるもので、それを確実なものとしてのべれば「断定」に、不確実なものとしてのべれば「推量（断定びかえ）」になる。感嘆文は、話し手の意志の表明、疑問、希求などをあらわすものである。質問文は聞き手に回答をもとめる文であり、命令文は、聞き手に行動をもとめる文である。命令文には、行動をもとめる要求の度合いによって、命令・依頼・勧誘などがあり、禁止も否定的な命令としてここに属する。

　こうしたモダリティによる文のタイプは、発話の機能とも関連している。次のような図式になろう。「描写」「表出」「訴え」は、K. Bühler のオルガノンモデルにある、Darstellung, Ausdruck, Appel に由来する。

　　描写：平叙文
　　表出：感嘆文
　　訴え：質問文（回答要求）・命令文（行動要求）

　以上の分類は、人称との関連があって、表出の機能をもつ感嘆文は１人称に、訴えの機能をもつ質問文と命令文は２人称に限定される。描写の機能をもつ平叙文は、１人称、２人称、３人称のいずれ

でもよく、人称の制限をうけない。平叙文と感嘆文では、聞き手を
かならずしも必要としない。聞き手はいてもいなくてもよいが、質
問文と命令文には聞き手の存在は必須である。質問文と命令文は、
当然のことながら、話し手と聞き手によって場が共有されている、
会話に代表される談話に多用される。一方、平叙文は、書きことば
の世界で多くもちいられる。書き手と読み手は同じ場に存在しなけ
ればならない必然性はない。新聞の報道記事、小説の地の文、論文
などはほとんどが平叙文で綴られる。

　さきにもふれたように、モダリティの理解は多様である。奥田靖
雄（1996）のとく文のタイプ分けを紹介する。奥田によると、「文
の対象的な内容」と「現実の世界でのできごと」のかかわり方のな
かに、話し手の現実に対する関係のしかたがうつしだされ、それが
文の構造のなかでとる文法的なかたちをモダリティとする。話し手
の発話時の文の類型は次のようになる。

　　1　のべたてる文　　ものがたり文（narrative sentence）―平叙文
　　　　　　　　　　　　まちのぞみ文（optative sentence）　―希求文
　　　　　　　　　　　　さそいかけ文（hortative sentence）―命令文
　　2　たずねる文　　　　　　　　　　　　　　　　　　　　―疑問文

2.6　文らしさの段階

　文の成立を階層的にとらえるという立場があり、日本語の文構造
を説明するひとつの知見としてひろく認められている。2.5で紹介
したディクトゥムとモドゥスに端を発し、それをさらに深化させた
ものに南不二男（1974）（1993）の研究がある。南によると、文
には「描叙」「判断」「提出」「表出」の4つの段階があるという。
そのような段階をみとめる根拠は、従属句における述語部分と述語
以外の部分との共起関係に相違がみられることによる。述語部分の
文法的なカテゴリが豊かであるか否かということと、述語以外の部
分の要素が豊かであるか否かという双方の特徴にもとづいて、4つ
の段階が区別されているわけである。述語以外の部分というのは、
述語に直接かかる名詞句や副詞句などのことである。ここでの段階
は文の分類というより、文らしさの分類というべきものである。

「描叙段階」：述語部分に「ーながら（非逆接）／ーつつ」などの形式で、ヴォイスの形式はあらわれるが、アスペクト、肯定否定、テンス、ムードの形式はあらわれない。非述語部分に、名詞のガ格以外の格成分、状態副詞や程度副詞はあらわれるが、他の成分はあらわれない。つまり、構成範囲の制限がつよいのである。

「判断段階」：述語部分に「ーたら／ーと／ーなら／ーので／ーのに／ーば」などの形式で、「描叙段階」にあらわれる形式にくわえて、アスペクト、肯定否定、テンスの形式があらわれるが、推量などのムードの形式はあらわれない。非述語部分に、ガ格の名詞や時空間の修飾語などもあらわれる。構成範囲は「描叙」と「提出」の中間。

「提出段階」：述語部分に「ーが／ーから／ーけれど（も）／ーし」などの形式で、「判断段階」にあらわれる形式にくわえて、推量をあらわす形式もあらわれる。非述語部分に、主題の「〜は」や「たぶん」「まさか」などの陳述副詞類もあらわれる。つまり、構成範囲の制限がよわいのである。

「表出段階」：従属句の内部の構成要素としてあらわれない。聞き手に対するはたらきかけ、感情・感覚の直接的表現。

それぞれの例をしめしておく。（13）は「描叙段階」、（14）は「判断段階」、（15）は「提出段階」の従属句である。

（13）山道を登りながら、自分の将来のことを考えた。

（14）暇ができたら、一度その町を訪ねてみたい。

（15）雨がはげしく降ったけれども、わたしたちは予定通り旅行にでかけた。

こうした重層的な構造は、従属句だけではなく、述語文や述語の存在しない独立語文、名詞句にもみとめられる（くわしくは、南（1993）を参照）。

南は、「表出段階」では従属句があらわれないとしているが、次にしめす文は、従属句に「表出段階」の形式をもっている。つまり、（16）の、「さっさと消え失せろ」は聞き手に対するはたらきかけをあらわしているし、（17）の「どうにでもなれ」は話し手の感情

第3章　日本語の文のタイプ・節のタイプ　365

の直接的表現をあらわしているので、「表出段階」の従属句と考えられる。ただし、引用に関わるものを、従属句あつかいしてよいかどうかは問題の残るところである。「どうにでもなれと思いながら、（家路を急いだ。）」の例がしめすように、「思いながら」という描叙段階に表出段階のものがふくまれてしまうのである。

（16）さっさと消え失せろと叫んだ。
（17）どうにでもなれと思っている。

　こうして、文らしさの度合いは連続的・段階的で、「描叙」「判断」「提出」「表出」の順に文らしさが増していく。このことは、3節でとりあげる節のタイプを考えるうえで、有効である。

　文のタイプには、このほか、倒置文と非倒置文、省略文と非省略文など、いくつかの分類も考えられるが、それらについてはふれない。

3. 節のタイプ

　ひとつの文のなかに、文らしき形式がひとつしか存在しない文とふたつ以上存在する文とがある。「文らしき形式」というのはあいまいな言い方ではあるが、ここでは述語をそなえたひとまとまりの形式というぐらいの意味で使用しておく。以下の例文の（18）は、文らしき形式がひとつしか存在しない。しかし、（19）（20）の例文には、全体の文のなかに、文らしき形式をみとめることができる。それぞれの下線部は、いわゆる主語と述語からなる文相当の形式をそなえていて、ここでいう「文らしき形式」といえるものである。そしてどちらもその形式で言い終わるのではなく、後続の形式につづいている。（19）の実線部は「本」という名詞に、（20）の実線部は「（妻は）仕事にでかける」という文につながっている。（20）の「妻は仕事にでかける。」の部分は文相当の形式であって、それ自体完結終止している。ひとつの文のなかにあって、述語をふくむ

366　Ⅳ　文法論をめぐる諸問題

文相当の形式が、その文を終止しているものを主節とよび、なんらかの他の形式に接続するものを従属節とよぼう。例文（20）の「妻は仕事にでかける。」は主節であり、「雨が降っても、」は従属節である。主節は、文としての特徴をそなえているが、従属節には、文の特徴を多くそなえたものからそうでないものまで、さまざまな段階のものがある。

（18）きのうは一日中雨が降った。
（19）ぼくが探していた本は、弟の部屋にあった。
（20）雨が降っても、妻は仕事にでかける。

　述語をそなえた文らしき形式は、接続さきによって、後続の名詞につながるものと用言あるいは文につながるものとがある。（19）は前者の場合で、これを連体節、（20）は後者の場合で、連用節とよぼう。連体節も連用節も、文らしき形式であって、文ではない。どちらも文の一部である。

3.1　連体節

　連体節は、名詞を修飾限定する節である。連体節は名詞にかかって、その内容をくわしくするものである。次の例文の（21）は「花」の、（22）は「本」の（23）は「人」の内容をそれぞれくわしく説明している。

（21）野に咲く花はどこへ行った。
（22）きのう神田で買った本はとてもおもしろかった。
（23）まじめに働かない人はリストラで解雇されるかもしれない。
（24）かれらがパリを訪れた事実はみんな知っている。
（25）わたしには女性を愛する資格がない。

　これらのうち、（21）（22）（23）の例は、連体節に後続する名詞が連体節の述語に支配される成分であるという特徴がある。「花が咲く」「本を買った」「人が働かない」といった関係が成立すると

第3章　日本語の文のタイプ・節のタイプ　367

いったことである。ところが、（24）（25）の例では、連体節に後続する名詞と連体節のあいだに、そのような関係が成立しない。連体節は、後続の「事実」や「資格」という名詞の内容を説明しているもので、内容補充の連体節として区別される。内容補充の連体節では、「かれらがパリを訪れたという事実」というふうに「トイウ」という形式を介在させることがある。

　連体節のなかには、後続の名詞の内容をくわしく説明しないものもある。（26）（27）のように形式名詞の「こと」や助辞の「の」といった形式につづく場合がそうである。「こと」や「の」は実質的な意味をもたず、先行する文相当の形式をうけて、それを単に名詞化するという文法的なはたらきをしているのである。このような節を名詞節として区別することがある（たとえば、益岡（1997）など）。

（26）次の会合は7月初旬に開くことを決めた。
（27）飛行機が上空を飛んでいくのを見ました。

　文章語の領域にかぎられるのであろうが、節そのものが、名詞のようにもちいられることがある。これらの節であらわされている内容は、主体や時空間の限定をうけない一般的な事態である。

（28）両者を同じように料理するためには同じ包丁を使わなければ手刀で鶏をさくのそしりをまぬがれない。
（29）私的利潤を護持しながら、他方で人々のためにということを合言葉にするのは、木に寄って魚を求めるの類である。

　連体節にあらわれる述語の形式は、動詞でいえば、「スル」「シタ」「シナイ」「シナカッタ」であり、このことから、連体節には、肯定否定とテンスのカテゴリをもつことがうかがえる。連体節のテンスは、発話時を基準にした本来のテンスとは異なる性質を持っている。次の文では、述語部分が「入った」という過去形式が使われているが、主節で述べられている事態の成立（この例では、未来）

より〈以前〉であることをあらわしていて、相対的なテンスとよばれる。

(30) 最初に教室に入った人がエアコンのスイッチをいれてください。

　連体節は、名詞のなかにおさまるもので、一般に、名づけ的な性質をもっていて、モーダルな特徴をもたない。しかし、まれに、例文（31）（32）（33）のように「シヨウ」（多くは「あろう」）の形式で、〈推量〉の意味をあらわすことがある。後続の形式が「こと」や「はず」といった形式名詞であるか、文の述語が「思う」「想像される」といった精神活動を意味するものの場合にかぎられるようである。

(31) ひとりで寂しい通夜をしているであろう母のことを思う。
(32) 君たちが経験するであろうことは容易に想像される。
(33) そんなことがあろうはずがない。

　連体節をつくる動詞述語の語形が「シナガラ」「シテ」「シタリ」「スレバ」「シタラ」で、助辞の「ノ」を介して名詞に接続する場合がある。「スレバ」「シタラ」の形式は「話」につづき、破線部をふくむ形式全体で条件をあらわす連用節をつくっている。

(34) ノートを見ながらの読経だから割合に助かった。
(35) 今回の講演を聞いての感想を一言述べたい。
(36) 歌ったり踊ったりのパーティをやりませんか。（「*歌ったりのパーティ」）
(37) お金があればの話ですが、世界旅行をしてみたいんですよ。
(38) みんな働けるようになったらの話だけれど、そんな小さな白い家が持てるんじゃないかね。

　これらのほかにも、「って」「なんて」「からの」「までの」「かの

（ような）」「との」「だけの」「くらい（の）」「ほどの」といった助辞を介した連体節がある。

　連体節のような形をしているが、後続の形式が名詞性をうしなって、全体で連用節をつくっているものがある。そこでは、名詞に格の喪失がおこり、語形が単一化して、名詞が（従属）接続詞へ移行している。「かたわら」「あまり」「ついでに」「おかげで」「とおり（に）」「くせに」「わりに」などの形式がそうである。これらの形式は、もともと名詞であった形式が文法化をおこし、従属接続詞として機能しているものである。連体節における肯定否定とテンスのカテゴリに注目しながら整理してしめすことにする。

　「かたわら」は否定形式や過去形をうけることができず、肯定否定、テンスのカテゴリをもたない。南の「描叙段階」に属するとおもわれる。

(39) 大学に籍を置くかたわら、ヤミ屋をやっていた。
(40) 叔父は医者であるかたわら、小説も書いている。

「あまり」も、肯定否定、テンスのカテゴリをもたないものであろう。動詞述語の「スル」形にかぎられると思うが、（43）の実例がみつかっている。

(41) 勝ちを急ぐあまりミスをまねいてしまった。
(42) 「彼」と別れてひとりアパートの部屋に戻った七瀬は、すぐに、「彼」を恋しく思うあまり涙さえこぼしたのだ。
(43) 思いあがったあまり、人間としてのもっとも大切なものを忘れたからです。　　　　　　　　　　　　（『ビルマの竪琴』）

　「ついでに」「おかげで」「とおり（に）」は、テンスのカテゴリをもつが、肯定否定のカテゴリはない。否定形式がとれず、〈実現〉を前提にした連用節をつくっているように考えられる。ただし、「とおり（に）」にかかる節は、まれに「あろう」の形で推量の意味をあらわすことがある（例文（51））。

370　　Ⅳ　文法論をめぐる諸問題

(44) わたしは台所に行くついでにウイスキーを盗んで飲んだ。

(45) 散歩に出たついでに郵便局によってくる。

(46) 雨が降ったおかげで、外出せずにすんだ。

(47) よい婿どのをもつおかげで、尾張もやがて併呑できそうじゃ。

(48) 海側の列に守られているおかげで、崖もずっと低く、砂防用の粗朶垣も、ここではまだ役に立っているらしい。

(49) 君のいうとおり、花は赤い実を結んだ。

(50) 加藤は、松治に室堂でしょうと行方を指示されたとおりに、室堂に向って登っていった。

(51) そして和尚が何より私に偉大に感じられたのは、ものを見、たとえば私を見るのに、和尚の目だけが見る特別のものに頼って異を樹てようとはせず、他人が見るであろうとおりに見ていることであった。

「くせに」と「わりに」は、肯定否定のカテゴリもテンスのカテゴリもそなえていて、逆接の「～のに」と類似した意味をもつ連用節をつくる。

(52) なんでも知っているくせに言おうとしない。

(53) たったいま、一人分の情念を消費したくせに、また湧きおこってきたのである。

(54) きいたって口ではいわないくせに、つづり方だと、すごいこと書くのよ。

(55) 予防策をなにひとつ講じなかったくせに、いまとなって事の原因がまるで派出員の怠慢だけにかかっているかのようなもののいい方をする。

(56) 距離感があるわりに、はっきりした声が、緊張を破った。

(57) 長い間休んでいた割りにはよくできている。

(58) 言わないわりには、訊かれもしない内からペラペラとしゃべる。

第3章　日本語の文のタイプ・節のタイプ　　371

以上の他にも、「うえ（で）」「ところで」「結果」「かわり（に）」「ゆえに」「以上」など、名詞起源の従属接続詞が多くみられる。

3.2　連用節

連用節は、後続の用言もしくは文に接続する文相当の形式であるが、後続の形式に、意味上の限定をするものと、しないものに分類できる。次の（59）（60）（61）で、下線をほどこした節は、後続の形式に接続はするが、意味上は対等で、限定をなんらくわえていない。このような節を並列節とすれば、広義の連用節は、後続の形式に接続するが、意味上の限定をしない並列節と、後続の形式に接続し、かつ意味上の限定をする狭義の連用節に区別される。

（59）花が咲き、鳥が歌う。
（60）<u>山は青く</u>、水は清い。
（61）<u>あなたは悲観主義者であり</u>、わたしは楽観主義者である。

「歌を歌ったり、ゲームをしたり」「洋服を買えだの、宝石を買えだのと（せがむ）」「月がのぼるし、日が沈む」のような「シタリ」「〜ダノ〜ダノ」「シ」のような形式は、もっぱら並列節をつくるものである。連用節をつくる「シテ」の形式は、以下にしめすように、多様な用法をもっていて、並列節と狭義の連用節の関係は連続的であるといえる。

（62）<u>少年が大きく手をふって</u>、こちらにやってくる。
（63）学生たちは<u>ホールに集まって</u>、集会を開いた。
（64）課長は<u>交通事故にあって</u>、会社を休んでいる。
（65）<u>女の子は外に出かけて</u>、男の子は部屋に残った。

これらの例文において、（62）の「大きく手をふって」は、主節の事態と時を一致させ、その事態の〈様態〉をあらわし、（63）の「ホールに集まって」は、主節の事態より時間的に先行し、その事態の〈目的〉をあらわし、（64）の「交通事故にあって」は、主節

の事態より時間的に先行し、その事態の〈理由〉をあらわしている。これらの連用節は、ともになんらかの時の制限をうけ、〈様態〉・〈目的〉・〈理由〉といった意味的な限定をくわえている。(65)の「女の子は外に出かけて」は、主節とは異なる固有の主語をもち、意味の上で主節に従属していない。

　連用節は、それを構成する述語の述語らしさと述語以外の成分のゆたかさによって、分類が可能である。この述語の述語らしさと述語以外の成分のゆたかさとは、2.6でとりあげた「文らしさ」とかさなるものである。南不二男の4つの段階を借用して、例示しておく（南の従属句を、ここでは連用節ということにする）。

描叙節

　述語部分の形式は「シナガラ」「シツツ」などで、動詞のヴォイスはあらわれるが、他のカテゴリはあらわれず、述語以外の成分には、主格をのぞく名詞、状態副詞・程度副詞があらわれることがある。

　(66)彼女は大勢の人に囲まれながら、車の方に急いだ。
　(67)屋根の赤ランプを点滅させながら、パトカーが走ってきた。
　(68)庄九郎は、自分の炎を背にしつつするすると瀬を渡った。

判断節

　述語部分の形式は、「シナイデ」「セズニ」「スレバ」「シタラ」「スルト」「｛スル／シタ｝ナラ」「｛スル／シタ／シナイ／シナカッタ｝ノニ」「｛スル／シタ／シナイ／シナカッタ｝ノデ」などで、動詞のヴォイスやアスペクトの形式があらわれ、述語の種類に関係なく、肯定否定、テンスの形式もあらわれ、述語以外の成分には、主格の名詞や時空間の修飾語もあらわれることがある。「シナイデ」「セズニ」のような否定形式の述語には、主題の「〜ハ」があらわれることがある。

　(69)香苗は他人のことばにはぐらかされないで、しっかりと自

第3章　日本語の文のタイプ・節のタイプ　373

分の気持ちを述べた。

(70) 私は、顔を洗ったが、食事はせずに、家を出た。

(71) むかしは、このあたりでも、一歩外へ出れば、たんぼが見られた。

(72) きのう久しぶりに彼女をたずねたら、すっかり老け込んでいた。

提出節

　述語部分の形式は、判断節でとりうる形式にくわえて、「ダロウ」「デショウ」といった推量を意味するものや「(ニ) チガイナイ／カモシレナイ」といった形式もあらわれることができ、「「ガ／カラ／ケレド（モ）／シ」のような接続形でおわる。述語以外の成分には、主題や評価をあらわす文副詞などもあらわれることがある。

(73) たぶん彼女はあなたのことを言ったに違いないのでしょうが、わたしは聞き取れませんでした。

(74) 台風が近づいているけれども、予定通りに仕事を進めよう。

(75) 兄は東京で仕事をはじめるでしょうし、弟のほうは家業をつぐことになるでしょう。

(76) もしかしたら委員会は開かれなかったかもしれないけれども、新企画が発表された。

表出節

　述語部分の形式にも、述語以外の成分にも制限がなく、文を成立させるあらゆる要素があらわれうる。対人モダリティに属する、話し手の感動・意志・決意、話し手の聞き手に対する命令・禁止・依頼・質問・勧誘といったものもあらわすことができる。

(77) 次は絶対に合格してみせるぞと誓いをたてた。

(78) 洋服を買えだの、宝石を買えだのとはげしく迫られた。

(79) 20日の会合にあなたも出席されますかと聞いてきた。

374　Ⅳ　文法論をめぐる諸問題

連体節と連用節の関係、述語をもつ節と述語をもたない句との関係など言及すべき問題は保留されたままである。

参考文献

奥田靖雄（1996）「文のこと―その分類をめぐって」『教育国語』2–22 むぎ書房

佐久間鼎（1941）『日本語の特質』育英書院

高橋太郎ほか（2001）『日本語の文法』講義資料

時枝誠記（1954）『日本文法文語篇』岩波書店

仁田義雄（1997）『日本語研究序説―日本語の記述文法を目指して―』くろしお出版

野田尚史（1996）「文の種類」『日本語学』15–8 明治書院

益岡隆志（1997）『複文』くろしお出版

益岡隆志（2000）『日本語文法の諸相』くろしお出版

南不二男（1974）『現代日本語の構造』大修館書店

南不二男（1993）『現代日本語文法の輪郭』大修館書店

村木新次郎（1991）『日本語動詞の諸相』ひつじ書房

山田孝雄（1936）『日本文法学概論』宝文館

渡辺実（1971）『国語構文論』塙書房

第4章

現代日本語における分析的表現

　現代社会の文章表現にはさまざまな特徴がある。科学の進歩、とりわけ技術の世界でのめまぐるしいまでの発達は、語彙の面では各種の専門語彙を増加させ、表現の面ではステレオタイプの慣用的で規範的ないいまわしをつくっている。個人と個人のコミュニケーションから、不特定の多数の人々にむけた発信がそうしたいいまわしを増幅させているのである。国内外の政治・経済・社会の動きは、マスメディアを通して報道されるが、ここにもまた客観性の重視される文体ができているといえる。新聞記事、役所や種々の組織体からの通達文、法律や契約書などの文書、科学者による論文や技術者による実用・実務的な性格をもった文章には、客観的で明示的な表現が要求され、それらに共通した、ある種の一般的な特徴とおもわれる文体がみとめられる。こうした文章語の世界にみられる特徴のうち、

　（1）名詞が後置詞をしたがえる表現
　（2）名詞が形式動詞をしたがえる表現
の2点に焦点をあて若干の考察をくわえてみたい。

1．名詞が後置詞をしたがえる表現

1.1　名詞の文のなかでの存在形式
　名詞が文のなかでとるかたちは、つぎにみるようにさまざまである。

　（1）「きみ、あした　どこ　いく？」「奈良公園。」
　（2）谷川の岸に小さな学校がありました。さわやかな九月一日
　　　　の朝でした。

（3）レーガン前政権によってとりかわされた日米政府間取り決
　　めに対して、議会の反対論が急速に広がった。

上のテキストにあらわれた名詞の存在形式を整理するとつぎのよう
になる。
（α）　はだか（助辞類のつかないかたち）
　　　　きみ　あした　どこ　奈良公園
（β）　助辞のついたかたち
　　　　谷川の　岸に　学校が　九月一日の　議会の　反対論が
（γ）　助辞と後置詞のついたかたち
　　　　レーガン前政権によって　取り決めに対して
（δ）　コピュラのついたかたち
　　　　朝でした
これらの分類について簡単な説明をくわえておこう。
（α）の「はだか」というのは、付属形式のつかないかたちをい
い、（1）のような話しことばではしばしばあらわれるものである。
書きことばにおいても、「三十分休憩する」「体重が三キロふえる」
といった数量をあらわす名詞にこうした「はだか」の用法がみとめ
られる。『道草』『真空地帯』のような書名や「しおん」「武蔵屋」
のような店の看板なども「はだか」の用法のひとつである。新聞の
見出しにも名詞の「はだか」の形式が多用される。
（β）は、名詞が文のなかであらわれるかたちとしてもっとも頻
度のたかいものである。これには、助辞の種類によってさらにいく
つかの分類が可能である。
　　・格助辞（連用）が　を　に　で　……
　　　　　　　（連体）の　からの　での　……
　　・副助辞　　　　も　さえ　だけ　ばかり　……
　　・並列助辞　　　と　や　か　だの　……
　　・終助辞　　　　よ　ね　かしら　って　……
これらの助辞がひとつの名詞にふたつ以上つながってあらわれる
こともありうる（たとえば、「彼だけ-が」「ばらの花さえ-も」「湖
かしら-ね」のように）。

（γ）は、特に客観的な叙述がもとめられる文章語の世界であらわれる形式で、新聞のニュース記事や科学論文などに多くみられるものである。小稿でとりあげる形式である。

　（δ）の形式としては、「（ばらの花）だ・です・らしい・みたい」などがあり、名詞が文の述語になるときにもとめられる形式である。これらを（β）の仲間と考えてもよい。「だ・です」を動詞性の助辞、「らしい」を形容詞性の助辞、「みたい」を形容動詞性の助辞とみることができる。

1.2　後置詞による表現

　さきにあげた（3）の例文にみられる「レーガン前政権によって」「日米政府間取り決めに対して」は名詞が文のなかでとるかたちとしては、「はだか」や助辞（格助辞・副助辞）のついた形式よりも長く、「よって」や「対して」といった動詞起源の形式をつなげた合成体である。「よって」や「対して」は、松下大三郎（1901）、鈴木重幸（1972）などのいう「後置詞」であり、「単独では文の部分とはならず、名詞の格の形（およびその他の単語の名詞相当の形式）とくみあわさって、その名詞の他の単語に対する関係をあらわすために発達した補助的な単語」（鈴木（1972: 499））と定義されるものである。「を」「に」「で」などと「（に）よって」「（に）対して」は、いずれも単独では文のなかでは機能することがなく、名詞か名詞相当語句とむすびついてはじめて文の成分となる点において共通している。両者の違いは、名詞（相当句）が文のなかで機能するための形式上もしくは手つづき上の違いでしかないということができる。名詞が「（に）よって」や「（に）対して」のような後置詞をしたがえた形式は名詞の分析的な存在形式とよぶことができよう。名詞の分析的な存在形式としては、「（に）よって」や「（に）対して」のような動詞起源のもののほかにも、「（の）ために」「（の）おかげで」「（の）せいで」といった名詞起源のものもある。以下にしめす形式は、「（に）よって」や「（の）ために」と同じ程度に後置詞であるとはいえないとしても、前におかれる名詞の他の単語（もしくは主語や述語のそろった文全体）に対する関係を

あらわすものであるということはできよう。

・動詞起源の後置詞

（を）もって　（を）めぐって　（を）通して　（を）通じて
（を）介して　（を）ふまえて　（を）問わず
（に）して　（に）とって　（に）ついて　（に）関して　（に）
対して　（に）応じて　（に）際して　（に）かけて　（に）つ
けて　（に）よって　（に）つれて　（に）したがって　（に）
わたって　（に）かぎって　（に）そって　（に）もとづいて
（に）のっとって　（に）あたって
（で）もって

上に列挙したものはすべて同じ程度に文法形式化が進んでいるわ
けではなく、もとの動詞からの逸脱度は単語ごとに異なるであろう。
どの単語も名詞の格支配の特徴をうけついでいる点に動詞性がみと
められ、まれに「（〜に）つきまして」「（〜に）おきまして」と
いったていねいな語形にとってかわることがある点にも動詞性がの
こっているといえる。しかし、これらの単語は本来の語彙的意味を
希薄化させ、前におかれる実質的な意味をもつ名詞の文法的な機能
をしめす要素として形式化している。こうした形式は動詞のひとつ
の語形が形骸化・固定化したもので、固有の主語をとることがない。
固有の主語をもちえないということは述語性の欠如を意味し、ひい
ては動詞性の欠如にもつながる。こうして、「（に）よって」や
「（に）対して」のような単語は、動詞の特徴を部分的にのこしてい
るとはいえ、そのはたらきのうえでは動詞とは異なった性質をしめ
すものである。なお、「際して」という語には、動詞としての「際
する」がなく、動詞からの派生というのは適当ではない。見かけ上、
「よって」「対して」の仲間にはいるものである。これらの単語のな
かには、動詞のもついくつかの変化形と交替できるものがある。た
とえば、「よって―より」「対して―対し」「とって―とり」「関して
―関し」「つれて―つれ」などの連用形（あるいは中止形）との交
替がそうである。「よれば―よると」「とれば―とると」などの条件
形では、モーダルな意味がはいりこむことになる。

動詞起源のこうした名詞の分析的な存在形式にはどのような特徴

がみとめられるであろうか。

　後置詞をしたがえた名詞は他の単語や句との意味関係を明確にするものである。意味関係を一定のものに限定したり、ある意味関係を強調するものである。

　名詞が主語や目的語などの文の部分となるときのもっとも一般的な存在形式は格助辞や副助辞をしたがえた形式である。しかしながら、格助辞や副助辞はかぎられたわずかの数しか存在しない。あらたにつくりだされる可能性もまずない。少数の形式で、述語とのあいだに生じるさまざまな意味関係を表現しているわけである。「～に　よって」「～に　対して」「～に　おいて」「～と　して」のような分析的な形式は、格助辞に後置詞がくわわることによって前におかれる名詞の他の単語との意味的関係を限定したり強調したりするもので、格助辞や副助辞の周辺に位置づけられるべき性質のものである。次の例文でそのことを確認しておきたい。

　(4a)その事件は社長からの電話<u>で</u>知った。
　(4b)その事件は社長からの電話<u>によって</u>知った。
　(5a)委員会は第一会議室<u>で</u>開かれます。
　(5b)委員会は第一会議室<u>において</u>開かれます。

　格助辞の「で」をしたがえた名詞は、手段（「はさみで　切る」）・原因（「風邪で　休む」）・場所（「公園で　あそぶ」）・様態（「はだしで　あるく」）といったふうにさまざまな文法的意味をもちうるが、格助辞に後置詞のついた形式では、一般に、その用法が限定されていて、せまいということができる。たとえば、上の例では、「～によって」という形式が場所や様態の意味であることを排除しているはずだし、「～において」の場合は、手段や原因や様態の意味を排除しているであろう。もっとも、格助辞やそれに後置詞のついたかたちによらなくても、「電話」→〈道具性〉、「第一会議室」→〈場所性〉という名詞の範疇的意味によって、手段・場所・原因等の区別はある程度までできる。格助辞やそれに後置詞がそえられるということは、名詞の他の単語との関係がより明示的になるとい

うことである。後置詞がつけばそれだけ意味関係が限定されること
になるわけである。

　後置詞の使用は文体的な差を生じさせることがある。日常会話で、
上にしめしたような後置詞がつかわれる可能性はすくない。後置詞
のおおくはあらたまった話しことばか客観的な描写がもとめられる
書きことばでもちいられ、その結果、その談話やテキストは文章語
に傾斜する。

　こうした後置詞は名詞を起源とする単語群にもみいだすことがで
きる。「（の）ために」「（の）おかげで」「（の）せいで」「（の）くせ
に」といった形式はその代表格である。これらも、「単独では文の
部分とはならず、名詞の格の形とくみあわさって、その名詞の他の
単語に対する関係をあらわすために発達した補助的な単語」である。
「ため（に）」や「おかげで」は、連体修飾をうけるという名詞の文
法的な特徴をとどめている。しかし、この特徴は「ため（に）」「お
かげで」の場合には義務的で、つねに実質的な意味をもった名詞と
くみあわさらなくてはならないという点で一般の名詞と区別される。
また、「ため（に）」「おかげで」は名詞としての格変化の体系をう
しなっている。ちなみに、単独では文の成分になれないという点で
は、「こと」「もの」「とき」「ところ」などの形式名詞と共通するが、
これらの形式名詞は格の体系をもっているのに対して、「ため
（に）」「おかげで」はそれを欠いている点で両者には違いがみとめ
られる。

　名詞起源の後置詞的な単語としてつぎのようなものをあげること
ができる。

・名詞起源の後置詞
　　（の）とおり〔に〕　（の）かわりに　（の）あまり　（の）くせ
　　に　（の）かぎり　（の）もとで　（の）うえで　（の）たびに
　　（の）あいまに　（の）ついでに　（の）あかつきに　（の）あげ
　　く　（の）すえ　（の）わりに　（の）まま　（の）資格で
　　（と）ともに　（と）一緒に
　　（が）ゆえに　（が）ために　（が）証拠に　（が）原因で
これらのうち、「ゆえに」「（が）ために」「証拠に」の例について

382　Ⅳ　文法論をめぐる諸問題

は「それがゆえに」「それがために」「それが証拠に」といった形で
もちいられ、このむすびつきが固定的で、普通の名詞とは自由にく
みあわさらないようである。

　現代日本語には、動詞起源であれ、名詞起源であれ、このような
後置詞とよぶべき補助的な単語群を発達させていて、それらの後置
詞によって、名詞が文のなかでとる分析的な形式をつくっている。

2.　名詞が形式動詞をしたがえる表現

　日本語の語彙の増加は名詞においてもっともいちじるしい。

　語彙の増加はとりわけ専門分野においてすすんでいる。こまかく
分化した専門分野でもちいられる語彙のほとんどは、あらたに造語
されたものであれ、借用語・訳語であれ、いずれの場合も名詞であ
る。

　現代日本語にはおびただしい数の借用語がある。ある言語から日
本語としてあたらしくとりこまれた借用語は、日本語の体系にした
がってもちいられることになる。それぞれの語彙的意味をもった単
語は、文のなかで機能する特徴、すなわち文法的な特徴をあわせも
たなければならない。単語の文法的特徴を集約したものが品詞であ
るとするならば、個々の借用語も、それぞれの文法的特徴をになわ
されて、日本語のいずれかの品詞に所属することになる。

　日本語では、単語の文法的な特徴にもとづくグループである品詞
のうち、動詞や形容詞はムードやテンスの形態範疇によって語形変
化の体系があり、その語形変化による形態上の拘束がつよい。オー
プンがそのままのかたちで日本語の動詞として、あるいはゴージャ
スが形容詞としてつかえないのは、日本語の動詞や形容詞の語形上
の拘束による。ところが、名詞にはそのような語形上の拘束がない。
名詞は、とりはずしの自由な助辞をしたがえることによって、名詞
の最も重要な文法的機能である格のはたらきをしめすことができる。
借用語のおおくは、その意味のいかんにかかわらず、具体的な対象
も抽象的なものごとも形態上の制約のゆるい名詞のなかまとして文
法的な範疇化をうけるのである（なお、ものごとの性質や状態を名

第4章　現代日本語における分析的表現　383

づけたゴージャスやエレガントのような単語は、これもその語幹に
語形上の拘束を欠いた形容動詞とよばれている品詞におさめこまれ
ていることになる)。

　名詞の数が増大するとき、それにともなって、ある部分では動詞
も平行してふえていく。名詞が動作性の意味をもつとき、その名詞
に「する」をそえて、「見学する」「討論する」「オープンする」「ボ
イコットする」といったふうに合成動詞をつくっていく。このよう
な合成動詞は、現代日本語においてきわめて生産的であるといえる。
しかし、一方で、「見学」「討論」「ボイコット」などの動作名詞に
「する」「つづける」「おこす」などの、行為それ自体を意味する動
詞や行為の過程を特徴づける動詞をそえた「見学を　する」「討論
を　つづける」「ボイコットを　おこす」のような分析的な表現も、
また同様に生産的である。動作名詞とくみあわさるのは「する」
「いたす」「おこなう」「はじめる」「つづける」「おわる」「かける」
「とる」「うける」といった基本的な和語動詞であり、形式動詞ある
いは機能動詞とよばれるものである。形式動詞あるいは機能動詞と
は、「動作の実質的な意味を名詞にあずけて、みずからは文法的な
はたらきをする動詞」のことである。以下の文章は、新聞のニュー
ス記事の一節であるが、ここでは「追及する」「硬化させる」「正常
化される」などの「〜する（させる・される）」のタイプのほかに、
「審議に　入る」「補正を　する」「成立を　図る」「採決に　踏み切
る」「見通しが　立つ」「採決に　進む」「注意を　払う」「判断を
下す」といった「動作名詞＋形式的な動詞」という分析形がおおく
もちいられている。形式的な動詞のなかには、「入る」「踏み切る」
「進む」のように動作の過程的な側面を特徴づけるものや「図る」
のように動作の意志性に関わりをしめすものもある。（くわしくは、
村木新次郎（1980）（1985）参照）。

　　　……自民党としては、連休明けから参院での予算審議に入り、
　　　五月二十日で期限が切れる暫定予算の補正をせずに予算成立を
　　　図りたい考えだが、野党側は本会議採決に踏み切ったことに強
　　　く反発、原衆議院議長の責任を追及するなど態度を硬化させて
　　　おり、国会が正常化される見通しは立っていない。……

384　Ⅳ　文法論をめぐる諸問題

……当面、本会議での採決に進むかどうかのカギを握る原衆議
院議長とその補正機関である衆院議院運営委理事会の動向に注
意を払い、議長の調停などによって、過去に例のない本会議単
独採決を回避できるかどうか、瀬戸際の判断を下す構えだ。
……

　こうした動作名詞と形式動詞の結合した表現がもっているひとつ
の大きな特徴は名詞表現をつくることである。名詞表現というのは、
文のなかで名詞が核になっていて、動詞が文の中核として機能して
いないものをさす。名詞表現は、動詞が文の中心的な役割を果たす
動詞表現と対立するものである。以下の文を参照されたい。

〈動詞表現〉	〈名詞表現〉
・参院で予算案を審議する（しはじめる）	・参院での予算案審議に入る
・本会議で採決する	・本会議での採決に進む
・野党間で意見が一致する	・野党間の意見の一致をみる
・相殺関税を適用すると決定する	・相殺税関を適用するとの決定を下す
・ストも辞さずに強く戦う（闘争する）	・ストも辞さない強い闘争をくむ
・幹部職員がしつこく抵抗する	・幹部職員からのしつこい抵抗がある
・雨が漏る	・雨漏りがする

　このように、さまざまな方法によって、動作的な意味内容が名詞
にうつり、その名詞をかなめとした表現ができる。そこでは名詞が
主役で、動詞はわき役である。名詞表現でもちいられる動詞はその
意味内容が希薄であるか、せいぜい動作の過程的な意味をそえるだ
けである（入る、進む、の例）。動詞ひとつでいいあらわせるもの
を、名詞と動詞をくみあわせて表現するわけであるから、このよう
ないいまわしを分析的な形式とよぶことができよう。名詞表現では
動作性の名詞が文の核になっている。動詞表現で連用成分であるも
のが名詞表現での連体成分に対応する。動作性の名詞が連体修飾を
自由に受けることができるということが名詞表現の特徴である。以
下の傍線部がそのような修飾成分である。
　　・中国の輸出が金額にして年率二〇パーセントの成長をとげる

なら、……

- 日本の石油会社は、イラクとの間でイラク原産油をバーレルあたり九〇セント安い価格で買い付ける契約を結んだ。
- 戦後の代表的財界人は海運集約化、石炭鉱業の撤廃など、重要な産業政策のとりまとめを行った。

　ある種の現象を表現する文では、動詞表現がとりにくく、名詞表現によってしかあらわせないものもある。たとえば、つぎのような文がそれである。

- 茶を焙じる芳しい香りがする。
- 南アフリカ沖合いで核実験とみられる大きな爆発があった。

　こうした名詞表現と動詞表現の差は、文構造の違いであると同時に文体の違いでもある。ジャーナリストや評論家、科学文献や公的な文書をかくひとたちはこのんでこうしたいいまわしをつかうようである。新聞のニュース記事や評論、法律文や機械類の使用説明書などの文章によくみられる表現である。そうした文体は個人の文体というよりは、没個性的で、ジャンルによって一般的かつ慣用的な性格をおびていて、種の文体ともいえるものである。小説や詩などの文芸作品と対比すれば、あきらかに、味気なく硬直した印象をあたえるものである。しかし、報道・記録といった実用性をめざした領域では、名詞表現は、ものごとを明示的に展開していく表現として効果的である。

　名詞表現がなりたつにあたっては、広義の動作名詞が必須である。現代日本語には、おびただしい数の漢語系の動作名詞が存在する。ふえつづける洋語にも動作性をもった単語のグループがある（「アウトプット」「アウフヘーベン」「アタック」「アップ」「アドバイス」「アナウンス」……）。さきにもふれたようにこうした借用語は名詞として日本語のなかにとりこまれる。くわえて、和語系の動詞からも容易に派生名詞がつくられる（「おこない」「しめくくり」「うたがい」「わらい」……）。さらに、「雨漏り」「茶摘み」「急成長」「総攻撃」といった合成語としての動作名詞もある。このような動作名詞の発達が名詞表現をささえているのである。

　この稿でとりあげた、名詞をめぐるふたつの表現は、いずれも表

現形式の点で分析的であった。表現内容の点ではどうであろうか。
1の後置詞をともなう名詞は他の単語との意味関係をより明確にあらわす表現形式であったし、2の形式動詞をともなう表現形式は、動作性の名詞が連体修飾を自由にうけ、形式的な動詞が動作の過程的側面や陳述的側面をくわしくゆたかにするというものであった。すなわち、どちらの表現も、形式・内容の両面で分析的な特徴をもっているということができる。

参考文献

鈴木重幸（1972）『日本語文法・形態論』むぎ書房
田中章夫（1965）「近代語成立過程にみられるいわゆる分析的傾向について」
　　『近代語研究一』所収　近代語学会
松下大三郎（1901）『日本俗語文典』中文館
村木新次郎（1980）「日本語の機能動詞表現をめぐって」『国立国語研究所報告
　　65』所収　秀英出版
村木新次郎（1985）「慣用句・機能動詞結合・自由な語結合」『日本語学』4–1
　　明治書院

第5章

日本語の形容詞は少ないか

要旨

　「日本語の形容詞は少ない」という通説がある。本稿はその通説がただしいか否かを問うものである。従来、日本語文法の世界において、形容詞が狭くとらえられてきた。それは形式が重視されての結果である。筆者は、品詞の認定にあたって、単語が文中ではたす統語的な機能を重視する立場をとる。いわゆる形容動詞は今日、形容詞の一部（第二形容詞）ととらえられる傾向にあるが、筆者は、さらに「互角の（戦い）」「抜群の（成績）」のように規定用法で属性規定をするタイプの形容詞（第三形容詞）が多く存在すること、「とがった（線）」「まがった（道）」など動詞とのつながりをもった形容詞の可能性、また派生形容詞も少なくないことを示し、日本語形容詞少数説に対する疑問を述べた。

キーワード

　日本語形容詞少数説、第三形容詞、派生形容詞、形容詞をつくる派生辞

1. 日本語形容詞少数説

　日本語の形容詞は少ないといわれてきた。小説家の谷崎潤一郎は『文章讀本』の中で、民俗学者の柳田国男は『新語篇』の中で、「日本語の形容詞が少ない」ことに言及している（谷崎潤一郎（1934）、

389

柳田国男（1936））。また、玉村文郎（1985）は、英語・ドイツ語・フランス語・中国語・日本語の基本語彙の統計によって、日本語の形容詞が他言語にくらべて、少数であることを説いている。表1は、各言語の基本語数とその中にふくまれる形容詞の数と、形容詞が全体の語彙の中で占める割合をあらわすものである。この統計には、語彙数に差があること、語彙表の性格が同じでないことなど、言語間の語彙を比較するに際して問題点がないわけではないが、そうした問題点については、ここでは目をつむっておく。なお、表1に（そして、表2も）おける日本語の「雑誌90種」は、国立国語研究所がおこなった90種類の雑誌の語彙頻度調査のことを、「分類語彙表」は同研究所から出ている意味分類体の語彙表（旧版）をさす。日本語を除く各言語の形容詞の全語彙に占める割合は、およそ15％前後であるのに対して、日本語のそれは、3種類の語彙表に差異があるものの、いずれも4％未満であり、きわめて少ない。表1をみる限り、日本語の形容詞がきわだって少ないといえそうである。

表1　基本語中の形容詞の数と百分率

		語　数	形容詞数	％
英　　　語		1,500	240	16.0
ドイツ　語		1,533	230	15.0
フランス語		1,515	253	16.7
中　国　語		3,000	437	14.6
日本語	雑誌90種	1,220	48	3.93
	分類語彙表	32,600	590	1.81
	同上中心語彙	7,000	176	2.51

（玉村（1985）による）

また、「赤い」や「すばらしい」のような狭義の形容詞に、「真っ赤な」や「優秀な」のような、いわゆる形容動詞も狭義の形容詞にくわえて形容語とし、統計をとると、表2のようになる。それでも、形容語の全語彙に占める割合は5％台、6％台であり、他の言語よりはるかに少ない。

表2　基本語中の形容語の数と百分率

	語数 a	形容詞数 b	形容動詞 数c	形容語数 b + c	(b + c)/a × 100 （％）
雑誌90種	1,220	48	18.5	66.5	5.45
分類語彙表	32,200	590	1,242	1,832	5.62
同上中心語彙	7,000	176	261	437	6.24

（玉村（1985）による）

　このような表を見る限り、日本語の形容詞は確かに少ないといえ
そうである。しかし、わたしは、以下の2つの点において、「日本
語の形容詞が少ない」とする通説に疑問をいだいている。そのひと
つは、従来の文法書や辞書などで名詞や動詞とされている単語の中
に形容詞と見なければならないものが多く存在することであり、他
のひとつは、派生形容詞についてほとんど考慮されていないことで
ある。玉村氏の調査資料は各言語の基本語彙であるので、多くの派
生語はその対象から除かれているであろう。調査対象を広げれば、
そして派生語も正当にあつかわれるならば、日本語の形容詞の相対
的な位置は、大きくなるものと思われる。

2.　形容詞の範囲

2.1　いわゆる「形容動詞」のあつかい

「赤い」「平たい」「すばらしい」のような狭義の形容詞を第一形
容詞とよぼう。「真っ赤な」「平らな」「優秀な」のような単語は、
（a）形容動詞、（b）形容名詞、（c）形容詞、のいずれかに位置づけ
ようとする考えがある。（a）形容動詞とする説は、これらの単語群
を独立した品詞と見る立場である（たとえば、吉澤義則（1932）や
橋本進吉（1935）など。学校文法もそうである）。（b）形容名詞と
する説は、これらの単語群を名詞に所属させ、特殊な名詞と見る立
場である（たとえば、渡辺実（1971）。渡辺は状名詞と名づけてい
る）。（c）形容詞とする説は、これらを形容詞に所属させ、形容詞
の下位グループをなすものと見る立場である（たとえば、三上章

（1955）や鈴木重幸（1972）など）。

狭義の「形容詞」といわゆる「形容動詞」の違いは、動詞における一段動詞と五段動詞の違いに相当する。一段動詞も五段動詞も動詞であり、違いは活用における語形だけであるように、「赤い」「平たい」「すばらしい」のような単語も「真っ赤な」「平らな」「優秀な」のような単語も、活用の語形が違うだけで、活用のカテゴリーは、どちらも同じである。また、後者の単語は、述語の外形だけが名詞と類似する。しかし、狭義の「形容詞」といわゆる「形容動詞」は、統語論的に（さらに、意味論的にも）共通の特徴をもつものである。わたしは、品詞の認定にあたって、単語の統語論的な機能を優先させるべきであると考える。統語論的な特性こそが、品詞論において優位を占め、より本質的である（村木新次郎（1996））。この立場からすれば、いわゆる「形容動詞」は、形容詞に位置づけられるべきものである。「形容動詞」は形容詞の一部であるととらえる立場が今日では、日本語教育の世界をはじめ、日本語研究の世界においても優勢になってきている。これは好ましいことである。これらを第二形容詞とよぼう。

ところで、最近の傾向として、「ニュースな（時間）」「大人な（趣味）」「女子な（気分）」「キャリアな（女性）」といった使用がふえつつある（村木新次郎（2005））。名詞に第二形容詞の語尾「－な」を添えて、形容詞として用いたものである。こうしたものの中には、臨時的な使用にとどまるものもあれば、「旬な（食べ物／表現）」「お荷物な（存在）」「罪な（行動）」「現金な（態度）」「味な（言い方）」といった例のように、第二形容詞として定着したものもある。これらの例は、すでに一般の辞書にも掲載され、形容詞としての用法が市民権を獲得したものといえる。この動きは、今後、進んでいくであろう。

2.2　第三形容詞の存在

「そこぬけ－」「がらあき－」「ひとりよがり－」「やせっぽち－」「指折り－」「まやかし－」「泥んこ－」「人並み－」「逃げ腰－」「見ず知らず－」「丸腰－」「手作り－」「互角－」「抜群－」「迫真－」「無人－」のよ

うな単語は、これまで名詞と思われてきたが、その統語的な特性を見ると、名詞ではなく、形容詞とみなさなければならないことが明らかになった（村木新次郎（2000）（2002）など）。これらの単語には、次のような特徴がある。

（1）名詞を決定づける格の範疇を欠いている（主語・目的語にならない）。
（2）連体修飾をうけない。
（3）文法的な特徴が形容詞と一致する　→（規定用法（a）、述語用法（b）、修飾用法（c））。

　以上の（1）と（2）の特徴は、こうした単語が名詞でないことを意味する。名詞の本命ともいうべき格のシステムをもたないのである。これらの規定用法における「-の」は格語尾の「-の」ではない。さらに、連体修飾もうけない。つまり、これらの単語は名詞ではないのである。名詞でないのなら、それらはいったいどの品詞に属するのか。（3）は形容詞の特徴をもっていることを意味する。「そこぬけ-」をはじめとする単語群は、形容詞に位置づけなければならない。ただし、形容詞に属する単語のすべてが、（3）の三つの用法をそなえているわけではない（宮島達夫（1993））。「底なし-」と「互角-」を例にとれば、これらの単語には以下のような三つの用法がある。

「底なし―」の例
（a）すべてに日時がかかり、このままだと底なしの欠損の泥沼に沈んでしまいそうだった。　　　　（「人民は弱し官吏は強し」）
（b）「しかしそうでも言って、奥さんをおどしておかないと、奥さんは底なしだからね」　　　　　　　　　　（「太郎物語」）
（c）皆がもてあましているその乾燥バナナを、彼女はいくらでも胃の腑へ送りこみ、いくらでも底なしに欲しがった。

　　　　　　　　　　　　　　　　　　　　　　　　（「太郎物語」）
「互角-」の例

第5章　日本語の形容詞は少ないか　393

（a）　のこされたサムソンとヘルクレスはほぼ互角の力で争った。

（「パニック」）

（b）　私と彼らの立場は互角だった。

（「世界の終りとハードボイルド・ワンダーランド」）

（c）　それがあった故に、少将の山本は、英米の大物と互角にわたりあうことが出来たのであった。　　　　　　（「山本五十六」）

　これらの単語群を第三形容詞とよぼう。第一形容詞と第二形容詞と第三形容詞は、表3でしめしたように、規定用法・述語用法・修飾用法における語尾の形式が異なるだけである。なお、述語用法は（対事的）ムード・テンスなどのカテゴリーによってさまざまな語形になる。ここでは、叙述法現在で代表させる。例示した単語の「すばらし-」「優秀-」「抜群-」の部分、すなわち各用法で変化しない部分が語幹であり、第一形容詞における「-い」「-く」、第二形容詞における「-な」「-だ」「-に」、第三形容詞における「-の」「-だ」「-に」の部分、すなわち各用法で変化する部分が語尾である。第三形容詞の「抜群-の」は名詞における曲用（declension）ではなく、形容詞における活用（conjugation）なのである。すなわち、この「-の」は名詞の格語尾ではなく、形容詞の活用語尾なのである。

表3　第一・第二・第三形容詞の各用法の語形

統語的用法 形容詞のタイプ	規定用法	述語用法	修飾用法
第一形容詞（すばらし-い）	すばらし-い	すばらし-い	すばらし-く
第二形容詞（優秀-な）	優秀-な	優秀-だ	優秀-に
第三形容詞（抜群-の）	抜群-の	抜群-だ	抜群-に

　ここで第三形容詞と位置づけた単語が従来「名詞」とされてきたのは、「底なしの（欠損）」「互角の（力）」といった規定用法の形式が「〜の」であることに由来するのであろう。しかし、「底なしの（欠損）」「互角の（力）」の用法は、「物品の（欠損）」や「国家の（力）」のような用法とは規定の質が異なる。「物品の」「国家の」は名詞に特徴的な関係規定であるのに対して、「底なしの」「互角の」

394　Ⅳ　文法論をめぐる諸問題

は形容詞に特徴的な属性規定である。名詞による関係規定は、一般に「だれの」「何の」「どこの」などの疑問詞と対応するが、形容詞による属性規定では「どんな」という疑問詞と対応する。形式上の共通性はかならずしも機能上の共通性を保障しない（村木新次郎(2000)）。従来の日本語文法の世界では、「〜の」という形式から「底なしの」も「互角の」も名詞の連体格と判断されてきた。すでに見たように、これらの単語は格の体系をもたない。ゆえに「底なしの」「互角の」は名詞の連体格ではなく、形容詞の連体形としなければならない。ちなみに「一介の（研究者）」「一縷の（望み）」「既成の（事実）」「達意の（文章）」「おかかえの（運転手）」「ひとかどの（人間）」といった「〜の」も、名詞の用法ではなく、形容詞の用法である。これらの単語は規定用法のみをもつ不完全形容詞と位置づけられる。いわゆる連体詞である。この種の単語は、中国語の「非謂語形容詞（述語にならない形容詞）」あるいは「区別詞」にあたるものである。ここに属する単語は少ないとされてきたが、実際はそうではないのである。

　この第三形容詞に属する単語は少数ではない。とりわけ漢語に多い。漢語の品詞性については、従来、名詞であると考えられる傾向があった。しかし、漢語は、名詞以外の品詞にもみられ、第三形容詞に所属するものも多い。以下のようなものがそうである。

例：一騎当千、一再、一緒、一斉、一定、一般、一本、有頂天、永遠、永久、永劫、永世、応分、皆無、画一、隔月、隔日、隔週、隔年、各様、間一髪、官営、環状、乾式、間接、官選、官撰、官有、既知、球状、狭義、共同、協同、極度、久遠、軍用、軽度、県営、言下、言外、堅忍不抜、故意、広域、公営、広角、広義、恒久、交互、恍惚、高次、公式、恒常、公設、公選、公定、公有、国営、極上、国選、国有、硬調、広範囲、極内、極秘、個別、戸別、……

　なお、第三形容詞には、名詞や第二形容詞と兼務する単語が存在する。たとえば、「孤高-」は、「孤高をきわめる」といった名詞用法と「孤高の人」といった形容詞用法とである。ちょうど、「親切-」が「あなたの親切に深く感謝する」の場合は名詞であるのに

対して、「親切に教えてくれた」の場合は形容詞であって、名詞と（第二）形容詞を兼務するように。また、第二形容詞と第三形容詞とは、規定用法における「-な」と「-の」による語形のゆれが生じることである。その点では、鈴木重幸（1972）が提唱したように、第三形容詞は第二形容詞の変種であると位置づけられてもよいであろう。

　第三形容詞に所属する単語は「底ぬけ-」「がらあき-」「人並み-」「逃げ腰-」など合成語が多いという特徴もある。合成語については、従来もっぱらその内部構成に目がむけられ、できあがった単語の文法性に注目されることは少なかった。合成語には派生辞を含み、生産性の高いものもある。これについては後述する。

2.3　第四形容詞の可能性

　形態的に動詞とかかわりをもつ「とがった／とんがった（線）」「まがった（道）」「角ばった」「ゆがんだ」「乱れた」「かたよった」「のっぺりした」「ざらざらした」「つるつるした」のような単語は統語的特性においても意味論的にも形容詞性を帯びている。これらの単語には、意味論上、属性のみをあらわすものと運動と属性の双方をあらわすものがある。

　「角ばった」「のっぺりした」「ざらざらした」「つるつるした」は属性のみをあらわすものであり、「曲がった」「ゆがんだ」「乱れた」「かたよった」は運動と属性をあらわしうるものである。「曲がる／曲がった／曲がっている」などの形式は、動詞と形容詞を兼務するものと考えればよいのではなかろうか。この種の単語の品詞性については、なお吟味を要する。これらの単語が格支配という統語的な特徴をもつか、語形の交替という形態論的な特徴をもつかといった検討が必要である。第四形容詞の可能性を提起しておきたい。つとに三上章によって「とんだ（災難）」のような「とんだ」は動詞「飛ぶ」とは絶縁していることが指摘されている（三上章（1953））。

2.4　「〜ある」の形容詞性

　さらに、「伝統ある（大学）」「魅力ある（プログラム）」「興味あ

る（テーマ）」のような「～ある」も形容詞の特徴をもっている（彭広陸（2003）を参照）。これらは、「伝統ある⇔伝統的な」「魅力ある⇔魅力的な」「興味ある⇔興味深い」といった交替関係が成立し、「～ある」が形容詞に類似することを意味する。「意欲ある」「個性ある」「効果ある」「効率ある」「好意ある」「刺激ある」「体力ある」「特徴ある」「歴史ある」といった単語は、それぞれ「～的（な）」と交替する可能性をもつ単語群である。

2.5　意味分類体の辞書

　林大（1964）や柴田武／山田進（2002）による意味分類体の辞書には、この種の単語も相類あるいは形容詞（形容動詞）としてあつかっている。形式からではなく意味から出発した単語の整理は、文法的にも単語の正当な分類をしているのではないかとおもわれる。文法学者は形式にこだわるあまり、単語の文法性、ひいては品詞性を見誤った可能性がある。

　柴田武／山田進（2002）による『類語大辞典』の凡例には、以下のような説明がある。

　「形容動詞の類には、「野生の・満ち足りた」など、名詞の前に来たときの形が「な」にならないものも含めた。」「こうした扱いは、形にとらわれず、働きを重視した結果である。」（4p）

　同辞典の「2201書く」の「d 形容動詞の類」の立項語は以下の通りである。

　手書きの（年賀状）　自筆の（遺言状）　直筆の（サイン）　肉筆の（署名）　他筆の（サイン）　筆太な　肉太の（書体）　太字の（ペン）肉細の（文字）　細字の（マジックインク）　能筆の（人）墨痕鮮やかな（書）　達筆な　悪筆の　蚯蚓ののたくったような金釘流の（字）　筆忠実な　筆無精な（人）

　以上の17語が列挙されているが、そのうち、「～な」の語形をもつのが5語で、あとの12語は「～の」の語形である。

　また、同辞典の「0000生きる死ぬ」の「d 形容動詞の類」の立

第5章　日本語の形容詞は少ないか　397

項語は以下の通りである。

　生きた（化石）　生ける（屍）　生身の（人間）　現生の（人類）
野生の（動物）　陸生の（動物）　水生の（植物）　恥ずべき（行為）
困った（事態）　国選の（弁護人）　月例の（販売会議）　宿命の
（ライバル）　嗄れた（声）　語り古された（話）　直筆の（サイン）
張りつめた（空気）　芝居がかった（ふるまい）

　ここでは、「〜の」の形式の他に、「困った／嗄れた」のような形
式をはじめ、「生ける」や「恥ずべき」といった動詞に特徴的な形
式をもつものがふくまれている。こうした意味分類体の辞書のあつ
かいは文法の世界でも注目されていいと思う。従来の文法は、形式
面に偏向していたのではなかろうか。意味や機能がもっと重視され
てよい。

3.　派生形容詞の存在

　派生形容詞とは、単純形容詞と対立するもので、合成語による形
容詞のことをいう。日本語には、多くの派生形容詞が存在する。類
型学者Dixonによれば、英語をはじめとして、世界の多くの言語
で単純形容詞より派生形容詞の方が多いという（Dixon, R. W.
(1999)）。日本語でも、この事実が指摘できる。
　派生形容詞には、さまざまなタイプのものがある。派生辞をふく
まない複合語のタイプと派生辞をふくむ派生語のタイプである。
　「歯痒い」「肌寒い」「涙もろい」「手綺麗な」のような名詞性語基
と形容詞が組み合わさったものは、複合語タイプの例である。この
ような複合語は、第一・第二形容詞の範囲では、それほど多くはな
い。しかし、第三形容詞には「底なしの」「人並みの」「指折りの」
「口軽の」「丸腰の」「逃げ腰の」「教師専用の」「ただ同然の」「夜逃
げ同様の」「両手いっぱいの」「髭ぼうぼうの」「理屈ぬきの」（形容
詞に典型的な規定用法の形式をあげる）など、さまざまなタイプの
複合語が数多く存在し、形容詞を豊かなものにしている。

また、派生辞をふくむ、派生語も以下に述べるように多数ある。
　第一形容詞をつくる「-っぽい」「-らしい」「-くさい」「-やすい」「-にくい」「-づらい」「-よい」のような派生辞は、生産力の高いものである。また、第二形容詞をつくる「-げ」「-みたい」「-的」のような接尾辞と「無-」「未-」「非-」「不-」といった漢語系の接頭辞も生産力の高いものである。さらに、わたしが提唱した第三形容詞には、「-め」「-たて」「-むき」「-がち」「-気味」「-風」「-状」「-上」「-用」「-様」「-中」「-下」「-調」「-外」「-流」「-式」「-格」「-大」「-放題」「-満々」「-千万」といった接尾辞相当のものと「無-」「不-」「未-」「非-」「要-」「没-」「過-」「耐-」「既-」「再-」「極-」「既-」「再-」「最-」といった接頭辞相当が数多く存在する。派生形容詞は今日の日本語にあって、軽視できないものである。これらの派生辞には、生産性において大小は存在するものの、多くの派生辞が、かなりの生産力をそなえていて、日本語の形容詞を豊かなものにしているのである（村木新次郎（2002）に詳しい）。ちなみに、「-気味」「-式」「-用」「-大」、「無-」「不-」「未-」「非-」「極-」の例を例示すると以下の通りである。

　「-気味」：興奮気味、憤慨気味、困惑気味、妄想気味、狼狽気味、不眠症気味、時代錯誤気味、かぜ気味、ふとり気味、あせり気味、さがり気味…／「-式」：旧式、新式、密封式、左右開閉式、おりたたみ式、ねじ式、アコーディオン式…／「-用」：旅行用、来客用、執務用、広告用、補強用、検査用、男性用、文書用、うりこみ用、めかくし用、デザイン用…／「-大」：実物大、等身大、鶏卵大、猫額大、あずき大、はがき大、にぎりこぶし大…

　「無-」：無数、無人、無類、無名、無塩、無職、無償、無音、無毒、無上、無限、無念、無断、無痛、無給、無抵抗、無定形、無定見、無所属、無関心、無意識、無収入、無利益、無表情、無期限、無限大、無遅刻無欠勤、無とどけ…／「不-」：不治、不眠、不屈、不肖、不足、不意、不慮、不遇、不服、不動、不審、不帰、不徳、不得策、不評判、不人気、不即不離、不老不死、不老長寿…／「未-」：未開、未完、未知、未踏、未到、未処理、未曾有、未公開、未発表、未舗装、未はらい…／「非-」：非業、非合法、

非公開、非公式…／「極-」：極上、極悪、極熱、極秘、極ぶと、極ぼそ…

　合成形容詞の特徴の一つに、単語の内部に並列構造をしめすものが多くみられることが指摘できる。

　第一形容詞については、「とげとげしい」「みずみずしい」「はなばなしい」「毒々しい」「福福しい」「神々しい」といったものがそうである。第二形容詞にも、「肝心な／肝腎な」「皮肉な」「光風霽月な」「いろいろな」「さまざまな」といったものがそうである。

　さらに第三形容詞には「かずかずの（功績）」「まちまちの（紙）」「うちうちの（パーティー）」「土地土地の（文化）」「季節季節の（くだもの）」「そこそこの（生活）」「ぎりぎりの（線）」「もともとの（専門）」「要所要所の（ミス）」「先手先手の（経営）」「後手後手の（対応）」「どっちもどっちの（判定）」、「みいはあの（女）」「五十歩百歩の（出来）」「いちかばちかの（大博打）」「てんやわんやの（大騒動）」「海千山千の（やりて）」「上げ膳据え膳の（生活）」「くそみその（扱い）」「枝葉の（改革）」「金鉄の（守り）」「股肱の（臣）」「鉄石の（守り）」「爪牙の（臣）」のようなものがある。また、動詞語基をふくむ「見え見えの（嘘）」「思い思いの（進路）」「もてもての（男）」「飛び飛びの（話）」「切れ切れの（雲）」「別れ別れの（人生）」「熟れ熟れの（メロン）」「好き好きの（注文）」、「押せ押せの（ゲーム展開）」「押すな押すなの（盛況）」「出るわ出るわの（安売り状況）」、「持ちつ持たれつの（関係）」「さしつさされつの（宴）」「抜きつ抜かれつの（レース）」「追いつ追われつの（競争）」、「食うや食わずの（生活）」「食うか食われるかの（争い）」「降りみ降らずみの（天気）」、「のるかそるかの（大勝負）」「至れり尽くせりの（もてなし）」「破れかぶれの（人生）」「行きあたりばったりの（旅行）」「七転び八起きの（人生）」「七転八倒の（苦しみ）」「見ず知らずの（男）」「負けず劣らずの（力量）」「出ず入らずの（心遣い）」「つかず離れずの（付き合い）」「あたらずさわらずの（答弁）」「不即不離の（関係）」「不撓不屈の（精神）」「不眠不休の（看病）」「不承不承の（対応）」といった単語があり、これらも派生形容詞に所属させてよいものである。名詞的成分の重複形、あるいは意味

的・形式的に類似したものを並列させることによって、名詞に固有な実体の意味を失い、属性の意味を獲得し、形容詞化したものと、動詞的成分の重複形、あるいは意味的・形式的に類似したものを並列させることによって、動詞に固有な運動の意味を稀薄化させ、属性の意味を獲得し、形容詞化したものである。

　以上、指摘したように日本語には派生形容詞が数多く存在しているのである。

　こうして、第三形容詞の存在、第四形容詞の可能性、派生形容詞の存在などを鑑みると、日本語形容詞少数説に疑問を呈したくなるのである。

参考文献

柴田武／山田進（2002）『類語大辞典』講談社

鈴木重幸（1972）『日本語文法・形態論』むぎ書房

鈴木重幸（1980）「品詞をめぐって」『教育国語』62 むぎ書房

谷崎潤一郎（1934）『文章讀本』中央公論社

玉村文郎（1985）「形容語の世界」『日本語学』4-3 明治書院

橋本進吉（1935）「国語の形容動詞にについて」『藤岡博士功績記念言語学論文集』

林大（1964）『分類語彙表』（国立国語研究所資料集6）秀英出版

彭広陸（2003）「「Nアル」をめぐって―「Nノアル」「Nガアル」との比較を兼ねて―」『日本学研究（Ⅱ）』世界知識出版社

三上章（1953）『現代語法序説』刀江書院（くろしお出版から復刊）

三上章（1955）『現代語法新説』刀江書院（くろしお出版から復刊）

宮島達夫（1993）「形容詞の語形と用法」『計量国語学』19-2 計量国語学会

ミラー、R.A.（1975）『ブロック日本語論考』研究社

村木新次郎（1996）「意味と品詞分類」『国文学　解釈と鑑賞』61-1 至文堂

村木新次郎（1998）「名詞と形容詞の境界」『月刊言語』27-3 大修館書店

村木新次郎（2000）「「がらあき―」「ひとかど―」は名詞か、形容詞か」『国語学研究』39 東北大学文学研究科

村木新次郎（2002）「第三形容詞とその形態論」『国語論究10 現代日本語の文法研究』明治書院

村木新次郎（2004）「現代日本語における漢語の品詞性」『日語研究』2 商務印書館

村木新次郎（2005）「「神戸な人」という言い方とその周辺」『表現と文体』明治書院

森岡健二（1994）『日本文法体系論』明治書院

柳田國男（1936）「形容詞の缺乏」『新語篇』刀江書院

吉澤義則（1932）「所謂形容動詞に就いて」『国語国文』2–1（京都大学国文学会）

渡辺実（1971）『国語構文論』塙書房

Dixon, R. W.（1999）Adjectives: In Brown/Miller（ed.）Concise Encyclopedia of Grammatical Categories. Elsevier Science

第6章

ヴォイスのカテゴリーと文構造のレベル

1. ヴォイスの定義

　ヴォイスは、一般に、テンス、ムードなどと並んで動詞の文法範疇としてとりあげられる。たしかに、ヴォイスは、動詞の文法範疇のひとつではあるのだが、動詞自身の形態的な対立にもとづく形態範疇であると同時に、あわせて文の統語構造の対立関係を問題にする点に、他の文法範疇と区別される特徴がある。というよりも、むしろ、ヴォイスにとっては、文の関与者のうちどのメンバーを中心にのべるかという文の意味構造が主役で、動詞の形態は文の意味構造を反映したものでさると考えることができる。つまり、ヴォイスというのは、何に視点をおいて表現するかという文の機能意味構造にもとづく統語論的な側面と、述語になる動詞がどのような形式をとるかという形態論的な側面の相互関係の体系であるといえる。

　以上にのべたヴォイスのカテゴリーを、以下のような能動文（はたらきかけ文）と受動文（うけみ文）の対立によって確認しておこう。

　(1a)猫が　ねずみを　おいかけた（こと）
　(1b)ねずみが　猫に　おいかけられた（こと）

　上の二つの文は、同じ事象をあらわしているという点で共通しているが、以下の三つの点で相違がみとめられる。

①文の意味構造

　能動文である（1a）では、主語が動作の主体である「猫」であるのに対して、受動文である（1b）では、主語が動作の客体である「ねずみ」である。すなわち、能動文の（1a）では「おいかけ

403

る」という動作が、そこ（＝猫）からおこる「猫」を中心にのべた文であり、受動文の（1b）は「おいかける」という動作がそこ（＝ねずみ）におよぶ「ねずみ」を中心にのべた文である。能動文では、動作がそこから発するものを中心にのべていて、動詞「おいかける」は遠心的な方向性をもっている。一方、受動文では、動作がそこにおよぶものを中心にのべていて、（派生）動詞「おいかけられる」は求心的な方向性をもっている。

②名詞の統語形式

　能動文である（1a）では、動作主体が主格で動作客体が斜格（主格以外の格、ここでは対格）であらわされているのに対して、受動文である（1b）では動作の客体が主格で主体の方が斜格（ここでは与格）であらわされている。

③動詞の形態

　能動文である（1a）では、動詞の語形が「おいかけた」という基本形であるのに対して、受動文である（1b）では、それが「おいかけられた」という派生形である。すなわち、受動文の動詞には、受動を特徴づける動詞性の派生辞-ラレ-が存在するが、能動文の動詞には、このような-ラレ-が存在しない。

　ヴォイスのカテゴリーは、①②③を総合するものであるが、②と③は①に従属していると考えられる。つまり、言語使用に際しての文脈・場面・状況に応じて話し手が選びとる文の意味構造を実現しているのが、名詞や動詞の形態である。名詞の格形式や動詞の形態は、文の意味統語論的な機能に対応して分化しているのである。

　さて、現代日本語には、次のような文が、多かれ少なかれ、ヴォイスに関わりをもつとおもわれる。

1.　受動文
2.　使役文
3.　自動詞文と他動詞文
4.　相互文
5.　再帰文
6.　可能文、希望文、自発文
7.　授受文

8. 「してある」文

これらの文がどのような点でヴォイス性をもつのかということを概観するのが本稿の目的である。

2. 文構造のレベル

日本語の文を観察すると、いくつかの補語（アクタント、共演成分）と述語がむすびついて文の骨格をつくっていると考えられる。補語と述語の関係については、少なくとも以下の四つのレベルがみとめられる。

α　意味統語論的なレベル（名詞の動詞に対する意味的な役割）

β　形態統語論的なレベル（名詞の動詞に対する統語的な形式＝格形式）

γ　機能統語論的なレベル（名詞の動詞に対する呼応＝一致関係）

δ　通達統語論的なレベル（言語使用に際しての通達的な側面に関わる問題）

これらの四つのレベルを

（２）先生が　テーブルを　たたいた。

という例を使って確認しておきたい。最初に、αのレベルは（3）に示されるように名詞が動詞に対してどのような意味論的な関係にあるかを問題にするもので、「動作主」「被動者」などはそうした意味的役割としてとりだされたラベルの例である。積極的な意味をもたないものを「対象」としておく。「動作主」「被動者」といったラベルは、「−ガ」「−ヲ」といった名詞の格形式とある程度までは対応しているが、つねに格形式に依存しているわけではない。

（３）先生が　　テーブルを　たたいた。

　　　　　［動作主］［被動者］

　次にβのレベルは、（4）に示されるように、名詞の動詞に対する
関係をあらわす文の中での存在形式である。いわゆる名詞の格であ
る。日本語には、こうした名詞の形態論的な格が発達していて、述
語との関係をあらわすものに、主格（ガ）、対格（ヲ）、与格（ニ）、
出発格（カラ）、方向格（ヘ）、共同格（ト）、比較格（ヨリ）、状況
格（デ）といった格の形式がある。

（4）先生が　テーブルを　たたいた。
　　　［主格］［対格］

　第三のγのレベルは、一般に、主語や目的語などの名称であつか
われる文法範疇である。日本語で、このような主語や目的語といっ
た概念がどの程度に明確に規定できるかという議論が従来からある。
ここでは、名詞の動詞に対する一致現象だけを問題にする。以下の
（5）の文が適格文であり、（6）が適格文でないのは主語にあたる
名詞と述語にあたる動詞との間の呼応関係のもとづいている。

（5）　先生が　テーブルを　おたたきになった。
（6）? ぼくの弟が　テーブルを　おたたきになった。

　主語は主格の名詞であることが普通であるが、存在文をふくむ状
態文では主格に代わって与格が主語の性格をおびることがある。ま
た、主語は、他の補語より先にあらわれるという傾向がみられる。
このような特定の名詞が動詞とのあいだに示す一致現象を問題にす
るレベルを機能統語論的なレベルとよんで他のレベルから区別して
おこう。
　最後に、δのレベルでは、言語使用に際して、文脈や場面などに
関わるものをあつかうものである。（7）（8）における主題、「だ
け」「ばかり」「まで」といった形式をそなえた制限あるいはとりた
て、イントネーションなどの音声上の特徴づけ、ある情報が既知で

406　Ⅳ　文法論をめぐる諸問題

あるか未知であるかといったことがらも、このレベルの問題であるとみておく。

（7）先生は　テーブルを　たたいた。
　　　［主題］

（8）テーブルは　先生が　たたいた。
　　　［主題］

　文法範疇としてのヴォイスは、動詞をめぐって展開される、αとβ（γ、δ）との間に成立する規則的な対応関係ということができる。ヴォイスを狭くとらえれば、αとβのレベルの交代現象とみられるが、広くみれば、γ、δのレベルも関わってくる。βとγのレベルは文の意味構造を反映している形式面である。

3. ヴォイスのサブカテゴリー

　日本語のヴォイスに関わる文法現象をみていくと、文構造の対立関係の点で、そこには2つのタイプがみとめられる。その1つは、同じ事象を異なる関与者（文中の名詞による統語的なメンバー）に視点をあててのべた2つの文のあいだに成り立つ変形関係であり、他の1つは、ある事象をのべた文と、その事象に別の新たな関与者が加わって、その関与者を中心にのべた文との間に成り立つ派生関係である。変形関係を成立させるヴォイスの対立には、原則として関与者が二項以上存在することになる。これに対して、派生関係にあるヴォイスは、関与者の数に制限がなく、派生文の関与者は基本となる関与者より1つ項が多い点が特徴である。

3.1　受動文

　受動文には、2つのタイプがみとめられる。1つは能動文と対立するもので、両者の間に変形関係が成立する。他の1つは、みずからの文に、ある事象（基本文）をふくんでいる派生的な受動文である。前者を直接受動文、後者を間接受動文とよんで区別する。どちらの受動文も、多くの場合、主語にたつ関与者がなんらかの動作・

作用をうけるという特徴をもっている点で共通している。さらにどちらの受動文も、動詞の語形が接尾辞-ラレ-をしたがえた派生形であるという点においても共通している。直接受動文と間接受動文を区別するのは、それらの対立する文の違いにもとづくものである。直接受動文は能動文と変形関係によって対立し、間接受動文は基本文と派生関係によって対立している。直接受動文とみるものの中には、能動文の主語にあたる関与者が表現されないケースもしばしばあって、能動文に対して1つの関与者を減らすという派生関係のような様相を呈することがある。文脈や場面などのたすけによって、あるいは、話者が言いたくなかったり、わからなかったりして、関与者がしめされないことはしばしば起こるが、その事象が成り立つためにはその関与者が必須である。

直接受動文と能動文

　以下の（9）と（10）のような対立は、典型的な直接受動文と能動文の対立である。両者は同一の事象をあらわしている。以下の表のように整理できる。

（9）次郎は　太郎に　なぐられた。
（10）太郎は　次郎を　なぐった。

		直接受動文		能動文	
名詞		Y	X	X	Y
α		被動者	動作主	動作主	被動者
β		主格	斜格	主格	斜格
γ		主語	非主語	主語	非主語
動詞の形態		–Rare–		ϕ	
		有標		無標	

　2つの文がこのような対立関係をもつものの中にも、以下に見るように文の意味構造、関与者の意味的役割、関与者の範疇的な意味のタイプ、関与者の格形式、述語（狭くは動詞）の意味タイプなどの点で、ひととおりではなく、さまざまな様相を呈する。

（1）動的な事象と静的な事象

　（11a）太郎が　次郎を　なぐった。

　（11b）次郎が　太郎に　なぐられた。

　（12a）台風が　田畑を　あらした。

　（12b）田畑が　台風で　あらされた。

　（13a）みかんは　ビタミンCを　ふくんでいる。

　（13b）ビタミンCは　みかんに　ふくまれている。

　上の文の（11a）（11b）（12a）（12b）では動的な事象（運動＝動作・作用）を、（13a）（13b）では静的な事象（状態・性質・関係）がのべられている。（13a）と（13b）の関係は、文の形式構造の上では、能動文と直接受動文の対立関係と一致するが、これらの二つの文は、同じ事象をのべているわけではない。（13a）と意味の上で対応するのは、（13c）であり、この文の構造は一般にものごとの存在を表現するタイプである。日本語の表現としては、（13c）の方が普通であり、（13b）はいくらか特殊である。

　（13c）みかんには　ビタミンCが　ふくまれている。

　（13a）と（13c）の間には、主格の名詞の交替と動詞の形態の対立という点で〈能動〉：〈受動〉の関係が成立しているとはいえ、どちらも「みかん」を中心にのべた文であり、文の意味構造の上では共通している。また、二つの関与者は、動作主や被動者という意味的役割をはたしていない。文の意味構造と関与者の意味的役割の点で、動作・作用を表現した動的な事象における対立関係とは異質である。

　日本語においては、一般に静的な事象をあらわす文では、形の上での〈能動〉：〈受動〉の対立関係があっても、受動の方が無標で能動が有標となる傾向がある。

　次のような文では、対応する能動文が欠けているか、もしくは言えるとしても非常に特殊な文とみられるであろう。ちなみに、（14）（15）のような状態性の文では、主語は「は」をともなって

第6章　ヴォイスのカテゴリーと文構造のレベル　　409

表現されることが普通である。動詞の形態だけを絶対化すると、このような文も受動文ということになるが、これらの文が対応する能動文をもたない（もちにくい）という点は重要である。

（14）この城は　濠に　かこまれている。

（15）この地方は　資源に　めぐまれている。

なお、次にあげる（16a）（17a）の文は、広義の運動をあらわす文に属するであろうが、動作主体は、非人間、無情物であり、典型的な動作主とは考えにくく、状態文に近く、（16b）（17b）のような受動文の方が自然で無標である。

（16a）　真っ黒な雲が　上空を　おおっている。

（16b）　上空が　真っ黒な雲に　おおわれている。

（17a）?煙雨が　あたりを　つつんでいる。

（17b）　あたりが（は）煙雨に　つつまれている。

はじめに提示した（11a）（11b）の対立関係においても、日本語では受動文の方が自然な表現である。

状態文における、このような二つの文（ここでは、能動：受動の用語はもはや適切でなくなる）の関係は次のように整理できる。

名詞	Y	X	X	Y
α	対象2	対象1	対象1	対象2
β	主格	斜格	主格	斜格
動詞の形態	–Rare–		$-\phi-$	
	無標		有標	

（2）動詞の意味—他動性をめぐって

直接受動文と対立する能動文の動詞は、典型的には「関与者1（X）」が「関与者2（Y）」にはたらきかける特徴（他動性）をもっている。この他動性には、動詞によってその程度の強弱があり、すべての他動詞において一定というわけではない。

410　Ⅳ　文法論をめぐる諸問題

ここでは、以下の四つのタイプをとりあげる。

① 動作主体が対象にはたらきかけ、対象を変化させる他動詞
② 動作主体が対象にはたらきかけるが、対象の変化に無関心な他動詞
③ 動作主体の対象への態度をあらわしている他動詞
④ 同社主体の対象への精神的な活動をああらわしている他動詞

①のタイプの他動詞をとりあげる。

(18a) 太郎が　次郎を　殺した（こと）
(18b) 次郎が　太郎に　殺された（こと）
(19a) 太郎が　次郎を　なぐった（こと）
(19b) 次郎が　太郎に　なぐられた（こと）
(20a) 太郎が　次郎を　待っている（こと）
(20b) ?次郎が　太郎に　待たれている（こと）
(21a) 太郎が　故郷を　思いだした（こと）
(21b) 太郎に　故郷が　思いだされた（こと）

　例文（18a）の「殺す」は「XがYにはたらきかけ、Yを変化させるもの」で「壊す」「つぶす」「折る」「曲げる」「あける」「出す」などが類似の動詞である。このタイプの動詞は語根を共有する自動詞と対応しているものが多い。「壊す：壊れる」「つぶす：つぶれる」のように。ただし、「殺す：死ぬ」は語彙的である。受動文でXが表現されない場合には、受動文と自動詞文が近接する。受動文では動作主であるXをあらわしうるのに対して、自動詞文ではその可能性が少ないという違いがある。以下の（22）（23）の文では動作主をあらわすことができない。ただし、（23）のように、起点と重なった動作主（「A委員から」）の表現が可能である。

(22a) 建物が（なにものかによって）壊された。
(22b) 建物が（*なにものかによって）壊れた。

（23a）議案が（A委員から）議会に　出された。
（23b）議案が（＊A委員から）議会に　出た。
（23c）議案がA委員から　出された／出た。

受動文では、動作主の行為性との関連で手段（「ブルドーザー
で」）や目的（「土地を有効に使うために」）をあらわす語句が入り
うるが、自動詞文ではそのような語句が入りにくいといった違いが
ある。

（24a）　古い家屋が　ブルドーザーで　壊された。
（24b）?古い家屋が　ブルドーザーで　壊れた。
（25a）　古い家屋が　土地を有効に使うために　壊された。
（25b）?古い家屋が　土地を有効に使うために　壊れた。

　次に、②のタイプの他動詞をとりあげる。例文（19）の「なぐ
る」は、「XがYにはたらきかけるが、Yの変化には無関心な（変
化するかどうかわからない）もの」で、「打つ」「たたく」「押す」
「ける」「さわる」「なでる」などが類似の動詞である。このタイプ
の動詞は、動作主体の動作そのものが語彙的意味の中心になってい
て、対象の変化を問題にしていない。対応する自動詞を欠いていて、
受動文がよく使われる動詞のグループである。
　つづいて、③のタイプの他動詞をとりあげる。例文（20）も
「待つ（待っている）」のような動詞は、「XのYに対する態度」を
あらわしていて、他動性は希薄である。「さがす」「求める」などが
同じ仲間である。他動性が強い動詞よりは、受動文があらわれにく
いようであるが、Xが不特定であるというような条件が加わると、
自然な受動文ができる。不特定であるXは、一般に、表現されな
い。

（26）新資料の公開が　待たれている。
（27）コンピュータを使いこなせるひとが　求められている。

最後に、④のタイプの他動詞をとりあげる。例文（21）の「思い出す」のような動詞は、「XのYに対する精神的な活動」をあらわしていて、これも他動性は相対的に希薄である。YはXの精神活動を誘発するものである。このタイプの動詞として「思い出す」「しのぶ」「察する」「感じる」などがある。「思い出される」「しのばれる」「察せられる」「感じられる」などは、自発文と近接する。（自発文の項を参照）。Xは、動作主というより経験者とよんだほうが適切であろう。

　以上の四つのタイプの他動詞「殺す」「なぐる」「待つ」「思い出す」は、他動性に強弱の差がみとめられるが、一般に動詞の他動性が弱いと典型的な能動と受動の対立は弱まるといえそうである。

　また「（時間を）要する」「（家庭を）持つ」のような状態性の強い動詞は、運動性が希薄で、他動性も当然のことながら弱い。このような動詞は受動文になりにくい。「時間を　要する」は、「時間がかかる」、「家庭を　持つ」は「家庭が　ある」という自動詞文と同じ意味である。

　さらに、動作主体にとって動作・作用が求心的な方向性をもつ動詞として、「受ける」「もらう」「こうむる」「得る」「買う」「集める」「あびる」などがあるが、動作性の名詞と結合して受動文に相当する文を作ることがある。これらの動詞の意味は、動作・作用がXに対して求心的な方向性をもっていて、多くの他動詞がそなえているXにとっての遠心的な方向性と逆であるのが特徴である。例文（28）の「もてなしを　うけた」は「もてなされた」、例文（29）の「支持を　集めた」は「支持された」に相当する。

　（28）彼は　回りの人から　手厚いもてなしを　うけた。
　　　　　　　　　　　　　　（手厚く　もてなされた）
　（29）選挙では　思いの外　支持を　集めた。
　　　　　　　　　　　　　　（支持された）

（3）関与者の意味役割
　受動文と能動文の対立において、格形式の交替をおこす二つの関

与者が、述語（動詞）との間に示す意味的な役割が動作主と受動者というわけではない。

　　（30a）太郎が　次郎を　なぐった。
　　（30b）次郎が　太郎に　なぐられた。
　　（31a）台風が　田畑を　あらした。
　　（31b）田畑が　台風に　あらされた。

　　（30a）（30b）においては、「太郎」＝動作主、「次郎」＝被動者という特徴が読みとれるが（31a）（31b）の文では、「台風」＝事象を誘発するもの、あるいは原因、「田畑」＝被動者といった統語上の意味的役割が読みとれる。この違いは「太郎」が有情物であり、「台風」がそうでないことに起因している。「太郎」も「台風」も動作・作用の出発点の役目をはたすものであるが、前者は意志をもった動作者であり、後者はみずからの意志をもたない非動作者である。「台風」は、また、それ自体が事象（風がふく）の意味を内在させていて、（31a）（31b）の文は二つの事象をあらわしていると考えることができる。主格の名詞が「人間・有情物」であるときに動作主の可能性が、「現象・事象」であるときに誘発物や原因をあらわす。ただし、これも典型としてそうであるという程度である。
　　言語表現には、人間中心の側面があるので、被動者が人間であるか非人間であるかによって、受動文のあらわれかたが異なってくると考えられる。次のような文では、（32b）の方が（33b）よりも自然な文であると感じられる。これは、被動者の名詞の範疇的な意味（生徒＝人間、机＝もの）が異なるからである。（33b）の文は、（33c）のように動作者が不特定の場合には、より自然な文になる。

　　（32a）　先生が　女の生徒を　たたいた。
　　（32b）　女の生徒が　先生に　たたかれた。
　　（33a）　テーブルを　たたいた。
　　（33b）？テーブルが　先生に（よって）たたかれた。
　　（33c）　テーブルが　なにものかによって　たたかれた。

受動文の主語は、人間である場合も、一般に意志性を欠如させた非動作主（経験者）であるが、主語が意志性をそなえている例がないわけでもない。（34）（35）の文は、そのような例であるが、このような文は、対応する能動文が存在せず、典型的な受動文から逸脱しているといえる。述語が（34）は命令形であり、（35）は意志形であり、いずれも主語の意志性がみとめられる。

　（34）三郎の代わりに　君が　なぐられてやれ。
　（35）今度は　ぼくが　なぐられておこう。

（4）関与者の格形式—能動文の斜格
能動文の関与者（Y）
　能動文のYにあたる関与者の格形式には、対格（ヲ）・与格（ニ）・出発格（カラ）・共同格（ト）・所有格（ノ）がある。

①Yが対格の場合
　直接受動文と対応するもっとも一般的な能動文のタイプであり、すでに、3.1.1でしめしたように、運動をあらわす文から状態をあらわす文まで、さまざまな意味構造の文がありうる。
　このタイプの運動を表現する受動文では、しばしば、動作主があらわされない。運動の表現で、被動者を中心に述べるのは、動作主がわからなかったり（36）、不特定であったり（37）、話者が動作主を言いたくなかったり、文脈・場面・状況などによって言わなくても自明であったりする場合である。

　（36）机の上においてあった書類が　盗まれた。
　（37）あの男は（みんなから）変わり者だと　言われている。

②Y＝が与格・出発格・共同格の場合
　このようなタイプの文では、多くの場合、XもYもともに人間をさす名詞であり、YはXの相手にあたる。カラ格とト格のことはまれで、カラ格はノ格と交替可能である。カラ格とむすびついて、

第6章　ヴォイスのカテゴリーと文構造のレベル　415

直接受動文をつくる動詞は「とる」「うばう」などの動詞に限られる。また、ト格とむすびついて、直接受動文をつくる動詞は「離婚する」「絶交する」ぐらいである。

このタイプの受動文では、一般に、動作主であるＸが脱落しない。

(38a) 太郎は　花子に　ほれている。
(38b) 花子は　太郎に　ほれられている。
(39a) 教師は　生徒から（／の）自由を　うばった。
(39b) 生徒は　先生から／に　自由を　うばわれた。
(40a) 太郎は　花子と　離婚した。
(40b) 花子は　太郎に（／から）離婚された。

②Ｙが所有格の場合

このようなタイプの文では、多くの場合、Ｙは人間をさす名詞で、このあとに続く名詞は、人間の身体の部分（41）・所有物や身につけている衣類（42）・親族・友人など（43）・側面（44）・性質（45）などである。

(41a) 太郎は　花子の　ほおを　なでた。
(41b) 花子は　太郎に　ほおを　なでられた。
(42a) 太郎は　花子の　財布を　ぬすんだ。
(42b) 花子は　太郎に　財布を　ぬすまれた。
(42c) 花子の　財布は（太郎に）ぬすまれた。
　　　　（花子の財布が　なにものかに　ぬすまれた。）
(43a) 太郎は　花子の　弟を　なぐった。
(43b) 花子は　太郎に　弟を　なぐられた。
(44a) 太郎は　花子の　姿を　みた。
(44b) 花子は　太郎に　姿を　みられた。
(45a) 太郎は　次郎の　趣味を　たずねた。
(45b) 次郎は　太郎に／から　趣味を　たずねられた。

416　Ⅳ　文法論をめぐる諸問題

例文（41a）における動作の直接の対象は、「花子」の身体部分である「ほお」であるが、「花子のほお」を主語にした受動文は不自然で、（41b）のように人間をあらわす「花子」を主語にして、身体部分は対格のままの形の受動文が用いられる。（41a）（41b）の「ほおを」の部分は疑問形にすると、「なにを」ではなく、「どこを」である。

　例文（42a）の「財布」は、「花子」の所有物で、この場合には、「財布」の持ち主である「花子」を主語にした受動文（42b）も、「財布」を主語にした受動文（42c）も可能で、二通りの受動文がありうる。所有物が身体部分と異なるのは、主人（持ち主）から切り離しができる点である。「財布を」にあたる疑問形は「なにを」であり、この点でも身体部分の場合と違っている。このような二通りの受動文ができるのは、「とる」「うばう」「する」「かすめる」「もっていく」などの動詞である。「さらう」もこのグループにはいるが、その対象は、ものだけではなく人間のこともありうる。

　例文（44a）の「姿」は「花子」のひとつの側面をあらわしている語で、このような場合においても、受動文の主語になるのは、（44b）の文のように側面をさす語ではなくて、その側面の主人（持ち主）である。例文（45a）の「趣味」は「花子」のもつ性質のひとつである。これについても側面の場合と同様のことが指摘できる。

③Yが与格、対格の場合

　物品・金銭・情報などのやりとりをあらわす動詞については、二種類の受動文が成り立つ。相手をあらわす与格の名詞とやりとりする対象をあらわす対格の名詞をそれぞれ中心にした二通りの受動文ができる。

（46a）太郎は　花子に　花束を　手わたした。
（46b）花子は　太郎から／に　花束を　手わたされた。
（46c）花束は　太郎から　花子に　手わたされた。
（47a）太郎は　花子に　電話番号を　おしえた。

（47b）花子は　太郎から／に　電話番号を　おしえられた。

（47c）太郎から　花子に　電話番号が　おしえられた。

（48a）太郎は　花子に　次郎を　紹介した。

（48b）花子は　太郎から　次郎を　紹介された。

（48c）次郎が　太郎から　花子に　紹介された。

　このような授受文では能動文の主格と与格の名詞は、一般に人間をあらわす名詞である。（47b）の「おしえられる」の交替形として「おそわる」があるように、授受文をめぐっては、「やる」:「もらう」、「売る」:「買う」、「貸す」:「借りる」、「授ける」:「授かる」、「預ける」:「預かる」のような語彙的な対立があり、ペアを構成しているメンバーの選択によって、視点の交替が可能である。動作主にとって遠心的な方向性をもつこの種の動詞としては、「与える」「わたす」「出す」「配る」「あてがう」「払う」「支払う」「振り込む」「おごる」「紹介する」などがある。

（5）関与者の格形式―受動文の場合

受動文の関与者（X）

　受動文のXにあたる関与者の格形式には、与格（ニ）・出発格（カラ）・状況格（デ）と与格と後置詞「ヨッテ」の合成によるものとがある。受動文のY、すなわち主格の名詞が人間の場合には、Xが与格で、非人間の場合には、Xが与格以外というのが基本である。

（49）花子が　太郎に（＊太郎によって）たたかれた。

（50）ドアが　なにものかによって（＊なにものかに）たたかれた。

①Xが与格の場合

　このタイプは、直接受動文でもっともよくあらわれるものであり、動詞の種類や関与者（X）の意味特徴もさまざまで特定しにくい。以下の例文の（51）（52）（53）のXは動作主といえるが、（54）（55）のXの場合は、非人間・非動物であり、動作主としての性質は希薄である。（54）（55）に対応する能動文は有標で特殊であり、

一般的ではない。例示した受動文の方が無標で自然である。

（51）花子は　太郎に　ぶたれた。
（52）花子は　太郎に　助けられた。
（53）花子は　飼犬に　ほえられた。
（54）花子は　海に　呑まれてしまった。
（55）街は　濃い霧に　つつまれている。

　与格の名詞は脱落しにくい。特に、（54）における「海に」、
（55）における「濃い霧に」を省略することは困難である。

②Xが出発格の場合
　このタイプは、Xが人間をあらわす名詞であり、動詞は人間の態
度・感覚・言語活動などをあらわすものと物品や情報のやりとりを
あらわすものである。「慕う」「好く」「憎む」、「渡す」「贈る」「与
える」「頼む」「命じる」などが、このタイプを構成する動詞である。
　出発格は、しばしば与格と交替できる。

（56）花子は　太郎から（／に）いじめられた。
（57）花子は　太郎から（／に）言いよられた。
（58）花子は　太郎から（／に）お見合いを　すすめられた。
（59）花子は　太郎から（／に）書類を　手わたされた。

　授受動詞の場合には、（60）（61）のように授受される物品や情
報が主格になる場合もあって、そのときは、格形式は出発格に限定
され、与格と交替することができない。動作主は起点の意味役割を
あわせもち、受動者は着点の意味役割をもになうことになる。

（60）花束が　ファンから（*に）人気歌手に　届けられた。
（61）監督から（*に）選手に　サインが　出された。

第6章　ヴォイスのカテゴリーと文構造のレベル　419

③Xが状況格の場合

　このタイプは、Xが広義のできごとをあらわす名詞であり、動詞は対象に変化をもたらす意味をもつものである。Xはあることがらを誘発するものごと（（62）の「騒音」、（63）の「電話のベル」、（64）の「新雪」）である。

　　（62）二人の会話は　騒音で　さえぎられた。
　　（63）花子は　電話のベルで　起こされた。
　　（64）山頂は　新雪で　おおわれている。

　動作主が機関や組織体の場合（（65）の「議会」）や不特定多数の場合（（66）の「若い人たちの間」）にも、デ格があらわれる。いずれも場所性をおびていて、その結果、動作主としての性質が薄らいでいる。

　　（65）新しい法案が　議会で　決定された。
　　（66）漫画は　若い人たちの間で　よく　読まれている。

④Xがニヨッテをしたがえる場合

　このタイプは、主格の名詞が非人間である場合に多く、動作主を強調するはたらきがある。受動文は動作主よりも被動者の方に話者の視点がおかれているのであるが、文脈などの理由から動作主を示す必要があるとき、ニヨッテという複合的な形式による格表示がとられる。与格や出発格と交替することもある。

　　（67）じゃまなものは　隣人によって（／？に）廊下に　運び出された。
　　（68）この子は　父親によって（／から／に）信夫と　名づけられた。

　動詞がある対象物をうみだすという意味をもつ場合（「つくる」「こしらえる」「建てる」「（セーターを）編む」「（コーヒーを）わか

す」「書く」「定める」「決める」……）には、受動文における動作主は普通ニヨッテであらわされる。

(69)法隆寺は　聖徳太子によって（／*に）建てられた。
(70)源氏物語は　紫式部によって（／*に）書かれた。
(71)この規則は　今年度の委員会によって（／で／*に）決められた。

⑤動作主とそれに所属するもの
　受動文において、動作主とあわせて、動作主に所属するものが表示されることがある。次の例文における「口」「手」「声」が動作主に所属するものにあたる。

(72)悲報が　先生の　口から　伝えられた。
(73)花子は　祖母の　手で　育てられた。
(74)山田は　妻の　声に　おくられて　家を　出た。

⑥　述語の形態
　受動文の動詞には、-Rare-がふくまれていて有標であり、能動文は-Rare-を含まない無標である。
　しかし、受動文にとって、-Rare-存在するという形式面だけを絶対化してはいけない。「うまれる」「めぐまれる」といった動詞の以下のような例では、受動文というよりは自動詞文というべき文である。

(75)隣の家に　女の赤ちゃんが　うまれた。
(76)この地方は　天然資源に　めぐまれている。

　このほか、対応する能動文が欠けているために、受動専用とよぶべき表現がある。「悪夢に　うなされる」「火事に　焼け出される」「雑事に　追われる」といった表現がそれにあたる。

第6章　ヴォイスのカテゴリーと文構造のレベル　421

3.2 間接受動文

間接受動文は、ある関与者（Y）が、ある事象をうけるということを述べた文である。Yは、一般に人間をあらわす名詞である。ある事象は文相当であらわされるのでそれを基本文とよぶなら、その基本文は自動詞文でも他動詞文でもよい。すなわち、基本文の関与者は一つでも二つ以上でも、基本文をみずからにふくむ間接受動文は可能である。以下の（77）は自動詞文の、（78）は他動詞文の間接受動文にあたるものである。

（77a）花子は　雨に　降られた。
（77b）雨が　降った。
（78a）山田は　隣の人に　高層ビルを　建てられた。
（78b）隣の人が　高層ビルを　建てた。

間接受動文と直接受動文とは、共通した側面と相違する側面をもつ。いずれも述語の形は動詞に –Rare– をふくむもので共通している。ある動作をうけるという意味構造も共通するといってよい。しかし、直接受動文は、基本的には、関与者を共有する能動文と対立関係をもつのに対して、間接受動文は、ある事象に相当する基本文をうちにふくみ、二つの事象を述べている点で違いがみとめられる。能動文と直接受動文は同一の事象の、どの関与者を中心に述べるかという立場の違いによる対立で、事象は一つである。それに対して、間接受動文は、ふたつの事象を表現している。次のような文で「自分」が（79）では主語である「花子」に限定されるのに、（80）の「自分」は、基本文にあたる主語の「太郎」である可能性も、全体の文の主語である「花子」である可能性もある。このように、両義的なのは、（80）の文が二重構造であることの一つの証左である。（79）は直接受動文の、（80）は間接受動文の例である。

（79）花子は　太郎に　自分の部屋で　なぐられた。
（80）花子は　太郎に　自分の部屋で　泣かれた。

間接受動文の主語は、意志性をもたず、したがって、その意味役割は動作主ではなくて経験者である。基本文において主格の名詞にあたるものは、間接受動文では与格である。

間接受動文と基本文との関係は以下のように整理できる。

	間接受動文		基本文
名詞 β	Y 主格	X 斜格	X 主格
動詞の形態	–Rare–		–φ–
	有標		無標

3.3　使役文

使役文にも、受動文と同じように、変形関係によるものと派生関係によるものとがある。次の（81a）と（81b）の対立関係が変形関係で、（82a）と（82b）の関係が派生関係である。

（81a）多額のローンが　山田を　悩ませている。
（81b）山田が　多額のローンに　悩んでいる。
（82a）母親が　息子に　本を　読ませた。
（82b）息子が　本を　読んだ。

変形関係によって対立する二つの文は、同じ事象を異なる二つの関与者を中心に述べたものである。この対立関係には次のような特徴がある。

動詞が「喜ぶ」「悲しむ」「驚く」「いらだつ」「感動する」「失望する」「興奮する」といった人間の心理状態・精神状態を意味するもので、一方の関与者（X）は人間であり、他の関与者（Y）は、基本的には、ある事象である。Yは「喜ぶ」「悲しむ」などの精神活動を誘発するものであり、原因となるものごとである。Xは人間ではあるが、動作性を欠き、意味役割は経験者である。日本語では非使役文の方が普通で自然な文であり、使役文は有標で特殊である。例文（83a）と（83b）では、（83b）の方が一般的な表現である。

Yは典型的には事象をあらわす動作性の名詞（「借金」「報告」など）であるが、例文（84）の「彼女」のように動作名詞でないこともある。しかし、このような文の構造ではこれらの名詞が対象性を表示しているのでなくて、それにまつわる現象や事態をあらわしているのであろう（たとえば、「彼女のふるまい」）。

（83a）あの映画は　わたしを　ひどく　感動させた。
（83b）わたしは　あの映画に　ひどく　感動した。
（84a）彼女は　ぼくを　困らせた。
（84b）ぼくは　彼女に　困った。

このタイプの使役文と非使役文の関係を整理すると、次のようになる。

	使役文		非使役文	
名詞	Y	X	X	Y
α	原因	経験者	経験者	原因
β	主格	対格	主格	与格
動詞の形態	$-Sase-$		$-\phi-$	
	有標		無標	

　派生関係によって成り立つ使役文は、みずからの文に、ある事象をあらわす基本文をふくむものである。このタイプの使役文は、ある関与者（Y）が、別の関与者（X）に、ある行為を行わせるということを述べた文である。Xの行為が基本文に相当する。XもYも人間をあらわす名詞である。
　使役は、二つの関与者の意志性の有無によって、以下のように分類できる。

（a）使役（強制）：Yの意志性が強い場合
　（85）母親が　息子を　そばに　来させた。
（b）許容（放任）：Xの意志性をYが尊重する場合
　（86）母親は　息子を　遅くまで　遊ばせた。

424　Ⅳ　文法論をめぐる諸問題

(c) 成行き（自然）：Xにも Yにも意志性がない場合
(87) その母親は　息子を　戦争で　死なせた。

このタイプの使役文と基本文の関係を整理すると以下のようになる。

名詞 β	使役文		基本文
	Y	X	X
	主格	斜格	主格
動詞の形態	–Sase–		–φ–
	有標		無標

なお、基本文が自動詞文に相当する場合の使役文の斜格として、対格と与格があることはよく知られている。

(88) 母親は　息子を／に　買物に　行かせた。

状態性の動詞（「ある」「できる」「要る」「若すぎる」など）には、使役形が存在しない。動詞が–サセ–をふくむものであっても、次のような文は対応する基本文がなく、特殊である。動詞が–サセ–をふくんでいることによって使役性を絶対化するわけにはいかない。

(89) 男は　ふところに　ピストルを　しのばせていた。
(90) 二人は　徹底的に　議論を　たたかわせた。

3.4　他動詞文と自動詞文

他動詞文と自動詞文との関係には、さまざまなタイプのものがある。日本語には、語根を共有する他動詞と自動詞のペアが多くみられ、そこには次の二種類の対立関係をみとめることができる。

(91a) 太郎が　電灯を　消した。
(91b) 電灯が　消えた。

（92a）太郎は　花子を　みつけた。

（92b）花子は　太郎に　みつかった。

（91a）と（91b）の関係は、次のように整理できる。動詞の形態上の対立はさまざまである。

①

名詞	他動詞文		自動詞文
	Y	X	X
α	動作主	対象	対象
β	主格	対格	主格

一方、（92a）と（92b）の関係は、以下のように整理できる。

②

名詞	他動詞文		自動詞文	
	Y	X	X	Y
α	動作主	被動者	被動者	動作主
β	主格	対格	主格	与格

①のタイプは、使役文と基本文の関係と構造上では類似している。X項が、使役文では人間をあらわす名詞に限定されるのに対して、他動詞文では、人間である場合も非人間である場合もあるという違いがある。次の（93a）は他動詞文の、（93b）は使役文の例である。

（93a）太郎は　花子に　着物を　着せた。

（93b）太郎は　花子に　着物を　着させた。

これらの二文は等価ではないことが知られている。

（94a）太郎は　花子に　自分の部屋で　着物を　着せた。

（94b）太郎は　花子に　自分の部屋で　着物を　着させた。

426　Ⅳ　文法論をめぐる諸問題

他動詞文である（94a）の「自分」は主語である「太郎」に限定されるが、使役文である（94b）の「自分」は使役文の主語である「太郎」の可能性も基本文に相当する文の主語である「花子」の可能性もある。使役文がこのような両義性を許すのは、使役文が他動詞文とちがって、二層の構造をしていることの証左であろう。

②のタイプは、能動文と直接受動文との関係に類似する。（92b）は受動文である（95）と交替可能である。

（95）花子は　太郎に　みつけられた。

日本語における他動詞と自動詞との関係はほとんどが①のタイプであり、②はごく限られたわずかの例しか存在しない。

3.5　相互文

相互文とは、次のような対立関係にある文をいう。

（96a）イラクは　イランと　となりあっている。
（96b）イランは　イラクと　となりあっている。
（97a）イラクは　イランと　戦った。
（97b）イランは　イラクと　戦った。

対をなす２つの文は、同一の事象をあらわしている。２つの関与者のうち、どちらを中心に表現するかをめぐって対立する。関与者は主格と斜格をめぐって交替するが、動詞は同形である。相互文の対立は関与者間の交替だけで、動詞の形態上の対立がみられないことから、ヴォイスのカテゴリーとしてとりあげられないこともある。

２つの関与者の範疇的な意味は、原則として共通する。ただし、（98）における「景色」のような単語があらわれず、見かけ上は関与者の間（「景色」と「静岡県」）に不整合が起こることはある。

（98）グルジョアの景色は　静岡県（の景色）と　似ている。

また、2つの関与者は、どちらも意志性をもつ動作主であるか、もしくは意志性を欠いた非動作主でなければならない。次の（99b）は、「御用学者」に意志性がみとめられないため、（99a）と同じ事象をあらわさない。すなわち、（99a）の文は相互性をもたない文なのであり、（100a）の文と同じタイプである。

（99a）　　山田は　御用学者と　戦った。
（99b）　?御用学者は　山田と　戦った。
（100a）　　山田は　貧困と　戦った。
（100b）　*貧困は　山田と　戦った。

相互文をつくる動詞は、相互性をそなえた動詞で、「合う」「争う」「似る」「接する」「関わる」「重なる」「相談する」「会談する」「結婚する」などと、「なぐりあう」「信じあう」「慰めあう」「だましあう」「認めあう」といった接尾辞「あう」をもつ合成語である。「あう」は非相互動詞を相互動詞にかえるはたらきをする。

2つの相互文の関係を整理すると、次のようになる。

	相互文1		相互文2	
名詞	X	Y	Y	X
α	$\begin{cases} \text{X, Y = 動作主} \\ \text{X, Y = 非動作主} \end{cases}$		$\begin{cases} \text{Y, X = 動作主} \\ \text{Y, X = 非動作主} \end{cases}$	
β	主格	共同格	主格	共同格
動詞の形態	$-\phi(\text{aw})-$		$-\phi(\text{aw})-$	

3.6　再帰文

他動詞の中に、再帰性をもつものがある。他動詞文の多くは、動作主以外の対象に向けての動作を意味するのであるが、一部の他動詞には、動作主体みずからに向けられる動作を意味するものがある。再帰性とは、このような動詞の意味する運動が動作主体自身に向けられるという性質をいう。

再帰性をつねにもつ再帰動詞としては、「浴びる」「着る」「（靴下を）はく」「（肩を）すくめる」「（首を）かしげる」「（まゆを）しか

める」といったものがある。次の例文で（101a）の「浴びる」は
再帰性をもち、（101b）の「浴びせる」は再帰性をもたない他動詞
である。「浴びる」は相手を要求しない（自分が相手でもある）が、
「浴びせる」は相手を要求するという違いがある。

（101a）太郎は（頭から）冷水を　浴びた。
（101b）太郎は　花子に　冷水を　浴びせた。

　このような再帰性は、「（自分の）手をたたく」「（自分の）足を折
る」「腰を痛める」のような用法にもみられる。「風邪をひく」「下
痢をする」「くしゃみをする」「汗をかく」といった病理・生理現象
の表現は、対格の名詞をふくむが、慣用句的で、他動性を欠いてい
て、再帰性の特徴とつながるものである。

3.7　可能文・自発文・希望文

　可能文、自発文、希望文は、ヴォイスの特徴をもっている。
（102a）は可能文の、（103a）は自発文の、（104a）は希望文の例
である。（102b）（103b）（104b）は、可能文、自発文、希望文の
それぞれに対応する基本文である。

（102a）太郎に／が　英語が／を　話せる（こと）
（102b）太郎が　英語を　話す（こと）
（103a）太郎に　故郷が　しのばれる（こと）
（103b）太郎が　故郷を　しのぶ（こと）
（104a）ぼくが　酒が／を　飲みたい（こと）
（104b）ぼくが　酒を　飲む（こと）

　可能文と基本文の間には、二つの関与者が格形式の交替を起こし、
動詞の形態に違いがみとめられる。これはヴォイスの特徴である。
格の交替は、義務的ではない。ただし、文の意味構造の点では、ど
ちらも「太郎」を中心に表現した文で、主語は共通する。基本文は
運動をあらわした文であり、「太郎」は動作主であるが、可能文は

第6章　ヴォイスのカテゴリーと文構造のレベル　　429

状態・性質をあらわした文であり、「太郎」は非動作主＝経験者である。可能文と基本文は、主語の格が異なることがあっても、その主語となる関与者は同じである。すなわち、主語が交替しない点で、両者の関係はヴォイス性に欠けるといえる。可能文は、関与者が一つの自動詞文にもありうる。

　関与者が二つの他動詞文にみられる基本文と可能文の関係を整理すると次のようになる。

名詞	可能文		基本文	
$α$	X 経験者	Y 対象	X 動作主	Y 対象
$β$	与格／主格	主格／対格	主格	対格
$γ$	主語		主語	
動詞の形態	$-e-$／$-Rare-$		$-\phi-$	
	有標		無標	

可能文の X 項が脱落して、

　（105）この機械は　まだ　使える。
　（106）この生地は　どの季節でも　着られます。

のようなタイプになることもある。この場合には、Y 項が主格で、主語相当になる。

　自発文と基本文との間には、二つの関与者が格形式の交替を起こし、動詞の形態に違いがみとめられる。これはヴォイスの特徴である。文の意味構造という点では、どちらも「太郎」を中心に表現した文で、主語は共通する。この点ではヴォイス性をもたない。自発文をつくる一方の関与者は人間をあらわす名詞で、これは意志性をもたない非動作主＝経験者であり、他の関与者は運動を誘発する（消極的な意味で）ものである。自発文は状態をあらわす文のひとつのタイプである。自発文をつくる文は、つねに二つの関与者を必要とする。自発文と基本文との関係は次のようになる。

430　　Ⅳ　文法論をめぐる諸問題

名詞	自発文		基本文	
	X	Y	X	Y
α	経験者	誘発物	経験者	誘発物
β	与格	主格	主格	対格
γ	主語		主語	
動詞の形態	−Rare−		−ϕ−	
	有標		無標	

　希望文と基本文の間には、ひとつの関与者の格形式が交替する（対格—主格）ことがある。しかし、この交替は義務的ではない。希望文では、述語の形態が基本の形と異なり、形容詞に近い。希望文は、関与者の数に関係なく起こりうる。

3.8　授受文

　授受文とは、動詞の中止形（-Te）に「やる」「もらう」「くれる」という補助動詞のくみあわさった述語をもつ文をいう。次の（107b）（107c）（107d）の文はいずれも、（107a）と同一の事象をあらわしてはいるが、どの関与者に話者の視点と共感をよせるかにもとづいて対立しているものである。（107a）の文は、どちらの関与者にも共感をよせていない、いわば中立的な文である。

(107a)教師が　生徒を　ほめた。
(107b)教師が　生徒を　ほめてやった。
(107c)教師が　生徒を　ほめてくれた。
(107d)生徒が　教師に／から　ほめてもらった。

　（107b）は、話し手の共感が主格の名詞（「教師」）にあり、（107c）は、それが非主格の名詞（「生徒」）にあるという違いで、視点は共通している。（107b）（107c）と（107d）の関係はどちらの関与者に視点がおかれるかの違いであり、能動文と直接受動文の関係に似ている。述語の形式は、分析的である。待遇度の違いによって、「やる」の交替形として「あげる」「さしあげる」、「くれる」の交替形として「くださる」、「もらう」の交替形として「いた

だく」がある。これらの関係を整理すると、次のようになる。

名詞	やる		くれる		もらう	
	X	Y	X	Y	Y	X
α	動作主	被動者	動作主	被動者	被動者	動作主
β	主格	斜格	主格	斜格	主格	斜格
共感	有			有	有	
動詞の形態	–Te yar–		–Te kure–		–Te moraw–	

3.9 「してある」文

動詞の中止形に、補助動詞「ある」の組合わさった述語形式は、動作の完了の継続というアスペクト上の意味とあわせて受動的な意味をもつ。次の（108a）（109a）はそのような文の例で、（108b）（109b）はそれらに対応する他動詞文である。

　（108a）机の上に　書類が　置いてある。
　（108b）誰かが　机の上に　書類を　置いた。
　（109a）壁に　絵が　かけてある。
　（109b）（太郎が）壁に　絵を　かけた。

「してある」文には動作主があらわれないという特徴がある。「してある」文の主格の名詞は非人間である。「してある」文と他動詞文との関係を整理すると、次のようになる。

	「してある」文	他動詞文	
名詞	Y	X	Y
α	被動者	動作主	被動者
β	主格	主格	対格
動詞の形態	–Te ar–	$-\phi-$	

432　Ⅳ　文法論をめぐる諸問題

4. むすび

ヴォイスとは、文の意味構造と文を構成する要素のありかた―名詞の格形式や動詞の形態―との相関関係である。

日本語のヴォイスには、同一事象を異なる関与者から表現することによって対立する変形関係にもとづくタイプのものと、ある事象を述べた文と、別の関与者が加わり、その事象を述べた文との間に成り立つ派生関係にもとづくものとがある。後者のタイプでは、事象が重層的である。受動文と使役文には、変形関係にもとづくものと派生関係にもとづくものの双方のタイプがある。他動詞文と自動詞文の関係は、多くは派生関係であるが、わずかながら、変形関係を成立させるものがある。相互文同士や授受文の対立は対称的な変形関係を示すものである。

可能文、自発文、希望文は、動詞に固有の形態をもち、名詞の格の交替を部分的かつ任意的にもつが、視点の交替はみられず、ヴォイス性を部分的にそなえているといえる。ヴォイスには、名詞の格形式、人間・非人間などの名詞の範疇的意味、名詞の動詞に対する意味役割、動詞の形式、運動・状態といった動詞の範疇的意味などさまざまな要素が関与している。総合的な考察が待たれるのである。

参考文献

奥津敬一郎（1983）「何故受身か？―〈視点からのケーススタディー〉―」『国語学』132

工藤真由美（1990）「現代日本語の受動文」『ことばの科学4』むぎ書房

柴谷方良（1978）『日本語の分析』大修館書店

鈴木重幸（1972）『日本語文法・形態論』むぎ書房

高橋太郎（1985）「現代日本語のヴォイスについて」『日本語学』4–4 明治書院

寺村秀夫（1982）『日本語のシンタクスと意味Ⅰ』くろしお出版

フシチャ、R.（1985）「ポーランド語と日本語のヴォイスについて」『日本語学』4–4 明治書院

細川由紀子（1986）「日本語の受身文におけるマーカーついて」『国語学』144

益岡隆志（1987）『命題の文法』くろしお出版

村木新次郎（1989）「ヴォイス」『講座日本語と日本語教育4』明治書院

Bondarko, A. V. (1976) Das Genus verbi und sein funktionalsemantisches Feld：Satzstruktur und Genus verbi, Akademie-Verlag, Berlin.

Успенский, В. А. 1977 К понятию диатезы Проблемы лингвистической типологии и структуры языка. Наука, Ленинград.

Холодович. А. А. 1974 Диатезы и залоги в современном японском языке Типология пассивных конструкций. Наука, Ленинград.

第7章

迂言的な受け身表現

1. 序

　文論において、うけみ（受動）について吟味するということは、うけみと対立する、はたらきかけ（能動）との関係において、文を構成する要素のあり方——名詞の格形式や動詞の形式——について検討すると同時に、文の意味的な構造をも問題にしなければならないであろう。うけみとはたらきかけを統一するカテゴリーであるヴォイス（voice、たちば）が、文法上の形式的なものに限定されるのか、それとも意味的なものもふくまれるのかをあきらかにしておく必要がある。うけみとはたらきかけのたちばは、一般に形態論と統語論の側面からのみ分析がほどこされているが（日本語のうけみの考察の多くは、-Rareru にはじまり、そこでおわっているし、英語ではスヴァルトヴィク（Svartvik, J.（1966））がそうであるし、ドイツ語では、ブリンカー（Brinker, K.（1971））がそうである）。しかし、うけみとはたらきかけのたちばを、意味的あるいは機能的なカテゴリーとして積極的にとらえようとしている研究者もいる（たとえば、マテジウス（Mathesiusu, J（1961））。たちばをあらわすものは、単に動詞の形態論的なあらわれだけではなく、語彙的に、あるいは、そのほかの手つづき、たとえば、統語論的な方法によっても、その特徴づけをおこなうことができる。文法的に分類されたうけみとはたらきかけの関係が、意味的、機能的なヴォイスの概念と一致しないこともある。本稿では、うけみの意味的な性質を吟味し、ある種の動詞が語彙的にうけみの特徴をになっていたり（「みつかる」「つかまる」など）、形式上ははたらきかけの構造なのに、意味的には、うけみの特徴をになっていたりする迂言的な表現（「取り調べを　うける」「批判を　あびる」）について考察する。

435

ヴォイスを意味的、機能的にとらえるならば、語順やテーマと
レーマの関係などについても言及しなければならないであろう。こ
れらについては、しかし、本稿では保留される。本稿では、文の内
的構造に重点がおかれ、テーマとレーマ、トピックとコメントと
いった文の伝達的な構造についてはふれられない。

　なお、ここでは、一般に「迷惑のうけみ」とか「第三者のうけ
み」とよばれている、

　　太郎は雨にふられた。

　　山田は自分の息子をとなりの太郎になぐられた。

のようなタイプのうけみは、考察の対象からはずしてあることをこ
とわっておきたい。

2. 総合的な形式と迂言的な形式

　ここで筆者が迂言的（periphrastic）とよぶものは、ある意味内
容を、分析的な表現形式によって表現したものをさし、総合的
（synthetic）な形式と対立するものである。これを、分析的（ana-
lytic）とよんでもよいが、筆者は、日本語の外来語の借用に言及し
た際、派生語、複合語、語結合の3つのタイプを、総合的、分析的、
迂言的な手つづきとして分類したことがある（村木新次郎
（1982a））。本稿でも、それをうけて、語結合によるタイプを迂言
的な手つづきとよぶことにしたい。外来語の日本語への借用にみら
れる総合的、分析的、迂言的な三つの手つづきを例示すると以下の
ようになる。

総合的	分析的	迂言的
デモる	デモする	デモを　する／かける／うつ
メモる	メモする	メモを　する／とる
ミスる	ミスする	ミスを　する／おかす

このような対比によって、三つの言語形式の相違がうきぼりにされ
る。

　名詞の文中にあらわれる形式で、格助辞や副助辞のつくものと、
助辞にくわえて、「おいて」「対して」「よって」「して」「ため」と

436　　Ⅳ　文法論をめぐる諸問題

いった後置詞がつくものとを比較すれば、前者が総合的で後者が迂言的であることがわかる。

（1）会議は、都市センター {で／に　おいて／を　会場に} 開催された。
（2）彼は先生（に／に　対して／を　相手に）冗談をとばした。
（3）これらの資料 {で／に　よって／を　もとに} 詳しく説明したい。
（4）その男は自分の父親を武人の鏡 {と／と　して} 尊敬していた。
（5）私は娘 {に／の　ために} プレゼントを買ってかえった。

　なお、（1）の「都市センターを　会場に」、（2）の「先生を　相手に」、（3）の「資料を　もとに」といった表現は、語彙的意味をもつ「会場」「相手」「資料」などの名詞がもちいられている点で、より迂言的であるといえる。このタイプは、後置詞に似たいくつかの文法的特徴をもってはいるが、「おいて」「対して」「よって」などの後置詞ほど文法化がすすんでいない（村木新次郎（1983））。一方、膠着的な助辞の接辞づけを総合的とよんだが、「そりゃー（soryaa）」＜「それは（sore-wa）」や「ぼかー（bokaa）」＜「ぼく は（boku-wa）」のような例では、前者の接辞づけと後者の語幹（「それ」、「ぼく」）と語尾（wa）が融合した語形という違いがみてとれる。後者は、接辞のとりはずしが可能な語形であるが、後者はそれができず、前者よりもより総合的である。
　すなわち、総合的な形式と迂言的な形式とは言語形式として連続するものである。日本語の名詞の存在形式として、より総合的なものから迂言的なものまで、以下のような段階がみられる。

（ⅰ）　融合形　　　　　　　　　　　　soryaa, bok（w）aa
（ⅱ）　助辞の膠着　　　　　　　　　　sore-wa, boku-o
（ⅲ）　助辞＋後置詞　　　　　　　　　sore-ni yotte, boku-ni taisite
（ⅳ）　助辞＋（形式的な）名詞＋助辞　sore-wo moto-ni, boku-wo

		aite-ni
（ⅴ）	助辞＋（後置詞的な）動詞	sore-ni motozuite, boku-ni sitagatte

　一般に形式名詞としてあつかわれているものも、迂言的な名詞句をつくる要素である。

（6）祖父は、60歳 ｛で／の　とき｝癌 ｛で／が　原因で｝なくなった。

　例文（7）の「原因」を形式名詞とみるのは無理があるとしても、「癌で」との対比において「癌が　原因で」は迂言的な形式といえる。
　動詞の語形にも、総合的な形式と迂言的な形式が競合している。さきにあげた「メモる」「メモする」「メモを　する／とる」は、その一例である。迂言的な形式として、以下のようなものがある。

（7）道路の道幅を ｛a ひろげる／b ひろく　する｝。
（8）息子の太郎でもひとりで ｛a 行ける／b 行く　ことが　できる｝。
（9）私も ｛a 行きましょう／b 行こうと　おもいます｝。
（10）腰は、もう ｛a 痛まない／b 痛く　ない｝。

　例文（7）（8）（9）（10）では、a が総合的な、b が迂言的な形式である。例文（10）では、「ない」という形式によって、うちけしをあらわしているという点で共通しているが、a は動詞の接辞としてもちいられ、b は形容詞とくみあわさる形式的な形容詞「ない」の付加によって迂言的なうちけし表現を構成している。うちけしの表現が動詞の場合は総合的な、形容詞の場合は迂言的な形式がとられているのである。
　これらの複数の形式が競合するとき、そこに同義性がたもたれているかどうかも問題にしなければならないだろう。以下にしめすような実例では、それぞれの諸形式が、同一のテキスト内にあらわれ

438　Ⅳ　文法論をめぐる諸問題

ており、単なる言いかえにすぎず、意味の差はみとめにくい。

(11) 韓国での戒厳司令官などの逮捕に対して米政府は十二日
「民主化へ向かうプロセスを乱すいかなる試みもこれからの
米韓関係に深刻な影響を及ぼす」という趣旨の<u>警告を発した</u>。米政府は同時に朝鮮民主主義人民共和国（北朝鮮）に
対しても韓国の「今の混乱を利用しない」よう<u>警告した</u>。

(毎日 791213 夕)

(12) 各国大使館は自国民に対して七日以降相次いで西ベイルー
トから緊急に避難するよう<u>勧告している</u>。これまで<u>勧告を
出している</u>ことが明らかとなっているのは米国、フランス、
イタリアなど数ヶ国にすぎないが、実際はほとんどの欧米
諸国がすでに内々に<u>勧告を出している</u>ようだ。日本大使館
も九日午前、「治安情勢の緊迫」を理由に、全邦人に対して
西ベイルートからの非難を<u>勧告した</u>。 (朝日 820610 朝)

(13) 古池会長は審議開始前から何やらいきりに<u>メモをしていた</u>
が、板野前社長は背筋をピーンと伸ばし、目を閉じたまま。
……板野前社長は相変わらず無表情のまま、時折うつむい
て<u>メモをとる</u>。 (毎日 791029 夕)

(14) 英ファイナル・タイムズ紙も「……」だと<u>評した</u>。ワシン
トンポスト紙も「……」と<u>評価した</u>。しかし、ニューヨー
ク・タイムズ紙は「……」と渋い<u>評価を下した</u>。

(文芸春秋 7909)

なお、ここで同義性とよぶのは、知的意味（cognitive meaning）
の範囲のことであり、文法的な意味や文体的な特徴に差が生じるこ
とはありうる。総合的な形式と迂言的な形式との対立において、ど
ちらか一方が、ヴォイス、アスペクト、ムードなどのある特徴をつ
よくおびることがある。

最初に、ヴォイスに関与する例をあげる。

以下のような語結合は、うけみの意味をもつ。

　　注目を　あつめる　　（≒注目される）

第 7 章　迂言的な受け身表現　　439

攻撃に　あう　　　　　（≒攻撃される）

　また、以下のような語結合は、使役の意味をもつ。

　　　笑いを　さそう　　　　（≒笑わせる）

　　　動揺を　あたえる　　　（≒動揺させる）

　次に、アスペクトに関与する例をあげる。

　以下のような語結合は反復相を特徴づける。

　　　練習を　かさねる　　　（≒何回も　練習する）

　　　交渉を　くりかえす　　（≒何回も　交渉する）

　また、以下のような語結合は始動相を特徴づける。

　　　準備に　はいる　　　　（≒準備しはじめる）

　　　攻撃に　でる　　　　　（≒攻撃しはじめる）

　そのほか、アスペクトにかかわるものとして、終結相、継続相、強意相、緩和相などがある＊1（村木新次郎（1980））。

　さらに、ムードに関与する例もある。

　以下のような語結合は意志性を特徴づける。

　　　調整を　はかる　　　　（≒調整しようと　する）

　　　企画を　くわだてる　　（≒企画しようと　する）

　また、以下のような語結合は動作主体の示威性を特徴づける。主として、三人称の主語にあらわれる。

　　　譲歩を　しめす　　　　（≒譲歩して　みせる）

　さらに、以下のような語結合では可能の意味をもつ。

　　　納得が　いく　　　　　（≒納得できる）

　　　説明が　つく　　　　　（≒説明できる）

　文体的な特徴についてふれる。一般に話しことばでは総合的な形式がもちいられるのに対して、かたい文章語では迂言的な形式がもちいられるようである。つまり、総合的な形式は、くだけたインフォーマルな性質をもち、迂言的な形式は、あらたまった性質をおびるのである。

　「笑っちゃう」「食べとく」といった縮約形がもっぱら話しことばのなかでもちいられ、分析的な「笑って　しまう」や「食べて　おく」にくらべて、くだけた特徴がある。「メモる」「ミスる」も俗語的である。一方、「説明を　ほどこす」「解決を　みる」は、「説明

440　Ⅳ　文法論をめぐる諸問題

する」「解決する」よりもあらたまった感じをおこさせ、もっぱらフォーマルな文章語にもちいられる。「警告を　発する」「評価をくだす」「説明を　ほどこす」などの名詞と動詞のむすびつきには、動作的意味をもつ名詞が自由に連体修飾をうけることができるということも、迂言的な形式の、ひとつの重要な特徴である。たとえば、先の例文（11）の「……という趣旨の警告」、例文（14）の「渋い評価」がそれにあたる。

　以上、総合的な形式と迂言的な形式が競合関係にあることを指摘した。

3.　はたらきかけとうけみ

　日本語のうけみ表現の構造は、動作をあらわす動詞の語幹に動詞性接尾辞 -Rare（-ru）がついた派生動詞と、動作の主体と客体をあらわす二つの名詞の格形式の交代によって特徴づけられる。

（１）太郎が　次郎を　おいかける。
（２）次郎が　太郎に　おいかけられる。

　例文（1）と（2）の二つの文には、以下のa、b、cの三つの点で対立している。
　a（1）の動詞が「おいかけ―る」という基本形であるのに対して、（2）の動詞は「おいかけ―られ―る」という派生形である。すなわち、（2）の動詞には、うけみをマークする「―られ―」という形式上の特徴がある。（1）の「おいかける」が無標（unmarked）な形式で、（2）の「おいかけられる」が有標（marked）である。以上は、はたらきかけとうけみの対立における、動詞による形態論的な特徴である。
　b（1）では動作主体が主格（太郎が）に、（2）では動作客体が主格（次郎が）にたっている。（1）では動作客体が、（2）では動作主体が主格以外の格（以下、斜格とよぶ）であらわされている。以上は、はたらきかけとうけみの対立における名詞の形態論的な特

徴である。

　aとbは、相互に関係しあっている点で、はたらきかけとうけみの対立をめぐる統語論的な特徴である。

　以上の、aとbが文法的特徴である。

　c（1）と（2）はどちらも同じことがらをのべた文ではあるが、（1）は、はたらきかけの意味をもつ動詞「おいかける」動作の主体の側からの述べたものであるのに対して、（2）では、うけみの意味をもつ派生動詞「おいかけられる」によって「おいかける」客体の側から述べたものである。これは、主体にたつ名詞に基準をおくと、（1）のような能動文は、それから発する動作をあらわし、（2）のような受動文はそれに及ぶ動作をあらわしているといえる。主格にたつ名詞を軸にして、動作の遠心的な方向性と求心的な方向性の対立としてとらえることができる*2。（1）の文は、主格にたつ「太郎」にとって遠心的な動作であり、（2）の文は、主格にたつ「次郎」にとって求心的な動作である。この対立を意味的な特徴とする。

　さて、（1）のような能動文と（2）のような受動文の間に同義性が保たれていることを前提として、これを一般化すると以下のようになる。

（ⅰ）　N_{1c1} N_{2ci} （N_{3ck}……） V-Ru

（ⅱ）　N_{2c1} N_{1cj} （N_{3ck}……） V-Rare-ru

　　　　（N：名詞（句）、c1：−ガ、ci：−ヲ、−ニ、−ト、−カラ、−ノ

　　　　cj：−ニ、−デ、−カラ　−ニ　ヨッテ　V：動詞語幹*3）

となる。N1は動作の主体で、N2は動作の客体をさす。この主体と客体は必ずしも明確な用語とは言えない。意味的な概念であるから、格文法などでもちいられる、文の成分の意味的特徴をとらえたものとしての、動作主（agent）、被動者（patient）、対象（object）などの用語のほうがより適切であるとおもわれる。しかし、動作主、被動者、対象といった用語も、よくしられているように厳密に規定することは困難で、やはり明確さを欠くことはまぬかれない。そのうえ、能動文の主格にたつ名詞がつねに動作主というわけでもない

ので*4、大雑把に主体、客体とよんでおく。伝統的な文法で文法的主語、文法的目的語に対する論理的（あるいは概念的）主語、論理的（概念的）目的語といわれたものを主体、客体という用語でとらえることにしたい。

さて、受動文の特徴は、次の3点である。

a. 動詞に形態的特徴（Rare-ru）がある。

b. 客体が主格で、主体が斜格であらわされる。

c. 主格にたつ名詞を基準にした場合、動作は求心的な方向性をもつ。

これらの3点の特徴は相互に依存しあって、うけみ構造をつくっている。（2）の文は、a.b.c.の特徴をすべてみたしていて、典型的なうけみ文といえるであろう。

ここで、うけみ文はつねにこれら3点の特徴をそなえていなければならないかどうかを検討してみたい。

3.1　はたらきかけとうけみの対立の欠如

初めに、動詞が -Rareru によって特徴づけられている以下の例をとりあげる。

（3）日本は水にめぐまれている。

（4）砂川邸は石垣にかこまれている。

（5）主人はこのところ仕事に忙殺されている。

このような文は、対応するはたらきかけの文をもたない点で特徴的である。以下のような能動文を仮定してみても、それらは自然な文とはみとめられない。

（6）*（神が）日本に水をめぐんでいる。

（7）?石垣が砂川邸をかこんでいる。

（8）?仕事がこのところ主人を忙殺している。

対応するはたらきかけの文が存在しないということは、能動―受

動の対立がないことを意味している。すなわち、(3)(4)(5)は、能動—受動のヴォイスのサブカテゴリーを欠いた文とみとめられる。これらは、動詞に -Rareru の形態的特徴をもつとはいえ、うけみ文とはみとめにくい。このような文をみかけ上の受動文と仮によんでおく。(3)(4)(5)の文で、述語があらわしているのは、主体のどうさではなくて、性質や状態であり、これらの文は機能的には動詞文というより形容詞文にちかい。動詞の〈する—している〉が基本的には完成相と継続相というアスペクト上の対立を示すのであるが(奥田靖雄(1978))、「(山が)そびえている」や「(太郎は計算能力に)すぐれている」といった表現では、動作の過程的側面を特徴づけるといったアスペクトのカテゴリーから解放されて、述語は単なる状態や性質をあらわしていて、機能的には形容詞文にちかいのと同じように。(3)(4)(5)は、動作の過程的な特徴をもたず、たんなる状態をあらわしていて、アスペクトから解放されている。「めぐまれる」「かこまれる」「忙殺される」という語形の、うえの例では使いにくい。

　最初にあげた(1)と(2)のあいだに成立している他動詞文とそのうけみ文という、能動—受動の関係は、(3)と(6)、(4)と(7)、(5)と(8)にはない。(3)(4)(5)の文には、うけみ性が希薄である。これらは機能的には形容詞文にちかい、自動詞文であろう。ただし、これらの文でもちいられている動詞は自動詞ではない。次の(9)と(10)のような能動—受動の対立をもつ用法もありうる。

(9)数名の学生がその教授をかこんだ。
(10)その教授は数名の学生にかこまれた。

　ついでにいえば、一般に他動詞文が能動文であることを保証はしない。対応する受動文が存在してこそ、能動文の資格を得るのであって、受動文と対立しない能動文は存在しにくい。こうして、たとえば、再帰的な用法、生理的な用法、病理現象、衣服を身にまとう動作、所有などに関する表現には見かけ上、他動詞構文であって

も、能動文とはいいがたい。このようなタイプを見かけ上の能動文と仮によんでおく。そのような例を2,3例ずつ提示しておく。

〈再帰的用法〉
(11)山田は不思議そうに首をかしげている。
(12)その女はいつまでも目をとじていた。
(13)(窓からとびおりて、)彼は足を折った。

このように、動作が他にむけられるのではなくて、主体自身のうごきを表現している場合には、形式構造上は他動詞文であっても、(14)(15)(16)のようなうけみ文は存在しえない*5。

(14)*首が（山田によって）不思議そうにかしげられていた。
(15)*目が（その女によって）いつまでもとじられていた。
(16)*足が（彼によって）折られた。

例文（16）と同じ動詞をもちいても、例文（17）のように、他に対するはたらきかけをしめしているならば、うけみ文ができ、ヴォイスの対立が成立する。

(17)太郎は桜の枝を折った。
(18)桜の枝は太郎によって折られた。

もっとも、（17）は、（19）のように動作客体を主題化することによってうけみ性をおびた文にすることができ、（18）よりは（19）のほうが日本語としてずっと自然である。これは無生物（in-animate）なモノよりも、有生（animate）なヒトあるいは動物のほうが主格になりやすいという、どのような名詞のサブカテゴリーが主格にたちやすいかという問題とかかわっている*6。

(19)桜の枝は太郎が折った。

第7章　迂言的な受け身表現　445

さらに以下にしめす、生理現象、病理現象、衣服を身にまとう動作、所有とグループわけしたものも、ひろい意味での再帰的用法で、主体地震のうごきをあらわしていて、主体以外のなにかにはたらきかける動作ではない。所有は、動作というより状態である。

〈生理現象〉
(20)弟の信二はちょっと走っただけで、びっしょり汗をかいた。
(21)猫があくびをした。

　これらに対応する「汗がかかれた」「あくびがされた」のようなうけみ文は存在しない。

〈病理現象〉
(22)うちのことりは下痢をしている。
(23)太郎は体育の授業中にけいれんをおこした。

　これらも、「下痢がされている」「けいれんがおこされた」のようなうけみの形式はとれない。

〈衣服を身にまとう動作〉
(24)父は外出するために帽子をかぶった。
(25)太郎はあわてて上着をきた。

　「かぶる」「きる」は、もっぱら動作主体にのみ用いられる動詞である。これは再帰動詞として、受動文のつくれる他動詞「かぶせる」「きせる」と対立する。(24)(25)のうけみ文は存在しない。

〈所有〉
(26)いまはどの家庭もテレビをもっている。
(27)太郎は英語の本を何冊ももっている。

　これらも対応する受動文をもたない。受動文と対立しない以上、

446　Ⅳ　文法論をめぐる諸問題

これを能動文とはみとめにくい。これらも機能的には自動詞文にちかい、能動―受動というヴォイスのカテゴリーをもたない文と考えるべきであろう。能動―受動に関して中立的である。以上、うけみの形態的特徴をもつがうけみ性を欠く文と、他動詞文ではあっても、はたらきかけ性を欠くみかけ上の能動文について検討した。

ここで、能動―受動の対立を次のように図式化してみる。意味的レベルの主体、客体を上に、統語的レベルの主格、斜格を下にしめすと、たとえば、（1）と（2）の対立は以下のようになる。左が能動文、右が受動文である。

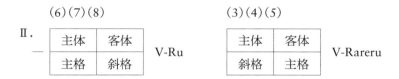

ある構造の文の欠如を―であらわすと、（3）と（6）、（4）と（7）、（5）と（8）の関係は、次のようになり、（3）は（2）と共通の構造をもつが、対立する能動文をもたないゆえに、みかけ上の受動文とみなされ、（2）の真の受動文と区別される。

Ⅱ．

主体	客体
主格	斜格

（6）（7）（8）　― 　V-Ru

主体	客体
斜格	主格

（3）（4）（5）　V-Rareru

（3）（4）（5）の文では、主体と客体の区別そのものが、そもそもつけられないのではなかろうか。動詞の動作性が欠如しているわけであるから、動作の発するところも及ぶところもない。同様に再帰的な用法や生理現象としてあげた例は、対立する受動文をもたないゆえに、みかけ上の能動文とみなされ、（1）の能動文とは区別される。次のように図式化できる。

	(11)(12)など				(14)(15)など		
Ⅲ.	主体	客体	V-Ru	—	主体	客体	V-Rareru
	主格	斜格			斜格	主格	

以上、Ⅰ、Ⅱ、Ⅲの3つの典型的とおもわれるタイプをあげた。Ⅰのタイプとはいえ、能動—受動の対立において、多くは、うけみ構造の動詞の語形が有標であることからもうかがえるように、能動文のほうが一般に受動文より有意である。たとえば、

(28) 太郎が本をよんだ。

(29) 本が太郎によってよまれた。

のような対立で、(29) はかなり不自然な文である。これはⅢのタイプにちかい＊7。

一方、次のような対立では、うけみ構造をもった文 (31) や (33) のほうがより自然な文であるとおもわれる。

(30) A夫人がまもなく赤ちゃんをうむ。

(31) A夫人にまもなく赤ちゃんがうまれる。

(32) 私は故郷をなつかしくしのぶ。

(33) 私には故郷がなつかしくしのばれる。

(31) や (33) の文は対立する能動文 (30)、(32) より優位にあって、Ⅱのタイプにちかい性格をもっている。

3.2　語彙的なうけみと迂言的なうけみ

次に動詞がうけみ文の形態的特徴をもたない場合を検討する。典型的なうけみ文のみっつの条件のうち、aを欠いて、bとcの特徴をみたしている文をとりあげる。

以下にしめす、(1) と (2) の関係は、典型的な能動文と受動文の対立といえるであろう。ところで、(3) も (2) と類似した文の

機能をもっていて、はたして（3）は（1）との関係において受動
文といえるかどうか問題となる。

（1）太郎が次郎をみつけた。
（2）次郎が太郎にみつけられた。
（3）次郎が太郎にみつかった。

　まず、（2）と（3）では、動詞の語形が異なる。しかし、（2）
（3）の動詞の語根（Vrであらわす）は共通している。ふたつの動
詞はレキセーム（lexeme）としては異なるが、形態的に共通部分
をもっていて（この共通部分をスプラレキセーム（supralexeme）
と呼ぼう）、あとでとりあげる、「かつ」「まける」のような共通部
分をもたない、ふたつのレキシームとは区別される。
　さて、（1）と（2）の文になりたつ「太郎」：主体、「次郎」：客体、
という関係が、（3）の文でも保たれているかどうかが問題である。
ちなみに、動詞「みつかる」は、人間以外のものを指す名詞が主格
にたつと、一般に動作主は表現されない。

（4）一万円札が〔*太郎に（よって）〕みつかった。
（5）ひとりで鳥かごから逃げだしたことりが、〔*太郎に（よっ
　　　て）〕みつかった。

　どうやら「みつかる」は、主格、斜格いずれもが人間の場合にか
ぎって、うけみ的な文ができるらしい。（3）の文は、主格にたつ
「次郎」にとって求心的な動きである。このタイプの文をつくる動
詞は少ない。「つかまる」が同じ仲間である。

（6）太郎が次郎をつかまえた。
（7）次郎が太郎につかまえられた。
（8）次郎が太郎につかまった。

　形態上は、「たすかる」も、この「みつかる」「つかまる」と同類

第7章　迂言的な受け身表現　　449

であるが、この動詞は、(3)や(8)のようなうけみ的な文にはならない。

(9) 太郎が次郎をたすけた。
(10) 次郎が太郎にたすけられた。
(11)＊次郎が太郎にたすかった。〔太郎のおかげで、なら可〕

うえの(1)と(3)、(6)と(8)の関係は、(3)(8)の主体、客体の対立を疑問としながらも、一応主客の対立があるものとみなすと次のように図式化できる。

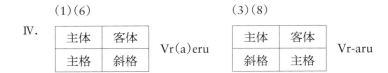

さて、次のような文は、同じことがらをのべたふたつの文ではあるが、これを、能動―受動の対立とは言いがたい。

(12) 太郎が次郎にかけっこでかった。
(13) 次郎が太郎にかけっこでまけた。

まず、動詞のレキセームが異なっている。「みつける」と「みつかる」の間にみられた形態上の共通性がない。主体、客体の関係も、(12)では「太郎」が主体、(13)では「次郎」が主体とみるのが自然であろう。さらに(13)の文が、主格にたつ「次郎」にとって求心的な動作であるかどうかもはっきりしない。要するに、「かつ」と「まける」は語彙的な対立（converseと呼ばれる対立）であって、(12)と(13)は文法的なヴォイスの対立ではない。

さて、(14)と(15)も同じことがらをのべた文である。

(14) 太郎が　次郎に　注意を　あたえた。

(15) 次郎が　太郎から／に　注意を　うけた。

　この「注意をあたえる」「注意をうける」という語結合は、1.でのべた迂言的な述語形式である。これは、「注意する」「注意される」と交替しうる形式である。動詞は語彙的な意味をうしなって、文法的なはたらきをしている。「注意をあたえる」と「注意をうける」の共通部分をスプラレキセームとしてとりだす。実質的意味をもった「注意（を）」が共通部分である。例文（14）（15）は、次のように図式化できる。

　FVは、「注意をあたえる」「注意をうける」の「あたえる」「うける」などの、筆者のいう機能動詞をさす（村木（1980））。例文の（15）は、うけみの特徴のbとcをみたしている。主格にたつのは、動作客体の「次郎」であり、この「次郎」にとって、「注意をうける」ことは求心的なうごきである。このタイプは、さきにあげた（1）と（3）の関係以上に能動―受動の対立がはっきりしている。ふたつの述語形式（一方は動詞のみ、他方は、名詞と動詞のくみあわせ）はスプラレキセームをもつ点では共通している。また、主格にたつ名詞にとって求心的なうごきであることも共通している。ただ、主格にたつ名詞が動作の客体であるかどうかという点では、（3）の文では、はっきりしなかったが、（15）においては、「次郎」が客体であることに問題がない。（15）の文では、主体と客体との対立があきらかで、そこには受動文の意味的な特徴がみたされている。

　ところで、次の（16）が、（14）に対する、狭い意味でのうけみ文である。（16）にはa.b.c.の特徴がみたされている。

（16）次郎が　太郎から／に　注意を　あたえられた。

　（15）と（16）が（14）のうけみ表現として競合関係にある。どちらの形式がより一般的であるかは、個々の用例によって異なるであろうが、（15）と（16）の例からもうかがわれるように、（15）のほうが自然で、頻度も多いのではないかと予想される。
　なお、次の文も（14）と対応し、一般にうけみ文と呼ばれているものである。

　（17）太郎から　次郎に　注意が　あたえられた。

　（16）（17）では、どちらも主体は「太郎」であるが、（16）では、「次郎」が客体、（17）では、「注意」が客体である＊8。

　迂言的な形式によるうけみ表現に話をもどす。「注意をうける」「批判をあびる」「支持をえる」「注目をあつめる」など、この種のうけみ表現をつくる動詞はいずれも、予想される主格の名詞に対して求心的なうごきをあらわすものである。他にも、まねく、よぶ、くう、くらう、かう、こうむる、といった動詞に、このようなうけみ表現をつくる能力がある。いずれも、なんらかの動作客体が主体に向かって移動する、という共通した特徴がみとめられる。ただし、このような動詞によるうけみ的な語結合にすべて、対立するはたらきかけの語結合があるわけではない。たとえば、

注意を／示唆を／警告を／評価を／承認を／支援を／一撃を／刺激を／影響を／保護を／……あたえる	注意を／示唆を／警告を／評価を／承認を／支援を／一撃を／刺激を／影響を／保護を／……うける
さそいを／おどしを／うたがいを／攻撃を／相談を／期待を／嫌疑を／……かける	さそいを／おどしを／うたがいを／攻撃を／相談を／期待を／嫌疑を／……うける
質問を／批判を／非難を／連打を／……あびせる	質問を／批判を／非難を／連打を／……あびる

のように、能動―受動の関係がシステマティックに対をなす例もあるが、「反撃をくう」「反発をかう」「誤解をまねく」「期待をあつめる」などの語結合では、それに対応する語結合による能動の表現をもたない*9。語結合による対応表現をもたないけれども、「反撃される」「反発される」「誤解される」「期待される」などと同義性を保ちつつ交替することによって、間接的に「反撃をくう」や「反発をかう」は、「反撃する」や「反発する」に対する、迂言的なうけみ形式とみとめられる。

　迂言的な形式とそうでない形式はこうして両者が交替関係にある。以下にいくつかの実例をしめそう。左が迂言的な形式によるもの、右は、1単語であらわされているものである。

（18）腎臓移植が腎不全の根本療法として**注目を集めてい**る。
〈M.81.10.21.朝〉

（19）同事務局長は、……新競技として採択が**注目されて**いる野球については触れなかった。
〈M.79.3.12.朝〉

（20）帰国の飛行機代を払わず、そのため二、三百人の学生が、ニューヨークで**足止めをくう**という事件があった。
〈世界、79.11.〉

（21）東京―博多間の全線で計八十三本の列車が止まり、約十万人が車内に**足止めされた**。
〈M.80.4.7.朝〉

（22）西本は大量点に気をよくし、シリ上がりの好投をみせ、九回スコットに**本塁打を浴びた**ものの、……
〈M.79.8.18.朝〉

（23）先発・柳田が先頭の古屋に**左本塁打され**、さらに安打と四球で無死一、二塁のピンチを招いた。
〈M.81.4.28.朝〉

（24）景気に対して「中立型」であると解説し「まずまずの**評価を得られる**のではないか」と自信を示した。
〈M.80.1.1.朝〉

（25）日本は、今月はじめ、他国にさきがけ九億円のカンボジア緊急援助の支出を決め、各国から高く**評価された**。
〈M.79.10.16.朝〉

第7章　迂言的な受け身表現　　453

（26）江川と交換となった小林繁投手は「プロの世界だから阪神でどれだけやるかで価値が決まると思う。世間の**同情はかいたくない**」と語った。

〈M. 79. 2. 1. 朝〉

（28）明徳の主戦投手・弘田は外角ストレート主体のピッチングで**連打を許さず**、……瀬田工を完封した。

〈M. 82. 3. 30. 朝〉

（27）「事柄が事柄だから仕方がないのよ。どうしても私の方が**同情されて**、あなたが非難されるのよ。」

〈佐多稲子「くれない」〉

（29）九回無死から**連打された**以外危なげなく、無四球、わずか98球で料理し、自ら95点の高い評価をつけた。

〈M. 82. 3. 30. 朝〉

　しかし、この迂言的な形式とそうでない形式との交替は、うけみ表現にとって義務的なことではない。うけみ表現にとっては対応するはたらきかけの表現との対立がより重要なのである。交替形が存在することは、うけみの性質を証拠づけるための傍証のようなものであって本質的ではない。こうして、たとえば、

（30）太郎が　次郎に　打撃を　あたえた。
（31）次郎が　太郎から　打撃を　うけた。

のふたつの文の対立は、（14）と（15）の関係と全く同じである。ただひとつちがう点は、「注意をあたえる≒注意する」「注意をうける≒注意される」という交替関係が、「打撃」という動作名詞には成立しない。「＊打撃する」「＊打撃される」という動詞語形はない。「攻撃」「襲撃」「一撃」には、「攻撃する」「襲撃する」「一撃する」といった動詞があるのに対して、「打撃」「衝撃」には、そのような動詞はない。「ショック」「ダメージ」「プレッシャー」といった外来語名詞も
　　＊ショックする　＊ダメージする　＊プレッシャーする
とはいえず、次のような迂言的な手つづきによって能動──受動の対立があらわれる。

ショックを　あたえる	ショックを　うける
ダメージを　あたえる	ダメージを　うける
プレッシャーを　かける	プレッシャーを　うける

　迂言的なうけみ表現をつくる動詞として、「うける」はもっとも生産的である。ところで、この「うける」が動作性の名詞とむすびついて、自動詞相当のはたらきをする場合があることを指摘しておきたい。「感動をうける」「感銘をうける」「感激をうける」「迷惑をうける」などがそれで、これらは、予想される主格の名詞にとっては求心的なうごきではあるが、交替するのは、「感動する」「感銘する」「感激する」「迷惑する」であって、うけみを特徴づけるV-Rareru の形式をもたない動詞の語形である。これは、「感動」「感銘」「感激」「迷惑」などの動作名詞、あるいはそれに「する」のついた動詞の特徴に起因する。次のふたつのタイプをならべて検討する。

(i) ⓐAがBに　刺激を／影響を／保護を　あたえる（刺激する／影響する／保護する）
ⓑBがAから／に　刺激を／影響を／保護を　うける（刺激される／影響される／保護される）

(ii) ⓐAがBに　感動を／感銘を／感激を　あたえる（感動させる／感銘させる／感激させる）
ⓑBがAから／に　感動を／感銘を／感激を　うける（感動する／感銘する／感激する）（ただし、Aから感動する／感銘する／感激する、は不可）

　動作名詞と「かける」／「うける」のむすびつきによって、(i) のタイプでは、能動―受動の関係が、(ii) のタイプでは、使役―非使役（基本）の関係がなりたつ。「刺激（する）」「影響（する）」「保護（する）」の予想される主格にとって（(i) のAにあたる）これらの動作は遠心的な方向性をもっている。ところが、「感動（する）」「感銘（する）」「感激（する）」の場合は、予想される主格にとって（(ii) のBにあたる）、これらの動作は求心的な方向性をもっている。(ii) のタイプの「～する」の形は、求心的な方向性をもっているために、「*感動される／*感銘される／*感激される」

といったうけみの形式はない。迂言的な形式を構成する動詞の「かける」が遠心性、「うける」が求心性をもっていることとからめて、以上のことを整理すると、下の表のようになる。

		動 作 名 詞	(機能) 動詞	文法的特徴
(i)	ⓐ	遠 心 性	遠 心 性	能 動
	ⓑ	遠 心 性	求 心 性	受 動
(ii)	ⓐ	求 心 性	遠 心 性	使 役
	ⓑ	求 心 性	求 心 性	非使役 (受動)

同様の関係をしめすものに、「かける」と「うける」の対立があり、次のようなくみあわせが可能である。
(i)   ⓐAが Bに さそいを／相談を／圧迫を かける
       ⓑBが Aから／に さそいを／相談を／圧迫を うける
       （さそわれる／相談される／圧迫される）
(ii)   ⓐAが Bに 迷惑を／世話を かける
       ⓑBが Aから／に 迷惑を／世話を うける
さて、（i）ⓐのタイプの迂言的な形式と対応する、分析的な形式に、相手をあらわす名詞が、格助辞の -o であらわれたり、-ni であらわれたりすることは興味ぶかい。次にしめすような例がある。
　　太郎に／太郎を　援助する
　　太郎に／太郎を　声援する
　　太郎に／太郎を　刺激する
　　太郎に／太郎を　攻撃する
　　太郎に／太郎を　注意する
意味論的な格として、直接対象（object）と被動者（patient）がかさなりあっていることを形態上しめしてくれる例である。
ここで、迂言的なうけみ表現をつくる語結合を、動詞の項目ごとに列挙しておく（村木（1980）で、このような結合をリストアップしたが、その後、補充をすべき用例がでてきたので不足分を補ってここにしめす。(△は、～されると交替しないもの))。
　　あつめる
　　△関心を　～　期待を　～　賛成を　～　支持を　～　視聴を

456　Ⅳ　文法論をめぐる諸問題

～　信仰を　～　△信望を　～　信頼を　～　羨望を　～　憎
悪を　～　尊敬を　～　注目を　～　△人気を　～

あびる

　△圧力を　～　安打を　～　△一発を　～　薄笑いを　～　喝
采を　～　△脚光を　～　脅迫を　～　攻撃を　～　指弾を
～　称賛を　～　絶賛を　～　注視を　～　中傷を　～　注目
を　～　長打を　～　痛打を　～　拍手を　～　反発を　～
反論を　～　批判を　～　非難を　～　砲撃を　～　ホームラ
ン（ホーマー）を　～　本塁打を　～　猛攻を　～　冷笑を
～　連打を　～　ヤジを　～

うける

　あおりを　～　あつかいを　～　圧迫を　～　あなどりを　～
いやがらせを　～　依頼を　～　うたがいを　～　うったえを
～　うらみを　～　影響を　～　援助を　～　おいわいを　～
おしかりを　～　感化を　～　管轄を　～　歓迎を　～　看護
を　～　勧告を　～　干渉を　～　監督を　～　勧誘を　～
期待を　～　虐待を　～　救援を　～　拒絶を　～　許可を
～　詰問を　～　薫陶を　～　訓練を　～　激賞を　～　激励
を　～　検閲を　～　限定を　～　検問を　～　攻撃を　～
厚遇を　～　拷問を　～　攻略を　～　号令を　～　告発を
～　誤解を　～　サーヴィスを　～　催促を　～　指図を　～
さそいを　～　さばきを　～　差別を　～　作用を　～　支援
を　～　しかえしを　～　刺激を　～　しごきを　～　示唆を
～　指示を　～　しっぺがえしを　～　質問を　～　指摘を
～　支配を　～　諮問を　～　祝福を　～　△衝撃を　～　召
集を　～　招待を　～　衝突を　～　処刑を　～　処分を　～
△ショックを　～　所望を　～　しわよせを　～　尋問を　～
信頼を　～　侵略を　～　推薦を　～　請求を　～　制限を
～　制裁を　～　制約を　～　説得を　～　宣告を　～　捜索
を　～　相談を　～　束縛を　～　尊敬を　～　待遇を　～
△打撃を　～　打診を　～　弾圧を　～　注意を　～　忠告を
～　注文を　～　嘲笑を　～　追放を　～　提供を　～　抵抗

を　〜　提訴を　〜　手入れを　〜　摘発を　〜　手直しを　〜　手ほどきを　〜　出迎えを　〜　統制を　〜　投石を　〜　取調べを　〜　なぐりこみを　〜　認可を　〜　迫害を　〜　はげましを　〜　はずかしめを　〜　抜てきを　〜　はらいさげを　〜　反撃を　〜　反対を　〜　反発を　〜　庇護を　〜　非難を　〜　批判を　〜　評価を　〜　表彰を　〜　復讐を　〜　侮辱を　〜　分析を　〜　返済を　〜　妨害を　〜　暴行を　〜　砲撃を　〜　報復を　〜　訪問を　〜　保護を　〜　補導を　〜　命令を　〜　もてなしを　〜　優遇を　〜　優待を　〜　ゆるしを　〜　要請を　〜　よびだしを　〜　乱暴を　〜　冷笑を　〜　連絡を　〜

える＊10

あわれみを　〜　△印象を　〜　うらづけを　〜　援助を　〜　応援を　〜　快諾を　〜　回答を　〜　確証を　〜　確認を　〜　△感触を　〜　教示を　〜　協力を　〜　許可を　〜　合意を　〜　後援を　〜　△好評を　〜　裁可を　〜　参加を　〜　賛成を　〜　支援を　〜　支持を　〜　指導を　〜　指名を　〜　証言を　〜　賞賛を　〜　承認を　〜　信任を　〜　信頼を　〜　説明を　〜　助けを　〜　提供を　〜　同意を　〜　答申を　〜　納得を　〜　認可を　〜　拍手を　〜　バックアップを　〜　判決を　〜　評価を　〜　保証を　〜　融資を　〜　理解を　〜　了解を　〜　了承を　〜

かう

△悪評を　〜　いかりを　〜　うらみを　〜　△歓心を　〜　苦笑を　〜　失笑を　〜　憎悪を　〜　同情を　〜　反発を　〜　△反感を　〜　微笑を　〜　非難を　〜　顰蹙を　〜　△不興を　〜　△不信を　〜　△不人気を　〜　△不評を　〜　△不評判を　〜　侮蔑を　〜　笑いを　〜

くう

あおりを　〜　足止めを　〜　うっちゃりを　〜　上手投げを　〜　お預けを　〜　△大目玉を　〜　追いたてを　〜　おいてけぼりを　〜　肩すかしを　〜　逆ねじを　〜　三重殺を　〜

しっぺ返しを　〜　しめつけを　〜　折檻を　〜　せめを　〜　（囲碁で）△総スカンを　〜　（退学）処分を　〜　痛打を　〜　つきあげを　〜　つけを　〜　（囲碁で）つるしあげを　〜　適時打を　〜　どんでん返しを　〜　ノックアウトを　〜　反撃を　〜　平手打ちを　〜　△ビンタを　〜　併殺を　〜　ホームランを　〜　ほったらかしを　〜　まきぞえを　〜　まちぼうけを　〜　めったうちを　〜　門前払いを　〜　ゆさぶりを　〜

博す（る）
　喝采を　〜　△好評を　〜　絶賛を　〜　△人気を　〜
まねく
　介入を　〜　軽蔑を　〜　誤解を　〜　△反感を　〜　反発を　〜　批判を　〜　非難を　〜　侮辱を　〜
あう
　挟撃に　〜　拒否に　〜　攻撃に　〜　サインぜめに　〜　しっぺ返しに　〜　質問ぜめに　〜　消毒ぜめに　〜　追撃に　〜　抵抗に　〜　テストぜめに　〜　はさみうちに　〜　反対に　〜　反発に　〜　兵糧ぜめに　〜　ふくろだたきに　〜　砲撃に　〜　まきかえしに　〜　めったうちに　〜　焼きうちに　〜

あずかる
　　おたずねに　〜　おほめに　〜　△恩恵に　〜　供応に　〜　指名に　〜　接待に　〜　相談に　〜　伝授に　〜　おもてなしに　〜（多くは、動作名詞に、お—、御—がつく。）

　ここで、迂言的な形式とからめて、能動—受動の対立と、他動—自動の対立がかさなりあっている事実があることを指摘しておきたい。次の（32）のような文は、与格（〜に）の名詞を主格にする文と、対格（〜を）の名詞を主格にする文と、ふたつの受動文が可能であることはさきにふれた。後者の受動文は動詞にうけみの形態的特徴 -Rareru をもった（33）であるが、いわゆる自動詞による（34）も、意味的には（33）にきわめてちかい。

（32）太郎が　次郎に　さそいを　かけた。

（33）太郎から　次郎に　さそいが　かけられた。

（34）太郎から　次郎に　さそいが　かかった。

　このような表現では、動詞の語形に、（32）と（33）のあいだに能動形——受動形、（32）と（34）のあいだに他動詞——自動詞という関係があるが、意味的には両者の対立がかさなりあっている。（34）の文が、主格が存在しない（35）の文と交替することにも注目しておきたい。

　（35）太郎から　次郎に　さそいを　かけた。

　（34）と（35）では、動作主（太郎）と受動者（次郎）との格形式が共通していて動作をあらわす部分だけで形式上の交替がおこっている。次の例も同じタイプである。

（36）監督から　選手に　指示を　だした。

（37）監督から　選手に　指示が　だされた（でた）。

　迂言的な形式のふたつめのタイプとして、動詞に補助動詞「もらう」のついたものがある。（41）と（45）とが、さきにあげた、うけみの特徴のｂとｃをみたしていることは確かである。ところで、この「もらう」は、同じ補助動詞の「やる」「くれる」と相互に対立しあって、独自のシステムをなす形式である。ヴォイスのサブカテゴリーとして、能動—受動の対立（38）と（39）、（42）と（43）と、やり—もらい（40）と（41）、（44）と（45）がかさなりあっている例とみることができよう。

（38）先生が　太郎を　ほめた。

（39）太郎が　先生から／に　ほめられた。

（40）先生が　太郎を　ほめてやった。

（41）太郎が　先生から／に　ほめてもらった。

460　Ⅳ　文法論をめぐる諸問題

（42）太郎が　次郎に　英語を　おしえた。
（43）次郎が　太郎から／に　英語を　おしえられた。
（44）太郎が　次郎に　英語を　おしえてやった。
（45）次郎が　太郎から／に　英語を　おしえてもらった。

　次に迂言的な形式のみっつめのタイプとして、動詞に補助動詞「ある」のついたものがある。このタイプは、受動文に主体が表現されないことと、うけみ的な意味とともに、つねに動作の完了の結果が特徴づけられることに特色がある。（46）に対する（47）や、（48）に対する（49）がそれで、これは擬似受動文と仮によんでおく。

（46）太郎が　机の上に　本を　おいた。
（47）机の上に　本が　おいてある。
（48）誰かが　手紙を　かいた。
（49）手紙が　かいてある。

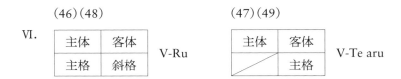

　（47）（49）の主体の欠如は省略ではない。このタイプの文では、文の構造上、主体をあらわすことができない。このタイプを擬似受動文とよぶのは、主体を義務的に欠くためである。
　さらに特殊な例として、

（50）山田氏は中村氏の管理下にある。
（51）目下、B国はA国の統治下にある。

のような例がうけみ的な表現としてあげられる。これらの文は、形式上の整合性を欠くとはいえ、

第7章　迂言的な受け身表現　461

（52）中村氏が山田氏を管理している。

（53）目下、A国はB国を統治している。

の受動文にあたる。

（54）山田氏が中村氏に管理されている。

（55）目下、A国はB国に統治されている。

の代替表現として間接的に（52）（53）と能動―受動の対立をなす。
（50）（51）はうけみ性と同時に、継続相（durative）というアスペクトの特徴をもあわせもつ。しかし、これらの述語形式は特殊であり、うけみ形式とはいっても生産的とはいえない。「支配下に／保護下に／包囲下に／戒厳下にある」など用法はかぎられている。

　以上、動詞が -Rareru で特徴づけられていない、うけみ的な表現をとりあげた。それを整理してみると次のようになる。

（i）　語彙的なうけみ表現。「みつかる」「つかまる」など。

（ii）迂言的なうけみ表現。

　（a）「取調べをうける」「批判をあびる」など。

　（b）「ほめてもらう」「おしえてもらう」など。

　（c）「（本が）おいてある」「（手紙が）かいてある」など。

　（d）「管理下にある」「統治下にある」など。

4．はたらきかけ―うけみと他の文法的カテゴリー―

　ヴォイスのサブカテゴリーである、能動―受動の対立を、問題としてきた。その過程で、ヴォイスの他のサブカテゴリーとのかかわりあいをみた。ヴォイスにかかわるサブカテゴリーには次のようなものがある。

〈他動―自動（非他動）〉

　　　A夫人が赤ちゃんをうむ。（他動）

　　　A夫人に赤ちゃんがうまれる。（自動）

462　Ⅳ　文法論をめぐる諸問題

$$\left\{\begin{array}{l}\text{監督が選手に指示をだす。(他動)}\\\text{監督から選手に指示がでる。(自動)}\end{array}\right.$$

〈使役—非使役〉

$$\left\{\begin{array}{l}\text{太郎が次郎を感動させる。(使役)}\\\text{次郎が太郎に感動する。(非使役)}\end{array}\right.$$

$$\left\{\begin{array}{l}\text{騒音が太郎を悩ます／悩ませる。(使役)}\\\text{太郎が騒音に悩む。(非使役)}\end{array}\right.$$

（太郎が騒音に悩まされる。）

〈再帰—非再帰〉

$$\left\{\begin{array}{l}\text{太郎が足の骨をおる。(再帰)}\\\text{太郎が木の枝をおる。(非再帰)}\end{array}\right.$$

$$\left\{\begin{array}{l}\text{太郎が次郎から／に／の批判をあびる。(再帰)}\\\text{太郎が次郎に批判をあびせる。(非再帰)}\end{array}\right.$$

〈やり—もらい〉

$$\left\{\begin{array}{l}\text{先生が太郎をほめてやる。}\\\text{（先生が太郎をほめてくれる。）}\\\text{太郎が先生から／にほめてもらう。}\end{array}\right.$$

$$\left\{\begin{array}{l}\text{中村が山田に協力してやった。}\\\text{（中村が山田に協力してくれた。）}\\\text{山田が中村から／に協力してもらった。}\\\text{〔山田が中村から／に／の協力をえた。〕}\end{array}\right.$$

〈対称—非対称〉

$$\left\{\begin{array}{l}\text{太郎が次郎となぐりあう。(対称)}\\\text{太郎が次郎になぐりかかる。(非対称)}\end{array}\right.$$

$$\left\{\begin{array}{l}\text{埼玉県は東京都と接している。(対称)}\\\text{所沢は埼玉県に属している。(非対称)}\end{array}\right.$$

〈能動—受動〉のカテゴリーが、〈他動—自動〉〈使役—非使役〉、〈再帰—非再帰〉、〈やり—もらい〉のカテゴリーとかかわっていることは、すでにふれた。最後にあげた、〈対称—非対称〉とは、次のようなかかわりをもつ。対称の例としてあげた文は、同義性を保ちつつ、

第7章　迂言的な受け身表現　463

> 太郎が次郎となぐりあう。
> 次郎が太郎となぐりあう。
> 太郎と次郎がなぐりあう。

の関係がなりたち、すべて、主格にたつ名詞にとって遠心的な方向
性をもつ、能動文である。また、

> 埼玉県は東京都と接している。
> 東京都は埼玉県と接している。

は、単にふたつの名詞句の関係をあらわしていて、ともにみかけ上
の能動文である。みかけ上の能動─受動の対立をしめすが、単にふ
たつの名詞句の関係をあらわしている次のペアが想起される。

> たばこは肺がん性物質をふくんでいる。
> 肺がん性物質はたばこにふくまれている。

〈能動─受動〉の対立は、さらに、ヴォイスのカテゴリーを媒介
として、格のカテゴリーと直接かかわりをもつことは勿論のこと、
人称やアスペクトなど他の文法的なカテゴリーともふかくかかわり
をしめすようである。

---

*1 参考までに実例をあげておく。
○この日午前中二時間、甲子園に近い住友銀行グラウンドで**練習する**予定だった。だが、雨で使用不能に。しかし、二十二日甲子園入りしてから毎日二三時間の**練習を重ねて**きた"日課を"崩すわけにはいかない。〈M. 80.4.2. 朝〉
○韓国第一野党の新民党と第二野党の民主統一党は二十七日、両党が無条件統合合体することに**合意した**と共同発表した。これは、同日午前、新民党本部で行われた金泳三新民、梁一東民主統一両党首の会談で最終的に**合意に達した**もので、これに基づいて民主統一党は九月中に全党大会を開いて同党の解体と新民党への吸収合体を決定する。〈M. 79.8.24. 朝〉
*2 この用語は、ボンダルコ（Бондарко, A. B. 1976）にみられ、鈴木重幸1980に紹介されている。筆者は、とくに、グフマン（Guchman, M. M. 1976）とボンダルコ（Bondarko, A. V. 1976）を参考にした。グフマン、ボンダルコによると、能動文には、zentrifugal（遠心的）な方向性が、受動文には、zentripetal（求心的）な方向性があるという。
*3 c_i、c_j は格助辞、あるいはそれに後置詞のついたものをしめす。
　　c_i : -o

$$\begin{cases} \text{太郎が} \quad \text{次郎を} \quad \text{なぐった／せめた。} \\ \text{次郎が} \quad \text{太郎に} \quad \text{なぐられた／せめられた。} \end{cases}$$

ci：-ni

$$\begin{cases} \text{太郎が} \quad \text{花子に} \quad \text{あまえている／ほれている。} \\ \text{花子が} \quad \text{太郎に} \quad \text{あまえられている／ほれられている。} \end{cases}$$

ci：-to

$$\begin{cases} \text{太郎が} \quad \text{花子と} \quad \text{離婚した／絶交した。} \\ \text{花子が} \quad \text{太郎から／に} \quad \text{離婚された／絶交された。} \end{cases}$$

ci：-kara

$$\begin{cases} \text{太郎が} \quad \text{次郎から} \quad \text{たのしみを} \quad \text{うばった。} \\ \text{次郎が} \quad \text{太郎に} \quad \text{たのしみを} \quad \text{うばわれた。} \end{cases}$$

ci：-no

$$\begin{cases} \text{太郎が} \quad \text{次郎の} \quad \text{肩を} \quad \text{たたいた。} \\ \text{次郎が} \quad \text{太郎に} \quad \text{肩を} \quad \text{たたかれた。} \end{cases}$$

cj については例を省略する。

*4　たとえば、

　(a) みかんはビタミンCをたくさんふくんでいる。

　(b) ビタミンCはみかんにたくさんふくまれている。

の (a) は能動文ではあるが、名詞句「みかん」は、この文の動作主とはみなしにくい。

*5　再帰的用法については、高橋太郎 1975 に詳しい。

*6　角田太作は、言語の普遍性を論じて、シルヴァースタイン（Silverstein, M. 1976）の名詞句のヒエラルヒーを紹介したが、ヒトをあらわす名詞はモノをあらわす名詞よりも、話し手にとって、一般的に、重要であり、それは格（case）のシステムに反映していると考えられる。代名詞は名詞よりも上位に、その代名詞も、1 人称、2 人称、3 人称の順に上位におかれ、名詞は、親族や固有名詞を筆頭に、人間名詞、動物名詞、非動物名詞の順に上位に位置するという（柴谷／角田 1982）。ヒト名詞＞動物名詞＞モノ名詞＞コト名詞（＞は左辺が右辺より上位にあることをしめす。）といった階層性は、おそらく日本語にもみとめられるであろう。これが格のシステムとも関連し、上位の名詞が上位の格にえらばれるのがより自然であることが予想される。こうして、(a) と (b) の対立よりは、(c) と (d) の対立のほうがヴァランスがとれていないという事実は、名詞の階層性とからめて理解されよう。(d) は (b) ほど自然な文ではない。

　(a) 数名の学生がA教授をかこんだ。

　(b) A教授は数名の学生にかこまれた。

　(c) 数名の学生がテーブルをかこんだ。

　(d) テーブルは数名の学生に（よって）かこまれた。

　日本語の格形式のシステムにおけるヒエラルヒーは、主格（ガ）＞対格（ヲ）＞与格（ニ）＞位格（ニ）、共格（ト）、起点格（カラ）、方向格（ヘ）、状況格（デ）、比較格（ヨリ）と考えられる（村木 1982b 参照）。

*7　同じ動詞でも、次のような内容は、むしろうけみ文のほうが自然である。それは主体が不特定であるからと考えられる。

○若い人はその本をよんでいる。

　　○その本は若い人のあいだでよまれている。

＊8　このような、主格、与格、対格のみっつの名詞句とむすびつき、うけみ文
が2種類つくれる動詞には、わたす、教える、くばる、あずける、さずける、
紹介する、などがある。このうち、教える、あずける、さずける、には、対格
を共有して、主体と相手をあらわす客体とが交替する、教わる、あずかる、さ
ずかる、との対応がある。それぞれのあいだに、

　　　　太郎が次郎に英語をおしえた。
　　　　次郎が太郎から／に英語をおそわった。
　　　　太郎が次郎に本をあずけた。
　　　　次郎が太郎から／に本をあずかった。

のような関係が成立し、

　　　　太郎が次郎をみつけた。
　　　　次郎が太郎にみつかった。

の場合と同種のうけみ的な文である。

＊9　「期待をあつめる」「同情をあつめる」には「期待をよせる」「同情をよせ
る」という能動の表現形式があるが、この関係はシステマティックとはいいが
たい。

＊10　「～を　える」の多くの例は、「～される」よりはむしろ「～してもらう」
に相当する。これは、この動詞の意図性のつよさと関係があるかもしれない。

参考文献

奥田靖雄（1978）「アスペクトの研究をめぐって」『教育国語』No. 53. 54. むぎ
　　書房

柴谷方良／角田太作（1982）「言語類型論の最近の動向」『言語』1982–5. 大修
　　館書店

鈴木重幸（1980）「動詞の「たちば」をめぐって」『教育国語』No. 60. むぎ書
　　房

高橋太郎（1975）「文中にあらわれる所属関係の種々相」『国語学』No. 103. 武
　　蔵野書院

高橋太郎（1977）「たちば（voice）のとらえかたについて」『教育国語』No.
　　51. むぎ書房

村木新次郎（1980）「日本語の機能動詞表現をめぐって」『国立国語研究所報告
　　65・研究報告集（2）』秀英出版

村木新次郎（1982a）「外来語と機能動詞」『武蔵大学人文学会雑誌』No. 13–4
　　武蔵大学

村木新次郎（1982b）「動詞の結合能力をめぐって」『日本語教育』No. 47. 日本
　　語教育学会

村木新次郎（1983）「「地図をたよりに人をたずねる」という言い方」『副用語
　　の意味用法の総合的研究』明治書院

Bondarko, A. V. (1976) Das Genus verbi und sein funktional-semantisches Feld:

Satzstruktur und Genus verbi. Akademie-Verlag, Berlin.

Бондарко А.В. (1976) Теория морфологических категорий. Наука Ленинград.

Brinker, K. (1971) Das Passiv im heutigen Deutsch. Max Hueber Verlag, München/ Pädagogischer Verlag Schwann, Düsseldorf

Guchman, M. M. (1976) Die Ebenen der Satzanalyse und die Kategories des Genus verbi: Satzstruktur und Genus verbi. Akademie-Verlag, Berlin.

Mathesius, V. (1961) A Functional Analysis of Present Day, English on a General Linguistic Basis. The Haag/Paris/Prague. (1981)：『機能言語学』 (飯島周訳、桐原書店)

Silverstein, M. (1976) Hierarchy of features and ergativity: Dixon (ed.) Grammatical categories in Australian languages. Humanities Press, Canberra.

Svartvik, J. (1966) On Voice in the English Verb, Mouton. The Haag/Paris.

Холодович. А. А. 1974 Диатезы и залоги в современном японском языке Типология пассивных конструкций. Наука, Ленинград.

Успенский, В. А. 1977 К понятию диатезы Проблемы лингвистической типологии и структуры языка. Наука, Ленинград.

迂言的なうけみ表現

──用 例──

$$\begin{pmatrix} \text{A. 朝日新聞} \\ \text{M. 毎日新聞} \end{pmatrix}$$

あう

○米政府は昨年十一月にも同様の計画を議会に提案したが、議会の強い**反対に
あい**、引っ込めた経緯がある。　　　　　　　　　　　　　〈M. 82.1.27. 朝〉

○しかし、経団連など経済界の猛烈な**反発にあって**増税の口振りが日に日に
トーンダウンしてきたのも事実。　　　　　　　　　　　　〈M. 79.12.19. 朝〉

○十月からの郵便料金の値上げ案と抱き合わせで国会に提案されることになり、
野党の**抵抗にあい**そうだ。　　　　　　　　　　　　　　〈M. 80.1.23. 朝〉

○また韓国は昨年、中国で開かれた世界アイスホッケー、世界バドミントン選
手権に参加を希望しながら、ビザ発給の**拒否にあう**などしている。

　　　　　　　　　　　　　　　　　　　　　　　　　　　〈M. 80.3.11. 朝〉

○飛鳥田委員長の八方美人ぶりが、参院選で共産党と中道諸党の**攻撃にあって**
裏目にでる危険性は、けっして少なくない。　　　　　　　〈M. 79.11.27. 朝〉

○選挙のたびに福田元首相、中曾根行管庁長官という同じ選挙区の大物の**挟撃
にあって**いる同氏としては、　　　　　　　　　　　　　　〈M. 82.1.27. 朝〉

○なんと百四十億ドルもの黒字になって世界各国から"**袋叩き**"にあったこと
は記憶に新しい。　　　　　　　　　　　　　　　　　　　〈週刊読売 .78.8.6.〉

○第二セットは小杉の**巻き返しにあって**失ったが、　　　　〈M. 79.9.4. 朝〉

○エネルギーという錦の御旗さえかかげれば……と甘くみていると、思わぬ
シッペ返しにあうかもしれない。　　　　　　　　　　　　〈M. 80.1.3. 朝〉

○韓国側では厳しい反日行動が展開されて、日本の大使館などは**焼き討ちにあ
い**そうになったし、連日のように木村外相のわら人形は焼かれますし、日の丸
の旗も焼かれる。　　　　　　　　　　　　　　　　　　　〈世界，82.10.〉

○荒木はその日広島入りした外人記者団から**質問攻めにあった**。

　　　　　　　　　　　　　　　　　　　　　　　　　　　〈M. 78.8.1. 夕〉

○長身の牧口は白い歯をみせ、試合後、子供たちの**サイン攻めにあった**。

　　　　　　　　　　　　　　　　　　　　　　　　　　　〈M. 80.8.1. 朝〉

○高校、大学への進学熱が急速に高まった昭和四十年代以降、子供たちは**テス
ト攻めにあって**いる。　　　　　　　　　　　　　　　　　〈M. 79.12.6. 朝〉

○水田とミカン園に囲まれたわが家は、春から秋にかけて、**消毒攻めに遭う**。

　　　　　　　　　　　　　　　　　　　　　　　　　　　〈A. 82.6.7. 朝〉

あずかる

○暖房の利いた席に招かれ、熱い紅茶の**接待にあずかって**ようやく生気がも
どったようなので、　　　　　　　　　　　　　　　　　　〈M. 79.11.27. 夕〉

○紅白の幕に囲まれた庭園で抹茶の**供応にあずかった**。　　〈文芸春秋，79.12.〉

○嵯峨野をあるいて、瀬戸内寂聴さんちで、**おもてなしにあずかる**という、た

468　Ⅳ　文法論をめぐる諸問題

のしい一日だった。　　　　　　　　　　　　　　　　〈週刊文春, 79.6.14.〉
○機械文明の**恩恵にあずかって**、大脳の働きを変えてしまった。

〈M. 79.11.17. 朝〉

○「親方のようなお顔の売れた方の**御贔屓にあずかりません**と、私共の商売は
成立って行きませんのでございます。」　　　　　〈徳田秋声「あらくれ」〉
○「今晩は一つお礼にうんとお父さんに**ご馳走にあずからなくちゃ**ならない
ね」　　　　　　　　　　　　　　　　　　　　　　〈宮本百合子「伸子」〉
○「手前事は天理教祖様の**お見出しにあずかりまして**……」

〈志賀直哉「暗夜行路」〉

○「いや、そういう**御心配に預かりまして**は実に恐縮します。」と校長は椅子
を離れて挨拶した。　　　　　　　　　　　　　　　〈島崎藤村「破戒」〉

　あつめる
○このクエーサーは宇宙にある最も地球から遠い天体とみられ、宇宙進化理論
に役立つ発見として、科学者の**注目を集めて**いる。　　〈M. 79.4.5. 朝〉
○酒井は低めの球に制球がつき、公式戦への**期待を集めた**が、〈M. 79.3.26. 朝〉
○彼は（……）スーリコフ美術大教授として、**尊敬を集めて**いる。
○操業が開始されれば世界最初の商業炉となるもので、それだけに環境主義者
の**憎悪を集めて**いた。　　　　　　　　　　　　　　　　〈M. 82.1.20. 朝〉
○鈴木の強味は、男女いずれからも、また二十代を除くどの年代でも一番多い
支持を集めていること。　　　　　　　　　　　　　　　〈M. 79.4.5. 朝〉
○延命寺は平安時代中期の長暦二年の創建と伝えられ、古くから村の人たちの
信仰を集めていた。　　　　　　　　　　　　　　　　　〈M. 80.7.31. 朝〉
○やや**羨望を集めて**いた渡部が一体ナゼ?!の疑問が残るのだが、

〈サンデー毎日, 79.2.11.〉

　あびる
○黄さんは「……」と語り、日本の婦人たちから共感の**拍手をあびた**。

〈M. 82.4.14. 朝〉

○三笑亭笑三師匠が加藤清正にふんし、会場の**爆笑とかっさいを浴びた**。

〈M. 80.2.9. 朝〉

○愛と性に迷い、悩み傷つきながらも力強く生きぬいていこうとする青春の姿
を、明るくリアルに描き、**絶賛を浴びる**注目の"卒業小説"　〈M. 80.2.4. 朝〉
○これにスポットを当てたオハイオ州立大学のブラッドレー・リチャードソン
教授の分析が**注目を浴びた**。　　　　　　　　　　　　〈M. 79.12.3. 朝〉
○こうした米銀の動きは、比較的良好な西ドイツ産業界とイランの関係を損な
うものとして西ドイツの政府や世論の**批判を浴びて**いる。　〈M. 79.12.23. 朝〉
○政財ゆ着、国民不在、公費乱費、天下り、……ことし霞が関はかつてない国
民の**指弾を浴びた**。　　　　　　　　　　　　　　　　　〈M. 79.12.22. 朝〉
○「これ以上わが国の防衛費の水準が下がるようだと、米国や欧州諸国の**反発**

第7章　迂言的な受け身表現　　469

を浴びる」　　　　　　　　　　　　　　　　　　〈M. 79.12.29. 朝〉

○マダニ前海軍司令官は「パーレビ体制に近い」などの**中傷を浴びて**苦戦が伝えられてきたが、地方での人気は根強い。　　　　　　〈M. 80.1.25. 朝〉

○国の名誉とか威信などまじめに論じる人が**冷笑を浴びる**ことも多かった
　　　　　　　　　　　　　　　　　　　　　　　　〈M. 79.11.22. 朝〉

○同様の、自分の魂の奥を見透かしているような女のしらけた**薄笑い**を、彼は以前にも**浴びた**ことがある。　　　　　　　　　　〈M. 82.5.7. 夕〉

○四人組失脚から三年余、文革期に"資本主義の道を歩む実権派"として激しい**攻撃を浴びた**ほとんどの幹部は復活し、　　　　　〈M. 79.12.13. 朝〉

○代打岡本に**二塁打を浴び**１点差とされ、なお二、三塁のピンチだった。
　　　　　　　　　　　　　　　　　　　　　　　　〈A. 82.6.7. 朝〉

　うける

○この事件ではメスリヌと単独会見したドワンゲン記者が二十四時間身柄を拘束、**取り調べを受けた**が罪となるべき事実がないとして、釈放されている。
　　　　　　　　　　　　　　　　　　　　　　　　〈M. 78.8.19. 夕〉

○同公団によると、会計検査院が五月に行った実地検査でミスを指摘され、七月十三日付で正式に**注意を受けた**という。　　　　〈M. 79.12.13. 朝〉

○衆院決算委で岩佐恵美委員は、工事費を三億二千万円も水増しして業者に請け負わせ、会計検査院から**指摘を受けた**事実をとりあげ追及した。
　　　　　　　　　　　　　　　　　　　　　　　　〈M. 79.12.13. 朝〉

○こうした中、提供者の多いアメリカから腎臓の**提供を受け**、日本人患者への移植手術が行われている。　　　　　　　　　　〈M. 80.10.21. 朝〉

○とりわけ、愛の誕生を描く一章はみごとな散文詩となっていて、多くの評家の**激賞をうけて**いる。　　　　　　　　　　　　　〈M. 80.5.12. 夕〉

○それが功を奏したことは、カーター大統領が内外政策で確固とした**支持を受け**ていないことを示している。　　　　　　　　　〈M. 80.4.24. 朝〉

○東京代表の早実ナインが、十八日午前、都庁を訪れ、鈴木俊一知事から**激励を受けた**。　　　　　　　　　　　　　　　　　〈M. 82.3.18. 夕〉

○手紙の内容は**検閲を受けて**いるためか、金大中事件に関することや政治批判につながる内容にはふれていない。　　　　　　　〈M. 78.8.8. 朝〉

○私は、Ｙ県のＹ市に三日ほど泊り、毎晩芸者をよんだ宴会の**もてなしを受け**たことがあった。　　　　　　　　　　　　　　〈世界，79.11.〉

○例えば、かのガリレオ・ガリレイは一六三二年に「天文対話」を出版し、宗教裁判により**弾圧をうけた**。　　　　　　　　　〈M. 80.1.3. 朝〉

○だが、いったん**攻撃を受ける**と、その反撃力はものすごく、勇敢なファイターに一変する。　　　　　　　　　　　　　　　〈M. 79.11.4. 朝〉

○ホメイニ師はまた同時に、彼らが**虐待を受けて**いないことを示し、米国の中傷をはねかえすようにと指示した。　　　　　　〈M. 79.12.14. 朝〉

○先の政変さなかでも「野党はいったい何をしている」と国民から大いに**おし**

470　Ⅳ　文法論をめぐる諸問題

かりを受けた通りである。　　　　　　　　　　　　〈M. 79.11.9. 朝〉

○「髪を引っぱられたり、殴るけるの**乱暴を受けた**」　　〈M. 79.10.31. 朝〉

○稲山氏はかねてから土光氏のあとの会長と目され、土光氏自身からも会長就任の**要請を受けた**。　　　　　　　　　　　　　　〈M. 80.2.8. 夕〉

○「とにかく落ちてはいけない。どんな**非難をうけよう**ともへとも思わんでやろう」　　　　　　　　　　　　　　　　　　　〈M. 79.8.1. 朝〉

○サハロフ博士はこれまで反体制派的言動のため、検事の**尋問を受けた**ことはあるが、逮捕されたのはこれが初めてである。　　〈M. 80.1.23. 朝〉

○「フィンランドは、西独もしくはその同盟国から**侵略を受けた**場合、ソ連の援助またはソ連と共同でこれを撃退する」　　　　〈M. 79.11.27. 朝〉

○小川氏はことし一月、所得を隠していたことで、同国税局の**摘発を受けた**ばかりである。　　　　　　　　　　　　　　　　〈M. 79.10.31. 朝〉

○われわれの批判は"無礼な中傷"としてまじめな**分析を受ける**ことなく拒否されてしまう。　　　　　　　　　　　　　　　　〈M. 82.1.27. 朝〉

○七百人はアルゼンチン空軍の**攻撃を受けて**沈んだ駆逐艦コベントリーとフリゲート艦マーデント、アンテロープの生き残り将兵たち。岸壁に出迎えた家族たちの盛大な**歓迎を受けた**。　　　　　　　　　　〈A. 82.6.12. 朝〉

○選挙カーの上に乗り、運動員の二列目から一列目に出た時**投石を受けた**。　　　　　　　　　　　　　　　　　　　　　　　〈M. 79.4.8. 朝〉

○キャバレー・チェーン店が風俗営業法違反などで警察の**手入れを受けて**も、本社に影響が及ばない。　　　　　　　　　　　〈M. 79.6.14. 朝〉

○例えば日本のイラン原油買いだが、米国も量の差こそあれ同じことをしたのに米国は**非難を受けなかった**。　　　　　　　　　〈M. 80.4.20. 朝〉

○その直後、ロンドン警視庁に逮捕され、航空券が盗まれたものと知って売買したかどうか**調べを受けて**いる。　　　　　　　〈M. 80.1.27. 朝〉

○最近のアジア情勢は中ソ越三国の動向によって大きな**影響を受けて**いるほか、　　　　　　　　　　　　　　　　　　　　〈M. 79.6.13. 朝〉

○その遊女屋で死んだ娘の親たちからの**訴えを受けた**元締は主水らに中津屋の身辺調査を命じた。　　　　　　　　　　　　　〈M. 80.7.18. 夕〉

○やがて、学友でナチの**迫害を受けた**ユダヤ人同士のアントワンヌ・ヴェイユと恋をして、学生結婚へゴールイン。　　　　　〈文芸春秋秋, 79.9.〉

○米国は何らかの輸入規制を行い、日本のメーカーは**打撃を受ける**。　　　　　　　　　　　　　　　　　　　　　　　　　〈M. 80.10.31. 夕〉

○関係筋の話では、同書記官は都内某所で同事務所の**保護を受けて**いるという。　　　　　　　　　　　　　　　　　　　　〈M. 78.8.19. 夕〉

○私たちが世界の歴史を読む時、痛感したのは、外部からの**挑戦を受けず**発展したことがないことです。　　　　　　　　　　〈M. 78.8.8. 朝〉

　　える
○小林多喜二は昭和三年、三・一五事件の拷問の実態を描いた『一九二八年三月十五日』でプロレタリア作家としての**評価を得た**。　〈M. 82.5.31. 朝〉

第7章　迂言的な受け身表現　　471

○「中国が現在も侵略行為を続けているが、ラオス、カンボジア、ベトナム三国はソ連の**支持を得て**これと闘うだろう。　　　　　　　　〈M. 79.3.24. 朝〉

○木村俊夫・運輸相も藤井総裁に対し「国鉄は国民の**理解を得る**措置を考えよ」と申し渡している。　　　　　　　　　　　　　　　　　〈M. 82.4.20. 朝〉

○高砂審判部長がこの旨を春日野理事長に伝え、引き続き開かれた理事会で満場一致の**承認を得た**。　　　　　　　　　　　　　　　　〈M. 80.1.23. 夕〉

○放送法に基づき郵政大臣の**認可を得て**制定された放送受信規約十一条三項の定めに従い、　　　　　　　　　　　　　　　　　　　〈M. 80.5.21. 朝〉

○彼が共和党の**指名を得る**ことはない。　　　　　　　　　〈M. 80.3.6. 朝〉

○近く首相の**了承を得て**正式に決定される。　　　　　　　〈M. 79.3.18. 朝〉

○こんどの参院選では大いに通産相の**応援を得なければ**ならない立場。

　　　　　　　　　　　　　　　　　　　　　　　　　　　〈A. 80.2.5. 朝〉

○荒木武現市長もこの路線を引き継ぎ、広島県の**支援を得て**五十二年春から国に対し本格的に働きかけ、昨年八月三十一日、閣議決定にこぎつけた。

　　　　　　　　　　　　　　　　　　　　　　　　　　　〈M. 80.3.31. 朝〉

○「オリンピックに中国が復帰できたのは日本の友人や体育関係者の**援助を得た**結果だと心から感謝している。」　　　　　　　　　〈M. 79.11.28. 朝〉

○「リビアとしては原油価格を三四ドルに引き上げたいところだが、他のOPECメンバーの**同意を得られない**ので三〇ドルとした」　〈M. 79.12.17. 夕〉

○歳入委員会は十二日、連絡のとれた三十二人全員の**賛成を得て**このイラン事件に関連する法案の提出を決定した。　　　　　　　　〈M. 79.12.13. 夕〉

○「社会党はいまこそ八〇年代前半の政権構想を提起しなければ、国民の**信頼を得る**ことはできない」　　　　　　　　　　　　　　〈A. 80.2.4. 朝〉

○「慎重に検討した結果を最高指揮官である首相に報告、**確認を得た**」

　　　　　　　　　　　　　　　　　　　　　　　　　　　〈M. 79.12.9. 朝〉

○外国の銀行から一億五千万ドルの**融資を得る**。　　　　　〈M. 79.12.23. 朝〉

○スウェーデンの東洋学の権威カールグレン博士の**賞賛を得た**。

　　　　　　　　　　　　　　　　　　　　　　　　　　　〈M. 80.5.12. 夕〉

○そこで、なんらかの譲歩の**保証を得て**、折り合いをつけるだろう。

　　　　　　　　　　　　　　　　　　　　　　　　　　　〈M. 80.4.8. 朝〉

○会場は同画廊の**提供を得た**ものの、搬入出を含めて費用がかなりかかる。

　　　　　　　　　　　　　　　　　　　　　　　　　　　〈M. 80.2.14. 夕〉

○僕は田山花袋の『小説作法』から、小説を書こうとする者は、母をも一人の女として観察しなければならぬという**教示を得て**いらい、観察のためには愛憎の念を断ち切っている。　　　　　　　　　　　　　　〈M. 82.5.15. 夕〉

　　かう
○あまりフレーザー会長にのめりこむと、現政権のカーター氏の**怒りも買い**かねない。　　　　　　　　　　　　　　　　　　　　〈M. 80.2.17. 朝〉

○だが、性急な近代化の強行は、左右両派からの**反発を買った**。

472　Ⅳ　文法論をめぐる諸問題

〈M. 78.8.22. 朝〉

○タマはかすりもせず、遠くでながめるブラジル人の**苦笑をかった**。

〈M. 78.8.25. 朝〉

○だが、徹底的かつ極端な表現をとった場合は、キザもまた、人に愛され**微笑を買う**ものであるらしい。 〈M. 80.7.18. 夕〉

○ギエレク書記が子供の扶養手当増額について説明すると、労働者の**失笑を買った**。 〈M. 80.8.19. 夕〉

○ある文学賞をいただいており、次のような挨拶をして、だいぶ、**ひんしゅくをかった**。 〈文芸春秋, 79.12.〉

くう

○国会でのスパイ事件の責任追及に首相や防衛庁長官は「事件解明後考える」として野党の**反撃をくって**いる。 〈M. 80.2.3. 朝〉

○この夫婦は家賃をため、大家の道具屋徳兵衛に**追い立てをくって**いた。

〈M. 80.4.24. 夕〉

○なかでも国労では武藤書記長らが「……」と提案したが、「……」と激しい**突き上げをくった**。 〈M. 80.3.6. 朝〉

○同委員長は、話し合いの結果いかんでは、下部から**つるし上げをくう**可能性もある。 〈M. 81.10.5. 夕〉

○参考図の白8まで、黒は**攻めを食って**はいけないという。 〈M. 80.2.1. 朝〉

○これがないと、早い段階で白四の**ツケを食って**しまう。 〈M. 82.1.18. 朝〉

○先の棋聖戦で初のタイトル戦に登場したが、中原名人棋聖に**三タテを食って**敗退した。 〈M. 80.2.14. 朝〉

○三番・坂井に内角寄りの甘い球を左中間三塁打され、塚元には中前へ**痛打をくって**先制を許した。 〈M. 80.4.4. 夕〉

○前日の悪天で大阪空港に引き返したまま、**足どめをくって**いたブレイザー監督。 〈M. 79.2.2. 朝〉

○強気の読みをしていた国鉄も、不動産業者の渋い値踏みに**肩すかしを食った**格好だ。 〈M. 79.12.21. 朝〉

○今のままだと、民法テレビは視聴者からひどい**シッペ返しを食う**ことになるだろう。 〈M. 79.10.31. 朝〉

○「修正では大山鳴動、ネズミ一匹出なかった。三党は穴に入りたい気分だろう。」と社公民三党から**置いてけぼりを食った**ウップン晴らし。〈M. 80.3.6. 朝〉

○「そこへ旧椎名派で親福田の閣僚経験者が乗り込んだが、"今夜は貸し切り"と**門前払いを食った**」 〈M. 79.11.4. 朝〉

○こうして、**平手打をくい**、靴足でつよく踏まれ、大きな角棒で全身を打たれた。 〈世界, 79.11.〉

くらう

○林彪グループは、陳伯達を"切り込み隊長"に会議冒頭から同ポストの存続

を強硬に主張、毛沢東の激しい**反発をくらう**。　　　　　　　〈M. 82.12.7. 朝〉

○日本からの留学生は即刻、**退学処分をくらって**しまった。　〈文芸春秋, 78.7.〉

○ときおり不満げな声もちらほらと聞こえないではなかったが、それらはたちどころにエネルギッシュな**反撃をくらった**。

　　　　　　　　　　　　　　　　　〈メドヴェージェフ『ソルジェニーツィンの闘い』〉

○しかし、期待の西本が**めった打ちをくらった**だけに「ちょっとピッチャーをみないといかんな」ときびしい顔。　　　　　　　　　　　　〈M. 79.3.25. 朝〉

○「無死ならともかく、一死だと**併殺くらったら**おしまいだもの」

　　　　　　　　　　　　　　　　　　　　　　　　　　　　　〈M. 79.4.30. 朝〉

○中日の先発、水谷は歯切れのいいピッチングをみせる半面、強気のポカで**長打をくらう**欠点を克服できなかった。　　　　　　　　　　　〈M. 79.8.20. 朝〉

○五回にも四球で出した吉沢を暴投で三進させ、**適時打を食らう**などやや甘さもみられた。　　　　　　　　　　　　　　　　　　　　〈M. 80.3.26. 朝〉

○強引に押しきった総選挙であっけなく、**うっちゃりをくらい**、自民党内に引責辞任論が高まるなかでの実力者会談。　　　　　　　　　〈M. 79.10.16. 朝〉

　博す

○フランスのジスカールデスタン大統領は、祝賀演説の英文原稿を自分で書き上げ、ワシントンに乗り込み議会で堂々とこれを読みあげて**喝采を博し**、

　　　　　　　　　　　　　　　　　　　　　　　　　　　　　〈文芸春秋, 79.6.〉

○サバリッシュ指揮の「魔笛」ではP・シュライヤーとの協演でパパゲーノ役を演じ**絶賛を博し**ました。　　　　　　　　　　　　　　〈M.79.10.12. 夕〉

○朝鮮戦争がはじまった時、アメリカのある週刊誌が「朝鮮についてのすべて」を特集し、**好評を博した**ことがある。　　　　　　　　〈M. 79.2.2. 朝〉

○浮世絵師芳定はこれと思った女にアヘンを吸わせ、陶酔した表情を描いて**人気を博して**いた。　　　　　　　　　　　　　　　　〈M. 80.5.26. 朝〉

　まねく

○米国が"防衛力強化"以上の援助を行えば隣国インドからの強い**反発を招く**。

　　　　　　　　　　　　　　　　　　　　　　　　　　　　　〈M. 80.2.4. 朝〉

○最近、綱紀の厳正たるべき政府部内及び政府関係機関の一部において、不正経理その他国民の**非難を招く**事件が明らかとなったことは、誠に遺憾である。

　　　　　　　　　　　　　　　　　　　　　　　　　　　　　〈M. 79.11.27. 夕〉

○「今後、県民の**誤解を招かない**よう、さらに指導を強めたい」

　　　　　　　　　　　　　　　　　　　　　　　　　　　　　〈M. 79.12.19. 朝〉

○さらに一部の地方公共団体において違法な給与等の支給が行われ、住民の強い**批判を招いて**いることは誠に遺憾である。　　　　　〈M. 79.11.22. 夕〉

○アルゼンチン側を逆に硬化させソ連の**介入を招いて**危機を長引かせるとの懸念も呼び起こしている。　　　　　　　　　　　　　　〈M. 82.4.20. 朝〉

○振動、騒音をまき散らす幹線道路建設が沿線住民の激しい**反対を招く**のは必

474　Ⅳ　文法論をめぐる諸問題

至。 〈M. 82.4.20. 朝〉

○五、六回の追加点機に1点も奪えなかったまずい攻めも荒木の心を暗くさせ
七回の**逆転を招いた**といえよう。 〈M. 82.4.3. 朝〉

　ゆるす

○だが、このがん丈なドアに意外な盲点があり、今回はやすやすと犯人の**侵入
を許して**しまった。 〈M. 79.11.24. 朝〉

○大幅**リードを許して**いるケネディ陣営は、この記事が同議員の選挙運動に痛
手を与えかねないとして、 〈A. 80.1.16. 朝〉

○戦前の西独では社民党と共産党が争っている間にヒトラーの**台頭を許した**。
〈M. 80.2.28. 朝〉

○しかし、その年の地方選挙で左翼連合の**大幅進出を許し**、ユーロコミュニズ
ム対策にもっとも手を焼いていたのは、ほかならぬジスカールデスタンだった。
〈M. 79.6.13. 朝〉

○中東戦争再発の潜在的危険は存続し、ひいてはソ連の**浸透を許して**、湾岸地
域の安定と安全もおびやかされるという強迫観念にとらわれている。
〈M. 80.3.9. 朝〉

○被占領地のある知識人によると、これはゲリラの**攻撃を許した**ヘブロン市民
への集団的懲罰の性格を帯びているという。 〈M. 80.5.26. 朝〉

○「紛争は南大西洋にソ連の存在と**介入を許す**懸念が強い」 〈M. 82.4.20. 朝〉

○江川入団の暗いイメージ、広島に**独走を許した**ペナントレースなどマイナス
要因がいくつも重なった。 〈M. 81.2.21. 夕〉

○続いて三番打者島田にも四球を許し押しだしであっさり**逆転を許した**。
〈M. 80.7.31. 朝〉

○しかも「予告先発」のプレッシャーに負けず、杉浦に**本塁打を許した**ものの、
〈M. 80.9.7. 朝〉

○さらに右翼線に飛んだ当たりに、ミヤーンが中継に入るとなると、楽々と相
手の**進塁を許し**そうだ。 〈M. 79.3.27. 朝〉

○第一ピリオドは9分57秒、19分19秒と、いずれも十条・沢崎に**得点を許し
た**。 〈M. 79.11.24. 朝〉

○チャンスをつかみながら若乃花に**双差しを許して**しまった。
〈M. 80.7.12. 朝〉

○序盤、黒33の**キリを許した**のが白の致命傷だったが、 〈M. 80.3.5. 朝〉

○しかし報道陣が「板野の**独走を許した**経営陣全体の責任はどうなるのか」と
たずねたのに対し、再建第一を強調するだけだった。 〈M. 80.4.6. 朝〉

○ソ連に**先行を許した**ものの前半7分、ロメロが左サイドのFKから得意のカー
ブボールでダイレクトに決めて同点。 〈M. 79.9.3. 朝〉

第7章　迂言的な受け身表現　475

第8章

機能動詞の記述
—日本語とドイツ語を例として—

1. 機能動詞の定義

　ここでわたしが用いる機能動詞という用語は、まだ一般に定着していない。この名称は、ドイツ語の Funktionsverb から借りたもので、ドイツ語の世界では、20 年ぐらいから研究者のあいだえ用いられており、機能動詞に関する研究も多く、西ドイツの規範的な辞びきであるドゥーデン（たとえば、Der Grosse Duden, Band 10: Bedeutungswörterbuch）や東ドイツから出ている外国人に対するドイツ語教育のための文法書である、Helbig G./Buscha J. "Deutsche Grammatik" にもこの術語が使われている。日本語については、岩崎英二郎氏のもの（岩崎英二郎（1974）とわたしがこの 2, 3 年に発表したもの（村木新次郎（1980,1982,1983a）があるぐらいで、まだこの用語が充分に知られているとはいえない。そこで、機能動詞とはどういうものを指すのかということを簡単な例によってしめしておきたい。

（1）a　太郎は　花子を　さそった。

　　　b　太郎は　花子に　さそいを　かけた。

（2）a　山田は　早速　課長に　連絡した。

　　　b　山田は　早速　課長に／と　連絡を　とった。

（3）a　東京高裁は　選挙無効訴訟が　合憲で　あると　判断した。

　　　b　東京高裁は　選挙無効訴訟が　合憲で　あると　判断をくだした。

上にあげた（1）（2）（3）の a と b の文は、それぞれ下線の部分

が異なるとはいえ、同義性がたもたれていると考えることができよう。a の文の動詞「さそう」「連絡する」「判断する」の意味は、b の文では、「さそい」「連絡」「判断」などの動作性の名詞によって表現され、動詞「かける」「とる」「くだす」は実質的意味がうすれて、文の述語をになうための文法的な役割をはたしているとみることができる。このような、実質的意味を名詞にあずけて、みずからはもっぱら文法的な機能をはたす動詞を機能動詞と名づけ、「さそいを　かける」「連絡を　とる」「判断を　くだす」のようなむすびつきを機能動詞結合あるいは機能動詞表現とよぶことにする。機能動詞結合は形態面を、機能動詞表現は意味内容面を重視したよびかたで、同じもののふたつの異なる側面にすぎない。機能動詞は、程度の差はあるとしても意味論上の任務を負担することから解放され、単語よりも大きな統語論上の単位であるシンタグマを構成するための形式的な役目をになっていると考えられる。

　このような機能動詞は、多かれ少なかれ、どの言語にもみられるものであろう*1。ここでは、現代日本語を例に、機能動詞の諸相を記述し、さらに類似したドイツ語の表現についてふれることにする。

2. 語彙的な派生と統語的な派生

　機能動詞結合のひとつの特徴は、その全体がひとつの動詞と交代することである。「さそいを　かける」や「連絡を　とる」が「さそう」や「連絡する」とのあいだに同義性を失わずに互換性があるということは、意味の側からいうと、同一内容が言語形式化する際の手つづきのちがいであるということである。つまり、ある動作や作用に関する意味内容を一つの単語でいってしまうか、それともふたつ以上の単語をつかって迂言的に表現するかのちがいである。機能動詞の発達には、一方に動作や作用をあらわす名詞の存在を予想させ、この〈動作・作用名詞＋機能動詞〉全体でひとつの動作的な内容を表現しているのである。こうして、

　　　さけぶ　　　　さけびを　あげる

478　Ⅳ　文法論をめぐる諸問題

さぐる	さぐりを　いれる
おくれる	おくれを　とる
あらそう	あらそいを　おこす
ささやく	ささやきを　たてる
みきわめる	みきわめを　つける
ぬすむ	ぬすみを　はたらく
はげます	はげましを　あたえる
あやまつ	あやまちを　おかす
かかわる	かかわりを　もつ
まばたく	まばたきを　する

のような和語系の動詞における対応では、左の動詞が基本で、右の迂言的な形式は左の動詞をひきのばしたものとみることができる。最後の例を図式でしめすと、語彙的意味をになった語幹（mabatak-）が動作名詞の「まばたき」に対応し、文法的機能を明示している語尾（-u）が機能動詞の「する」に対応している。

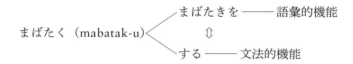

　日本語の「する」は、このような機能動詞の典型的なものである。その他の多くの機能動詞は、実質的な意味が完全になくなっているのではないが、動作や作用の中心的な意味は名詞に託され、動詞は副次的にその動作や作用のなんらかの側面を特徴づけているにすぎない。それがどのような側面であるかは、ひとつひとつ個別に吟味する必要がある。この特徴がヴォイス、アスペクト、ムードなどに関わるものについては後述する。
　ところで、日本語における機能動詞結合は、固有語である和語系の名詞よりもむしろ漢語系や洋語系の借用語の名詞に多くみられるのである。このことは日本語の品詞体系とその形態論的な特徴とふかくかかわっている。どういうことかといえば、現代日本語の動詞

には（形容詞にもいえることではあるが）、テンスやムードなどの文法的なカテゴリーにもとづく語形変化のシステムをもっているので、外国語をそのままの形で動詞（あるいは形容詞）として用いることはできない。外国語から借用される個々の単語が、日本語の音韻論上の規則にしたがって手直しをほどこされて日本語化するのと同じように、文法的にも日本語の文法体系に合うように手をくわえらなければならない。日本語の名詞は比較的とりはずしの自由な格助辞や副助辞をしたがえることによって文法的機能を明示的にあらわしていて、これらの助辞をとりはらった部分には特別の形態的な制約がない。それゆえ、借用語の多くは、その意味の如何にかかわらず、具体的であれ、抽象的であれ、名詞の仲間としてとりこまれる。動作や作用を意味するものも、一旦名詞として日本語化されるのである。それが、二次的に「退治る」「愚痴る」「愛す」「訳す」「デモる」「メモる」のように、接尾辞〈-ru〉や〈-su〉をつけて派生動詞をつくる場合と「退治する」「愛する」「連絡する」「判断する」「メモする」「カットする」のように動詞成分〈する〉をつけて複合動詞をつくる場合がある。後者は前者よりもはるかに生産的である。現代日本語では、この後者のタイプである「〜する」という動詞づくりを発達させてはいるが、一方で「連絡を　とる」「判断を　くだす」「メモを　とる」「カットを　する」のように、動作性の名詞に実質的な意味の稀薄な動詞をおぎなった語結合によって迂言的になんらかの動作や作用を言いあらわす表現も発達させており、このようなタイプも看過することができない存在である。こうして、「メモ」を例にとると、「メモる」「メモする」「メモを　する／とる」の３つの手つづきによる二次的な動作化・作用化が可能である。これらの手つづきを、それぞれ総合的synthetic、分析的analytic、迂言的periphrastic、とよんで区別しよう。総合的な手つづきと分析的な手つづきは語彙的な派生形であり、迂言的な手つづきは統語的な派生形とみることができる。もっとも、これらの３つがそろって競合する例は多くはない。どの手つづきがあるかは、以下にしめすように単語によってまちまちである。

メモ ── 形態論的派生　　メモる［語基＋接辞］
　　　　　　　　　　　　メモする［語基＋語基］
　　　　─ 統語論的派生　　メモを　とる［単語の結合］

〈総合的〉　　〈分析的〉　　〈迂言的〉

メモる　　　メモする　　　メモを　する／とる

デモる　　　デモする　　　デモを　する／かける／うつ

退治る　　　退治する

愛す　　　　愛する

愚痴る　　　　　　　　　　愚痴を　こぼす

ガスる　　　　　　　　　　ガスが　かかる

　　　　　　連絡する　　　連絡を　する／とる

　　　　　　コメントする　コメントを　つける

　　　　　　　　　　　　　打撃を　あたえる

　　　　　　　　　　　　　プレッシャーを　かける

　「打撃」とか「プレッシャー」といった動作性の意味内容をそな
えた名詞には、語彙的な派生動詞がなく（*打撃する、*プレッ
シャーする）、機能動詞をおぎなって統語的な手段で表現すること
によってはじめて述語形式になりうる。機能動詞は、このように動
作性の意味内容をもつ名詞とむすびついて述語形式をつくるはたら
きをしている。それは漢語や洋語の場合に特に顕著である。参考ま
でに漢語系の機能動詞結合を例示しておく。

　保証を／保護を／声援を／注意を／刺激を／影響を／命令を／指
示を／暗示を／承諾を／一瞥を／……　あたえる
　混乱を／反応を／反逆を／失敗を／暴動を／反射を／融合を／動
揺を／変形を／繁殖を／故障を／……　おこす
　挨拶を／討論を／論説を／説明を／回答を／決定を／加工を／回
転を／運動を／給油を／洗髪を／……　おこなう
　解釈を／回答を／命令を／宣告を／裁定を／結論を／判断を／決
定を／診断を／断定を／断を／……　くだす

第8章　機能動詞の記述　　481

失敗を／誤謬を／犯罪を／矛盾を／失礼を／……　おかす

攻撃を／夜襲を／信用を／相談を／圧迫を／……　かける

警告を／命令を／指令を／勧告を／質問を／……　発する

考慮を／注意を／努力を／尊敬を／観察を／……　はらう

期待を／信頼を／回答を／同情を／激励を／……　よせる

　このような機能動詞には、「する」や「おこなう」のように、さまざまな意味領域にわたって幅広く用いられるものと、ある意味分野にかぎって用いられるものとがある。「おかす」は、マイナスの評価をともなう名詞とむすびつき、「はらう」と「よせる」は精神活動をあらわす名詞とむすびつくといった制限がある。「する」や「おこなう」は日本語の中で、もっとも生産的な機能動詞表現をうみだす動詞であるといえる。

　つぎに、ドイツ語の例を若干とりあげる。ドイツ語の機能動詞としては、bringen（もってくる）、führen（みちびく）、geben（あたえる）、gelangen（達する）、geraten（おちいる）、leisten（達成する）、machen（する）、nehmen（とる）、setzen（すえる）、stellen（おく）などがあるが、いずれも日本語の「する」ほどには生産力をもっていない。機能動詞結合のタイプとしては、名詞が前置詞を介さない直接目的語（対格の名詞）である場合と前置詞をともなった目的語の場合とがある。機能動詞結合がひとつの動詞と交替関係が成りたつことも多い。以下にその具体例をしめす。なお、機能動詞結合については直訳をほどこす。

Zur Aufführung bringen　　　（≒ aufführen）

（上演へと　もたらす）　　　（上演する）

Gespräech führen　　　　　（≒ sprechen）

（会話を　みちびく）　　　　（話す）

Antwort geben　　　　　　（≒ antworten）

（答えを　あたえる）　　　　（答える）

Mitteilung machen　　　　（≒ mitteilen）

（報告を　する）　　　　　　（報告する）

Hilfe leisten　　　　　　　（≒ helfen）

（助力を　おこなう）	（たすける）
In Kenntnis setzen	——
（知っている状態に　する）	
Antrag stellen	（≒ beantragen）
（申したてを　する）	（申したてる）

3.　機能動詞表現の文法的特徴

　機能動詞表現の文法的特徴として、第一に指摘しておかなければ
ならないことは、名詞と動詞の結合性が強いことである。機能動詞
は単独では文の成分になりえず、機能動詞結合としてはじめて文の
成分の資格を得る。次のふたつの文を比較してみよう。

（4）山田が　書棚から　本を　　とる。
（5）山田が　課長と　連絡を　　とる。

　上のふたつの「とる」が同じ動詞であるとはいっても、（4）の
「とる」は、〈（何かを）手にもっと移動させる〉という実質的な意
味があるのに対して、（5）の「とる」はそのような実質的意味が
稀薄である、というのは機能動詞の意味的な特徴である。これに加
えて、（4）の「とる」は単独で述語として機能するが、（5）では
「連絡を　とる」という語結合全体を述語とみるべきであり、これ
は文法的な特徴である。「連絡を　とる」「指揮を　とる」「平均を
とる」などの機能動詞結合では、「とる」の意味は、それとむすび
つく名詞の意味に依存して、「連絡」「指揮」「平均」といった名詞
から独立して、みずからの意味を保持できないのである。こうして、
「連絡を　とる」「指揮を　とる」「平均を　とる」といった語結合
は、その結合性が強いが、「不覚を　とる」や「年を　とる」など
の慣用句ほどではない。結合性の強さといっても、それは連続して
いて程度の問題であるから厳密に区別することはむずかしい。別の
用例を使って、名詞と動詞の自由な語彙的意味にささえられた語結
合（6）、機能動詞結合（7）、慣用句（9）のむすびつきの程度を、

第 8 章　機能動詞の記述　**483**

名詞句のおきかえが可能であるかどうかで吟味しておこう。

(6)　壁に　絵を　かける。
(7)　花子に　さそいを　かける。
(8)　経済不況に　拍車を　かける。
(6')　絵を　壁に　かける。
(7')　?さそいを　花子に　かける。
(8')　??拍車を　経済不況に　かける。

　このように、自由な語彙的意味にささえられた語結合では名詞句の順序をいれかえてもさほど不自然ではないのに対して、慣用句はそれがきわめて不自然である。機能動詞結合は両者の中間に位置づけられよう。
　機能動詞結合の結合性の強さは動詞の名詞に対する格支配の点からも傍証できる。例文（5）において、動作の相手をしめす「課長と」むすびつくのは、動詞の「とる」ではなく、動作名詞の「連絡」か、あるいは「連絡を　とる」という語結合全体であろう。
　機能動詞結合の第二の特徴は、ヴォイス、アスペクト、ムードなどの文法的なカテゴリーにかかわりをしめすことである。まず、ヴォイスの例として、うけみをとりあげる。日本語のうけみは動詞の語幹に -Rare-ru（-rare-/-are- が異形態であることをしめす）がついて、形態論的にうけみの派生動詞をつくり、それによって表現されるのがもっとも一般的である。たとえば、はたらきかけの動詞「さそう」から、うけみの派生動詞「さそわれる」がつくられ、統語的には、名詞の主格と斜格が交替して、はたらきかけの文（9）と、うけみの文（10）が対立する。

（9）太郎が　花子を　さそう。
（10）花子が　太郎に　さそわれる。

　このような、はたらきかけとうけみの対立は、機能動詞結合のあいだにも成立する。

（11）太郎が　花子に　さそいを　かける。
（12）花子が　太郎から　さそいを　うける。

　例文の（9）と（10）の関係は、例文の（11）と（12）の関係は、述語形式は異なってはいるが、文の文法的な機能は同じである。例文（11）が（9）の代替表現であるように、例文（12）は（10）の代替表現である。ただし、例文（11）には、例文（13）のように動詞「かける」の派生動詞によるうけみ表現も可能である。

（13）花子が　太郎から　さそいを　かけられる。

　こうした「さそいを　かける」のような迂言的なうけみ表現は、とりわけ漢語系の動作名詞に特徴的である。そのいくつかを例示しておく。

　　注目を／信頼を／評価を／支持を／尊敬を／……　あつめる
　　注視を／拍手を／攻撃を／批判を／質問を／……　あびる
　　催促を／勧告を／支配を／作用を／依頼を／……　うける
　　許可を／推薦を／保護を／承認を／評価を／……　える
　　反発を／反感を／苦笑を／非難を／顰蹙を／……　かう
　　強打を／反撃を／懲罰を／長打を／併殺を／……　くう／くらう
　　誤解を／軽蔑を／反発を／批判を／非難を／……　まねく
　　反対に／反撃に／抵抗に／攻撃に／拒否に／……　あう
　　供応に／指令に／接待に／相談に／伝授に／……　あずかる

　これらに共通する特徴は、動作名詞のあらわす動作が主語でしめされる主体にむかってくるという求心的な意味をもつことである。また、このような迂言的なうけみ表現をつくる機能動詞のうち、もっとも生産的なのは〈うける〉である。他の機能動詞は意味的に強く制限されている。
　ヴォイスにかかわるものとしては、うけみ表現のほかにも、他動性や使役の表現、さらに使役のうけみなどがあるが、紙幅の関係で割愛する（村木（1980）を参照されたい）。

第8章　機能動詞の記述　485

アスペクトのカテゴリーにかかわりをもつ機能動詞は〈はじめ
る〉〈つづける〉〈おわる〉で、これらの動詞はもっぱら動作の局面
をあらわし、局面動詞とよんでよいグループである。〈はじめる〉
は始動相を、〈つづける〉は継続相を、〈おわる〉は終結相を特徴づ
けることはいうまでもない。これらの他にも、アスペクトのカテゴ
リーにかかわるものとして以下のようなものがある。

始動相

　　交渉に　はいる　　　攻撃に　でる
　　実施に　うつす　　　制作に　かかる（とりかかる）

継続相

　　沈黙を　まもる　　　接触を　たもつ
　　思いを　めぐらす

実現相

　　合意に　達する　　　失敗に　帰する

反復相

　　議論を　かさねる　　練習を　くりかえす

　これらのアスペクトに関わる諸特徴は、次のような対比の中から
みちびきだされたものである。

　　沈黙を　まもる　vs　沈黙する
　　合意に　達する　vs　合意する
　　議論を　かさねる　vs　議論する

　左の名詞と動詞のくみあわせによる分析的な形式と、右の合成動
詞による総合的な形式とは、動作の意味において、アスペクト上の
意味的な対立がみてとれる。たとえば、アスペクトにおいて中立的
な「沈黙する」に対して、「沈黙を　まもる」は、「沈黙しつづけ
る」に相応し、継続相を特徴づけていると位置づけているとみなす
ことができる。同様に、「合意に達する」は動作の終結の局面を、
「議論をかさねる」は動作の反復を特徴づけているとみなすことが
できよう。

　ムード的な意味を特徴づけている機能動詞には、〈はかる〉〈ねら
う〉（以上、意志を特徴づける）、〈しめす〉〈みせる〉（以上、示威）

などがある。これも、次のような対比から。そのようなムード的な意味特徴を抽出することができる。

　　改革を　はかる　vs　改革する
　　力投を　しめす　vs　力投する

「改革を　はかる」は「改革しようとする」に相応し、動作主体の意志がよみとれるし、「力投を　しめす」は、動作主体の示威的な特徴がよみとれる。

　また、以下にしめす「つく」や「いく」は、主格の名詞とむすびついて、自発や可能の意味をおびる。

つく：
　想像が／推察が／予測が／見当が／説明が／収拾が／調整が／整理が／察しが／みこみが／みわけが／しらべが／うめあわせが／おりあいが／とりかえしが／まとまりが／あきらめが／ふんぎりが／はずみが／……

いく：
　納得が／合点が／得心が／満足が／……

「想像が　つく」や「納得が　いく」は「想像できる」「納得できる」に相応し、自発や可能の意味を内在させていることがうかがわれる。ちなみに、「想像が　つける」「納得がいける」といった単語の結合は成りたたない。これは、自発や可能の意味が重複するからで、うけみを特徴づける「さそいを　うける」が、うけみの意味で「さそいを　うけられる」という単語の結合をゆるさないのと同じことである。

　さて、機能動詞結合の第三の特徴は、動作や作用をあらわす名詞が連体修飾を自由に受けて、表現内容をゆたかにすることである。機能動詞表現では、内容的には、名詞が主役で動詞が脇役にまわる。そこに名詞に力点がおかれた名詞表現ができあがる。名詞表現は、動詞が文の中心的な役割をはたす動詞表現と対立する。たとえば、次にあげる例文は、それぞれ同義性をたもちつつ、動詞表現と名詞表現のちがいをしめしている。

動詞表現	名詞表現
・彼は　捨て身で　抵抗した。	・彼は　捨て身の　抵抗に　でた。
・抽象芸術へ　うつった。	・(そこには)　抽象芸術への　移行が　あった。
・教授が　学生を　よびだした。	・学生に　教授からの　よびだしが　あった。
・幹部職員が　かなり　抵抗した。	・幹部職員から　かなりの　抵抗が　あった。
・山沿いでは　十センチ　雪が　積もった	・山沿いでは　十センチの積雪が　あった。
・当地で　国際会議が　開催された。	・当地で　国際会議の　開催を　みた。

　こうして、さまざまな方法によって、動作的な意味内容を名詞にゆだね、その名詞が文のかなめとなる表現ができあがる。動詞表現で、連用成分であるものが、名詞表現では連体成分としてあらわれる。「捨て身の」「教授からの」「かなりの」「十センチの」などがそれである。この名詞成分は、ときに重要な役目をはたす。たとえば、例文（14）と（15）は、ほぼ同一の内容をもつ文であるといえるが、例文（16）（17）のような表現は、例文（14）のようなタイプの言い方、すなわち、名詞表現によってのみ可能である。例文（15）のタイプの動詞表現で言いあらわすことができない。

（14）においが　する。
（15）におう。
（16）いやな　においが　する。
（17）魚を　やく　においが　する。

　こうした動詞表現と名詞表現のちがいは、文法上の差であると同時に、文体上の差でもある。概して言うなら、名詞表現は没個性的で事務的な印象をあたえるという特徴がある。新聞における報道記

488　Ⅳ　文法論をめぐる諸問題

事や科学技術の分野で好んで用いられる。このようなジャンルでは、不特定多数の人にむけての情報伝達である点に特徴があり、言語をこえて、近代的な文体上の性質と言えそうである。某新聞からのニュース記事の一部を、その例としてあげておきたい。

英国は、去る三日アルゼンチン軍に占領を許したサウスジョージア島を二時間の戦闘のうえ奪回することに成功を収めた。しかし、アルゼンチン側が捨て身の抵抗に出れば、さらに、海軍の支持を得て、アルゼンチン潜水艦に攻撃を加える準備をしているという。

一般に、名詞表現を特徴づける迂言形式は日常のはなしことばよりは、文章語に多くあらわれる。
以上、機能動詞表現の文法的な特徴を3つとりだして説明した。その3つを要約しておく。

（1）名詞と動詞の結合が強く、文の中では全体で文の成分とととして機能する。
（2）ヴォイス、アスペクト、ムードなどの文法的カテゴリーに積極的にかかわることがある。
（3）文体的な特徴として、名詞表現をつくる。

これらの特徴は、ドイツ語にもみとめられる。（1）については、ドイツ語の場合、前置詞を発達させているため、名詞が前置詞をともなうものとそれをともなわないものとがある。（2）については、ドイツ語の場合、とりわけアスペクト上の意味にかかわることがめだつ。その代表的な機能動詞は、kommen（来る）、gehen（行く）、geraten（陥る）、bringen（持ってくる／連れてくる）などで、これらが動作名詞とむすびついて、ドイツ語のアスペクト表現（ドイツ語では、アクチオナルトという用語がもちいられる）をゆたかにしている。現代のドイツ語では、動作の進行相（あるいは、継続相）を特徴づける文法形式（日本語のシテイル、英語の be + Ving にあたるもの）を発達させていないし*2、完了相はテンスの過去

第8章　機能動詞の記述　489

と重なり合っていて、文法的なアスペクトの形式は手薄である。語構成（とくに、接辞の付加*3と機能動詞結合によって、その不足をおぎなっている。2、3の例をしめしておきたい。

Er kommt ins Schwitzen.

（彼は　汗を　かきはじめる。）　　　　　　　［始動相］

Er geriet in Zorn.

（彼は　おこりだした。）　　　　　　　　　　［始動相］

Er bringt die Arbeit zum Abschluss.

（彼は　仕事に　しめくくりを　つける。）［終結相］

　ついでをもって、機能動詞をもちいたうけみ表現にもふれておきたい。ドイツ語の bekommen/kriegen/erhalten（手に入れる／得る）、erfahren（経験する）、finden（みつける）などの動詞が動作性の対格名詞とむすびついて、以下のような、うけみの代替表現をつくる。

Die Tochter bekommt von der Mutter die Erlaube zur Reise.

（娘は　母親から　旅行の　許しを　える。　＝　旅行に　行くのを　ゆるされる）

Die Konferenz hat eine Unterbrechung ehhalten.

（会議は　中断された。　←　会議は　中断を　経験した）

　さらに、前置詞をともなった名詞とむすびついて、うけみの意味をになう機能動詞として、kommen がある。

Die Rezessonsphrase ist nach einigen Monaten zum Abschluss gekommen.

（景気後退の　局面は　数か月後に　終止符が　うたれた。　←　終止符へと　いたった）

　この例では、abgeschlossen werden（終止符が　うたれる）という、うけみ表現とはちがって、そこにいたるまでのプロセスが含意されている。

　さて、（3）の名詞表現については、ポーレンツによると、一七、八世紀ごろ、分析的思考法が学者の文体に革命をおこしたといわれている（Polenz, P. v. 1963）。これは、一九世紀末から二十世紀のはじめにかけて、「名詞病」とか「官僚的文体」などのレッテルを

はられ、批判をうけたが、今日では、動作名詞をふくむ抽象名詞の役割の重大さともに、意味内容の微差を、とくに、動作の経過をくわしくあらわしうる表現として、この機能動詞結合による名詞表現が再評価されている。

　さて、ふたつの言語の機能動詞を対照してみることも興味深いことである。

　たとえば、生理現象や病理現象をあらわす分野で、ドイツ語では動詞を発達させているのに対して、日本語では名詞に依存し、これに機能動詞がそえられるというちがいがみられる。たとえば、atmen（息を　する）、gähnen（あくびを　する）、niezen（くしゃみを　する）、schnarchen（いびきを　かく）、schwitzen（汗をかく）、husten（咳を　する）、ekelen（めまいが　する）といった例がそうである。このような生理現象や病理現象を迂言的に表現するのが一般的で、それらに固有の和語動詞をもたない（ただし、「まばたく」と「まばたきを　する」のように総合形と迂言形が競合している例がないわけではない）。このことは、自然現象（気象）、光や音に関する領域、匂いや味に関する領域についても同様の指摘ができる。ドイツ語では、これらの領域で、動詞を多くもつが（匂いと味については、形容詞に依存する分野で、動詞はさほど多くはないが、それでも日本語よりはゆたかである）、日本語では、相対的に固有の動詞は少ない。日本語は、以下に例示するように、迂言的な形式による名詞表現をとるのが一般的である。

　　稲光が　した。
　　（Es blitzte.）
　　ノックの　音が　した。
　　（Es hat geklopft.）
　　ガスの　匂いが　する。
　　（Es riecht nach Gas.）
　　この　食べ物は　にんにくの　味が　する。
　　（Das Essen schmeckt nach Knoblauch.）

第 8 章　機能動詞の記述　491

以上は、自然現象や生理現象など、ごく限られた領域をとりあげたにすぎない。機能動詞の研究は、まだはじまったばかりで、今後の研究に待つところが大きい。

　【付記】ここで述べた内容には、村木（1980, 1982）とかさなる部分がある。うけみ表現と機能動詞のかかわりについては、村木（1983a）で詳しくあつかっているので、そちらを参照していただきたい。

＊1　機能動詞という術語はもちいられていないが、Olsson, Y.（1961）、Rensky, M.（1964）、Liefrink, F.（1973）には、英語の例が、伊地智善継（1972）、中村浩一（1979）、陳原（1981）には中国語の例が、Мельчук, И. А.（1967）にはロシア語の例があがっている。
＊2　ドイツ語にも完了の形式はあるが、現代ドイツ語では、とくに、はなしことばにおいて、完了というより過去をあらわしている。
＊3　たとえば、次のようなものがある。
schlafen（ねむる）- einschlafen（ねむりに　はいる）［始動相］
kampfen（たたかう）- erkampfen（たたかいとる）［実現相］
streichen（なでる）- streicheln（何回も　なでる）［反復相、多回相］

参考文献

伊地智善継（1972）「中国語の近代化」『言語生活』249　筑摩書房
岩崎英二郎（1974）「ドイツ語と日本語の機能動詞」『慶応義塾大学言語文化研究所紀要』6
陳原〔松岡栄志ほか訳〕（1981）『ことばと社会生活』凱風社
中村浩一（1979）「行為動詞と新しい表現について」『中国語研究』18、龍渓書舎
村木新次郎（1980）「日本語の機能動詞表現をめぐって」『国語研研究報告集』2　秀英出版
村木新次郎（1981）「日独両語の自然現象の表現をめぐって」『日独両語の語彙体系の対照比較』（科学研究費による研究論文集―東京大学教養学部）
村木新次郎（1982）「外来語と機能動詞―「クレームをつける」「プレッシャーをかける」などの表現をめぐって」―『武蔵大学人文学会雑誌』13–4
村木新次郎（1983a）「迂言的なうけみ表現」『国語研研究報告集』4　秀英出版

村木新次郎（1983b）「巨視的対照語彙論のこころみ」『二言語辞典の意味記述方法の研究』（科学研究費による研究論文集―東京大学教養学部）

Helbig, G, (1979) „Probleme der Beschreibung von Funktionsverbgefüge im Deutschen. ": Deutsch als Fremdsprache 1979 No. 5. Leipzig.

Helbig, G./Buscha, J. (1974)：Deutsche Grammatik, Ein Handbuch für den Ausländerunterricht, VEB Verlag Enzyklopädie, Leipzig.

Heringer, H. -J. (1968): Die Opposition von > kommen < und < bringen < als Funktionsverben, Untersuchungen zur grammatischen Wertigkeit und Aktionsart, Pädagogischer Verlag Schwann, Düsseldorf.

Leierbukt, O. (1981) „‚Passivähnliche‘Konstruktionen mit *haben* + Partizip II: Deutsche Sprache 1982 No-2, Mannheim.

Leifrink., F. (1973) Semantico-Syntax. Longman, London.

Мельчук, И. А. (1967) "К Волросу о ‘Внещних’ Различигелъных Элементах： Семантические Параметры и Описание Лексической Сочетаемости. : To Honor Roman Jakobson vol. II. Mouton, The Heag/Paris.

Olsson, Y. (1961) On the Syntax of the English Verb. Elanders Boktryckeri Aktiebolag, Göteborg.

Persson, I. (1981) Das Funktionsverbgefüge mit dem Funktionsverb „finden "―Eine semantische-syntaktische Analyse―：Deutsch als Fremdsprache 1981 No. 1. Leipzig.

Polenz, P. v. (1963)：Funktionsverben im heutigen Deutsch, Sprache in der rationalisierten Welt, Pädagogischer Verlag Schwann, Düsseldorf.

Polenz, P. v. (1964) >erfolgen< als Funktionsverb Substantivischer Geschensbezeichnung: Zeitschrift für deutsche Sprache Band 20, Walter de Gruyter & co, Berlin.

Renskỳ, M. (1964) "English Verbo-Nominal Phrases. ": Vachek, J. (ed.) Travaux Linguistiques de Prague I. Indiana University Press, Bloomington.

第9章

外来語と機能動詞
—「クレームをつける」「プレッシャーをかける」
などの表現をめぐって—

1. 機能動詞とはなにか

　この稿でいう外来語とは、和語ならびに漢語と対立をなす外来語のことで、主として欧米の言語から日本語に借用された単語をさし、その意味で洋語とおきかえてもよい。

　機能動詞については、村木（1980）で不十分ながらその定義や諸特徴に言及してある。要点のみをくりかえしのべると、実質的な意味を名詞などにあずけて、みずからは文法的なはたらきをする動詞を機能動詞*1とよび、機能動詞をふくむ、ひとまとまりのむすぶつきのつよい語結合（連語 word group）は、文中にあっては、全体で述語相当の機能をはたし、述語の実質的意味は機能動詞とむすびついた名詞などがになう、機能動詞は、もっぱらテンスやムードなどの陳述的な特徴づけをおこなう。こうして、たとえば、

　　　きのう　工場の　見学を　した。

　　　早速　山田と　連絡を　とろう。

という文において、動作の意味は、名詞の「見学」「連絡」が、その動作が過去のことであることを動詞の「した」が、また、さそいかけ、あるいは意志であることを動詞の「とろう」が、それぞれ分担してあらわしている。機能動詞には実質的意味がないといっても、これは程度の問題であって、機能動詞と対立をなす実質動詞との関係は連続的で、両者の差は絶対的なものではない。慎重ないいかたをするなら、機能動詞においては、その実質的意味が稀薄である、ということになろう。

　日本語の「する」「ある」「なる」などのきわめて抽象度のたかい動詞に形式動詞の名称があたえられ、実質動詞に対峙させられることはあった。しかしながら、これらの形式性についてふかくほりさ

495

げた研究はみられないようである。「する」には、

　　　散歩を／アルバイトを／いたずらを／……する

　　　咳を／けがを／やけどを／……する

　　　トランプを／カルタを／パーティーを／……する

　　　マスクを／マフラーを／ネクタイを／……する

　　　あてに／からに／折半に／……する

　　　前提と／誇りと／苦手と／……する

　　　暖かく／ひろく／長く／……する

　　　しずかに／親切に／丈夫に／……する

　　　においが／稲光りが／ひびきが／……する

　　　悪感が／めまいが／はきけが／……する

といった広範囲にわたる用法がみられ、いずれも形式動詞としての位置づけをされるのであろうが、これらについては、形態統語論的にも（ヲ格の名詞、ニ格の名詞、形容詞の連用形、……）、意味論的にも（動作性、病理現象、遊戯、……）考察をくわえる余地がのこされている。また、「ある」についても、

　　　机の上に　本が　ある。

　　　庭に　池が　ある。

のような文においては、具体的なモノ（本／池）の存在をあらわすが、

　　　彼から　連絡が　あった。

　　　フランスと　交流が　ある。

などの用法では、あきらかに、抽象的なモノ（連絡／交流）の存在から動作（コト）への移行がみられる。さらに、

　　　来週から　学校が　ある。

という場合の「学校が　ある」は

　　　郵便局の前に　学校が　ある。

というときの「学校が　ある」とちがって、具体的なモノ（学校）の存在ではなくて、学校の機能の存在、敷衍すれば、「授業がおこなわれること」を意味している。これもまた、「連絡が　ある」「交流が　ある」にちかい表現であるといえよう。「電話が　ある」「電車が　ある」といった語結合にも、ふたとおりの用法、すなわち、

496　Ⅳ　文法論をめぐる諸問題

具体的なモノの存在の場合と動作にちかい場合とがありうる。

　これらの、従来から形式動詞（学者によってその範囲はまちまちであるけれども）とよばれた、実質概念の稀薄な動詞を極として、その周辺に位置づけられそうな、「連絡を　とる」「さそいを　かける」「ショックを　あたえる」などの語結合をつくっている機能動詞「とる」「かける」「あたえる」と、このような語結合の意味論的かつ文法論的な調査をするのが本稿の目的である。

2.　日本語の中の外来語の位置

　さて、ある言語から日本語として借入された外来語は、日本語の言語体系にしたがって用いられることになる。それぞれの語彙的意味をもった単語は、文の中で機能する特徴、すなわち文法的な特徴をあわせもたなければならない。単語の文法的な特徴を集約したものが品詞の体系であるとするならば、ひとつひとつの外来語も、それぞれの文法的特徴をになわされて、日本語のどこかの品詞におさめこまれることになる。

　ところで、現代日本語の動詞や形容詞には、テンスやムードや統語論上のはたらき（終止するか、もしくは名詞にかかっていくか、他の動詞や形容詞にかかっていくか）によって、それぞれ固有の体系的な語形変化がみられる。このような文法的な語形変化、すなわち形態論的な拘束はつよく、外国語をそのままの形で、日本語の動詞や形容詞として用いることはできない。外国語の単語が、日本語のもつ音韻論上の規則にしたがって手直しをうけて日本語化するのと同じように、それぞれの品詞の文法的な規則に合うように手をくわえられなければならない。ところで、日本語の名詞は、とりはずしの比較的自由な格助辞をしたがえることによって名詞のもっとも重要な文法的機能である格のはたらきをしめしていて（格助辞の周辺に、とりたて、対比、添加、限定などの特徴づけをする副助辞もあるが）、この格助辞をとりさった部分は、動詞や形容詞にみられるような特別の形態上の制約がない。こうして、外来語の多くは、その意味の如何にかかわらず、具体的なものも抽象的なことがらも、

形態論上の制約のゆるい日本語の名詞あるいは名詞のなかまとしての文法的な範疇化をうける＊2。動作性の意味内容をもった単語については、これに接尾辞をくっつけることによって、二次的に動詞をつくることがある。具体的な例をあげると、ラジオやミルクは典型的に具体的なものを名づけた単語として、現代日本語では、これらの名詞を動詞化・形容詞化した語はみられない＊3が、サービス、カット、デモなどの、動作性の意味内容をもった語や、メモやミスなどの、なんらかの動作の結果を意味する語については、「サービスする」「カットする」「デモる」「メモる」「ミスる」といった合成語ができている＊4（「メモる」や「ミスる」はいくらか俗語的な文体上の性格をおびている。「メモする」「ミスする」のほうが一般的である）。語構成の点から、「サービスする」「カットする」は、（語基十語基）からなる複合語、「デモる」「メモる」「ミスる」は、（語基十接辞）からなる派生語に二分することができる。語基とは自立的な形態素を、接辞とは非自立的（付属的）な形態素をさす＊5。ちなみに、センチメンタルやエレガントのように状態・性質の意味をもった外来語は、-da、-na、-ni などの語尾をともなって、統語論上の特徴が形容詞と共通する、いわゆる形容動詞に属することがある。「ナウい」（漢語では、「四角い」）のような外来語が形容詞としてとりこまれるのは例外で、独立性のつよい、いわゆる形容動詞の語幹としておさまるのがふつうである。この種の単語では、「エレガントさ」「シックさ」のように接尾辞 -sa の付加によって二次的に名詞がつくられることがある。

　現代日本語においては、名詞を動詞化する接辞は、さほど生産的とはいえず、もっぱら -suru を結合させた複合語の形態をとるのが一般的である＊6。

　　　アウトプットする　　　アウフヘーベンする　　　アタックする
　　　アッパーカットする　　　アップする　　　アップリケする　　　アドバイスする　　　アナウンスする　　　アッピールする　　　……
以上のような分析的な手つづきによる新しい動詞づくりを現代日本語では発達させているが、さらにもうひとつの、より分析的な手つづき、すなわち名詞としての外来語をそのままのこして、これに

498　Ⅳ　文法論をめぐる諸問題

実質的意味のとぼしい動詞をそえることによって、全体でなんらか
の動作的意味を完結させている場合がある。たとえば、

　　　サービスを　する
　　　プレッシャーを　かける
　　　クレームを　つける

などの語結合がそれで、これは迂言的な手つづきによるものとよん
でよいであろう。こうして、「デモ」「メモ」「ミス」を例にとると、
次のように、総合的 synthetic、分析的 analytic、迂言的 periphras-
tic な、みっつの手つづきによって動作化・作用化が可能である。

《総合的》	《分析的》	《迂言的》
デモる	デモする	デモを　する／かける／うつ
メモる	メモする	メモを　する／とる
ミスる	ミスする	ミスを　する／おかす

　以上のように、みっつの手つづき（派生語、複合語、語結合）が
そろって可能なケースはきわめてまれであって、ふつうは、次にし
めすようにどこかに穴ができるものである。

《総合的》	《分析的》	《迂言的》
ダブる	／	／
ツモる（マージャン用語）	／	／
ガスる	／	ガスが　かかる
／	ボイコットナる	ボイコットを　おこす
／	コメントする	コメントを　つける
／	／	クレームを　つける
／	／	プレッシャーを　かける

　クレームとかプレッシャーとかいった、動作性の意味内容をもっ
た外来語名詞は、

　　　＊クレームする
　　　＊プレッシャーする

のような語形（複合語）をつくらずに、「つける」「かける」などの

第9章　外来語と機能動詞　　499

使用範囲のひろい動詞とむすびついて、動作的な意味内容を語彙的にも文法的にも完結させる。「クレーム」や「プレッシャー」のような名詞には、動作の意味内容が託されてはいても、用言（動詞・形容詞）に固有なテンスや動詞に固有なムードを特徴づける形態がない。「つける」「かける」は本来の意味からはなれ、抽象化の度合がすすんで、文法的意味をもっぱらになうというはたらきをすることになる。ただ、もし「クレームを　つける」「プレッシャーをかける」といった語結合が類似した表現をもたずに孤立したいいまわしにとどまるならば、これは固定連語（慣用句）としての位置づけをうけることになる。こうして、たとえば、次のような外来語名詞と和語動詞との語結合は、そのような固定連語とみることができよう。

　　　ポイントを　あげる
　　　スポットを　あてる
　　　ハンディーを　おう／せおう
　　　ポーズを　おく
　　　エポックを　画する（これは、和語動詞でない）
　　　ウィットを　きかせる
　　　スタートを　きる
　　　ゴールを　きる
　　　カーブを　きる
　　　バランスを　たもつ／とる
　　　ポーズを　つくる／とる
　　　チャンスを　つかむ
　　　デマを　とばす
　　　イニシアチブを　とる／にぎる
　　　リーダーシップを　とる／にぎる
　　　ウェイトを　もつ
　　　スケールを　もつ
　　　ファイトを　もやす

　しかしながら．以下にしめす「〜を　つける」のように、いくつかの類似した一連の表現がうまれてくると、そこには固定連語から

500　　Ⅳ　文法論をめぐる諸問題

はなれて、自由なむすびつきへと移行するすがたをみとめることが
できる。

　　クレームを／コメントを／チェックを／ハンディー（キャッ
　　プ）を／
　　……つける

　ただし、この種の語結合は、統語論的には支配する単語（re-
gens）である動詞の語彙的意味が不安定で、支配をうける単語
（rectum）である名詞のほうが自由な語彙的意味を保持しつつ、連
語の核になっていて、「パンを　たべる」「ノートを　かう」といっ
た名詞と動詞の双方の単語の自由な意味にささえられた自由連語と
は性格を異にしている。自由な意味とは、構造に拘束されない意味
をいう。「クレームを　つける」や「プレッシャーを　かける」の
「つける」「かける」は、前におかれる名詞に依存する度合がつよく、
これらの名詞からきりはなされては、みずからの自由な意味を保持
しにくい。

　日本語の構文上のひとつの特徴は、単語と単語の依存関係が時間
の軸にそって常に一定していることである。すなわち、支配される
単語が支配する単語に先行するという法則が徹底してまもられてい
る。

　　パンを　たべる
　　祖父の　時計

　支配する語（たべる、時計）が核となり、支配される語（パン
（を）、祖父（の））がなんらかの限定、具体的な制限をくわえると
いうすがたをとるのが一般である。しかし、「する」「つける」「か
ける」などが機能動詞として用いられた場合、形態統語論上はその
前におかれる名詞などの単語を支配しているけれども、意味論上は
逆に、前におかれる語に従属し依存する関係にあって、さらにひろ
げられたシンタグマにおいて中心的核的役割をはたすのは、もはや
機能動詞ではなくて、機能動詞とかたいむすびつきをしめしている
名詞などの単語のほうである。こういった意味では、機能動詞は、
そのはたらきの点で、

　　読んで　いる／ある／しまう／……

第9章　外来語と機能動詞　　501

などの補助動詞にちかいといえる。形態統語論上は、補助動詞が本動詞を支配するかたちになるが、動作の実質的な意味は本動詞がになっている。

さて、「クレームを　つける」のようなタイプの語結合と、外来語名詞が動作の結果の事態を意味する場合および道具や手段を意味する場合をとりあげて考察をくわえてみたい。

3.　動作名詞をめぐって

ヒトやモノに対するはたらきかけが、ひとつの動詞によっていいあらわされるのではなくて、迂言的に〈名詞を　動詞〉の形式をとることがあった。このような語結合では、名詞が動作性の意味内容をもつことが多い。動作名詞であることを言語的に証拠だてることは困難である（かりに、「Ｎする」といえる「Ｎ」が動作名詞だとすると、「タックル」や「コメント」は動作名詞で、「プレッシャー」や「ダメージ」は非動作名詞となってしまう）。ともあれ、「プレッシャーを　かける」「ダメージを　あたえる」は全体で動詞相当の役割をはたしていると考えることはできよう。これらの語結合が能動的なたちばをしめすのに対して、「プレッシャーを　うける」「ダメージを　うける」は受動的なたちばを表現する。このようなタイプの語結合として、次のようなものがあげられよう。

◇デモを／ストを／（ラスト）スパートを／タックルを／ダッシュを／リーチを／▼インターセプトを／▼ストップを／▼タイムを／▼カーブを／▼ドライブを／▼カットを／プレッシャーを／モーションを／ゴーを／トリックを／バイアスを／……かける（▼のつく組みあわせは使役性がつよく、〜させる、と交替する）

◇アドバイスを／サジェストを／オーケーを／キックを／ウィンクを／ショックを／ダメージを／インパクトを／インプレッションを／ジャブを／パンチを／センセーションを／……あたえる

◇コメントを／チェックを／マークを／クレームを／ハンディ

（キャップを）／プレミアを／……つける

◇**サインを**／**アッピールを**／**パスを**／**トスを**／**シグナルを**／……おくる

（太字でしめしたものは、〜する、と交替できる。）

4. 動作名詞の諸相

　〈名詞を　動詞〉という語結合で、名詞が動作の結果、出現する
ものであるときに、結果の目的語としてとりだされることがある。
「地面を　ほる」に対する「穴を　ほる」や「水を　わかす」に対
する「湯を　わかす」がそのような語結合としてよくしられている。
「地面」や「水」は動作をうける対象であるが、「ほる」行為の結果
が穴であり、「わかす」行為の結果が湯であるという関係で、目的
語が動詞があらわしているはたらきかけの結果を表現しているもの
である。ヨーロッパの言語学で、effective object/objet résultatif と
よばれてきたものである。日本語の「つくる」「きずく」「設ける」
といった動詞は、もっぱら動作の結果つくりだされるものを目的語
にとり、生産動詞とよんでよいものである。「ほる」や「わかす」
は生産動詞としての用法ももつ動詞である。ところで、名詞がな
んらかの活動の結果つくりだされる事態をあらわし、動詞が事態の
出現をあらわす場合の語結合では、しばしば、迂言的な手つづきと
分析的な手つづきとの（場合によっては総合的な手つづきとも）競
合関係がみられる。

　「ホームランを　うつ／はなつ」という語結合では、「うつ／はな
つ」行為の結果「ホームラン」になるという関係がなりたち、これ
は、「ホームランする」とも交替できる。

　　　○四回表、大洋二死満塁で基が左越えにセ今季初の<u>満塁ホーム
　　　ランを放ち</u>、塁を回る。　　　　　　　＜毎日新聞、1980.4.10. 朝刊
　　　○阪神の大型ルーキー・岡田が九日ナゴヤ球場で行われたウェ
　　　スタンリーグの対中日二回戦で左中間へ<u>初ホーマーした</u>。
　　　　　　　　　　　　　　　　　　　　　　＜毎日新聞、1980.4.10. 朝刊

　「トラブルを　おこす」のような語結合は、動作の結果が「トラ

ブル」であるというよりも、全体で状態の変化をあらわしていると
みたほうが適当かもしれない。これは、「トラブる」という総合形
と交替しうる。

　　　○大助が希典の会社でアルバイトして<u>トラブルを起こした</u>と
　　いってはあれこれ心配する。　　　　　＜毎日新聞、1980.3.5. 朝刊
　　　○したがってこちらの放浪娘との間で<u>トラブッたり</u>する心配は
　　あまりない。　　　　　　＜深田祐介『新西洋事情』新潮文庫 73 p.
　このような、動作の結果あるいは状態の変化をあらわす外来語名
詞と動詞とのむすびつきには、次のようなものがあげられる（太字
でしめしたものは、〜する、と交替できる）。

　　　◇**スト**を／**ヒット**を／**ホームラン**を／**スマッシュ**を／**スパイク**
　　を／**タイプ**を／**ピリオド**を／**コンマ**を／……うつ
　　　◇**ヒット**を／**ホームラン**を／**シュート**を／……はなつ
　　　◇**メモ**を／**コピー**を／**ノート**を／アンケートを／コンタクトを
　　／アポイントメントを／タイミングを／リズムを／……とる
　　　◇**ボイコット**を／**エンスト**を／トラブルを／スキャンダルを／
　　アクシデントを／クーデターを／センセーションを／モー
　　ションを／ギャップを／ショックを／ヒステリーを／……お
　　こす
　　　◇**ミス**を／**フライイング**を／ミステークを／ペナルティを／リ
　　スクを／……おかす
　　　◇スクラムを／グループを／チームを／ペアを／コンビを／
　　タッグを／トリオを／バッテリーを／カルテルを／　パー
　　ティーを／……くむ

5. 道具名詞をめぐって

　次に、動作性をもたない道具類をさししめす名詞が実質的意味を
欠く動詞とむすびついた例をとりあげてみよう。たとえば、

　　　ブレーキを　　かける
　　　ミシンを　　　かける
　　　テレビを　　　つける

504　　Ⅳ　文法論をめぐる諸問題

メスを　いれる

　などの語結合がそれで、これは道具のソフトウェアの側面が問題
にされている。道具が本来のはたらきをしめす表現に、こうした機
能動詞結合と固定連語との中間的な語結合ができる（村木1980）。
これに対して、

　　　ブレーキを　こわす

　　　ミシンを　はこぶ

　　　テレビを　かう

　　　メスを　おとす

のような語結合では、道具のハードウェアの側面がとりあげられて
いるといってよく、動詞には実質的な意味があり、これらの語結合
は自由連語とみられる。さきにあげた、「かける」「つける」「いれ
る」などの動詞の意味は、むすびつく名詞への依存度がきわめてつ
よい。

　中国語や英語のような形態論的な拘束の稀薄な言語では、名詞と
動詞が同じ形式であることも多い（あるいは、単語の品詞性が稀薄
である、というふうにもいえよう）。ひとつの語形が、道具と道具
をつかった行為をあらわす例として、英語には、

　　　hammer（かなづち、かなづちでうつ）

　　　knife（ナイフ、ナイフできる）

　　　iron（アイロン、アイロンをかける）

などがあり、中国語には、

　　　铇 bào（かんな、かんなをかける）

　　　钉 ding（くぎ、dīng、くぎをうつ、dìng）

　　　剪 jiǎn（はさみ、はさみできる）

などがある＊7。ドイツ語の場合には、動詞に形態論的な制約が
あって、道具名詞に動詞化するための接尾辞が付加されることにな
る。

　　　Hobel（かんな）　　　hobeln（かんなを　かける）

　　　Hammer（かなづち）　hämmern（かなづちで　うつ）

　　　Bremse（ブレーキ）　bremsen（ブレーキを　かける）

　このように、道具をあらわす名詞と派生関係にある動詞を道具動

詞（instrumental verb）とよぶことがある（たとえば、Green, G. 1972, Karuis, I. 1977 など）。ところで、日本語では、こういった道具動詞があまり発達してこなかったようである。「つな（綱）」と「つなぐ」は発生的につながりをもつ組みあわせであろうが、このような例は多くはないようである＊8。現代語の「つなぐ」は、その道具として「つな」に拘束されることなく、「ひも」でも「はりがね」でもかまわないのは、英語で、to hammer with a shoe や to saw with a knife などのむすびつきがゆるされるのと同じように、動詞がひとりあるきをして、意味にひろがりが生じたからで、特に不思議なことではない。

　さて、日本語では、道具を作用させる行為をあらわすのに、もっぱら「かける」という動詞をおぎなって、迂言的に表現してきたようである。

　　　はたきを　かける　　ぞうきんを　かける　　はけを　かける
　　　やすりを　かける　　かんなを　かける　　　こて（鏝）を　かける

　このような語結合からの類推で当然のことながら、

　　　ミシンを／アイロンを／ブレーキを／モーターを／ドライヤーを／エンジンを／ラジオを／ステレオを／テレビを／ブラシを／ワックスを／……かける＊9

のようなむすびつきを可能にする。このタイプの語結合では、いまのところ、はなしことばの領域にかぎられているようではあるが、「ミシンする」「アイロンする」「ブラシする」といった複合語のかたちで用いられることもある。

　また、「シャンプーする」「リンスする」といったいいかたがあって、これは、「シャンプー」や「リンス」という道具を用いた行為である。これらは英語の

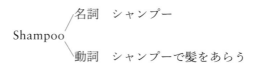

に対応し、英語から直接影響をうけた語形だといえよう。このような動詞を日本語の道具動詞といえないであろうか。この種のいいかたとして、「クリップする」「ドリルする」「パンチする」などがある。数年前に流行した「タバコする」をひとつの道具動詞とみなすことができるかもしれない。

身につけるものを道具の一種とみるならば、「マスクを　かける」「エプロンを　かける」が「マスクを　する」「エプロンを　する」とも交替し、さらに、「マスクする」「エプロンする」といういいかたもでき、道具動詞のなかまに入ってくるであろう（ただし、これらは、「を」が省略されたという感がつよい）。「ネクタイする」「イヤリングする」などもこれと同類である。

「シャンプーする」「クリップする」のような動詞は今後徐々にふえていくのではないかと筆者は考えている。

6. まとめ

新しいモノや新しい概念が言語化されるとき、そしてそれが外国語をとおして日本語に座を占めるとき、現代日本語の場合、主として名詞のなかまとしてもたらされ、動詞は、すでに存在する基本的な動詞に新しい用法が付与されていく。日本語の和語動詞は生産性がとぼしく、動作性の意味内容をもった外来語名詞は、接尾辞や動詞成分を付加することによって合成動詞をつくるか、補助的な動詞をおぎなうかして、動作や作用の意味を完結させている。そして、そこに、〈メモる―メモする―メモをとる〉のように競合関係がなりたっている場合がある。総合的な手つづきによる動詞は話しことばで多く用いられ、書きことばでは迂言的な表現が好まれるようである。新聞のニュース記事や評論などで、意味論的にも統語論的にも名詞が文の核になっている名詞表現が多くみられる。名詞表現の考察はここでは保留される。

第9章　外来語と機能動詞　507

＊1　機能動詞という用語は、ドイツ語のFunktionsverbを翻訳した名称である。このような動詞は、言語によってその発達のしかたはまちまちであろうが、おおくの言語にひろくみられるものである。とくにドイツ語では、Funktionsverbについての研究はふるく、数おおくの文献がある。もっともあたらしく、かつ機能動詞全般にわたって鳥瞰したものにHelbig, G. (1979)がある。ドイツ語のDuden Band 10: Bedeutungswörterbuch（1970年版）は約24,000語を収録する現代語の辞びきであるが、次の26の動詞について、機能動詞としての用法をあげている。

> führen geben gehen gelangen geraten hegen leiden machen nehmen schaffen schenken sein setzen spenden stehen stellen stiften treten tun üben übernehmen versetzen vorlegen vornehmen zeigen ziehen

英語については、Renský, M. (1964)、Liefrink, F. (1973)は村木（1980）でふれたが、Olsson, Y. (1961)は実証的なてがたいアプローチで同様のテーマをあつかっている（池上嘉彦先生の御教示による）。ロシア語では、параметрический глагол（媒介動詞）の名のもとに研究がすすめられている模様である。Мельчук, И. А. (1976)やMel'cuk, I. A. / Žolkovskij, A. K. (1970)のいうOper1/2も機能動詞とその性質がちかいようである。前者にはвести разговор（会話を行なう）хранить молчание（沈黙を守る）などの例があげられている。中国語については、中村浩一（1979）に、「行為動詞が動詞としての機能を放棄して、名詞化することにより、みずからを支配する包括動詞と結び、全体として動詞的機能をもつようになったもの」との記述があり、「包括動詞をとる表現」について言及している（荒川清秀氏の御教示による）。この包括動詞という用語は、すでに伊地智善継（1972）にみられ、「做指示、做判断、进行生产、进行比赛、得到提高、获得重视、取得胜利、加以利用」などがそれであるという。

＊2　このことは、とくに外来語（洋語）にかぎったことではなく、漢語についても全く同様である。語形変化のとぼしい中国語からの借用においても、一般に名詞類として日本語にとりこまれるのだが、漢語の中には、「極（ごく）」「急遽」「大層」などの副詞、「勿論」「全然」「是非」などの陳述的な単語類（いわゆる陳述副詞）、「翌」「約」などの連体詞的なもの、「畜生！」「万歳！」「拝啓」「敬具」などの感動詞、さらに、「〜して以来」、「〜兼〜」といった形式など、ひろく形態論的な特徴づけを欠くいくつかの品詞にまで浸透しているのに対して、外来語は「ハロー」「フレー」「バイバイ」などの感動詞を例外として、漢語のように他の品詞にはいりこむにはいたっていない。副詞の例としては、かつて学生用語として用いられたという、ドイツ語起源のガンツ ganz があげられようか。

＊3　ラジオやミルクといった名詞から派生した動詞や形容詞をつくることは、日本語においては、ちょっと考えにくいことではあるが、英語のradioは、名詞としての（無線、ラジオ）の意味のほかに、形容詞としての（無線の）や動詞としての（無線でおくる、ラジオで放送する）の用法があり、milkにも（ミルク）と（乳をしぼる）の意味用法があり、さらにmilkyは、milkから派生した形容詞である。日本語でも、バタくさい、バタっぽい（俗語）のような外来

語の名詞から派生した形容詞がきわめてまれではあるがうまれている。英語や中国語では、言語の形態論的な性格上、品詞の体系がひらいているといえる。

＊4　このような、外来語の名詞に -ru がついてできた動詞は、いまのところあまり多くはない。名詞の語頭二音節を語基とみたてて、この疑似語基に -ru をそえて、動詞化する例がある。アジる、ネグる、サボる、ダブる、ハモる、パロる、ゲバる、などがそれであり、これらの多くは、主として学生がスラングとして用いたものである。なお、この方法による派生動詞づくりは、ここ数年の流行的現象を呈している。稲垣（1980）によると、インベダる、マージャる、トイレる、トラボる、ジュリる、などの例があげられている。

さらに次のように臨時的な用いられかたもある。

「その共時的言語《屈折語》は、類型構造の要求するところとして、ひとつの語尾変化に性とか数とか格とか人称とかいった、さまざまな文法概念がダブり、トリップり、クワドラップるっているから．………」＜橋本萬太郎 1981『現代博言学』188 p.

ただ、最後の「クワドラップるって」という語形は、いったいどのような文法的な説明がほどこされるのであろうか。「クワドラップって」の誤植か、あるいは「クワドラップるる」という動詞？

＊5　ここでいう接（尾）辞は、語構成上の接尾辞をさし、文法的な語形変化（いわゆる活用）における接尾辞とは区別される。どちらもひろい意味での形態論的な接尾辞ではあるけれども、両者は峻別されなければならない。すなわち、memo-ru の ru は語構成上の接尾辞であり、文法的な語形変化においては、memor-u となり、memor が語幹、u が（広義の）接尾辞となる。後者の接尾辞は、屈折辞あるいは語尾とよぶほうが適当であろう。

＊6　これは、漢語においても同様で、力む、愚痴る、皮肉る、のような総合的な動詞形は今日生産的とはいえず、もっぱら -suru を結合させた、愛する、愛育する、愛飲する、哀願する、挨拶する、合図する、哀惜する、……のように複合語の形態をとるのが一般的である。なお、漢語には、これらの、～suru のほかにも、位置づける、根拠づける、条件づける、……、自由化する、具体化する、映画化する、……のような動詞形も存在する。外来語には、このような動詞形はきわめて少ない（コード化する、マンネリ化する、は例外）。ただし、-buru や -sugiru は臨時的に新しい単語をつくることが可能で、インテリぶる、ワンマンすぎる、のような動詞がありうる。

＊7　中国語で、「鉋鉋子」「釘釘子」というような同義反覆の表現をとるときは、名詞に接尾辞「子」がつくようである。

＊8　いささか性質を異にするが、身体の部分とその動作との関係でつながりのみられる組みあわせはいくつかある。たとえば、〈つめ―つまむ〉〈かた―かつぐ〉〈はら―はらむ〉〈また―またぐ〉など。さらに、〈め―みる〉〈て―とる〉にも派生関係があるかもしれない。

＊9　動詞「つける」は、動作の開始、すなわち、アスペクト表現における始動相をも特徴づけ、道具名詞（もっぱら電気製品）とむすびつく。

ラジオを／テレビを／ストーブを／クーラーを／スチームを／……つける

この表現は発生的には「～のスイッチをつける」の省略されたいいかたであろう。なお、このむすびつきは、道具を用いた動作の終結相をも特徴づける

第9章　外来語と機能動詞　509

ラジオを／テレビを／……きる
と対応し、これは「〜のスイッチをきる」の省略形であろう。

参考文献

伊地智善継（1972）「中国語の近代化」『言語生活』No. 249. 筑摩書房

稲垣吉彦（1980）『現代世相語』創拓社

中村浩一（1979）「行為動詞と新しい表現について」『中国語研究』No. 18. 龍渓書舎

西尾寅弥（1978）「自動詞と他動詞における意味用法の対応について」『国語と国文学』1978–5. 東京大学国語国文学会

村木新次郎（1980）「日本語の機能動詞表現をめぐって」『研究報告集2』国立国語研究所

Green, G. (1972) "Some observations on the syntax and semantic of instrumental verbs." : Papers from the 8th regional meeting. Chicago Linguistic Society, Chicago

Helbig, G. (1979) "Probleme der Beschreibung von Funktionsverbgefüge im Deutschen." : Deutsch als Fremdsprache 1979〜No. 5. Leipzig

Karius, I. (1977) "Instrumentalität und dominale nullsuffigierte Verben des Englischen" : Brekle, H. E./Kastovsky, D. (hrsg.) "Perspektiven der Wortbildungforschung." Bouvier Verlag, Bonn

Liefrink, F. (1973) "Semantico-Syntax." Longman, London

Мельчук, И. А. (1967) К Вопросу о 'внешних' Различительных Элементах: Семантические Параметры и Описание Лексической Сочетаемости

Olsson, Y. (1961) "On the Syntax of the English verb." Elanders Boktryckeri Aktiebolag, Göteborg

Rensky, M. (1964) "English Verbo-Nominal Phrases." : Vachek, J. (ed.) Travaux Linguistiques de Prague 1. Indiana University Press, Bloomington

第10章
連用形の範囲とその問題点

1. 連用形とはなにか—連用形の位置とその範囲—

　日本語の文法の世界で、連用形という用語は、さまざまな使われ方をしていて、一定していない。

　ここでは、ある単語が語形変化の体系をそなえ、それらのうちのひとつあるいはふたつ以上が用言にかかる機能をはたしているものを連用形と考えることにしたい。また、当該の単語が語形変化をするかしないかを問わず、用言につらなる連用用法とよんで、連用形と区別しておきたい。連用形（用言にかかる形式）は連体形（体言にかかる形式）とならぶもので、どちらも他の単語につらなるという点で共通する特徴をそなえている。それらをまとめて接続形とよぶなら、これは接続しない形式、すなわち終止形（あるいは非接続形）と対立する。以上述べたことは、次のようにまとめられる。なお、用言の範囲については、動詞と形容詞（いわゆる形容動詞をふくむ）としておく。

$$
\left\{
\begin{array}{l}
接続形 \left\{
\begin{array}{l}
連用形 \\
連体形
\end{array}
\right. \\
終止形
\end{array}
\right.
$$

　名詞と動詞と形容詞のような主要な品詞には、さまざまな機能がそなわっていて、その機能に応じて、終止形・連用形・連体形がある。ここでのさまざまな機能とは、当該の単語の断続（きれつづき）を問い、終止するか、接続するか、接続する場合には用言に接続するか体言に接続するかだけを問うことにする。いずれの場合も、伝統的な文法で、助詞・助動詞といわれてきたものは非自立的な形式で、名詞や動詞や形容詞など主要な品詞に属する単語の文の中で

の存在形式を補助するものとして、単語の部分であると考える。誤解をさけるために、それぞれの品詞の三つの語形の例をあげておく。

名詞：「りんご」の場合

連用形

りんごを／りんごが／りんごは／りんごも／りんごこそが／りんごだけ／……

連体形

りんごの（味）／りんごからの（栄養）／りんごならではの（かおり）／……

終止形

りんごだ。／りんごでした。／りんごでしょうよ。／りんごだったわ。／……

動詞：「たべる」の場合

連用形

たべて（くらす）／たべたり（する）／たべても／たべ、／たべながら／……

連体形

（きのう）たべた（りんご）／（食後に）たべる（りんご）／……

終止形

たべた。／たべます。／たべなさい。／たべようよ。／なべない？／……

形容詞：「おいしい」の場合

連用形

おいしく（たべる）／おいしかったり（する）／おいしければ／おいしくて／おいしくても／……

連体形

おいしい（りんご）おいしかった（りんご）／美味な（くだもの）／まっかな（りんご）／……

終止形

おいしい。／おいしかった。／おいしいでしょう。／美味でしたよ。

（顔が）まっか。／……

　ここでは、それぞれの品詞において、どの機能が中心的であるかという問題にはふれないことにする。たとえば、副詞はもっぱら用言につらなる単語で、単機能であるゆえに、語形変化の体系を欠いている。ただし、副詞に属するとされる単語の中には、連用用法だけでなく、述語としてもちいられる終止用法や部分的に連体用法をそなえているものも存在する。連体詞は、連体機能だけをそなえた単語群で、これも単機能で語形変化の体系をもたない。いわゆる連体詞を連体機能専用の形容詞ととらえる立場もある。

2.　連用用法の下位分類とその問題点

　ここでは、名詞と動詞と形容詞の、主要な品詞にかぎって、それらの連用用法について素描をし、どのような下位分類があるか、その下位分類をめぐる問題点を指摘してみたい。

2.1　名詞の場合

　名詞の連用用法をめぐる問題として、まず主語の位置づけがある。日本語に主語の存在を認める人もいれば、それを認めない人もいる。主語を認める立場でも、主語の規定はまちまちである。主語は述語と対応し、文の第一次成分と考える立場もあれば、他の名詞句とならぶ性質をそなえているものの、部分的に述語との呼応関係がみられる点で、他の名詞句より優位にあるというように、いわば第一補語と位置づけようとする立場もある。日本語には、主語が存在しないとし、他の名詞句ととりたてて区別する必要がないと主張する人もいる。日本語に主語を認めるとしても、実際の談話や文章に、主語が顕在しない文が多いということは事実である。

　主語以外の名詞句や副詞句などの連用成分は、一括されることもあるが、連用補語と連用修飾語として区別されることもある。そこでは、名詞と副詞の違いとして、両者の区別とされることもあった。たとえば、「わずかの時間を　過ごす」は名詞による補語で、「しば

らく　過ごす」は副詞による連用修飾語とするというふうに。しかし、両者は意味的に近似している。

　主語以外の連用修飾語を、対象語・修飾語・状況語に分ける立場もある（鈴木重幸（1972））。対象語は、述語のあらわす属性（運動・状態）の成立にかかわる対象をしめす成分を、修飾語は、述語があらわす様子、程度、数量などをしめす成分を、状況語は、主語と述語があらわすできごとが成り立つ時間、空間、原因、理由、目的などの外的な状況をしめすものとされる。しかし、こうした分類にも多少の疑問は残る。「京都に　すむ」「部屋に　残る」は空間をあらわすとはいえ、述語との関係で対象語とされるし、述語とのあいだに原因的なむすびつきをしめす「雨で　ぬれる」「借金で　なやむ」は状況語であっても、「雨に　ぬれる」「借金に　なやむ」は対象語的ではないかとか、目的をしめす「稽古に　かよう」「出張に　いく」などは対象語といえないかといった述語のタイプや名詞の格形式の違いによって対象語と状況語との線引きがむずかしい。また、修飾語についても、「この料理には　時間が／3時間　かかる。」のような文では、数量をしめす成分である「3時間」は「時間が」と同様に述語があらわす属性の成立にかかわる必須要素であり、対象語と考えたくなる。連用成分をどのように分類するかは、さらなる吟味が必要であるとおもわれる。

　結合価文法の立場から、名詞の連用用法を、必須補語と任意補語にわける場合もある。述語動詞の語彙的意味を充足させるかいなかを基準にして、二分しようとするものである。いくつかの試みはあるが、客観的な基準はえられていない。

2.2　動詞の場合

　動詞の連用形式にはさまざまなものがある。「たべて」「たべ」「たべたり」「たべれば」「たべながら」といった形式である。これらに助辞のついた「たべてから」「たべると」「たべるが」「たべるけれども」といった諸形式も広義の連用形式である。このような連用形／連用形式を、自立的な単語の、文の中での存在形式だととらえると、「たべ-ます」「たべ-たい」「たべ-ながら」「たべ-かける」

などの「たべ-」は単語の部分であって、連用形でも連用形式でも
なく、動詞の語形や派生語をつくる語基であると理解できる。「若
い人はスパゲッティーをたべ、年寄りは日本そばをたべた。」の
「たべ（、）」は動詞の自立的な一語形であり、連用形のひとつであ
る。

　また、動詞が連用形式をとって、文中にあらわれるとき、その動
詞にかかる成分をもつものとそれをもたないものとがある。動詞に
かかる成分にも、主語、主語以外の名詞句、副詞句などさまざまな
形式がありうる。たとえば、

　　　「笑って生きていきましょう。」
　　　「ある人は笑って、別の人は泣くでしょう。」
の二つの文で、「笑って」はどちらも連用形式ではるが、はじめの
方はかかる成分をもたないので、後続の述語に修飾語としてはたら
き、あとの方は「ある人は」という主語をうけ、述語としてのはた
らきをそなえて、後続の節に並列の関係でつながっている。一般に、
前者のようにかかる成分をもたないと、その動詞の連用形式は、動
詞のもつ述語の機能をはたさず、副詞と同じようなはたらきになる
傾向がある。「いそいで帰る」「あわてて部屋を掃除する」「歌えば
楽しい」などがその例である。しかし、後者のように、なんらかの
かかる成分をうけると、動詞の述語としての機能が発揮される。そ
して、かかる成分の名詞句や副詞句にもさまざまな種類があって、
それと対応して述語動詞の語形にも制限がある。「たべながら」「た
べつつ」という主として付帯状況をあらわす連用用法には制限がつ
よく、主語や時空間をあらわす語句、主題や「ぜひ」「たぶん」と
いったモーダルな語句は排除される。一方、「たべるが」「たべるか
ら」「たべるけれども」といった連用用法はその制限が弱く、さま
ざまな成分をひろくうける性質をもっている。主語のほか、モーダ
ルな単語もうけることができる（南不二男（1993））。動詞の連用
形といっても、副詞と同じように、他の成分をうける機能をもたず、
もっぱら用言の内容をくわしく言いあらわしているものもあれば、
固有の主語をはじめ、他の成分をもうけ、述語としてはたらき、後
続の文にかかっていくものもある。前者は動詞や形容詞にかかる狭

義の連用用法といえるけれども、後者の連用用法は、後続の文全体につらなるという意味で、連文用法とでもいうべきものである。そして、そのあいだは、連続的段階的である。語形によっては、さまざまな成分のうち、どの範囲までうけられるかということがきまっているものもあれば、「たべて」のような語形は制限のあるものからないものまで広範囲にわたる用法をそなえている。「たべて」のような語形にかかる成分が、動詞の連用形でおさまってしまう場合もあれば、そこでおさまりきらず、後続の述語にまでおよぶことがある。以下の文にあるような「〜が」と「〜は」の違いから述語動詞の語形は同じであるが、「妻が」は、すぐあとの述語「帰宅すると」だけにかかり、「妻は」は、「帰宅すると」だけでなく、「準備をしていた」にもかかる。

・妻が帰宅すると、いそいで夕食の準備をした。
・妻は帰宅すると、いそいで夕食の準備をした。

　主語以外の成分についても、後続の述語にかかっていく場合がある。以下の例で、「書類を」「先生に」は、すぐあとの述語である「整理して」「会って」だけでなく、文末の述語「しまう」や「相談した」にもかかっていると考えられる。

・書類を整理して、カバンの中にしまう。
・先生に会って、進路を相談した。

　なお、助辞のつかない、動詞の連用形は、中止形・条件形・譲歩形などの名称で同列におかれることがあるが、それは正当ではない。中止形（「たべ」「たべて」）は、接続によるもので、特定のムード・テンスをもたない不定詞ともいえる形式である。それに対して、条件形（「たべれば」「たべたら」など）・譲歩形（「たべても」）は、ムードにかかわる形式である。つまり、条件形と譲歩形は名称からして、特定の文法的意味をそなえた形式なのである。

2.3　形容詞の場合

　形容詞の連用形にも、動詞の場合と同じように、かかる成分をとらないものと、固有の主語をうけて述語として機能し、後続の文相当の形式につながるものがある。以下の例文の、はじめの「おいし

く」は、後続の述語「たべられる」の修飾語としてのみ機能している。それに対して、ふたつめの「おいしく」は、「食事が」に対する述語として機能し、それらが従属節を構成し、後続の主節にかかわるという二重の機能をはたしている。後者の用法には、たとえば、肯定否定の対立があり「食事がおいしくなくて」も可）、述語らしさをみとめることができる。ただし、形容詞は、かかる成分があるといっても、動詞の場合ほど多様ではなく、相対的にかぎられている。述語になることを本命とする動詞と、名詞を修飾限定することを本命とする形容詞との相違の反映ともいえる。

・あの店では、おいしくたべられる。
・食事がおいしく、どうしてもたべすぎるので、体重が気になる。

　形容詞の連用形が意味と機能の点で、もとの形容詞からはなれ、別単語として副詞になりきっているものも多くみいだされる。「約束をきれいに忘れてしまった。」の「きれいに」は「すっかり」「完全に」の意味であり、連体や終止の用法をもたない。形容詞と副詞の関係は、さまざまな未解決の問題をはらんでいる。

参考文献

鈴木重幸（1972）『日本語文法・形態論』むぎ書房
南不二男（1993）『現代日本語文法の輪郭』大修館書店

第11章
日本語の後置詞をめぐって

　日本語の文法を記述したもので、「後置詞」という用語は、相異なるふたとおりの意味で用いられてきた。ひとつは、いわゆる格助詞や副助詞などの「助詞」を指していて、とくに印欧語を意識して、名詞の前におかれる印欧語の「前置詞」に相当するものが、日本語の名詞のあとにおかれる「が」「を」「に」「で」などの「助詞」であり、これがすなわち「後置詞」であるという用いられかたである（たとえば、松村明編（1971）『日本文法大辞典』の「後置詞」の項の説明。また、S. E. Martin（1975）"A. Reference Grammar of Japanese" にも Postposition（particle）とあり、後置詞と助詞を同一視している）。これは「助詞」を「後置詞」と言いかえたにすぎず、単なる名称の問題にすぎない。これに対して、もうひとつの用法は、松下大三郎（1901）『日本俗語文典』、（1924）『改撰標準日本文法』や、鈴木重幸（1972）『日本語文法・形態論』などにみられるもので、「単独では文の部分とはならず、名詞の格の形（およびその他の単語の名詞相当の形式）とくみあわさって、その名詞の他の単語に対する関係をあらわすために発達した補助的な単語」（鈴木『日本語文法・形態論』499ページ）を指し、「（〜に）ついて」「（〜に）おいて」「（〜の）ため〔に〕」「（〜の）おかげで」などが、印欧語の「前置詞」にあたる「後置詞」であるというものである。後者の「後置詞」をとなえる文法論では、ともに、いわゆる格助詞や副助詞などの「助詞」に単語の資格をあたえずに、「助詞」は単語を構成している部分であり、これらを接辞とみていることを特記しておかなければならない。「助詞」が単語の資格をもつかもたないかはともかくとして、「を」「に」「で」などと「（〜に）ついて」「（〜に）おいて」「（〜の）ため〔に〕」「（〜の）おかげで」などは、いずれも単独では文の中で機能することはできず、名詞か名

519

詞相当の語句と結びついてはじめて文の成分となりうる点において共通している。両者のちがいは、名詞が文の中で機能するための形式上、もしくは手つづき上のちがいといってもよいであろう。「を」「に」「で」などのいわゆる「助詞」がつく場合を総合的な形式、「（〜に）ついて」「（〜に）おいて」「（〜の）ため」などがつく場合を分析的な形式と呼んで区別することができる。次の（1）から（4）のそれぞれのくみあわせで、aは総合的な形式によるもの、bは分析的な形式によるものである。

（1）a.自分の将来を考える。
　　 b.自分の将来について考える。
（2）a.会議はA大学で開催される。
　　 b.会議はA大学において開催される。
（3）a.娘にプレゼントを買った。
　　 b.娘のためにプレゼントを買った。
（4）a.太郎は次郎にたすけられた。
　　 b.太郎は次郎のおかげでたすかった。

　うえにbのタイプとしてあげた「ついて」と「おいて」は動詞「つく」「おく」とのあいだに、また「ために」と「おかげで」は名詞「ため」「おかげ」とのあいだに発生的につながりがあり、それぞれもとの単語の特徴をのこしながらも、文の中ではたす機能のうえでは、もとの単語とは異なる特徴がみとめられる。動詞から派生した「ついて」や「おいて」は、「〜に」という名詞句とむすびつくというもとになった動詞の格支配の特徴をうけついでいるし、まれにではあるが、「（〜に）つきまして」とか「（〜に）おきまして」といったていねいな語形にとってかわることがある点に動詞性をのこしている。しかし、これらは、もとの動詞がもっていた語彙的意味をうしなっており、実質的な意味をもつ名詞（（1）の「将来」、（2）の「A大学」）の文法的な関係をあらわす要素として形式化している。このような「ついて」や「おいて」は動詞のひとつの変化形が形式化したものであり、そこには一般の動詞がもっているテン

520　Ⅳ　文法論をめぐる諸問題

ス（時）やムード（語気）などの陳述的な意味がない。これらの
「ついて」や「おいて」は、述語的な性格も欠いている。これらに
対応する固有の主語をもちえないことも述語性の欠如を意味し、ひ
いては動詞性の欠如にもつながるであろう。これらはもっぱら前に
おかれる名詞の動詞に対する関係をあらわしていて、動詞「つく」
「おく」などがもっている過程的な動きをあらわさない。したがっ
てアスペクト（体）からも解放されている。こうして、このような
「ついて」や「おいて」は動詞の特徴を部分的にのこしているとは
いえ、そのはたらきのうえで動詞とは異なった性質をしめしている。
　一方、名詞から派生した「ため〔に〕」や「おかげで」は、連体
修飾をうけるという名詞の文法的な特徴をのこしてはいる。しかし
この特徴は、「ために」や「おかげで」の場合には義務的で、常に
実質的な意味をもった単語とくみあわされなければならないという
点で一般の名詞と区別される。また「ために」「おかげで」は名詞
としての格変化の体系をうしなっている。単独で文の成分になれな
いという点では、「こと」「もの」「とき」「ところ」などの形式名詞
と共通しているが、形式名詞は格の体系をもっているのに対して
「ために」「おかげで」はそれを欠いている点で両者にちがいがある。
　こうして、名詞が文の中で機能するための分析的な形式となるも
のは、実質的な意味をもつ他の単語の文法的な意味を補うという点
で、「助詞」のはたらきと類似している。さきにあげた（1）から
（4）の例文のaとbとのあいだで同義性がたもたれているとするな
らば、「助詞」と「後置詞」の類似性をうらづけているといえよう。
こうした「後置詞」と「助詞」との交替例をもう少し補足しておこ
う。次の例文の下線部は、それぞれかっこ内の「助詞」によってお
きかえることができ、ほぼ同一の、名詞の他の単語（ここでは動詞
や形容詞）に対する関係的意味をあらわしている。

（5）ふたつの部屋はカーテンによって（で）しきられていた。

（6）東京の冬は北京にくらべて（より）あたたかい。

（7）雑誌類は平日に限り（だけ）閲覧できます。

第11章　日本語の後置詞をめぐって　521

さらに、以下にしめす例では、かっこ内の形式は任意的で、とりさることができる。

（8）山田は上司に〔対して〕日頃の不満をぶちまけた。
（9）父は自分の師を武人の鑑と〔して〕尊敬していた。
（10）この問題は彼に〔とって〕はやさしすぎる。
（11）会議は三日間〔にわたって〕ひらかれた。

　ここにあげた（5）から（11）の「よって」「くらべて」「限り」「対して」「して」「とって」「わたって」などが、さきにあげた「ついて」「おいて」と同じ程度に文法形式化がすすんでいるかどうかは問題であろう。もとの動詞からどのくらい逸脱しているかは、単語ごとにちがっているようである。たとえば、うえの「よって」「対して」「して」「とって」などは「後置詞」としての性格がつよいようである。これらの「後置詞」的な単語には、動詞のもついくつかの変化形と交替できるものがある。「よって―より」「対して―対し」「とって―とり」などの連用形（あるいは中止形）にその交替がみられる。（6）の「くらべて」は「くらべれば」「くらべると」などの条件形におきかえることができ、このようなおきかえを許すことは、「くらべて」の動詞としての性質が、このようなおきかえを許さない他のタイプよりもつよいことをしめしている。単語を文法的な機能によって分類するとき、すなわち単語の品詞へのふるいわけに際して、どの単語もきれいにある品詞におさまるものではない。ある品詞の単語が他の品詞の単語に移行しつつあるといった中間的なものもある。そしてそれは連続的である。（6）の「くらべて」や（7）の「限り」はこれまであげた他の「後置詞」と比較すれば相対的に動詞性をつよくのこしていて、「後置詞」としての特徴をもってはいるが、十分には「後置詞」化のすすんでいないものといえよう。

　このような動詞と「後置詞」との関係は、漢語における動詞と介詞（前置詞）の関係と似ているように筆者には思える（筆者は漢語についての知識がとぼしいのでまちがっているかもしれない）。漢

522　Ⅳ　文法論をめぐる諸問題

語の「在」「到」「跟」などが動詞としても介詞としても用いられ、介詞のほうは、単独で用いられない、重ね型をとらない、時態助詞、趨向動詞がつけられない、などの点で動詞と区別されるようである（『中国語学新辞典』の説明による）。その際、「往」のように形態上差が生じる（動詞wǎngに対して介詞wàng）のはまれで、多くは同じ形式で、ふたつの品詞にまたがって、異なった機能をはたしている。日本語の動詞派生の「後置詞」は漢語を母語とする人にとっては容易に理解されるであろう。以下にあげる（14）から（17）の例文において、aが動詞として用いられ、bが「後置詞」的に用いられているのは、漢語の（12）と（13）の場合ときわめて類似しているといってよいと思われる。

（12）a.他在家吗？

　　　b.他在屋里看书。

（13）a.我到了学校。

　　　b.我到学校去了。

（14）a.日本風のごくあたりまえのものが食べたいというKの提案に僕はしたがった。　　　　　〈安岡章太郎「剣舞」〉

　　　b.いままでのあらゆる記録にしたがって仮説をたてた農学者は、……　　　　　　　　〈開高健「パニック」〉

（15）a.結局、モラトリアムの原因は、中小商工業者の、放縦にして且つ無反省なる所業に拠るものであるというのだ。

　　　　　　　　　　　　　　　　　〈徳永直「太陽のない街」〉

　　　b.この列車は、心ない者によって、爆弾が仕掛けられました……　　　　　　　　〈山野竜之介「新幹線大爆破」〉

（16）a.明るさというのが私たちアメリカ人のモットーなのですが、まだまだこれではそのモットーに添っていません。

　　　　　　　　　　　　　　〈小島信夫「アメリカン・スクール」〉

　　　b.バスは海に沿って走っていた……〈小川国夫「アポロンの島」〉

（17）a.〔彼女は〕冷え凍る厚ぼったい壁に、片手をついて身体を支えながら、廊下をめぐった。　　〈徳永直「太陽のない街」〉

　　　b.これは、日本革命の戦略路線とその基礎である日本資本

主義の歴史的・構造的性格の把握をめぐって展開された
大論争であった。　　　　　　　　〈「社会のなかの社会科学」〉

　こうした、動詞起源であって、「後置詞」的なはたらきをするも
のとして、

　　（〜に）あたって　　　　　　（〜に）おくれて
　　（〜に）さきだって　　　　　（〜に）したがって
　　（〜に）そって　　　　　　　（〜に）つれて
　　（〜に）ともなって　　　　　（〜に）のっとって
　　（〜に）ふれて　　　　　　　（〜）むかって
　　（〜に）もとづいて　　　　　（〜に）わたって
　　（〜に）応じて　　　　　　　（〜に）際して
　　（〜に）関して
　　（〜を）通して　　　　　　　（〜を）ともなって
　　（〜を）ふまえて　　　　　　（〜を）めぐって
　　（〜を）通じて　　　　　　　（〜を）介して
　　（〜と）ちがって
　　（〜と／に）にて
　　（〜から〜に）かけて

などがある。このなかで「際して」のような語は動詞としての「際
する」がなく動詞からの派生というのは適当ではない。見かけ上、
この仲間にはいるものである。また「かけて」以外の「後置詞」は
ひとつの名詞句とのみむすびつくが、「かけて」は「1月から3月
にかけて」のようにふたつの名詞句と義務的にむすびつく点に特徴
がある。

　なお、これらに共通してみられるいまひとつの特徴は、「に」
「を」などの「格助詞」を「は」「も」「こと」などの「係助詞」あ
るいは「副助詞」におきかえて、その名詞句をとりたてることがで
きないことである。「（〜には）あたって」「（〜は）通して」「（〜に
も）あたって」「（〜も）通して」といった「後置詞」としての形式
はない。ただし、「（〜とは）ちがって」「（〜とも）ちがって」とい
う形式はありうる。これは、名詞起源の「後置詞」的なもののうち
「（〜とは）反対に」「（〜とは）うらはらに」と対応している。

以上はすべて動詞の肯定の形式によるものであるが、

（〜を）問わず　　　　　　　（〜にも）かかわらず

といった否定の形式をした「後置詞」的な語もわずかながらある。

　一方、名詞派生の「後置詞」としては、たとえば次のような例を
あげることができる。

(18) この子は子供のくせに英語が話せる。

(19) 開戦と同時に米国内の対日感情も悪くなり、危ないから街
　　 に出るな、といわれたものでした。

〈朝日新聞、1982.12.8. 夕刊〉

(20) 「カフェーの夜」はその劇中劇として、原作のまま手をつけ
　　 ずにおさまっている。　　　　　　　　　　　　　　〈同上

(21) 悲しさのあまり、ことばが口に出てこなかった。

(22) 医者のかたわら、作家としても活躍している。

ほかにも、

（〜の）かわりに　　　　　　（〜の）とおり〔に〕

（〜の）せいで　　　　　　　（〜の）もとで

（〜の）あかつきに　　　　　（〜の）たびに

（〜の）あいまに　　　　　　（〜の）ついでに

（〜の）資格で

（〜と）ともに　　　　　　　（〜と）一緒に

（〜と）同様〔に〕　　　　　（〜と〔は〕）無縁に

（〜と〔は〕）逆に　　　　　（〜と〔は〕）反対に

（〜と〔は〕）うらはらに

（〜と〔は〕）あべこべに

（〜が）故に　　　　　　　　（〜が）ために

（〜が）証拠に

（〜が）原因で

のような単語を類似例としてあげることができる。「ともに」と
「一緒に」はもともと名詞性が稀薄で副詞起源とすべきかもしれな
い。また「同様」「無縁に」「うらはらに」は形容動詞的である。な

第11章　日本語の後置詞をめぐって　525

お、「無縁に」から「あべこべに」は、前の名詞を「は」によって
とりたてることが可能で、さきにあげた「ちがって」と共通する特
徴である。「故に」「(〜が) ために」「証拠に」の例については、多
くは「それが故に」「それがために」「それが証拠に」という形で用
いられ、この結びつきが固定的で、他の単語とは自由にくみあわさ
らないようである。

　名詞派生の「後置詞」的なものとして、さらに、次のようなタイ
プもあるのではないかと筆者は考えている。それは、その構造を、
〈名詞句を名詞〔句〕に〉と一般化できる以下にあげるような例で
ある (出典はいずれも朝日新聞 1982 年 12 月 8 日版。朝刊と夕刊
の区別のみしめす)。

(23) ヨーロッパにはじまり、文学者の反核声明を<u>きっかけに</u>大
　　きく広がった日本の反核運動だったが、批判もまた多く出
　　された。　　　　　　　　　　　　　　　　　　　　(朝刊)

(24) 関東、中部以西は、第三次値上げを<u>直前に</u>「模様ながめ」
　　で、ほぼ横ばいになった　　　　　　　　　　　　(朝刊)

(25) 原告の越山康弁護士を<u>先頭に</u>、弁護団と原告の代表が正面
　　玄関の石段を上った。　　　　　　　　　　　　　　(夕刊)

(26) 再婚相手をめぐる人気歌手の父親の情愛を、南国の明るい
　　太陽と青い海を<u>背景に</u>描く。　　　　　　　　　　(朝刊)

(27) ブレジネフの死後、米中ソを<u>中心に</u>国際情勢は流動化して
　　いる。　　　　　　　　　　　　　　　　　　　　　(朝刊)

(28) 領収書を<u>手がかりに</u>製造元を捜したが、記載された番地に
　　そんな会社は存在しなかった。　　　　　　　　　　(朝刊)

(29) 日本石油など石油元売り各社は、今日一日、円相場が円高
　　に向かったのを<u>理由に</u>第三次値上げの「凍結」を発表した
　　が……　　　　　　　　　　　　　　　　　　　　(朝刊)

(30) 日本を代表する経済人たちが若い女性を<u>相手に</u>あのような
　　質問しかできなかったのか……　　　　　　　　　　(朝刊)

(31) 事業所税はこれまで人口三十万人以上の都市の事業所を<u>対
　　象に</u>課税してきたのを……　　　　　　　　　　　(朝刊)

このような表現は、発生的には形式的な動詞の「して」がはぶかれたのであろうが、現代日本語のなかでは、数多くみられるもので、書きことばの世界ではむしろ動詞のない言い方のほうが多数派である。この〈名詞句を名詞〔句〕に〉のタイプの表現には次のような文法的特徴がみられ、これらの諸特徴はこの稿でとりあげてきた「後置詞」と類似するものである。

　〈名詞句を名詞〔句〕に〉全体ではじめて主文の成分となる。つまり、〈名詞句を〉も〈名詞〔句〕に〉も単独では主文の成分とはなれない。〈名詞句を〉と〈名詞〔句〕に〉の順序をおきかえることもできない。〈名詞句を〉を「は」「も」「こそ」などでとりたてることができない。

　また、これらの表現のあるものは、ことがらとしての意味をかえないで、「格助詞」やこれまでにとりあげた「後置詞」によっておきかえることができる。

（32）地中海を舞台に（で／において）ロマンスが展開する。

（33）北京大学を会場に（で／において）講演会を催す。

（34）十五歳の長女をかしらに（から）三歳の三男まで……。

（35）当時の資料をもとに（で／によって）事件を解明する。

（36）石油の値上りを理由に（から／によって）すべての物価が急騰した。

（37）妻を相手に（と）碁をうつ。

　なお〈名詞〔句〕に〉は一般に形容詞や他の名詞による連体修飾をうけることがない。次のような例外はある。

（38）昔もらったバイオリンを心の支えに、三十一年間生きてこられ、……

　こうして、（23）から（38）にあげた〈名詞に〉も、多分に「後置詞」的である。ただ、このタイプの「後置詞」は実質的な意味が稀薄であるとはいいにくい。実質的な意味をもってはいるが、前に

第11章　日本語の後置詞をめぐって　527

おかれる名詞の他の単語に対する関係的な意味をあらわす補助的な単語といえるであろう。しかし、ここでも名詞と「後置詞」のあいだは連続的であり、「(〜を) もとに」や「(〜を) たよりに」など「後置詞」化のすすんだものもあるが、まだまだ名詞としての性質を色濃くのこしているものも多い。このタイプの多くは、名詞の「後置詞」的な用法と呼んでおくのが適当かもしれない。この仲間としては、

　　(〜を) 前に、目前に、境に、機に、契機に、機会に、きっかけに、しおに、皮切りに、ふりだしに、トップに、口火に、スタートに、手始めに、合図に、発端に、最後に、

　　舞台に、会場に、背景に、バックに、中心に、出発点に、基点に、根城に、本拠に、

　　最高に、頂点に、ピークに、下限に、やま場に、重点に、主調に、主眼に、

　　基準に、もとに、基盤に、いしずえに、ベースに、軸に、基本に、核に、柱に、支えに、足がかりに、たたき台に、足場に、土台に、よりどころに、下敷きに、母体に、根拠に、もとでに、手づるに、テコに、バネに、

　　前提に、条件に、原則に、つてに、理由に、口実に、たて(楯)に、名目に、

　　目的に、目標に、ターゲットに、めどに、目当てに、目安に、相手に、対象に、

　　テーマに、スローガンに、キャッチフレーズに、建前に、旗印に、看板に、

　　手だてに、武器に、さかなに、えさに、

などがある。これらは、前におかれる名詞を補助して全体で連用句を構成し、文の中で、時間・空間・限度・根拠・理由・目的・相手・内容・手段などをあらわす。

　こうした「後置詞」あるいは「後置詞」的な単語が実質的な名詞とくみあわさって文の中ではたす意味・機能はまちまちである。ここに、動詞派生の「後置詞」と名詞派生の「後置詞」を類似した意味・機能によって対応させるかたちでしめしておきたい。

〈時間〉

△出発に際し、次の点に留意されたい。

△新年にあたり、一言挨拶申しあげたい

〈空間〉

△懇親会はホールにおいて開かれます。

△自重はいずれも垂直下方に向かって働く。

〈根拠〉

△男の証言にもとづいて捜査を開始した。

△何によって統制すればよいのか。

〈原因・理由〉

△乱気流によって飛行機の到着が遅れた。

〈相手・対象〉

△中学生50人に対してアンケートをとる。

〈同伴〉

△課長が若い男を伴って部屋に入ってきた。

〈内容〉

△自由とは何かについて討論をはじめた。

〈手段〉

△この物語を通して、子供たちに戦争の恐ろしさを知らせたい。

△散歩のついでに郵便局による。

△梅雨明けを境に、釣り人が多数訪れる。

△関東地方を中心に地震があった。

△山田はA教授のもとで研究をはじめた。

△男の証言をもとに捜査を開始した。

△何を基準に統制すればよいのか。

△乱気流のために飛行機が遅れた。

△暑さのせいでねむれない。

△中学生50人を対象にアンケートをとる。

△課長が若い男と一緒に部屋に入ってきた。

△自由とは何かをテーマに討論をはじめた。

△この投手は左腕からの大きなカーブを武器にノーヒット・ノーランを達成してみせた。

第11章　日本語の後置詞をめぐって　529

こうして、この稿でとりあげた「後置詞」には、文法形式化のす
すんだものもあれば、動詞や名詞との関係において中間的なものも
あり、不安定な単語群である。しかし不安定ではあるが、「名詞の
他の単語に対する関係をあらわす補助的な単語」として、ひとつの
グループをつくっているように思われる。日本語の文法を記述する
うえで、これらが独立の品詞としてたてられるべきかどうかはいろ
いろ議論のでるところであろう。その際、このような単語群と、一
般に「助詞」と呼ばれている形式との関係を、また「従属接続詞」
（付記②を参照）との関係を、さらに、名詞派生のものについては
「形式名詞」との関係を明らかにしなければならないであろう。今
後の研究に待つところが大きい。このような単語群について言及し
たものを、筆者は勉強不足のためあまり知らない。この小さな発表
が、日本語を学習する人々にとって少しでも役にたつことができれ
ば幸いである。

〔付記〕
①この稿では、「後置詞」のうち連用のものに限って言及した。「後
置詞」には、「ついての」「おける」「ための」「一緒の」など連体的
に用いられるものもある。②ここでとりあげた「後置詞」の中には、
次のような文相当の形式をうけて「接続助詞」と似たはたらきをす
る「従属接続詞」とでも呼んでよいものと同形式のものがある。
　△年をとるにしたがって頑固になる。
　△日がたつにつれて僕らの見立てちがいがだんだんはっきりして
　　きた。
　△新しい機械を採用するに際しても彼は批判的な態度をしめした
　　という。
　△突然来客があったために会には出席できなかった。
　△毎日練習をしたおかげで、日本語が上達した。
　△散歩に出たついでに買物をしてくる。
　なお、なかには、これらの「従属接続詞」が独立の「接続詞」の
資格をもつこともある（したがって、よって、故に、ために、な
ど）。

△鏡にはベッドは映らないから従って寝ている彼の姿も映らない。

△この三角形のABとACの長さは等しい。よって、これは二等辺三角形である。

△二本の線は平行である。故に交わらない。

③動詞派生の「後置詞」として、この稿では連用形（あるいは中止形）のみをとりあげたが、高橋太郎氏によると動詞の条件形にも「後置詞」的な用法があるという（高橋太郎「動詞の条件形の後置詞化」『副用語の研究』所収、1983）。

④〈名詞句を名詞〔句〕に〉のタイプについては、別にくわしくとりあげたので、それを参照していただければ幸いである（拙稿「「地図をたよりに人をたずねる」という言い方」『副用語の研究』所収）。

なお、このタイプと見かけ上、同じ構造をしめすものに次のような表現がある。それらが「後置詞」的であるかどうかは疑問である。

△I氏を団長に五名の作家が中国を訪問した。

△彼女は、ポーランド人を両親にパリでうまれた。

△係員はガラス窓を背にすわっていた。

△天秤棒を肩に、土をはこぶ人々の行列。

また、このタイプの表現には発生的に形式動詞の「して」が省略されたものが多いが、なかには、次のように別の動詞のこともある。

　権力をかさに（きて）

　政権の正統性を盾に（とって）

　このことを念頭に（おいて）

　私たちの驚きを尻目に（みて）……

〈名詞句を名詞に〉と類似した構造をもつものに、

〈名詞句を名詞と〉

　ここを先途と

　これを最後と

　今を盛りと

〈名詞句を名詞で〉

　無理を承知（のうえ）で

　損を覚悟（のうえ）で

などがあることを指摘しておきたい。

第12章
日本語文法への疑問
―活用・ヴォイス・形容詞―

1. 活用は何のためにあるのか

　標題の「活用は何のためにあるのか」の問いに対するわたしの回答は「述語となる単語の文法的な意味・機能をはたすためにある」である。文法的な意味・機能とは、単語が文の中ではたす役割に応じて、分化したものである。

　印欧語にならって、語形変化する単語をまず曲用と活用にわけることができる。すなわち、文の成分としての、主語や目的語になるという機能にもとづいた名詞および名詞相当語における曲用（格の体系―名詞もまた文の中で名詞固有のはたらきをもつ単語で、格体系という語形変化をそなえた品詞である）と、述語になるという機能にもとづいた動詞の活用とである。日本語の形容詞は、単独で述語になるので、動詞と共通した文法的な特徴をいくつかそなえている。さらに、名詞も「だ」や「です」などの形式をともなって述語になり、その機能にもとづいて、形容詞と同じような活用の現象をしめすととらえることができる。

　活用の現象については、さまざまな見方がある。

　活用とは「同一の単語が用法の違いに応じて、異なった形態をとること。」（『国語学大辞典』（阪倉篤義執筆））と定義される。「活用」をそのように定義しても、単語をどのように認定するかによって、何を活用とみなすかが違ってくる。阪倉氏は、定義のあと、次のように説明している。

　　　たとえば、「読む」という語は、「本を読まない。」「本を読み、音楽を聞く。」「本を読む。」「本を読めば、物知りになる。」「本を読もう。」というふうに、種々の形態をとって、文中に現わ

533

れる。それらの諸語形を別語と見て、個々に扱うことも不可能ではないが、形態の差異は、文法的機能の差に応ずる変異であるから、それらを同一語の異なった形態と見て、そのように同一語が種々の形態をとる現象を活用といい、そこに現われる種々の語形を活用という。

この後、阪倉氏は、

　　「本を読む。」と「本を読む部屋」の「読む」は、異なる構文機能をもつゆえに、別の活用形と見るのが普通だと説き、さらに、「本を読まない。」「本を読んで、…」「本を読めば、…」「本を読もう。」などのように助辞と結合して文の成分となるような場合は、助辞のついた形全体を一語と見る立場もある。

（下線―村木）

としている。

　日本語の単語をどのようにとらえるかに共通の認識があるわけではない。何を単語と理解するかによって、活用の現象が異なってくる。

　わたしは、単語は、語彙的意味をもちながら、文法的な意味・機能をになうものであると考える。語彙的な意味とは、単語にとって実質的な内容であり、文法的な意味・機能は、単語にとって文の中での存在形式である。語彙的な意味は、個々の単語に個別的であり、文法的な意味・機能は、個々の単語をこえて一般的である。『食べる』『歩く』『読む』はそれぞれ異なる運動を意味するのに対して、「食べた」「歩いた」「読んだ」は語尾に ta/da をもち、それぞれの運動が過去に起こったことをあらわす点で文法的な意味は共通している。

　単語において、その文法的な形（語形）は、それぞれの文法的意味・機能をもっている。「読まない」は、『読む』という運動の不在を意味し、文法的な意味〈否定〉をあらわす。一方、無標形式の「読む」は、『読む』という運動の存在を意味し、文法的な意味〈肯定〉をあらわす。両者の対立に共通するのは、肯定否定（認め方、

534　Ⅳ　文法論をめぐる諸問題

極性）というカテゴリーである。形式と意味・機能との対立と統一、そしてそれを総合したものが活用体系である。そのような立場からは、「読ま（ない）」「読め（ば）」「読も（う）」は、独立できる形式ではなく、単語の部分であり、「読まない」「読めば」「読もう」を単語としなければならない。「読まない」は「読む」と対立し、〈否定〉と〈肯定〉の関係をつくっている。「読めば」は広義の連用用法に属し、〈条件〉という文法的意味をになっている。「読もう」は、もっぱら終止用法に属し、1人称主語では〈意志〉を、1（＋2/3）人称主語では、〈勧誘〉の意味をもつ。

　動詞の文法的意味・機能をになう活用形は、狭義では、［語幹＋語尾］で構成されるが、接辞や助辞、あるいは補助的な単語がこれにくわわることがある。

(a)［語幹＋語尾］yom-u, yon-da, yom-e, yom-oo, yon-de

(b)［派生形（語幹／語基＋接辞）＋語尾］yom-ase-ru, yomi-mas-u, yom-ana-i

(c)［(語幹＋語尾)／(派生形語幹（語幹／語基＋接辞）＋語尾)＋助辞］yom-u-daroo, yom-ana-i-des-u

(d)［(語幹＋語尾)／(派生形語幹（語幹／語基＋接辞）＋語尾)＋補助的な単語］yon-de i-ru, yom-ana-ide ok-u

　(a) は狭義の活用と呼ぶことができるが、さまざまな文法的意味・機能は、接辞・助辞・補助的な単語にささえられていて、広義の活用は (d) までふくむと考えられる。(a) が総合的な語形であり、(d) が分析的な語形である。(b) と (c) は両者の中間である。どのような語形までが同一の単語の範囲にふくまれるのかという問題がある。広狭、いずれも考えられる。それによって、活用形の位置づけがことなってくる。活用を広くとらえることによって、ゆたかな文法的なカテゴリーが保障される。

　では、活用はどのようなはたらきをしているのか。

（1）断続に関与している。単語が文においてしめる位置、および他の語句との関係を意味する。動詞や形容詞は、そこで

文がきれる終止用法と他の形式につながっていく接続用法にわかれる。接続用法は、名詞につながる連体形と用言につながる（広義）連用形にわかれる。終止用法において、形態論的なカテゴリーはゆたかであり、接続用法では、それに制限がくわわる。

（2）いくつかの形態論的カテゴリーに関与する。形態論的なカテゴリーとは、同一の単語の、複数の文法的な形（語形）と文法的な意味の対立関係、そしてそれを総合した文法的な体系をさす。終止用法では、テンス、ムード、肯定否定、スタイル、ヴォイスなどのカテゴリーが存在する。テンス、肯定否定、スタイル、人称に関与しない対事的なムード（断定か推量か）についてはすべての動詞に、人称に関与する対人的なムード、ヴォイスについては、一部の動詞に存在する。肯定否定、スタイルについては、対立項の有標形は、接辞をともなう派生形である。アスペクトの有標形は分析的な語形であらわされる。

以下に、狭義の活用についての体系の試案を提示する。動詞の肯定・常体（非丁寧）・単純相の場合である。［語幹＋語尾］の範囲内（ただし、助辞「だろう」をふくむ）に限定している。

活用（断続によって）
　　①終止
　　②接続
①終止（人称（＋ムード）によって）
　　①人称無限定（1・2・3人称）
　　②人称限定
①①人称無限定（対事的ムードによって）
　　①断定
　　②推量
①①①断定（テンスによって）
　　①非過去断定形　　（本を）読む。

②過去断定形　　（本を）読んだ。

①①②推量（テンスによって）

②非過去推量形　　（本を）読むだろう。

②過去推量形　　（本を）読んだだろう。

①②人称限定（対人的ムードによって）

①１人称

②非１人称

①②①１人称（人称によって）

①意志形（１人称）（ひとりで本を）読もう。

②勧誘形（１＋２／３人称）（君と一緒に／みんなで　本を）
　読もう。

①②②非１人称（人称によって）

①命令形（２人称）（本を）読め。

②希望形（３人称）（雨よ）降れ。（学生ならば本を）読め。

②接続（接続先によって）

①連体

②連用（広義）

②①連体（テンスによって）

①連体非過去形　読む（本）

②連体過去形　　読んだ（本）

②②連用（条件か否か）

①中止（広義）

②条件

②②①中止（広義）（例示か否か）

①中止形　（本を）読み／読んで

②例示形　（本を）読んだり

②②②条件

①条件形　（本を）読めば／読んだら

②譲歩形　（本を）読んでも／読んだって

付記　この活用表の素案に対して、須田義治氏、彭広隆氏、揚華氏

第12章　日本語文法への疑問　　537

からいくつかのコメントをいただいた。記して感謝したい。

2. ヴォイス

1. ヴォイスとは文を構成する動詞の語形と名詞の格関係が交替するという統語的な現象をいう。すなわち、一方では、文のかなめとなる述語の役目をになう動詞になんらかの特別の形があらわれ、基本のかたちと対立するという形態論的な特徴がある。しかし、そのような述語の形態上の対立をうみだすのは、なにを文の中心として述べるかという perspective であり、これは文の通達上の機能である。ヴォイスという文法現象をきちんと把握するためには、動詞の語形上の特徴と統語上の交替関係という形式的な側面とコミュニケーションにもとづく機能の側面との両方を問題にしなければならない。

2. ヴォイスは、動詞述語文に固有な文法カテゴリーであり、形容詞述語文や名詞述語文には存在しないとされる。「甲は乙より大きい。」と「乙は甲より小さい。」のような形容詞述語文にみられる両文の関係は同じ事態を述べているという点でヴォイス性をもつが、述語にくる単語が異なるためにヴォイスとは認めない。同様に、「甲は乙より年長だ。」と「乙は甲より年少だ。」のような名詞述語文についても述語が異なるゆえにヴォイスとは認めにくい。ヴォイスは動詞述語文に固有のカテゴリーであるとされる由縁である。しかし、動詞述語文における「甲は乙に英語を教える。」と「乙は甲に（あるいは甲から）英語を<u>教えられる／教わる／習う</u>。」のような関係は、ヴォイスの対立が多面的であることを示している。すなわち、「教える vs 習う」さらに「教える vs 教わる」という語彙的な対立が「教える vs 教えられる」という共通の動詞の能動形と受動形の対立と競合関係にあり、「教える vs 習う」が語彙的なヴォイスとするなら、「大きい vs 小さい」「年長だ vs 年少だ」も語彙的ヴォイスといってよい理屈である。さらに拡張すれば、「甲は乙の友達だ。」と「乙は甲の友達だ。」は相互態の関係にあるともいえる。

文の統語現象の交替関係という点ではヴォイス性をそなえていると
いえよう。

　3.　日本語のヴォイスとして、「能動（基本）文 vs 受動文」と
「基本（非使役）文 vs 使役文」の対立関係が中心に位置づけられる。
述語部分の形式は「する vs される」と「する vs させる」の対立関
係を示すが、受動と使役を特徴づける -Rare- と -Sase- の音形が類
似していることが注目される。また、統語上の形式は、どちらの対
立関係においても、変形関係と派生関係の双方が認められる。「太
郎が次郎をなぐった。」と「次郎が太郎になぐられた。」の関係は同
じ事態を視点をかえて述べた文で変形関係にもとづく、能動文と
（直接）受動文の対立である。「雨が降った。」と「太郎は雨に降ら
れた。」の関係は派生関係にもとづくもので、後者は、前者の文に
存在しえない関与者「太郎」の視点から述べた二重構造の文である。
前者が基本文、後者が（間接）受動文という対立である。この区別
は、事態との関係とどのような統語上の対立を示すかにもとづいた
分類で、迷惑性をもつかどうかという意味上の特徴や動詞が自動詞
か他動詞かといった動詞のタイプにもとづくものではない。もちろ
ん、間接受動文には一般に迷惑性がみとめられるとか自動詞は間接
受動文にしかならないといった性質がみられるのはたしかである。
しかし、間接受動と迷惑性は別物と考えるべきではないかと思われ
る。たとえば、次の二例はいずれも自動詞による間接受動ではある
ものの、はじめの例は迷惑の意味をもっているが、あとの例は迷惑
性のない中立的な用法であろう。

・八十歳になるご隠居さんが―おばあちゃんなのだが―毎夜、見
　知らぬ母子二人の幽霊に枕元に<u>立たれ</u>、それが原因で不眠症に
　かかっている―というのである。
・実のところ、今日、安達明子が訪ねてきたとき、すぐそばに<u>立
　たれる</u>まで気づかなかったのも、稔の一件で頭がいっぱいに
　なっていたからだったのだ。

迷惑と対の意味をもつ恩恵の形式「～てもらう」があって、「～られる」が恩恵の意味を排除し、迷惑の意味に限定されるということもある。次の例文では、「連れて行ってもらえず」を「連れて行かれず」にすることも、「見放された」を「見放してもらった」にすることもできない。

　・少年は、ドライブに連れて行ってもらえず、親に見放されたと
　　判断した。

　動詞の語形が受動形だからといって、それらをすべて受動文あつかいするのは問題である。次のような例は、受動動詞が用いられているものの、対立する能動文をもたないために、受動文とは考えにくい。受動文であるかどうかは、文構造に決定権があって、動詞の語形を絶対化するのはよくないのである。

　・『淋しい狩人』は傑作です。あれほどの作品ですから、できる
　　だけセンセーショナルな紹介の仕方をするべきです。それでこ
　　そ、僕も報われるというものです。
　・私にできる仕事など限られていました。
　・小さな子供が好奇心にかられて万引きを行い、…

　使役についても、受動と同様の変形関係と派生関係の双方の対立がみられる。「彼は多額の借金に悩んでいた。」と「多額の借金が彼を悩ませていた。」は同一事態を述べた変形にもとづくもので、非使役文と使役文の対立である。一方、「息子が外に遊びにいった。」と「母親が息子に外に遊びにいかせた。」は派生関係にもとづく、基本文と使役文の対立で、後者は前者に存在しない関与者（母親）の視点から述べた二重構造の文である。前者の対立は、「喜ぶ」「悲しむ」「いらだつ」「驚く」「感動する」「失望する」といった人間の精神状態を意味する動詞にあらわれ、後者の対立は「行く」「遊ぶ」「寝る」「立つ」など人間の肉体的かつ社会的な活動に関わる動詞にあらわれるという違いがみてとれる。「喜ぶ」「驚く」などの精神活動は、みずから行う能動的な行為ではなく、直面するものごとにす

ぎない。使役動詞の形をとるものの、行為者の意志性を尊重すれば、許可や放任の意味になることはよく知られている。受動の場合と同様、ここでも、動詞が―サセ―という形式を備えていることによって使役性を絶対化することはできない。「二人は徹底的に議論をたたかわせた。」「男は懐にピストルをしのばせていた。」といった文は、対応する基本となる文が存在しない（「＊議論がたたかう」「＊ピストルがしのぶ」）もので、使役文とは言いにくい特殊なものである。

　4．以上の中心的なヴォイスのほかに、現代日本語には、少なくとも以下のような対立関係がみられる。
　　〈他動性―自動性〉〈他動性―再帰性〉〈非相互性―相互性〉
　　〈他動性―使役性〉〈運動性―状態性〉
　他動詞文と自動詞文には、さまざまなものがあるが、日本語の和語動詞には「まげる―まがる」「おる―おれる」「こわす―こわれる」といった語根を共有した他動詞と自動詞の対が多くあって、「太郎が針金をまげる。」と「針金がまがる。」のように他動詞文が自動詞文より名詞句が一項多いという派生関係が成立し、ヴォイス性がみとめられる。ここには「殺す」と「死ぬ」のような他動詞と自動詞の語彙項目に共通の語根がみとめられないものもあるし、「人を　〜に　やる／おくる／派遣する」に対応する自動詞は存在しない（あるいは「行く」か？）ものもある。「太郎が次郎をみつける。」と「次郎が太郎にみつかる。」は変形関係にもとづくもので、項の数が両者で一致している。
　再帰性は、運動が行為者みずからに向けられるもので、他動性を減じるものである。他動性の典型は、運動が行為者から他の対象に向けられるのに対して、再帰性をもつ運動は、行為者にもどってくるものである。「（上着を）着る」「（靴を）はく」「（水を）あびる」「（肩を）すくめる」といった統語形式には再帰性がみられる。このような再帰性は、消極的な運動、すなわち、みずから起こす行為ではなく、起こってしまう類の運動に多くみられるが「（自分の）足をおる」「腰をいためる」をはじめ、「腹をこわす」「風邪をひく」

第12章　日本語文法への疑問　541

「汗をかく」「まばたきをする」などの慣用句というべきものまで、病理現象や生理現象の表現にひろくやどっている。

文の中の相互性は、名詞句の項が交替し、同一事態が述べられる変形関係のひとつである。動詞の語形は同形で、対立関係がみられない。一般に「太郎が次郎とあう。」と「次郎が太郎とあう。」の文に相互性がみとめられる。「似る」「接する」「戦う」「結婚する」などは相互性をもった動詞である。相互性には、名詞二項の意味特徴が共通していることが条件で、たとえば、「太郎が病気と戦った。」と「＊病気が太郎と戦った。」とでは、一方が非文となり、相互性は存在しない。なお、接尾辞「-あう」は、非相互動詞を相互動詞化するもので、「なぐりあう」「信じあう」「認めあう」のような相互動詞を生産的につくるものである。相互性は、名詞述語文の「甲は乙の友達だ。」と「乙は甲の友達だ。」の関係と相通じるものである。

5．ヴォイスに限らず、どの文法現象についてもいえることであろうが、文法体系をあつかうときには、形式面と意味機能面の双方に目配りをする必要がある。さらに、その文法現象は、テキストや談話の中で、どのような条件のもとであらわれるかといった問いかけが重要である。たとえば、受動文をとりあげるとき「-られる」をそなえた動詞の受動形が中心の位置をしめるが、受動文の意味機能から判断すれば、「見つかる」や「教わる」のような語彙的な受動動詞の存在や、「恨みをうける（＝恨まれる）」「抵抗にある（＝抵抗される）」のような分析的な手続きによる受動表現をも考慮にいれるべきであろう。受動文があらわれる条件には、さまざまなものがありうるが、たとえば、次のようなものがあげられるであろう。

主語を一定させ、視点の一貫性をたもつこと、そのために従属文に多く受動文があらわれる。以下のような例がそうである。

・「あたしゃね、嫁に邪険にされていびり殺されたら、きっと化けて出てやるよって、そう言ってやっているんですよ。」
・少年は中学時代、同級生にからかわれるようになって孤立した。

三年の冬、学校の階段から飛び降りる「遊び」を級友から強要され、腰の骨を折った。

　行為者が重要でないとき。以下のような例がそうである。

・京都三大祭りに数えられている葵祭が十五日、新緑の鮮やかな京都市内で繰り広げられた。
・幻の探偵小説作家安達和郎の蔵書が売りに出される──という小さな記事が、ある週刊誌の紙面の片隅に載せられたのだ。

　行為者が不特定多数であるとき。不特定多数だから重要でないという理解もできる。

・「あれがきっかけになって、いっとき、父の作品がずいぶんと読み返されたようなんです。」

　行為者が不明である、あるいは不確定であるとき。次の文の「遺留品を残した」行為者は不明である。

・現場からは凶器は発見されず、遺留品も残されていない。

　一般に、受動文は被動者に視点をあてて表現するわけだから、それが主題となることはきわめて自然であるが、行為者が主題になることは受動文の成立条件に矛盾し、存在しにくい。「*法隆寺は聖徳太子によっては建てられた。」「*次郎は叔母の手では育てられた。」のような文は不自然である。
　文の機能的な側面に目をつむった外形だけによる文法は適切でないし、その逆の形式を無視して、機能面だけをとりあげるのも問題が残るであろう。文法現象の記述には、形式と機能とつねに両方の目配りをしておく必要があるだろう。

3．第三形容詞論を進めたところに何が見えるか

3.1 日本語の形容詞は少ないか

　従来からしばしば、日本語には形容詞が少ないと指摘されてきた（谷崎（1934）、柳田（1936））。玉村文郎氏は、表1のような統計を発表している（玉村（1985））。

表1　基本語中の形容詞の数と百分率

		語　数	形容詞数	％
英　　　語		1,500	240	16.0
ドイツ　語		1,533	230	15.0
フランス語		1,515	253	16.7
中　国　語		3,000	437	14.6
日本語	雑誌90種	1,220	48	3.93
	分類語彙表	32,600	590	1.81
	同上中心語彙	7,000	176	2.51

（玉村（1985）による）

　表1は、英語・ドイツ語・フランス語・中国語および日本語の基本語彙中における形容詞の全語彙にしめる割合をあらわしたものである。日本語における「雑誌90種」は国立国語研究所がおこなった90種類の雑誌の語彙調査のことを、また「分類語彙表」は同研究所から出ている意味分類体の語彙表を意味する。日本語を除く諸言語では、形容詞の全語彙に対する割合が15％前後であるのに対して、日本語のそれは3.93～1.81％と極めて少ない。

　ところで、「真っ赤-な」「平ら-な」「優秀-な」「急速-な」といった単語は、伝統的な国文法などで「形容動詞」という名称で独立の品詞としてあつかわれてきた。しかし、これらの単語は、意味論的にも文法論的にも「赤-い」「ひらた-い」「すばらし-い」「はや-い」のような狭義の形容詞と一致しているという認識から、今日では形容詞のひとつのタイプとみなす立場がつよまりつつある。いわゆる「形容動詞」と「形容詞」の違いは、語形だけであり、これは動詞における一段動詞と五段動詞の違いに相当するものである。語形は異なるものの、語形変化のシステムは共通している。狭義の形容詞

544　Ⅳ　文法論をめぐる諸問題

を第一形容詞、いわゆる「形容動詞」を第二形容詞と呼ぶことにする。表2は、玉村文郎氏が「形容詞」と「形容動詞」をあわせて、形容語として、その形容語の全語彙にしめる割合をしめしたものである。その結果は、5.45～6.24％であり、英語をはじめとする諸言語にくらべて、形容詞類が少ないことが指摘されている。

表2　基本語中の形容語の数と百分率

	語数 a	形容詞数 b	形容動詞数 c	形容語数 b + c	(b + c)/a × 100 （％）
雑誌90種	1,220	48	18.5	66.5	5.45
分類語彙表	32,200	590	1,242	1,832	5.62
同上中心語彙	7,000	176	261	437	6.24

（玉村（1985）による）

　このような表を見る限り、日本語の形容詞は確かに少ないと言えそうである。しかし、わたしは「日本語の形容詞が少ない」という説に、以下のような二つの点で疑問を抱いている。ひとつは、派生形容詞について考慮されていないことであり、他のひとつは従来の文法書や辞書類で名詞のようにあつかわれている単語群に形容詞とみるべき単語が多く存在していることである。前者については、ここでふれる余裕がない。

3.2　第三形容詞の存在

　これまで一般に（たとえば辞書において）名詞と考えられていたものに、その統語的な特性から形容詞とみなすべき単語群が少なからず存在することがわかってきた。「丸ぽちゃ-」「黒ずくめ-」「汗まみれ-」「丸腰-」「底なし-」「横殴り-」「温室育ち-」「詐欺まがい-」「見ず知らず-」「抜群-」「真紅-」といった単語である。これらの単語には、以下のような特徴がみられる。

（1）主語や目的語にならないか、なりにくい。
（2）連体装飾をうけない。

第12章　日本語文法への疑問　　545

（3）後続の名詞を装飾する規定用法（「どんな」に対応する属性
　　規定）としてもちいられる。
（4）述語としてもちいられる
（5）後続の動詞（ときに形容詞）を修飾する修飾用法としても
　　ちいられる。

　以上の（1）（2）の特徴は名詞の特徴をもたないことを意味する。
（3）（4）（5）の特徴は、形容詞の特徴である（ただし、形容詞に
属するすべての単語が、三つの用法をそなえているわけではない）。
「抜群-」を例にとれば、（6）は規定用法、（7）は述語用法、（8）
は修飾用法として、それぞれもちいられたものである。

（6）内藤の足はさほど速くはなかったが、吉村のスピードを殺
　　す抜群の技術を持っていた。　　　　　　（『砂の上の植物群』）
（7）小さな店だが、フランス料理の味は抜群だった。

　　　　　　　　　　　　　　　　　　　　　　　（『女社長に乾杯！』）
（8）真央ちゃんは軸の取り方が抜群にうまい。

　　　　　　　　　　　　　　　　　　（『アエラ』2005 年 12 月 19 日）

　「抜群-」は主語や目的語にならない。名詞の文法的な特徴である
格のシステムをもたないのである。そして、連体修飾をうけること
もない。つまり、この単語は、名詞ではなく、形容詞とみるのが正
当である。わたしは、「抜群-」のような、規定用法で語尾の「-の」
をとるタイプの単語を第三形容詞と呼んだ（村木（2000）（2002）
など）。
　この第三形容詞に属する単語は少数にとどまらない。とりわけ漢
語に多い。また、和語でも「人泣かせ-」「太っ腹-」「引っ張りだこ
-」「泥だらけ-」「指折り-」「折り紙つき-」「的外れ-」「舌足らず-」
など合成語に多い。漢語は名詞であるととらえられる傾向があった
（村木（2004）を参照）。また、合成語については、その内部構造
に目がむけられることはあっても、できあがった全体の文法性に注
目されることが少なかった。これらの単語は、なんらかの属性を意

546　　Ⅳ　文法論をめぐる諸問題

味し、形容詞としてふるまう。ちなみに、第一形容詞「すばらし-
い」の「-い」、第二形容詞「優秀-な」の「-な」、第三形容詞の
「抜群-の」の「-の」は、いずれも形容詞の語尾である。

　もっとも、「健康-」や「親切-」が名詞と第二形容詞とを兼務す
るように、名詞と第三形容詞を兼務する単語は存在する。たとえば、
「みずからの浅学を　恥じる」「孤高を　きわめる」の名詞用法と
「浅学の　身」「孤高の　人」の形容詞用法のように。

　ついでにいえば、形態的には動詞とのかかわりをもつ「とがった
／とんがった」「角ばった」「のっぺり（と）した」「ざらざら（と）
した」「ごわごた（と）した」のような単語は、統語的な特性から
みれば形容詞といってよく、第四形容詞と呼んでよいものである。
『分類語彙表』や『類語大辞典』のような意味分類体の辞書には、
このような単語を相類あるいは形容詞類として取り込んでいる。形
式ではなく、意味から出発した単語の整理は、実は文法的にも正当
に単語を分類しているのである。

　このようにとらえると日本語の形容詞は、けっこうたくさんある
といえる。少なくとも、従来いわれたほど貧弱ではない。

3.3　品詞論のみなおし

　わたしが第三形容詞とした単語群が名詞とされてきたのは、「-
の」を介して後続の名詞につながるということからであろう。しか
し、「-の」をしたがえるものが名詞であるとするのは、あまりにも
形式主義とはいえないか。名詞にとっての本命は格の機能をそなえ
ることであり、規定用法は副次的である。「彼の／パソコン操作の
技術」と「抜群の　技術」では、後続の名詞を限定するという点が
共通しても異なる規定であるといわなければならない。名詞による
前者は関係規定であるのに対して、形容詞による後者は属性規定で
ある。単語の品詞性を問うとき、その単語が文中でどのようなはた
らきをしているかを考慮しなければならない。

　副詞は品詞論のはきだめだと、いわれてきた。しかし、わたしに
は「名詞」もゴミ捨て場のような役割をになっているのではないか
と思える。辞書や文法書で名詞としてとりあつかわれてきた単語の

中に、名詞らしくないものが多くふくまれているからである。第三形容詞は、そうしたもののひとつである。

さらに、「真っ先」「小走り」「真っ向」のような単語は、多くの辞書で名詞あつかいされているが、「真っ先に　性別を問う」「小走りに／で　横断する」「真っ向から　意見が対立する」のように、語形が固定し、もっぱら修飾成分としてもちいられる単語で、副詞としなければならないのではないか（「小走りを繰り返す」のように名詞としての使用も認められるが、それはまれである）。

また、以下のような「かたわら」や「拍子（に）」は名詞の格機能をうしない（語形が固定化し）、先行の節をうけ、後続の節につなげるという時間的、文脈的な意味を獲得している。一種の文法化で、名詞ばなれをおこし、従属接続詞として機能している（村木（2005））。

（9）作業場にたてこもって、注文の鳥籠や茶器をつくるかたわら、手ヒマをかけてつくったこの竹人形は、見事な出来栄えといえた。　　　　　　　　　　　　　　　　　（『雁の寺』）

（10）結願の当日岩殿の前に、二人が法施を手向けていると、山風が木々を煽った拍子に、椿の葉が二枚こぼれて来た。
　　　　　　　　　　　　　　　　　　　　　　　　（『羅生門』）

日本語の品詞体系は、確立しているとはいいがたく、多くの問題をかかえている（彭（2003）を参照）。品詞は単語の文法的な特徴（とりわけ統語論的な特徴）にもとづく分類であり、それを徹底させた分類がなされなければならない。

参考文献

鈴木重幸（1972）『日本語文法・形態論』、むぎ書房

鈴木重幸（1983）「品詞をめぐって」、『教育国語』62　むぎ書房

谷崎潤一郎（1934）『文章読本』中央公論社

玉村文郎（1985）「形容語の世界」『日本語学』4–3　明治書院

彭広陸（2003）「日本語教育における新しい文法体系の構築のために―用言の活用を中心に」『国文学　解釈と鑑賞』68–7　至文堂

村木新次郎（2000）「「がらあき–」「ひとかど–」は名詞か、形容詞か」『国語学研究』39　東北大学

村木新次郎（2002c）「第三形容詞とその形態論」『国語論究10　現代日本語の文法研究』明治書院

村木新次郎（2004）「漢語の品詞性を再考する」『同志社女子大学日本語日本文学』16

村木新次郎（2005）「〈とき〉をあらわす従属接続詞」『学術研究年報』55　同志社女子大学

柳田國男（1936）『新語篇』刀江書院

V

書評 4 編

第1章
森岡健二著『日本文法体系論』

　待望の書である。1970年ごろ、雑誌『月刊文法』に森岡氏による「日本文法体系論」が連載されたが、雑誌の廃刊にともない、この論考は未完のままでおわっていた。その後、森岡氏の日本語文法に関する著書は1988年に『現代語研究3文法の記述』と題する論文集という形で上梓されたが、今度あらたに出版されたこの『日本文法体系論』は、森岡文法の総決算ともいうべき900ページをこす、文字通りの大著である。

　森岡氏のこの大著をわたくしは次のようにまとめたい。

　（1）体系的である。体系的とは、全体におよんでいるということである。文法現象のごく一部分だけをとりあげ、その説明や観察にとどまっているのではなく、未解決なことがらをふくめ、日本語の文法に関する諸現象を網羅する姿勢で包括的に記述しているということが特徴のひとつである。説明しやすい限られた一部の言語事実のみを問題にしたり、その研究者個人にとって都合のよい例文だけをあつかっているのではなく、この本は、日本語の実態をまんべんなく見通して展開されているという点で、大文法学者であった山田孝雄や松下大三郎らが残した文法書に匹敵するものとおもわれる。

　ただし、日本語文法の全体をおおっているとはいえ、語論と形態素論にかたより、統語論のしめる割合は相対的に小さい。著者の関心が統語論よりも形態論にあった結果かもしれないが、アメリカの構造言語学がそうであったように、小さな単位である語の内部構造の記述に多くのエネルギーがついやされた結果、統語論がやや手薄になったのかとも思われる。本書では、「小さい言語単位」から「大きい言語単位」への順序で記述が進められている。そこでは、形態素の抽出の手順と日本語における単語という単位へのアプローチに多くの注意がはらわれている。

553

（2）記述的である。よくもわるくも構造主義言語学の立場であり、現象の記述に力点がおかれている。そこには観念論とちがって、実証的な言語の記述がある。本書で展開されているのは、思弁にもとづく抽象論ではなくて日本語の具体的な分析の集積である。日本語ついての解釈ではなくて、日本語についての説明である。提示された日本語の分析と説明は貴重である。山田文法はスウィートの英文法やハイゼの独文典の検討のうえに構築されたといわれている。森岡氏の文法はブロックとトレーガーによるアメリカの構造主義言語学の影響のもとに築きあげられた。ブロックらが示した英語の分析を範とするかたちで、すすめられたといってよい。構造主義が提示した手法にしたがって、日本語の文法現象がどのように記述分析できるかをおしすめた結果の成果である。とりわけ形態素をとりだす過程をはじめ、語の内部構造についてそうである。統語論においても、言語形式にもとづいた記述に徹し、時枝誠記のいう言語主体や山田孝雄が唱えた統覚作用といった心理的な側面はつとめて排除されている（日本語文法論の世界では、ややもすると思弁的観念論的な議論に走り、言語の具体的な記述に乏しかった面があるといえる）。そうした結果として、日本語文法家たちのお家芸とも考えられる文成立論、陳述論は、ほとんど欠落してしまった。

（3）形式を重視した文法論である。もとより言語は意味と形式の統一体であるから、形式はその片面である。森岡氏の形態論では著者のいう語の派生と屈折の様子を詳細に記述したところに、統語論では文を構成する要素間の依存関係を追求し、それを二次元的に図式しているところにそれぞれの特徴があるといえる。統語論においては論理主義や表現主義といった意味的な側面を極力しりぞけて文の形態を重視した立場をえらびとる。つまり、こうして形態論・統語論の両分野において、形式面からの日本語の文法現象を提示してくれた。これは日本語研究にとって大きな貢献であった。われわれはこの詳細な記述から日本語の実態をまなぶことができる。この大著は日本語の文法を論じたものであると同時に、日本語を説明した文法書でもある。

（4）語彙論への接近がみられる。森岡氏は文法論の自立性を重

んじられるのであろうか、語彙論との接点にふれられていないのであるが、本書では第一部における語構成をあつかった部分をはじめとして、語彙文法論の性格をそなえているといえよう。今日の文法研究をみるとき、その特徴の一つとして、語彙論への接近が指摘できる。高度に抽象的な文法理論が一方でみられはするものの、具体的な個々の単語の文法的な特性が問題とされる傾向がつよまっている。本書の大部分をしめているのは広義の単語に関する論であり、そこには随所に語彙に関する記述がみられる。

　森岡氏の立場に大きな影響をあたえているとおもわれるのは、言語単位の認定においては松下大三郎であり、形態素の記述においてはアメリカ構造主義であり、統語論においては橋本進吉である。松下文法では、いわゆる助詞や助動詞をともなった形式が詞（＝単語）で、助詞・助動詞およびこれをのぞいた部分は原辞（＝形態素）であるとした。著者はこの単語観に立つことを表明する。そして、語論は品詞論にとどまらず、統語論の基礎となるべきものであると考える。一方で、形態論の記述モデルをアメリカの構造主義言語学に求めた。その立場から形態素の種類や形態素の統合のパターンに注目し、意味をできるだけ排除し、言語を分割と統合、あるいは分布によって律しようとした。そこでは意味や機能が後退するか、もしくは意図的に考慮されなかった。意味は言語形式の中に求められず、われわれ人間をとりまく現実世界のことがらと直結してしまった。意味論にかかわるのは時期尚早だということで先おくりされたきらいがあったのである。アメリカの構造主義では（ヨーロッパ、とりわけプラハで発達をみた構造主義とはちがって）形態素に注目するあまり、単語への関心が薄らいでいたことが指摘できる。また、橋本進吉の文法論は形式重視で知られている。そこで展開されたのはもっぱら文節の承接によって形式に徹して文構成を説こうとするものであった。森岡氏の文法論は、これらの特徴をあわせもっている。

　さて、以下では、森岡文法論の特徴をおいかけてみたい。

第1章　森岡健二著『日本文法体系論』　555

森岡氏は、文法の単位として、松下大三郎にしたがい、単語を文の構成要素、形態素を単語の構成要素として位置づける。評者は、これを正当であるとおもう。あえてそういうのは、日本語の文法論では、単語と形態素の区別があいまいで、どちらも単語としてあつかってきた歴史があるからである。橋本文法が自立語と付属語をどちらも語としてあつかうことの矛盾、時枝文法が詞と辞の機能の区別を強調しながらなおかつどちらも語とすることに疑問をいだかざるをえない。これは単語の認識と単語の構造についての把握が不十分であったことを意味する。日本語の文法論では、今日にいたるまで、単語の認定に関して共通の理解がえられていない。日本語のいわゆる「助詞」「助動詞」などの付属語・付属形式が単語なのか単語以下の形式であるのかという単位の問題は、どちらの立場にたつにしろ、日本語の文法構造を問題にするうえで、避けて通ることができない重要な問題のひとつであると考える。森岡氏は、明治期に日本語の文法論の基礎をきずいた大槻文彦、山田孝雄、松下大三郎らの単語観をつぶさに検討したうえで、松下大三郎と同じく語＝文の構成要素（part of speech）であると考える（p99）。ひとり松下文法のみが助詞や助動詞を原辞（形態素）に所属させ、語を正当にとりだしたとして松下の立場を支持する。文をくみたてる材料としての基本的な単位としての単語を位置づけ、単語の認定に関して「西洋文典」の常識を固守しようとした。橋本文法でいう語と文節は、森岡氏の形態素（語基・辞）と語に相当する。森岡氏にとっては、「花が」「花にも」「花だって」などはいずれも語であるから、今日多くの国語学者が支持する名詞が無機能であるという説とは異なり、名詞の文法範疇が問題とされることになる。また、「変わったね」「お断わりしますわ」「（名前はなんと言うの？）田所みよ子です」といった形式を一語文であるととらえるところに著者の立場があらわれている。

　森岡氏は、文法論が形態論と統語論の二つの部門に分けられ、形態論は語の構造（structure of words）を扱い、統語論は句や文における語の結合法を扱う（p31）とする。これは、まさしくヨーロッパにおける伝統的な文法論の立場である。しかるに、国文法で

は、一般に、形態論を品詞論におきかえ、統語論との関係を希薄なものとし、統語論の基礎部分としての使命を喪失してしまった（p29）と指摘する。評者は、この意見に賛成する。ところが、本書の構成は、

第一部　形態素論
第二部　語論
第三部　統語論

という三本立てとなっており、形態素論が語論、統語論とならべられている。森岡氏がめざした西洋文典とはちがって、形態素論が独立し、さらにこれが大きなウエイトをしめることになるのはどうしてであろうか。これは、橋本進吉『国語学概論』に提示された「（1）単語より小さい単位によって、単語が構成せられる方法手段―語構成法、（2）単語によって文節が構成せられる方法手段―文節構成法、（3）文節によって文が構成せられる方法手段―文構成法」にならった構成でもあり、また、松下大三郎『改撰標準日本文法』による「文法学の任務は言語が、原辞に始まり、原辞から詞へ、詞から断句へ、この三段階を履んで説話を構成する過程を論ずるに在る。」にしたがった結果かもしれない。

　このようなあつかいに対して評者がまず気になるのは、形態素の位置づけである。文法の記述に際して、最小単位を形態素にもとめることは正当だとおもうが、単語と形態素のどちらが主であるかを問う必要があるとおもわれる。多くの形態素は、単語の語形変化あるいは単語の文の中での役割に応じてとる文法的な形式をつくるために、単語を前提として発達したものであり、単語に対して従属的な位置づけをうけるはずである。文の中で独立して機能する自由な形態素は単語と一致するが、合成語の部分として非独立の性質をもつ形態素は、単語内部の語根、語幹や広義の接辞として、単語の内部にあり、単語に従属するものである。もともと単語であった形式が他の主要な単語と結合し、みずからはその語彙的意味をうしない、文法的な形態素としての位置づけをうけるといったこともある。評者にとっては、形態素は分析の結果えられる単位であるのに対して、単語は分析以前にあたえられる、より基本的な単位である。つまり、

第 1 章　森岡健二著『日本文法体系論』　557

言語の単位として、単語は形態素より優位にあり、単語と形態素の関係は、単なる形式上の大小関係ではなく、一次的か二次的かというレベルのちがいでもある。森岡文法では、形態素の確認とその配列、あるいはそれが独立して用いられるか否か、非独立の場合には中核要素なのか付属要素なのかといったことに腐心するあまり、形態素論が語論とならぶ固有の位置をえてしまった。そしてそのことは、結果として伝統的な国文法とのつながりをもつことになる。

森岡氏によれば、形態論は、形態素（語基・辞）を単位として、それぞれの屈折表と派生表を作成して語の構成を記述することであるという（p98）。森岡氏の説く形態素は語の核となる「語基」と語基について派生語をつくる「派生辞」と文の成分である語を構成する「屈折辞」である。これは「派生辞」が語彙的な派生語をつくる語構成上の接辞で、「屈折辞」が文法上の語形をつくる接辞であると一応は理解できる。実際ここで展開されているのをみると、たとえば動詞に関しては、「行か／行こ／行き／行っ／行く／……」などの部分が「語基」で、いわゆる助動詞が「派生辞」にあたり、助詞が「屈折辞」にあたる。派生辞や屈折辞をとりだし、単語以下のあつかいをするとしながら、実際のあつかいは、動詞や名詞全体の語形変化の体系を問題にするというよりも、本体である語基や語基から切り離された形態素の論が展開されていることが多く、結果として、批判の対象となった大槻や山田らの記述、あるいは伝統文法のあつかいと類似してくる。

たとえば、動詞の活用についての説明はこうである。活用とは屈折・派生のために起こす形態変化で、五段の「書き」は「かか／かき／かい／かく／かけ／かこ」と内部変化（母音の交代および子音の脱落）によって、一段の「起き」は「おき-る／-れ／-ろ」と接辞の添加（冨士谷成章の「靡き」）によって活用するという。つまり、動詞の活用があって、それに派生辞や屈折辞が接続するというあつかいであって、これでは伝統的な国文法とさしてかわるところがない。助動詞を派生辞、助詞を屈折辞と言い換えただけである、といったふうにみえる。森岡氏によれば、「書こう」「書いた」は動詞に派生辞が付いた派生動詞とされ、佐久間鼎や三上章らが提唱し

558　Ⅴ　書評4編

たように、これら全体を動詞の活用形とはしない。

　活用とは、屈折・派生が目的ではなく、それが結果ではないのか。単語の文の中で果たす統語的な機能に応じた語形変化、あるいは現実との関係をあらわすためのテンスやムードなどにもとづく語形変化の体系が活用なのではないか。つまり、活用の目的は、当該の単語の統語的な機能や現実との関りであり、その変化形のシステムはそうした目的に応じた表現手段としての結果である。語形変化とは、形態素の変わり形式ではなくて、単語における文法的な形式の変異体である。そしてなによりも、活用は単語における概念であり、「書く」「書こう」「書いた」という単語形式のパラダイムこそが活用であると認めるべきものである。森岡氏のいう語基は形態素（ただし、独立形態素を含み、単語に相当するものもあるが）であり、「書か／書き／書い／……」の関係は語基の異形態であろう（森岡氏は形態素を音節レベルでとりだしているので、それにしたがう）。単語が形態素よりも主要な単位であることがここでも指摘できる。「書く」と「書いた」は一つの単語の語形上の対立であって、ここにテンスの対立をみとめたり、「書こう」を「書く」や「書け」と同列において、そこにムード上の文法的な意味をみとめる必要があるのではないか。単語の語形には、派生辞や屈折辞をともなわないものもふくみ、それも単語の文法的な意味の表現手段である。森岡文法では、形態素に言及することに傾斜し、単語の paradigmatic な構造、単語の文法的な語形間のシステムをみる点が相対的に手薄であるとおもわれる。

　森岡氏の形態素論と語論のあつかいについて評者が気になる点は他にもある。まず、派生語と文法的な語形との区別がなされていないことである。ある語が別の語に派生したものなのか、それとも同一の語の文法的な形式なのかといったことが判然としない。語彙的な（あるいは辞書的な）単位として同一の語なのか、それとも別の語なのかという区別でもある。森岡氏が派生辞としたものは雑多なものをとりこんでおり、少なくとも語彙的な派生辞と文法的な派生辞とを区別し、別あつかいをする必要があったとおもう。評者のみるところ、第一部と第二部の記述には、単語の抽象的な（あるいは

語彙的な）すがた、すなわちレキセーム（lexeme）を問題にしている部分と単語の具体的な（あるいは文法的な）すがた、すなわち文の中でしめす実現形としての語形を問題にしている部分とが混在しているとおもう。第一部の語構成に関するものと第二部の品詞に関する部分は前者に属し、他は後者に属するものであろう。どちらの広い意味での形態論であるから、全体を語論として、語構成論・品詞論の部門と語形論の部門というかたちでまとめられるべきものではなかったか。語構成と語形とでは、かりに同一の語であっても、とりだされる形態素が一致しない場合もありうる。たとえば、「サボる」は、派生語として語構成の点では「sabo-ru」と分析され、語基＋接尾辞であるが、文法的な語形の点では「sabor-u」となって、語幹＋語尾（森岡氏の用語にしたがうなら屈折辞）となるはずである。この -ru と -u は、どちらも広義の接尾辞ではあるが、前者は語構成上の、後者は語形上の形態素であることは峻別しておかなければならないであろう。以上、評者にとって、とくに気になる部分をとりあげ、失礼をかえりみずに、わたくしの考えをぶつけてみた。異論をさしはさみはしたものの、本書の第一部と第二部で展開されている日本語形態論の内容がすこぶるゆたかであることは、まぎれもない事実である。これほど広範囲におよぶ形態素の記述は他にない。

　森岡氏の統語論は、文の構成要素間のかかりうけの関係を追求した依存文法である。橋本文法の文節間のかかりうけ、その不備をおぎなう連文節の考えを発展的に継承して、形態論と同様、形式面を重視した接近をとる。その特徴は、単なる形式面での依存関係にとどまらず、統語成分を五つの種類にわけ、それらの成分の関係を表示していることである。五つの成分とは、叙述語・連用語・連体語・並立語・独立語をさし、統語上の役割から区別されている。統語成分は数字によって、成分間の関係は（＋）（↓）等の記号によって表示される。成分の結合にはこうして統語的な機能が考慮されていて、たとえば、並立文においては、条件並立節と対等並立節が区別されるほか、「彼は落ち着いて話す」「風が快く吹く」「石見はふらふらと立ち上がった」のような文に名詞と下線部とのあいだ

に連用語と叙述語の関係をみとめ、補足並立節とするといった工夫がなされている。形式間の結合の度合いも一様ではなく、形式的な語は実質的な語に従属させて一語一成分のあつかいをするという。「水泡に＝帰して＝しまって＝いた＝はずであった」「ある日の＝ことで＝ございます」「業行で＝ある＝ような＝気が＝して＝ならなかった」のような形式の連鎖は一語相当句であるとする。さらに、「見に-行く」「欲が-深い」などは一語相当の慣用句とする。そうだとすると、一語相当の複合成分が膨大なものになり、そのための部門が必要になるであろう。

　さて、この20年ぐらい文法研究の中心は統語論にあった。最近は、さらにこの著書ではほとんどとりあげられていない、文をこえた、より大きな単位であるテキストや談話といった領域への関心がつよまり、文法現象をそうした言語活動や言語作品のなかでとらえようとする方向にかたむいている。テキスト言語学、談話分析とよばれる研究領域である。また、統語論から運用論への移行もみられる。こうしたなかにあって、単語の内部構造や文の形式構造といった側面にはあまり目がむけられていなかったようである。しかし、本書でとりあげられている形態素の分析や文の内部構造ともいうべき領域の成果は、文をこえたテキストや談話の分析、運用論的な接近においても、その基礎や出発点となるものであろう。この書は、そうしたさまざまな領域の文法研究に有効な言語事実を数多く提供していてくれ、文法理論の立場をこえて、日本語の実態を知るうえで、有益であると確信する。評者は、本書がひろく日本語研究者に読まれることを希望するものである。

　最後に、森岡氏のご労作の書評をさせていただくという光栄によくしたことに感謝し、いくつかの批判的な言辞をかさねたことに対して著者におゆるしをこう次第である。（文中、森岡氏以外は敬称略）

第 2 章

八亀裕美著『日本語形容詞の記述的研究
─類型論的視点から─』

1. 本書の構成

　本書は、2005 年 12 月に大阪大学から授与された博士論文に加
筆・補筆されたものという。

　著者は、おもに話しことばにおける形容詞を追い、とりわけ、そ
の述語の機能に注目し、日本語の形容詞の実態を整理してみせた。

　本書の構成は以下の通りである。

　　第 1 章　はじめに

　　第 2 章　形容詞の基本的な性質

　　第 3 章　形容詞の文中での機能

　　第 4 章　日本語の形容詞述語文

　　第 5 章　これからの形容詞研究のために

　　第 6 章　おわりに

　　　補章（1）現代日本語の文法的カテゴリー

　　　補章（2）標準語の文法と方言の文法

2. 本書の特徴

本書の特徴として、以下のことが指摘できる。

（ⅰ）　日本語の形容詞の記述的な研究である。

（ⅱ）　文章・談話の世界にふみこんでいる。

（ⅲ）　類型学的な視点から日本語の形容詞を位置づけている。

　特徴の第一は、記述的な研究であるという点である。記述的な研
究とは、言語現象を客観的に観察し、それを整理し分析をくわえた
ものであるということである。著者は、「昨今、内省に基づいた気
軽な用法記述が多いが、再度、宮島（1972）、西尾（1972）に学

ばなければならない」（6p）「豊富な用例から帰納的に記述を行った」（161p）とみずからの研究姿勢を言明し、観察にもとづく研究方法の優位性を確認している。言語の研究には、内省によるものと客観的な観察によるものとがある。多様な言語現象を内省だけでみつけだすことは容易なことではない。本書の中核をなす第3章、第4章で提示されている例は、おそらくは多くの実例の中から選び抜かれたものであり、たまたま見つかった数少ない実例や単なる思いつきの作例からでは、本書で展開されているような記述分析はできないであろう。用例の多さが分析の正確さを保証するという主張がある。どのくらい多くの用例について分析したかというその量が文法論の質の高さを保証するというわけである。評者は、基本的にこの立場を支持する。しかしながら、本書を通読して、あつかわれている資料が充分に豊富であるという印象は、正直言って、評者にはない。豊富かどうかは相対的なので、評価がからむところである。

　特徴の第二は、談話を対象にした点である。分析の対象としてシナリオや小説の会話文を選んでいる。談話の中の形容詞の使用を追い、それらの機能に注目しているところが新鮮で、斬新である。あまり問題にされることのなかった談話に特徴的な形容詞の姿を明らかにした点が評価されよう。従来の研究は書きことばに傾斜していたためみえていなかった形容詞の使用の実態が、本書によって明るみに出された。

　特徴の第三は、類型学に言及し、日本語の現象を、つとめて一般言語学的な視点から眺めたことである。類型学的な視点というのは、日本語以外の諸言語の現象を視野にいれながら、日本語の事実に迫ろうという立場である。著者は、これにくわえて、日本語の方言にも目配りをしていて、標準語を相対化している。このような他言語や方言にも注目するという複眼的な見方は、本書の内容を厚みのあるものにしている。

　著者の研究姿勢は、多面的である。DixonやGivónら類型論者の所説を引用し、それらに共通するのは、

（ｉ）　形容詞を、名詞や動詞など他の品詞との関連で連続的にとらえる。

（ⅱ）　形容詞の機能を中心に他言語との比較の中でとらえる。
という２点に集約している（15p）。著者の日本語へのこうした多
面的なアプローチが研究成果に斬新さをもたらしているのである。

3．本書の内容

　第２章のテーマは「形容詞の基本的な性質」である。
　この章で展開される形容詞の分析の特徴は、述語の《時間的限定
性》に着目している点である。形容詞を、名詞や動詞との関連の中
で、述語がもつ《時間的限定性》というカテゴリーによって位置づ
ける。形容詞の位置は言語によって、名詞に近かったり、動詞に近
かったり、さまざまである。（さらにいえば、形容詞の存在しない
言語もあるであろう。）また、同一言語内で、名詞・形容詞・動詞
の有する《時間的限定性》には一定の幅があり、他と互いに背反排
除する関係ではなく、連続するものであるととらえる。評者は、こ
うした品詞の位置づけと、品詞間の関係を連続したものととらえる
ことを、正当であるとおもう。現在の類型学では、形容詞が名詞と
動詞の中間に位置づけられるとする考えが定着しているようである。
著者もこのような立場にたっている。著者は当該の事態が恒常的か
一時的偶発的かによって《時間的限定性》の有無を問う。《時間的
限定性》をもつ述語は、それが強い〈運動〉と弱い〈状態〉に分け
られ、《時間的限定性》をもたない述語は、〈特性〉〈関係〉〈質〉に
分類される。〈運動〉は動詞のプロトタイプであり、時間と深く関
わり、〈質〉は名詞のプロトタイプであり、時間との関与は稀薄で
ある。しかし、〈運動〉の特徴を欠いた動詞もあれば、〈質〉の特徴
をもたない名詞も存在する。「ある」「いる」「多い」などは、〈存
在〉と位置づけられ、《時間的限定性》における中間体である。形
容詞述語は、〈状態〉〈存在〉〈特性〉〈関係〉に関わるという。とり
わけ、形容詞は〈状態〉と〈特性〉が中心であり、形容詞を状態形
容詞と特性形容詞に分類する立場を著者は支持する。形容詞の分類
としては「属性形容詞（情態形容詞）」と「感情形容詞（情意形容
詞）」といった分類が一般的だが、著者はこれをとらない。その理

由として、《時間的限定性》にもとづく「状態形容詞」と「特性形容詞」は、動詞や名詞とのリンクできるという利点、さらに、こうした枠組みによって、一般言語学的に他言語や日本語の諸方言との比較対照ができるという利点を主張している。

　また、本章で、著者は、形容詞の評価性についてもとりあげている。「形容詞にとって、話し手の評価的な関わりは、その本質的な性質である。」（33p）とし、「評価とは、形容詞における話し手の主体的な関わり方のことである。」（34p）という。たしかに、形容詞には言語主体の主観的側面である、評価性がしばしば見え隠れする。形容詞に所属する単語の中には、その語彙的意味として評価性がやきついているものがある。「うまい」「かっこいい」「みごとな」におけるプラスの評価、「みっともない」「不運な」「はすっぱな」におけるマイナスの評価である。しかし、「高い」「小さい」「急な」といった事物の客観的な特徴を意味する、いわゆる属性形容詞にも、それが文中で用いられるとき、しばしば言語主体の判断や評価のニュアンスをともなうことがある。動詞述語文が相対的に事態の客観的な描写に傾くのに対して、形容詞述語文は言語主体による主観的な側面が顕在化しやすい。形容詞述語文の主語は、「〜は」であることが多く、これは判断文に典型的な構造である。静的な属性は、ときに程度や比較の構文をとるが、程度や比較は相対的な視点からの言語表現であり、そこには事態に対する言語主体の関わりがみてとれる。形容詞文における評価的な側面とは、言語主体が、どのようなものに関心をよせ、なにを求めているか、どのようなものに価値を認めているか、といった興味・目的・欲求に関わり、そうしたものが事態への関係のあり方の反映としてあらわれるのであろう。

　第3章のテーマは「形容詞の文中での機能」である。

　本章では、当該の形容詞が文の中でどのような機能をはたしているかを問うている。形容詞が、規定語になる場合、述語になる場合、その他の文の部分になる場合が区別され、文の部分（文の成分）からの整理がなされている。この文の部分が機能として重視されていることが本書の特徴でもある。

　そして、談話では、形容詞が述語として多く用いられているとい

う重要な指摘がある。「シナリオや小説の会話文などでは、形容詞が述語として機能している場合が圧倒的に多い。」（63p）という指摘は興味深い。かつて Thompson（1988）が指摘した、英語や中国語での場合と類似するようである。Thompson は、両言語の自然会話における形容詞の70〜80％が述語用法（英語の場合はコピュラをともなう）で、規定用法は少数だという。談話における述部にたつ形容詞の機能は、旧情報に属性を付与するものであるともいう。そして、"…he's a very nice guy" のような nice は、規定用法ではなく、述語用法であるとみる。

　著者も Thompson と同じようなとらえ方をしている。「ただ、ひとつだけ妙なことがあるんですけどね。」（57p）「康子は几帳面な性格だった。」（58p）のような例をあげ、実質的に述語として機能しているのは「妙な」や「几帳面な」のような形容詞であるとする。確かに、これらを形容詞の連体修飾としてとらえても、それは形式上のことで、後続の名詞を規定しているというより、述語の核になっているととらえたほうが実質的である。後続の「こと」や「性格」はこれらの文中では特に重要な意味的情報を提供していない。文を単独で観察すれば、名詞述語文であるものが、談話の中では形容詞述語文に相当するという指摘は説得的である。

　なお、「部屋の中は熱帯のように暑かった。」と「部屋の中は熱帯のような暑さだった。」や「あの子は素直だ。」と「あの子は素直な子だ。」が等価である反面、両者にどのような相違が認められるかという、傾聴に値する提言を新屋映子がおこなっている（新屋（2006）（2009））。形容詞述語文と名詞述語文とは似ていても、それぞれ住みわけがありそうである。

　また、著者は形容詞の規定用法にふれ、その形容詞の使用が義務的か否かをも問題にしている。古くから話題にされてきた、いわゆる omissive か non-omissive かという問題である。「黒い瞳の少女」や「髪の長い青年」のような句とあわせて、今後さらなる考察が必要であろう。

　ここには形容詞が規定語や述語になるという主要な機能にくわえて、修飾語の一部になる場合、独立語の一部になる場合、状況語の

一部になる場合にふれ、当該の形容詞がどのような文中での機能を
はたすかは、一文の形式だけでは決定できないこともあり、コンテ
クストすなわち文をこえた範囲から見てはじめて、その機能が確定
するものだという主張が添えられている。さらに、この問題は、テ
キストのタイプにも関わりがあるだろうとも指摘している。著者の
考察対象が広い範囲に及んでいることを感じさせる。

　第4章のテーマは「形容詞の述語の機能」である。

　形容詞述語があらわす〈特性〉〈状態〉〈存在〉〈関係〉の順に、
それぞれの特徴が提示されている。この配列は、第2章であつかわ
れた《時間的限定性》の連続にもとづくものではなく、数の多さ、
あるいは形容詞として典型的なものから周辺的なものへと並べた結
果であろう。下位区分された形容詞が述語として用いられるときの
特徴が数多く列挙されている。それらの特徴の羅列に対して、より
まとまった整理ができないものかとおもう一方、個々の特徴のあら
われ方がコンテクストによって出没する（あらわれたり、あらわれ
なかったりする）というような微妙な側面が感じられて、強く言い
切ることが困難であるらしいということがうかがわれる。それらの
特徴の記述には「〜ことが多い」「〜を伴う場合もある」といった
慎重にすぎるともいえる表現がめだつ。しかし、明確に規定できな
い特徴、曖昧な特徴をこのように記すことは、けっしてマイナスで
はなく、言語事実の真相をものがたっているとも言えるのである。
曖昧さがすなわち、不十分な記述ではない。評者は、このような曖
昧さをともなう記述は、著者の研究者としての謙虚な姿勢のあらわ
れとみたい。

　形容詞述語文は、主語が存在するか否か、主語が存在するとき、
その主語が「〜は」としてあらわれるか「〜が」であらわれるか、
対象が存在するか否か、対象が存在するとき、その対象はものかこ
とか、述語になる形容詞のタイプはなにか、といった文を構成する
諸要素が、それぞれ有機的に関係しあっているようである。「うれ
しい」「かなしい」などの感情の生起には、なんらかの事態が関与
していることが多い。「うれしい」のようないわゆる感情形容詞の
対象に、「お会いできて、うれしかった。」のような実現した原因的

な対象から「お会いできると、うれしい。」のような未実現の条件
的な対象まで、広義にとらえようとする著者の姿勢はとりわけ興味
深い。これらは「お会いできたことが」「お会いできることが」と
言い換えることもでき、この形だと補語といってもよく、対象化が
よりいっそう強く感じられる。

　著者は、形容詞述語文を通して、人間の言語活動の単位である文
が客体的な側面と主体的な側面とのからみあいであることの様相を
提示しているのである。特性形容詞の場合には、客体的なものが前
面化し、主体的なものが背景化するということ、そして、状態形容
詞の場合には、それが逆転するということを。つとに、川端善明が、
情態形容詞と情意形容詞の名の下に展開した両者の意味と文法的特
徴のはりあいと相互移行に関する論考が想起される（たとえば、川
端（1976））。

4. 評者の意見

　以下は、この著書に対する評者の意見である。

　まず、著者による「形容詞」の定義がない。これは評者にとって、
本書に対する、いちばんものたりない点である。著者は、「本書で
「形容詞」と呼ぶものは、学校文法でいうところの「形容詞」と
「形容動詞」の両方を指している。」「また、鈴木（1972）などに従
い、いわゆる形容詞の連用形のうち、修飾語や状況語として用いら
れるものは副詞として扱う。」（21p）と、定義や範囲を他者に依拠
し、みずからの見解をしめしていない。日本語の形容詞をめぐって、
形容詞を認める必要がないという立場もあり、形容詞を認めるとし
ても、その範囲について広狭さまざまな見解があるのである。形容
詞論を展開するにあたって、形容詞とはなにか、という問いが当然
あるべきではなかろうか。

　日本語の形容詞をめぐって、従来からさまざまな意見があった。
単独で述語になるという日本語の形容詞の特徴は、形容詞不要説に
通じ、形容詞を動詞の下位区分に位置づけるという考えが古くから
あった。（ちなみに、中国語や朝鮮語にも形容詞を認めない説が存

第2章　八亀裕美著『日本語形容詞の記述的研究―類型論的視点から―』　**569**

在する。）動詞と形容詞を「よそい（装）」（冨士谷成章）、「用言」（鈴木朖など）としてまとめたり、松下大三郎のように両者を（さらに状態副詞をも含め）広義の「動詞」と呼んだりする立場がある。類型論に明るい著者から、日本語の形容詞をどう位置づけるのか聞きたい。

　類型学の視点をもっていることは、本書のすぐれた点であるが、他言語に言及したときに、具体例が提示されていないものが多く、それは学術論文として好ましいことではない。「アイヌ語では、形容詞は自動詞の一部としか認められない（「ちいさい」と「ちいさくなる」は形のうえでは区別できない。）」（18p）、「（一時的状態と恒常的特性との区別が）ポルトガル語やチベット語では2種類のコピュラの使い分けで表されるし、ロシア語では2種類の形容詞の形で表すことができる。」（181p）のような記述が随所にみられるのであるが、そこでは具体的な例をしめすべきであろう。随筆のたぐいならいざ知らず、学術書であるのだから、言及していることがらの事実をしめして、議論を展開すべきではないか。

　著者は自身の研究方法について「基本的に文庫本からの「手拾い」の形で用例を集めている。」（160p）と述べている。「手拾い」という単語が評者には懐かしくひびく。たしかに、コンピュータが普及し、さまざまなコーパスが利用しやすくなり、電子媒体の検索が当たり前になった今日、資料集めは、ボタンを押すだけですんでしまうことに慣れきっている。紙媒体から直接、自分の求めている対象を選び抜く努力をしなくなった。著者は、「手拾い」による用例集めを「前近代的な研究方法」という。ボタンを押すだけの「近代的な研究方法」との違いをあらためて考えさせられる。評者は、どちらも経験した。パソコンにおける利便性については、いまさら文句のつけようのないところである。しかし、便利がすべてではない。「手拾い」による用例集めは、研究以前の単なる作業なのか、それともすでにその段階で研究の中味や方法に関わっているのか。後者だと考えたい。

　実例の大事さについては、最初にふれた。客観的な観察は、用例が集中する中心部分と、まれにしかあらわれない周辺部分をみてと

ることができる。そうした現象の偏りは、一般に数量的な把握によって、明らかにされる。この研究では、定性的な分析にもっぱら目が向けられ、定量的な分析が欠けている。統計的な処理をほどこすには、データの採集の段階で、あらかじめ母集団を限定するなどの設定をしておかなければならない。気まぐれな「手拾い」からは定量的な分析結果が望めない。

　形容詞の範囲をめぐってひとこと。「美しく」「綺麗に」といった形式の扱いについては、「鈴木（1972）などに従い、いわゆる形容詞の連用形のうち、修飾語や状況語として用いられているものは副詞として扱う。」（21p）とされている。この説明だけだと、「<u>美しく見える</u>」「<u>綺麗に感じる</u>」といった用法を著者はどうとらえているのかわからない。これらの「美しく」や「綺麗に」は形容詞なのか、副詞なのか。著者は、名詞や動詞との関係によって形容詞を位置づけようとした。形容詞は、また副詞との接点も色濃くもっているのであるから、簡単に「美しく」や「綺麗に」の用法を切り捨てていいものかと評者は疑念をいだくのである。

5. つけたし

　著者は、奥田靖雄に直接指導をうけた工藤真由美にみちびかれて、研究活動を展開したようだ。工藤真由美はテンス・アスペクト論をテキストの中で位置づけた。著者は、形容詞論を談話の中で位置づけた。師匠と弟子の間に並行するものを感じる。二人は述語の時間性で接点をもつ。故人となった奥田靖雄は言語学研究会を組織し、日本語研究のひとつの流派を形成した。そこでの言語研究は、既存の日本語研究や同時代の研究者による研究とするどく対立するいくつかの特徴をもつ。

　本書の著者にも、その言語観や研究に対する姿勢が受け継がれている。言語の単位（とりわけ単語）にこだわり、単語を語彙的なもの（内容）と文法的なもの（形式）の統一体ととらえ、単語の語形変化をパラディグマティックに体系化した形態論をもち（あるいは、それを志向している）、文の成分（文中での機能）を重視する、と

第2章　八亀裕美著『日本語形容詞の記述的研究―類型論的視点から―』　571

いった点に特徴がある。補章（1）は、著者なりの、日本語の形態論のスケッチである。

　著者は、形容詞の述語用法に着目し、話しことばの中での形容詞を追求し、日本語の形容詞の研究に大きく貢献した。

　最後に、私事にわたることで恐縮であるが、著者が話しことばの形容詞を追求していたとき、評者は書きことばの形容詞に関心を寄せていた。書きことばにおける形容詞は規定用法が主たる機能であることが確認された。日本語の形容詞は、話しことばで述語用法が、書きことばで規定用法が優位でありことが明らかになった。（文中、敬称略）

参考文献

川端善明（1976）「用言」『岩波講座　日本語6文法（2）』岩波書店
新屋映子（2006）「形容詞派生の名詞「〜さ」を述語とする文の性質」『日本語の研究』第2巻4号
新屋映子（2009）「形容詞述語と名詞述語―その近くて遠い関係」『国文学　解釈と鑑賞』第74巻―7号　至文堂
鈴木重幸（1972）『日本語文法・形態論』むぎ書房
西尾寅弥（1972）『形容詞の意味・用法の記述的研究』秀英出版
宮島達夫（1972）『動詞の意味・用法の記述的研究』秀英出版
Thompson, S. A. (1988) A Discourse Approach to the Cross-Linguistic Category 'Adjective': In John Hawkins (ed.) Explanations for Language Universals. Basil Blackwell.

第3章

山橋幸子著『品詞論再考—名詞と動詞の区別への疑問—』

1. 本書の構成

　著者が本書で問題にしているのは、「名詞」と「動詞」を基本的区分とする品詞論であり、現代日本語の品詞を再考することであり、著者がとりくんだ課題は、単語の規定と語類における形式と意味との相関の解明であるという。本書の構成は以下の通りである。

　　第1章　序論
　　第2章　古典期ギリシャの哲学者の品詞論
　　第3章「転成分析」「(連用形) 転成名詞」再考
　　第4章　単語とは
　　第5章　日本語（和語）の語類　形式上の分類
　　第6章　日本語（和語）の語類と意味との相関関係

2. 本書の特徴

　本書は、品詞にかかわる諸問題を古今東西の文献に言及し、議論を展開し、さまざまな提言をしている。日本語の品詞を考えるに際して、大きな貢献をはたしたことは疑いない。いくつもの貴重な提言が次から次へとなされていて、刺激的である。

　本書で述べられていることを、評者は以下のようにまとめる。

（ⅰ）　単語を語彙＝文法的な単位とみとめず、音声的に規定される単位とする（p.57）。

（ⅱ）　品詞（parts of speech）と語類（word class）を区別し、究明の対象を語類としている。著者のめざすものは、発話の成分としての「品詞」（parts of speech）ではなく、文から孤立した文の成分となる前の「語類」（word class）

573

の究明であるとしている（p.8）。

（ⅲ）　語類の分類対象を和語に限定している（p.16）。

（ⅳ）　分類の対象を「単語」ではなく、「語基」としている（p.68）。

（ⅴ）　語類には明確な境界があるとする（p.14）。

3．単語の認定をめぐって

　第4章「単語とは」で、日本語における「単語」をめぐって、大槻文彦、山田孝雄、松下大三郎、橋本進吉、奥田靖雄らの諸説を検討している。そして、著者は、単語は音声的に規定されるものとする。単語を「語彙＝文法的な単位」とする奥田靖雄らの主張を否定し、単語の認定を音声上の特徴にゆだねる。文を構成する最小単位を、橋本進吉の提唱した文節にあるとし、それを単語とみなしている。有坂秀世（1959）にある「日本語に於ける『音韻論的語』は、普通に言う所の語よりは、寧ろ文節である。即ち、助詞や助動詞は、独立した『音韻論的語』としての資格を持たない」を引用して、著者は、音韻論的語を、日本語の文法上の基本的な言語単位であるとし、それを単語であると位置づける。あわせて、単語を一つの'high pitch'の起こるピッチ単位を提唱している。単独でもちいられることのない、いわゆる助詞や助動詞は、音韻論的語の資格をもたず、単語ではなく、単語以下の単語を構成要素であることを述べている。

　単語の認定にあって、語彙＝文法的な単位であることと、音声的な単位であることとは相互にあいいれない性質のものだろうか。奥田靖雄らの立場と著者の立場とが異なるとはいえ、単語の外延は一致している。両者は二者択一の関係ではない。評者は、単語の認定にあたって、語彙＝文法＝音声上の統一体ととらえていいのではないかとおもう。単語は意味上の単位であるという点で語彙的な側面をもち、かつ、前後の単語から相対的に独立する形式上の単位であるという点で音声＝文法的な側面をもち、さらに、文の中で一定の機能をはたす単位であるとみればいいのではないか。そうすれば、

574　Ⅴ　書評4編

単語を意味・形式・機能の面から総合的に規定したことになる。

　ちなみに、鈴木泰（2013）では、橋本進吉による東京大学での講義「国語法概論」（昭和7年度の、金子武雄氏講義筆記）にもとづくと、「文節は西欧語において単語に相当し、日本語においては松下の念詞に相当するといっているだけでなく、各文節にはかならず名詞や動詞などの自立的な単語が必要であるとしていることも、橋本進吉が文節の実体は単語だと考えていたことを示すものである。」と述べている。文節を提案した橋本進吉は、以下のように述べている（（筆記（1）p.14–15））。

　　上ノヤウナ一区切リハ実際ノ文ヲ分解シテ得タ最少ノ単位デ文ハソノ音ノ上カラ云ツテモ亦意味ノ上カラ云ツテモスベテカヤウナモノカラ直接ニ構成セラレテキルノデアルカラコレラハ文構成ノ要素デアルト云ヒ得ルノデアル。今之ヲ仮リニ文節ト名ヅケテ置キ度イト思フ。

　この記述で、かりに「文節」と名づけられた単位は、「文を分解して得た最小の単位」という点で、統語的な単位であり、「音の上から」かつ「意味の上から」も文の最小単位であることを指摘している。しかし、その後、残念ながら、橋本のとなえる「文節」は、文と単語をつなぐ単位として、定着してしまった。

　著者は、単語は文の成分である前に独自に存在する言語単位であるという（p.57）。しかしながら、本書の中に、これについての詳細な説明は、評者にはみつけられなかった。辞書のようなものを想定すれば、たしかに、単語は文から独立した存在であるといえる。名づけの単位として、あるいは、意味の単位として単語をとらえることができる。しかし、品詞を問うなら、文の存在なくして、単語をとらえることは不可能なのではないか。単語と文とは、たがいに他を前提とした単位であると評者はとらえる。

4. 語類と語基をめぐって

　著者は、品詞（parts of speech）と語類（word class）を区別し、考察の対象を語類としている。著者のめざすものは、発話の成分と

しての「品詞」（parts of speech）ではなく、文から孤立した文の成分となる前の「語類」（word class）の究明であるとしている（p.8）。「語類」は、文中に規定されない個々の単語の分類であるとする。さらに、その語類の分類に際して、対象となるのは、単語ではなく、語基（base）であるとする（p.8）。

　評者は、著者の立場に賛成しない。品詞とは、本来、「語基」ではなくて「単語」の分類であり、当該の単語が文の中でどのような統語的な機能をはたしうるかという潜在的な特徴にもとづくものであるととらえる（村木新次郎（2012））。語基や接辞にも品詞性をみとめることはできる。しかし、品詞とは、そもそも単語の分類であるとみる。そうした特徴を単語よりも小さな単位である、語基や接辞にみるのは、二次的副次的にである。

　著者の語類の分析対象である「語基」（base）は、語の土台となる語彙的意味を有する要素であるという（p68）。著者によると
　お-医者-さん-が　カルテ-を　見-た
において、「医者」「カルテ」「見」は、語基（base）であり、かつ「お-医者-さん」も派生語基であるという。そして、「-が」「-を」「-た」が接尾辞（suffix）であり、「お-」「-さん」は派生辞（affix）とし、三つの異なるタイプの要素だとみる。評者は、著者の、ここでのあつかいを、単語の合成語を問題とする語彙的な単語つくりと文法的な語形とを混同しているとみる。著者のいう派生辞は、合成語にかかわる接辞であり、接尾辞は、当該の単語の文法的な語形を構成する語尾ととらえなければならない。語尾も広義の接辞ではあるが、語幹（stem）とくみあわさるのは語尾（ending）であり、語形変化にかかわるものである。語形変化をする単語の、変化しない部分が語幹であり、変化する部分が語尾である。評者は、語基と接辞は合成語にかかわる語彙論的な単位であり、語幹と語尾は文法的な語形にかかわる文法論的な単位であるととらえる（たとえば、鈴木重幸（1972）、村木新次郎（1991））。ちなみに、『現代言語学辞典』のaffixの項には、以下のような記述がある。

　Affix《接辞》　語基（base）に添加されて主に文法的意味を表わす、語構成上の要素。原則として拘束形態素である。……

接辞は、語基との位置関係によって、接頭辞（prefix）、接中辞（infix）、接尾辞（suffix）に分けられる。……

　著者は、「行く-よ」（ik-u-yo）において、'ik-' が語基だという。これは語幹というべきで、語基は、「行き」（iki）であり、さまざまな合成語、たとえば、「行き-やすい」「行き-なれて　いる」「東京-行き」などをつくる要素である。評者の考えでは、「ミス-が（ある）」「ミス-を（みつける）」は、名詞の語幹と語尾からなり、「ミスる（misur-u）」「ミスった（misut-ta）」は、動詞の語幹と語尾からなる。どちらも単語の文法的な語形である。語彙的な単位としては、名詞としての「ミス」と動詞としての「ミス-る」である。これは、名詞から動詞が派生したものであり、「はらむ」「皮肉る」「デモる」などの類似例がある。-u と -ru は、いずれも広義の接尾辞ではあるが、前者は語形上の、後者は語構成上の形態素であることは峻別しなければならない。

　著者のいう派生辞には、接頭派生辞と接尾派生辞があり、合成語をつくる要素として理解できる。しかし、「丁寧さ、複数、程度、傾向、受身、使役等何らかの新たな意味を単一語基に加え、複雑な語基を派生する要素」という記述はアドホックで派生辞の分類になっていない。単なる羅列にひとしい。

　また、著者のいう接尾辞は、語基との結合性との関係で、以下の三つのタイプにわけられている。

（1）常に語基に直接結合できるもの
　　　時制（-る／-た；-い／-かった）、修飾の「-な」
（2）語基に他の接尾辞が結合していて常に語基から離れているもの
接続助詞
（3）（1）と（2）の両方の場合があるもの、即ち、語基に直接結合する場合と、他の接尾辞の存在により語基から離れている場合があるもの
　　　格助詞、時・位置助詞、副助詞、係助詞、修飾助詞「-の」、準体助詞、並立助詞、終助詞、断定の助動詞（-だ／-だっ

た）

　そして、これらの接尾辞のうち、「時制を表わす接尾辞と格を表わす接尾辞は、分布上他の接尾辞とは異なる特性を持つ」（p.79）という。時制をあらわす接尾辞は、かならず語基と直接にむすびつくものとして、また、格をあらわす接尾辞は、名詞をとりだすのにもっとも重要な接尾辞であると説く。

　著者の接尾辞には、11種の例があがっているものの、それらの提示は未整理のまま列挙されているだけである。これらが非自立的な形式という共通点を重視して、広義の接辞であるというのは、いいとしても、一括してしまっては、あまりにも荒っぽすぎる。時制マーカーとする「−る」や「−た」は、動詞の語幹につく語尾として、活用のシステムをつくる要素であり、「−が」や「−を」といったいわゆる格助詞は名詞につき、名詞の曲用のシステムをつくる要素である。動詞における語尾は、語幹とつよく結合するが、名詞の格語尾（著者によれば、接尾辞）は相対的にゆるく結合するという違いがみられる。また、たとえば、「食べ−ろ」「食べ−るな」のような命令や禁止をあらわすものは、無視されている。

　時制は、著者がいうように、「みる／みた」「くらい／くらかった」だけではなく、「まじめだ／まじめだった」「子供だ／子供だった」のように、「まじめ−」や「子供−」という語基にもある。すなわち、日本語において、時制は動詞だけでなく、狭義の形容詞に、そして、「形容動詞」「形容詞的名詞」「第二形容詞」などの名称があり、その所属をめぐって、諸説ある「まじめ−」「しずか−」などの単語にも、また、「−だ／−です」といった形式のたすけをえて、名詞にも存在するのである。すなわち、時制は、動詞や（著者のいう）形容詞だけではなく、いわゆる形容動詞や名詞にも存在するのである。いずれの品詞の単語も述語になるとき、時制の範疇がもとめられ、時制は述語に帰属している。また、名詞をとりだすのに、格範疇を問題にするのではなく、「主格を表す「−が」は代表的存在であって、重要である（p.83）」といいきる。主格は主語を背景にしていることから、「−が」を重視することは理解できるが、主格がかならず主語をあらわすわけでもなく、また、主語がかならず主格

であらわされるわけでもない。そういった議論はなにもなされず、「主格「-が」を伴う語は常に文中に現れる（p.83）」という。そのようなルールは日本語にはない。

5. 語類の分類をめぐって

言語類型学の世界で、名詞と動詞は普遍的で、どの言語にも存在するといわれている。名詞は実体をあらわし、主語として機能する。動詞は属性をあらわし、述語として機能する。実体と属性は意味を、主語と述語は文中での役割を、それぞれになうというかたちで、名詞と動詞は対立的である。著者は、そこに疑問をいだき、以下のようなテストをおこなう。

著者は、語類の分類にあたって、Susan Steele（1988）による分類原理を適用することを提言する（p.70）。その分類原理とは、①｛＋主格：－時制｝の類、②｛－主格：＋時制｝の類、③｛＋主格：＋時制｝の類、④｛－主格：－時制｝の類、であるという。

①　主格の「-が」と結合できるが、時制の「-る／-た」あるいは「-い／-かった」とは結合できない｛＋主格；－時制｝のグループ
　　桜、鳥、家、……
②　主格の「-が」とは結合できないが、時制の「-る／-た」あるいは
　　「-い／-かった」とは結合できる｛－主格；＋時制｝のグループ
　　・時制「-る／-た」
　　　掛け-　食べ-　見-、……
　　・時制「-い／-かった」
　　　若-、寒-、高-、……
③　両接尾辞と結合できる（但し、共起しない）｛＋主格；＋時制｝のグループ
　　・時制「-る／-た」

第3章　山橋幸子著『品詞論再考─名詞と動詞の区別への疑問─』　579

　　　　錆、黴、揺れ、……

　　　・時制「−い／−かった」

　　　　丸

④　いずれの接尾辞とも結合できない ｛−主格；−時制｝のグルー
　　プ

　　　まじめ、見事、ゆっくり、……

　著者による語類の分類は、当該の語基が「主格」になるか否かという性質と「時制」の範疇をもつか否かという性質だけである。主格は主語を前提とし、文によって規定されるものであり、時制は述語になることを前提にしていて、これも文によって規定される。著者のいう文成立以前の「語類」を究明の対象とするというのと矛盾しているのではないか。また、「時制」は、前述したように、日本語では、動詞に典型的ではあるが、形容詞や名詞にもある。「時制」は非過去形と過去形というパラダイムをもつ範疇であるが、主格は、格の範疇を構成する１要素である。一方が範疇で、他方がそうでないという整合性に欠けていることも気になるところである。

　著者の関心は③の存在にむけられ、これを、伝統的な、また類型学的な、名詞と動詞の二分法に反するものと理解している。これらの語基は、「主格」をもち、「時制」の範疇ももつという両面神のような存在と見る。③のグループの位置づけは正当であろうか。

　著者は、以下のような例をあげる。

a.　自転車−に　錆−が　つい−た

b.　自転車−が　錆び−た

　著者は、二つの文から「さび−」が共通の語基であり、「−が」は主格の接尾辞、「−た」は時制の接尾辞ととらえている。評者は、著者の「語基」と「接辞」という用語の使用が適切でないことを、すでに指摘した。

　著者はこの現象を、「名詞となる語と動詞となる語が別々に存在するという見方」は、経済性という観点から、「同一語が複数の語に属するという見方」は、名詞と動詞という互いに対峙しているはずの語類に属するのは矛盾であるとして、どちらも否定する。評者

には、こうした著者の主張が理解できない。著者が第3章で言及している、品詞の転成には、派生辞がそえられることもあるが、そのままの形式で、他の品詞の性質を獲得することもある。「さび」や「別れ」は、後者の例である。③に属するグループは、そもそも、著者が「語基」という単位を誤解した結果である。著者のいう③のグループに所属するのは、一段動詞の場合にかぎられ、「さび」「かび」「借り」「別れ」などである。これらは、確かに、名詞と動詞の用法がある。しかし、これらは、常識からいって、別の単語である。「さび」「かび」「借り」「別れ」という名詞と「さびる」「かびる」「借りる」「別れる」という動詞である。著者は、そのような常識を無視して、「さび-」「かび-」などの著者のいう「語基」の共通性を重視する。一段動詞に由来する、こうした現象は、「語基」と「語幹」が形式上、共通するものである。一方、五段動詞では、「語幹＋ i」が「語基」となる。「かびる」と「かび」の関係と「うごく」と「うごき」の関係は、まったく同じもので、動詞性の語基が名詞性語基に移行したものである。動詞から名詞へと派生したものである。一段動詞と五段動詞は、語形に相違がみられるだけで、語形変化のシステムは同じである。語形変化のシステムの方が単語や品詞にとって本質である。著者は、そうは見ずに、語形の違いを本質ととらえたのであろう。「たべろ／たべよ」と「のめ」は、語形は異なるものの、命令を意味する動詞の語形として共通性を有している。

　著者は、「動き」「泳ぎ」を①類に、「食べ」「見」を②類に、「錆」「黴」を③類に分類する。その理由は、「-が」の付加、「-る／-た」の付加の存否である。極端な形式主義である。著者は、「「動く」と「動き」とは、本来異なる語基から構成されており、異なる範疇に属する語だ（p.88))」という。

　著者による、主格の存在によって名詞を、時制の存在によって動詞（著者のいう形容詞も）をみとめようという提言は明快である。しかし、それは明快であっても、日本語の品詞分類としては単純にすぎるといわざるをえない。

6. その他の問題

　本書で語類の対象となるのは、命題を構成する和語の単一形態からなる単純語基のみである。日本語の品詞を論じるにあたって、在来のものに限定しているのである。著者は、これが日本語話者の基本的世界観を反映していると説く。日本語の語彙は、在来の単語にくわえて、漢語や洋語の外来のものとから成立している。語彙の範囲を限定するのは自由ではあるが、それをもって日本語の品詞を十分に論じたことにはならない。著者の興味にあわせて例をあげるなら、「建設」「参加」のような漢語、「オープン」「サービス」のような洋語は、名詞と動詞をかねるものである（「建設が　すすむ。」における名詞の用法と「文化会館を　建設。」における動詞の用法）。

　著者は、「語類には明確な境界がある（p.14）」という。単語の分類にあたって、中間的なもの、ファジーカテゴリーを認める必要がないとする。評者はそうはおもわない。今日の日本語研究・言語研究では、各品詞の独立性とあわせて、その連続性について言及されることが多い。

　品詞論における名詞の位置は特別であるともいえる。「豆腐はしろい」「しろいは　ウサギ」「ウサギは　はねる」「はねるは　カエル」のようなことばあそびにあらわれる「しろいは」「はねるは」は、名詞として使用されている。メタ言語的にいえば、すべての単語が名詞となりうる。沈家煊（2014）によれば、中国語は、動詞も形容詞も、そのままのかたちで、名詞として使える性質をもち、大名詞と小名詞とを区別し、大名詞は、小名詞、動詞、形容詞をふくむものとして位置づけている。

　名詞と動詞をかねるものをはじめ、単語の多品詞性というテーマが日本語にも存在すると評者は考える。二つの品詞の特徴をあわせもつといった分詞についても考察する必要を感じる。中心的な品詞に属する単語が文法化によって、周辺的な機能語に移行する現象も品詞論の課題としてのこされている。

　著者の博識に敬意をいだきつつ労作をよみつづけた。品詞をめぐる、さまざまな議論がちりばめられていて、本書から得たものはお

おきい。ただ、著者と評者の考えに多くの相違があり、結果として、いくつもの批判的な言辞をつらねてしまった。どうか、おゆるしをこいたい。

参考文献

有坂秀世（1959）『音韻論　増補版』三省堂
鈴木重幸（1972）『日本語文法・形態論』むぎ書房
鈴木泰（2013）「橋本進吉の講義「国語法概論」の筆記（2）」『専修大学人文科学研究所月報』264
田中春美ほか編（1988）『現代言語学辞典』成美堂
村木新次郎（1991）『日本語動詞の諸相』ひつじ書房
村木新次郎（2012）『日本語の品詞体系とその周辺』ひつじ書房
沈家煊（2014）『現代中国語文法六講』日中言語文化出版社
Steele, Susan（1988）" Lexical categories and the Luseño absolutive: Another perspective on the universality of 'noun' and 'verb' "International Journal of American Linguistics 54, pp.1–27

第4章

宮岡伯人著『「語」とはなにか・再考―日本語文法と「文字の陥穽」―』

キーワード

「カタチ」としての語、接語、拘束句、ボトムアップ、語の内部構造

　むかし、京の　みやこに　一休さんと　いう　えらい　おぼうさんが　いました。一休さんは、小さい　ときから、それは　もう頭が　よくて、おとなを　こまらせるほどでした。

　お寺に　ときどき　あそびに　くる、大きな　お店の　だんなさんが　ありました。それが、いつも　いつも　ながっちり。つまり、なかなか　かえろうと　しないのです。　……

（『講談社のおはなし　童話館17』より）

1.　本書の構成と著者の立場

本書の構成は以下のとおりである。

第1章　衰退の一途をたどる世界の言語

第2章　言語はカタチにあり

第3章　カタチとしての「語」

第4章　「語」とその構成："助動詞"と"助詞"

第5章　「語」をこえた「拘束句」

第6章　言語記述と文法

　著者は、2002年に『「語」とはなにか―エスキモー語から日本語をみる―』を上梓している。多くの形態素をふくむ単語をもち、単語と文との関係が可塑的であるとされるエスキモー語の権威者とし

て知られる著者が日本語の単語（著者は「語」という用語をつかう）にせまった労作であった。このたび刊行された本書では、「語」は、まずなによりもカタチであり、形態法が統語法に優位することなど、著者の持論をあらためて説き、日本語の単語を、とりわけ、いわゆる「助詞」「助動詞」について論じたものである。

　単語（＝語）とはなにかは、古くて新しい問いである。日本語の単語については諸説が競合する状況で、研究者のあいだで、共通の理解がえられていない。「助詞」も「助動詞」も単語であるとする官許の学校文法は、いまなお教育界で支配的である。一方で、「助動詞」の多くを、語尾や接辞などとし、「助詞」を単語とみとめる立場もあり、今日、標準化しつつある日本語教育の世界をはじめ、多くの研究者が支持するものである。さらに、「助詞」も「助動詞」も単語の部分であるとみる立場もあり、その立場によれば、冒頭にあげた童話の一節は、ひらがなによる分かち書きがなされていて、単語（学校文法の文節と外延で一致する）によって分節されているとみることができる。本書の著者は、第2の立場にちかく、あらためて日本語の単語をもとめて、それを解き明かそうとしたものである。

　第1章を読むと、著者が世界の諸言語にいかに通じているか、言語類型学にあかるいかがわかる。さらに、日本語の研究史にも相当の勉強をされたことが容易にみてとれる。言語学の対象が特定の言語だけにかぎられるのではなく、多くの言語を射程にいれた、まさに博言学という視点からの提言である。著者は、英語のような大言語を中心に展開される理論偏重やいたずらに普遍性へとむかう姿勢を是とせず、地道に言語の具体と格闘する実証的な記述を大事にする立場を表明している。そのような著者に評者はつよい共感をよせるものである。「今日ますます盛んな文法の重箱隅つつきや理論の鋳掛直し」をよしとせず、「音声をとおして根気づよく言語の内奥に迫り、その内的な理法にしたがって包括的で詳細な記述を目ざしてこそ文法だ（p.80）」という。河野六郎や千野栄一らをひき、「言語はまだまだ調査と記述をつづけるしかない（p.55）」ともいう。要するに、いたずらに理論をふりかざすのではなく、言語の現

象をきちんと記述することの重要性をとく。

2．本書の特徴

本書の特徴を評者は以下のようにまとめてみた。

（1）「語」を形態素よりも優位であるとみる。
（2）形態法を統語法よりも重視する。
（3）「語」は「カタチ」であるとみる。「語」を意味ではなく
　　　（p.65）、機能でもない（p.47）とみる。
（4）「語」を出発点とし、文が形成されるとする。
（5）「語」より大きな単位として「拘束句」をもうける。
（6）「語」の内部構造は問うが、形態論が存在しない。

　著者は、「語」を言語の基本的な単位とする。今日の言語研究において、形態素を基本単位とみる立場が優勢である。単語の定義が困難であること、単語が不安定な単位であることなどから、「意味をもった最小単位」と定義される形態素は、単語よりも明快である。しかし、著者は、単語は具体的なカタチであるのに対して、形態素は前カタチ的な抽象的単位であるとする。形態素と単語のどちらが言語の基本的な単位であるかを問うことによって、両者の位置はかわってくる。形態素よりも単語を中心に考えるべきだとする著者の立場に評者は賛成する。

　著者は、形態論（著者の用語では形態法）を統語論（統語法）よりも優位におく。随所に統語論中心の言語研究に異をとなえている。「中国語や英語を通して文法概念を身につけ「統語論」だけが文法だと考える（p.45）」研究に反対であること、「言語における形態法のもつ中心的、第一義的（p.46）」であることを主張する。古代中国語や現代英語が相対的に孤立語の要素を多くそなえていることによることからか、言語理論の、英語や中国語からの視点による言語研究に対する抵抗と評者にはおもえる。しかし、評者は、文法を、単語をかなめとし、単語の内部構造をあつかう形態論と単語と文を

つなぐ統語論とが相互に補完する関係にあるという立場をとる。とはいうものの、言語によって、単語という単位の安定性や語形変化の有無やその程度によって、形態論のはたす役割は異なるであろう。ロシア語やアラビア語のような語形変化が複雑な言語にあっては、形態論の役割が重要である。おそらく、どの言語も単語という単位は、多かれ少なかれ、不安定な側面をもつのであろう。単語が比較的安定した単位とみられる言語もあれば、きわめて安定しにくい単位であるという言語もあり、単語と文との間が不鮮明で、両者が連続的な言語もあるとみるべきであろう。

　著者が専門とするエスキモー語は複統語的（polysynthetic）な特徴をもち、「語」は安定したものではなく、可塑的で柔軟なものとしてとらえられるという。そのような言語にあっては、「語」は、話し手にあらかじめ与えられたものではなく、その都度、当該の言語に固有の形態法や音韻法にしたがって、創造されると説く。今日の言語研究では、文は、いくつかの単位を経て形態素にいきつくととらえられている傾向がつよい。すなわち、トップダウン方式に文から出発する。著者は「語」から「文」へと進む立場をとり、その過程は固定されたものというより柔軟なありかたをえらびとる。ボトムアップ方式の立場である。

　著者は言語の二面結節として、以下のような単位をみとめる（p.94）。

	カタチ以前	カタチ
〈内容面〉 形態・統語的結節	形態素	語＜（接語・準接語）拘束句＜（統語的）句＜節＜文
〈表現面〉 音韻的結節	音素	音節＜音脚＜音律的結節（長短、アクセント、音調、イントネーションなど）

　著者は、「「語」が内容面での最小の形態的単位であるのに対し、語幹、接辞その他、カタチの基礎となる形態素は、「前カタチ的」（ということは、抽象的）な機能的単位 functional units である。「語」と「形態素」は別次元のものであり、形態素は語の部分とは考えられない（p.93）」という。著者によれば、「形態素」も「音

素」も「素」はカタチ以前の抽象的なもので、ふれることができないと指摘する。

　著者は「語」は「カタチ」であると言いきり、意味・機能を「語」をきめてかかる要素とはみない。著者は、すでに前著（宮岡伯人（2002））の「はじめに」の中で、「「語」は「文」を構成する記号的――ということは内容つまり意味・機能の面をもつ――要素になるが、「語」そのものは、「文」の成分である前に、まずカタチである（下線は評者）。自律的に、つまり「文」の意味・機能とは独自に定義されるべき単位だと思われる。（p.1)」と述べている。下線部分と、そのあとの部分とは矛盾するとおもわれるが、著者の言いたいことは後半部であろう。内容のない形式は存在しないというテーゼを是とする評者にはうけいれられない主張である。この書には、主語や述語といった用語がほとんど登場しない。事項名索引のなかにもない。「語」をめぐって、機能はなんら関与しないという主張である。著者によると、「言語じたいは、直接的な意味で機能的なものではない。（p.47)」と、機能を軽視もしくは無視する立場を標榜する。著者は品詞にも言い及んでいるが（p.157)、品詞を区別する規定は、なんら述べられていない。品詞は文の成分（部分）として、単語の機能を問わなければとりだせないと評者は考える。

　著者は、また「形態論が対象にするのは言語の機能というよりはまずは「カタチ」なのである。カタチ性の認識がないままに、最新理論とかその用語で武装した音韻論と統語論でつついてみてもなまの言語はおうじてくれるものではない。（p.46)」という。これは、言語研究が統語論に傾斜していて、形態論に注目されていないことに対する著者の不満の吐露なのであろう。

　著者のとらえる「カタチ」としての「語」は、服部四郎（1950)がとなえた「単語（自立語と付属語）」に相当する。服部が付属語としたものを、著者は「接語（clitic)」とよぶ。前後の形態素のあいだに分離性の有無を問う外面的な特徴によってとりだされ、この際、意味や機能を問わない。このような単語の認定は、宮田幸一（1948)や渡辺実（1971)の単語の認定とほぼ一致する。

文の構造を著者のようにボトムアップでとらえる研究者もいれば、よく知られているマルチネの二重分節のように、トップダウンの見方もある。さらに、そのいずれでもない見方も存在する。文と単語をたがいに他を前提とする総合と分析の単位とする見方である。たとえば、鈴木重幸（1972,1996）がそうである。鈴木は、文は通達の単位であり、単語は命名（名づけ）の単位であるとみる。単語は、語彙的な意味と文の構成部分になるという文法的な形式・機能をあわせもつ言語の基本的な単位であるとする。そこには、単語をかなめとして、語彙論と文法論が存在する。鈴木の「形態素は、語いと文法との発達に伴って単語から分化した単位だ。…単語が基本的な単位であって、形態素は単語に対して派生的な、従属的な関係にある。…もちろん単語と形態素のあいだには絶対的な壁はなく、移行の段階にあるものもありうる」という記述を引用し（p.93）、下線部を、著者は意味不明として、切り捨てている。

　著者の提言のひとつに「拘束句」がある。これは、著者のいう「語」よりも大きなひとまとまりの単位である。拘束句は、ひとつの「語」と同じく、ひとつのカタチであり、「語的な句」であるが、内的な接合あるいは結合度の強さ、生産性、種類の幅は非常に大きい、という。これは、日本語における複合語の多様性や、いわゆる「用言複合体」のことを考えると、著者の慎重なあつかいが理解できる。著者は、語と句の連続性についても柔軟な姿勢を展開している。すなわち、「拘束句でも、結合度のたかいものは、時とともに語彙化あるいは文法化がすすんで、いわゆる複合語にちかづき、かたやより接合度のゆるやかな拘束句は統語的な句にちかづく（p.101）」と説く。著者のいう拘束句はボトムアップの考えから、語から拘束句を形成するという方向で考察されている。語が所与のものとして、社会的にあたえられているという見方ではなく、言語使用者がみずから創造するものであるという見方をとっている。たしかに、われわれが耳にし、目にする言語形式に、辞書に登録されていない単語とも句ともいえるものが多数存在する。そのことを考慮すると、著者のいうように、拘束句なる単位を設定する意味も理解できる。

著者は、接辞と接語を区別する。接辞は語をつくる要素で、語の内部に位置づけられるのに対し、接語は主要語の前後に位置する主語であるとする。英語の the, a(n) や t'will（it will）の t' は後続の語にかかる後接語（あるいは準後接語）であり、I'll（I will）, I've（I have）, it's（it has）などの 'll, 've, 'd, 's などは前接化した接語（あるいは準前接語）であるという。著者は、日本語の「助詞」を、こうした接語ととらえる。前著では「倚辞」と名づけていたものを、本書では「接語」に改名している。このあつかいは服部四郎の付属語と類似する。ただし、著者は「用言分割（ひねり）と再立ち上げ」という現象を指摘しており、この部分は、服部の付属語と抵触する。「接辞は形態法（辞順、語構成など）の問題であるのにたいし、接語はカタチであるとともに統語法（語順）にからむ問題である（p.172）」という。著者は、接語のほかに、準前接語をもうけている。これは、いわゆる補助動詞や形式動詞、形式名詞の類である。「垣根越え」という用語で、自立語から接語への移行、接語や複合語要素から接辞に移行することをみとめている。

　以下の例で、接辞はハイフン（-）で、接語は等号（＝）で示されている。たとえば、様子をあらわす「らしい」は用言化派生接尾辞として「男-らしい（女々しくない）態度」「わざと-らしい／らしかっ-た」のように記述され、推量をあらわす「らしい」は「男＝らしい（来るのは女ではなく）」「男＝らしかっ-た」「男-ぎらい＝らしい」のように記述されるとする。同様に、様態と伝聞の「そう」についても、「書き-そう＝だ」と「書く＝そう＝だ」、「書き-そう＝で＝も≠ある」と「書く＝そう＝で＝も≠ある」（≠は準接語のはじまりをあらわす）、用言複合体のあつかい（「書か-せ-られ-なかっ-た＝らしい＝の＝よ＝ね」「（子供はやっと）話す≠こと＝が≠でき-そう-に≠なっ-て≠き-た＝らしい＝と≠いう≠こと＝に≠ほか≠なら-なかっ-た＝の＝さ」）などは、きわめて詳細な分析ともいえるが、伝統的な国文法の世界でも、そうした形態素の相互承接の記述がされてきた（たとえば、森岡健二（1994））。ただし、「お＝金」「お＝忙しい」「お＝待ち≠ください」の「お」の選択制限がゆるいことから「この」「その」と同じように後接語とするの

は無理があろう。

著者が日本語のいわゆる「助詞」「助動詞」を「接語」「接辞」「準接語」という単位を設定し、語のみなおしをしたことは、日本語文法の世界において、大きな貢献だといえよう。拘束句という名のもとに、橋本進吉（1934）がたてた文節をふくみ、用言複合体（あるいは、体言複合体）といった、多くの「語・接語・接辞・準接語」をかかえこんだ形式の整理はみごとというしかない。

そのような功績を評価しつつも、評者にはいくつかの不満がのこる。著者のいう「接語」は、自立しないものである。それは、単独で、文の成分（部分）になりえないものであり、自立する、本来の単語に従属するものとみるべきではなかろうか。

また、著者のとなえる拘束句の内部構造は、外的な形式構造を問うだけで、それらの文法的な意味や機能は考慮されていない。著者は、それは不要であると言い切る。評者はそうはおもわない。単語の意味や機能を見ないと、単語と文の関係が見えてこない。著者の語の論には、形態論が不在である。単語の内部構造を syntagmatic な側面からだけ見て、paradigmatic な側面を見ない。この本には、パラダイムがひとつもあらわれない。もっぱら、拘束句の内部の形式上の承接に言及しているだけである。文法的な意味も有標形式にのみ認め、無標形式との対立を見ない。日本語の動詞、形容詞、名詞などを変化詞とみとめ、形態論の基礎をきずいたのは、鈴木重幸であると評者は見る。鈴木の主著は『日本語文法・形態論』（1972）『形態論・序説』（1996）であり、この書名が鈴木の仕事をものがたっている。著者は、日本語の名詞は不変化詞であることを主張する。松下大三郎が「ツキャー」「ツキョー」「ツキン」のような「屈折化（融合化）」現象が、方言にあっては稀有ではないとしながらも（p.75）。

日本語の名詞のありかたをめぐって、ポリヴァーノフの研究を紹介したい。官許の文法として教育界に君臨している「助詞」「助動詞」を単語の部分と説いた先駆的な研究者として、松下大三郎のほかに、ロシアの言語学者ポリヴァーノフ（1928）にふれなければならない。彼は、古代日本語の「助詞」の（pa）を主格接尾辞と

592　Ⅴ　書評4編

とらえ、「川（river）」を、kaφa→kawaへとなったのに対して、入れものを意味する「鉢（boal）」は、pati→φati→haciへとなったとして、歴史的な音韻変化において、語頭子音と語中子音の区別を説き、接尾辞頭韻が語頭音（アンラウト）ではなく、語中音（インラウト）にあたると指摘している。「川は　流る／流れる」の「川は」の最後の音節は、「は」でなく「わ」である。これは、「は」が単語でないことを意味するものである。これが単語であるとするなら、kawa haでなければならない。同様に、「上へ　のぼる」の「上へ」の最後の音節は、それが単語であるとするならば、eではなく、heでなければならない。

　副助詞とされる「だけ＜たけ（丈）」「ばかり＜はかり」といった形式が名詞起源であることはあきらかであるが、文法化の結果、単語性をうしなっていることは、無声子音から有声子音への転化によって、理解することができる。

　日本語の名詞の格をしめす形式を「格の後置詞」とみるか「格の接尾辞」とみるかという論議については（奥田靖雄（1985））、その根拠は不明だと手厳しい。みずからの説く「拘束句」がゆるやかな形式と見る（「垣根越え」という接語と接辞の移行や中間的な単位にふれている）のに対して、奥田や鈴木のいう名詞の格をあらわす形式である「くっつき」を単語と語尾・接尾辞の中間に位置するものとする主張は許容しない。著者は、名詞が助辞（あるいは接語）をともなわずに、はだかであらわれる形式について一切言及していない。著者には、形式のないものは考察の対象にならないのであろう。言語にとって、有標形式と対立する無標の形式が重要な役割をはたすことをみのがしている。

　単語の語形変化については、それの有無に対して、孤立型と屈折型・膠着型がありうる。屈折型も膠着型も語形変化するという点で共通する。両者のちがいは、変化のしかたである。伝統的な日本語文法は、膠着的な接辞や語尾などに文法的な意味をよみとり、それの存在しない形式に、文法性をみなかった。無標の形式は、有標の形式の対立項として機能し、重義的に文法的な意味をになっていることに注目しなかったのである。語形変化における無標形を問題に

しないと動詞や名詞の形態論的なカテゴリーがとりだせない。著者の形態法は語形だけを対象にしたもので、動詞や名詞における文法的な語形と意味・機能をあつかう形態論が存在しない。それは、語はカタチだとする著者の考えの当然の結果なのであろう。

参考文献

奥田靖雄（1985）『ことばの研究・序説』むぎ書房
鈴木重幸（1972）『日本語文法・形態論』むぎ書房
鈴木重幸（1996）『形態論・序説』むぎ書房
橋本進吉（1934）『国語学要説』明治書院
服部四郎（1950）「付属語と付属形式」『言語研究』15
ポリヴァーノフ（1928）「接辞と自立語の区別について」『言語学概論』（村山七郎訳『日本語研究』弘文堂）
宮岡伯人（2002）『「語」とはなにか―エスキモー語から日本語をみる―』三省堂
宮田幸一（1948）『日本語文法の輪郭』三省堂
森岡健二（1994）『日本文法体系論』明治書院
渡辺実（1971）『国語構文論』塙書房

Reconsidering What is the "Word"?
by MIYAOKA Osahito

MURAKI Shinjiro（Doshisha Wowen's College of Liberal Arts）

Keyword

a word as "a form", clitics, syntagma, bottom-up, the innerstructure of a word

あとがき

　本書は、わたしが過去に発表したもの（ただし、第四部第1章のみ、かきおろし）をおさめたものである。初出一覧は以下のとおりである。

第一部　語彙論と文法論とをめぐる諸問題
第1章　語彙と文法
　　（『日本語語彙論Ⅱ』ひつじ書房 2016年6月）
第2章　日本語の品詞をめぐって
　　（『日本語文法』15–2、日本語文法学会 2015年10月）
第3章　単語の意味と文法現象
　　（『日本語学』2–12、明治書院 1983年12月）
第4章　語彙と文法との境界
　　（『別冊國文學　解釈と教材の研究』46–2、學燈社 2001年2月）
第5章「–ながら」の諸用法
　　（『日本語文法の新地平3複文・談話編』くろしお出版 2006年10月
第6章　言語の対照記述をめぐって
　　（『国文學　解釈と鑑賞』53–1、至文堂 1988年1月）
第7章　祝う・祈る・呪うの現代的用法
　　（『言語生活』268、筑摩書房 1974年1月）

第二部　語彙の体系性をめぐる諸問題
第1章　意味の体系
　　（『朝倉日本語講座第4巻　語彙・意味』朝倉書店 2002年10月）

第2章　語彙研究のために

（『国文學　解釈と鑑賞』55-7、至文堂 1990 年 7 月）

第3章　対義語の輪郭とその条件

（『日本語学』6-6、明治書院 1987 年 6 月）

第4章　　運動の強調表現―合成動詞の場合―

（「同志社女子大学日本語日本文学」7、同志社女子大学日本語日本文学会 1995 年 10 月）

第5章　現代語辞典の輪郭

（『国文學　解釈と鑑賞』54-1、至文堂 1989 年 1 月）

第6章　語彙教育

（『日本語教育』94 号、日本語教育学会 1997 年 10 月）

第三部　対照語彙論をめぐる諸問題

第1章　日本語の語彙と日本文化

（『日本語学』11-3、明治書院 1992 年 3 月）

第2章　言語間の意味分野別語彙量の比較―日本語・中国語・ドイツ語の場合―

（『計量国語学と日本語処理―理論と応用―』（水谷静夫教授還暦記念会編）、秋山書店 1987 年 3 月）

第3章　巨視的対照語彙論のこころみ

（『二言語辞書の意味記述方法の研究』東京大学教養学部ドイツ語教室 1983 年 3 月）

第4章　日本語とドイツ語の「基本語彙」をくらべる

（『計量国語学』12-8、計量国語学会 1981 年 3 月）

第5章　日独両言語の自然現象の表現をめぐって

（『日独両語の語彙体系の対照比較』東京大学教養学部ドイツ語教室 1981 年 3 月）

第四部　文法論をめぐる諸問題

第1章　単語・品詞・動詞の活用をめぐって

第2章　日本語教育文法の問題点

（『日語学習与研究』167、北京対外貿易学院 2013 年 8 月）

第3章　文のタイプと節のタイプ

　　（『現代日本語講座第5巻』明治書院、2002年4月）

第4章　現代日本語における分析的表現

　　（『国文學　解釈と鑑賞』54–7、至文堂1989年7月）

第5章　日本語の形容詞は少ないか

　　（『漢日理論語言学研究』学苑出版社2009年6月）

第6章　ヴォイスのカテゴリーと文構造のレベル

　　（『日本語のヴォイスと他動性』くろしお出版、1991年8月）

第7章　迂言的なうけみ表現

　　（『研究報告集』4、国立国語研究所1983年3月）

第8章　機能動詞の記述―日本語とドイツ語を例として―

　　（『国文學　解釈と鑑賞』48–3、至文堂1983年3月）

第9章　外来語と機能動詞―「クレームを　つける」「プレッ
　　　　シャーを　かける」などの表現をめぐって―

　　（『武蔵大学　人文学会雑誌』13–4、武蔵大学人文学会1982年
　　3月）

第10章　連用形の範囲とその問題点

　　（『国文學　解釈と鑑賞』61–1、至文堂2002年1月）

第11章　日本語の後置詞をめぐって

　　（『日語学習与研究』1983–3、北京対外貿易学院、1983年5
　　月）

第12章　日本語文法への疑問―活用・ヴォイス・形容詞―

　　（『別冊　國文學』學燈社、2000年11月）（『國文學　解釈と教
　　材の研究』學燈社、2006年4月）

第五部　書評4編

第1章　森岡健二著『日本文法体系論』

　　（『国語学』184、国語学会、1996年3月）

第2章　八亀裕美著『日本語形容詞の記述的研究―類型論的視点か
　　　　ら―』

　　（『日本語の研究』5–4、日本語学会、2009年10月）

第3章　山橋幸子著『品詞論再考　名詞と動詞の区別への疑問』

あとがき　　597

（『日本語の研究』11–2、日本語学会、2015 年 4 月）
第 4 章　宮岡伯人著『「語」とはなにか・再考』―日本語文法と
　　　　「文字の陥穽」―』
（『日本語文法』17–2、日本語文法学会、2017 年 9 月）

　原稿を整理するにあたって、劉志偉さん、袁建華さんの協力をえた。記して感謝したい。妻の廣子と娘の綾子と佐和子は原稿の整理や校正などに、協力してくれた。ありがたいことである。2019 年春に、わたしは突然、難病を告知され、入院生活をしいられ、本書の刊行があやぶまれた。おりしも、20 代のなかばから長きにわたっておつきあいくださった仁田義雄さんから、絶大な支援をいただいた。感謝のかぎりである。出版元のひつじ書房をはじめ、多くの方にお世話になった。ありがとうござました。

村木新次郎（むらき しんじろう）

略歴

1970年、京都府立大学（国語国文学専攻）卒業。1970年
～1988年、国立国語研究所員。1988年～2012年、同志
社女子大学教授。2012年～2017年、同志社女子大学特任
教授。同志社女子大学名誉教授。ドイツ語研究所（在ドイ
ツ連邦共和国）客員研究員、北京外国語大学（在中華人民
共和国）客員教授などを歴任。

主な著書・論文

『日本語動詞の諸相』（ひつじ書房、1991年）、『文の骨格』
（日本語の文法1、共著、岩波書店、2000年）、「意味の体
系」（『朝倉日本語講座第4巻　語彙・意味』、朝倉書店、
2002年）、『日本語の品詞体系とその周辺』（ひつじ書房、
2012年）など。

ひつじ研究叢書〈言語編〉第156巻

語彙論と文法論と

Lexicology and Grammar
Muraki Shinjiro

発行　2019年10月31日　初版1刷
定価　8800円＋税
著者　© 村木新次郎
発行者　松本功
ブックデザイン　白井敬尚形成事務所
印刷所　三美印刷株式会社
製本所　株式会社 星共社
発行所　株式会社 ひつじ書房
〒112-0011　東京都文京区千石2-1-2 大和ビル2階
Tel: 03-5319-4916　Fax: 03-5319-4917
郵便振替 00120-8-142852
toiawase@hituzi.co.jp　http://www.hituzi.co.jp/

ISBN978-4-89476-936-6

造本には充分注意しておりますが、落丁・乱丁などがございましたら、
小社かお買上げ書店にておとりかえいたします。
ご意見、ご感想など、小社までお寄せ下されば幸いです。

刊行のご案内

〈ひつじ研究叢書（言語編）　第101巻〉

日本語の品詞体系とその周辺

村木新次郎 著　定価 5,600 円＋税